普通高等教育“十一五”国家级规划教材

牧草饲料加工与贮藏学

（第三版）

贾玉山 玉 柱 主编

科 学 出 版 社

北 京

内 容 简 介

全书内容共包括13章：绪论，牧草及饲料作物的收获，干草加工与贮藏，青贮饲料调制加工，秸秆饲料加工贮藏，木本饲料加工贮藏，工业副产品饲料加工贮藏，低毒牧草饲料的脱毒加工与贮藏，全混合日粮调制加工，饲草饲料成型加工，草产品深加工利用，非饲用草产品加工利用，草产品市场经营。本书注重理论与实践的有机结合，在搜集、甄选当前国内外有关牧草饲料加工与贮藏的前沿理论与最新科研成果的基础上，结合生产实践，重点介绍牧草饲料加工与贮藏的科学理论和工艺技术。

本书既可作为高等院校草业科学、动物科学、食品等专业的本科生教材，也可作为草业科学、动物科学、食品等领域的研究生和生产技术人员的培训教材与参考书。

图书在版编目（CIP）数据

牧草饲料加工与贮藏学 / 贾玉山，玉柱主编. —3版. —北京：科学出版社，2018. 4

ISBN 978-7-03-056933-2

Ⅰ. ①牧… Ⅱ. ①贾… ②玉… Ⅲ. ①牧草 - 饲料加工 - 高等学校 - 教材 ②牧草 - 饲料贮藏 - 高等学校 - 教材 Ⅳ. ① S54 ② S816.33

中国版本图书馆CIP数据核字（2018）第049747号

责任编辑：丛 楠 / 责任校对：严 娜

责任印制：吴兆东 / 封面设计：图阅社

科学出版社 出版

北京东黄城根北街16号

邮政编码：100717

http://www.sciencep.com

固安县铭成印刷有限公司印刷

科学出版社发行 各地新华书店经销

*

1992年10月第 一 版 开本：787 × 1092 1/16

2018年4月第 三 版 印张：19

2025年12月第 十 次印刷 字数：468 000

定价：79.80元

（如有印装质量问题，我社负责调换）

《牧草饲料加工与贮藏学》（第三版）编委会名单

主　编　贾玉山（内蒙古农业大学）　　玉　柱（中国农业大学）

副主编　格根图（内蒙古农业大学）　　杨富裕（中国农业大学）

许庆方（山西农业大学）

参　编（按姓氏笔画排序）

白春生（沈阳农业大学）　　曲善民（黑龙江八一农垦大学）

朱慧森（山西农业大学）　　任秀珍（内蒙古民族大学）

闫艳红（四川农业大学）　　李运起（河北农业大学）

李秋风（河北农业大学）　　张晓娜（内蒙古财经大学）

邵　涛（南京农业大学）　　周玉雷（赤峰学院）

姜义宝（河南农业大学）　　娜日苏（内蒙古农业大学）

焦　婷（甘肃农业大学）　　魏臻武（扬州大学）

主　审　张秀芬（内蒙古农业大学）

前　言

20 世纪 80 年代末 90 年代初我国草产业刚刚起步，急需熟练掌握牧草加工与贮藏理论和技术的产业人才，但是国内相关高校在该领域的教材尚处于空白。为了培养产业需求的人才，原内蒙古农牧学院张秀芬教授组织相关人员，编写了国内农业高等院校第一部草产品加工与贮藏方向的教材《饲草饲料加工与贮藏》。此后，在“十五”和“十一五”期间，甘肃农业大学曹致中教授、中国农业大学玉柱教授和内蒙古农业大学贾玉山教授根据当时的产业和人才培养形势，对该教材进行了一定的修订和完善。进入“十二五”，我国的草产业在国家多项惠草惠牧政策的鼓励和引导下，正以规模化、现代化、机械化的态势迅猛发展，国际化进程进一步加快。产业的发展和转型升级，带动了草产品加工与贮藏技术的革新，同时对产业人才知识技能也提出了新要求。根据上述新形势、新问题，本书编写组召集国内多所高校从事饲草产品加工与贮藏领域的教师，编写了更加适用于新时期产业人才培养的教材。

本书秉承传承和革新并举的原则，在全书的总体构思上基本上传承了第二版的精髓，但是在各章节和具体技术内容撰写方面力求革新，将最新的产业技术理论、方法和模式应用到教材中。特别是在干草、青贮饲料、配合饲料、成型饲料调制加工及非饲用草产品加工等章节进行了大篇幅的更新，使教材内容更具新颖性和适用性。全书共分 13 章，由来自全国 14 所高校的 20 位教师共同完成。其中，贾玉山、玉柱任主编，格根图、杨富裕、许庆方任副主编，张秀芬任总审稿人，贾玉山、格根图任总统稿人，由降晓伟、李宇宇、任志花统稿。

本书中大多数研究成果是 30 多年来多项科研项目的结晶：国家重点研发计划“干草低损耗高品质规模化生产及产品加工技术研究与示范”与“内蒙古河套盐碱地抗盐生态治理和优质草饲生态产业技术研究与集成示范”；“草原英才”草产品加工利用关键技术研发与产业化示范创新人才团队；国家自然科学基金“苜蓿干燥过程中营养物质对环境因子变化响应机制的研究”（编号 31572461）与“典型草原牧草刈割后干燥机制与营养物质变化相关性研究”（编号 31760710）等。

在本书编写过程中，国家级重点学科——内蒙古农业大学草业科学学科，国家饲草栽培、加工与高效利用农业部重点实验室，草地资源教育部重点实验室，国家“十二五”牧草产业体系干草加工功能实验室，内蒙古自治区草品种育繁工程技术研究中心，内蒙古农业大学“草地资源可持续利用”创新团队为本书中的多项研究内容提供了宝贵的研究资料和资金支持。

全书 20名编者历时 3 年完成了本书的框架设计、任务分工、撰稿、统稿与校稿等多项工作。时间上虽略有拖沓之感，但是实际上更体现了编者精益求精和严肃、认真、负责的科学精神。在定稿过程中，对部分章节内容进行了多次大的返工和修订，力求将最好的研究成果呈献给读者。尽管如此，由于编者科学研究水平和文字编写水平有限，对有些问题的研究和阐述仍有浅尝辄止之感。希望广大读者对本书中的疏漏和不足之处提出批评和修改意见，以便我们今后修正、勘误。

编　者

2017 年 12 月于呼和浩特

目录

第一章 绪 论

【内容提要】 牧草饲料加工与贮藏发展概况；牧草饲料分类方法。

【教学目标】 掌握牧草饲料加工与贮藏的概念；了解牧草饲料加工与贮藏的发展趋势；掌握牧草饲料的分类方法。

第一节 牧草饲料加工与贮藏概述

一、牧草饲料加工与贮藏的概念

牧草饲料加工与贮藏是保障畜牧业健康、快速发展，满足畜产品需求的重要环节，通过牧草饲料的加工与贮藏提高牧草饲料的质量和利用率，调节牧草饲料年度间和季节性供给不平衡问题，均衡供应优质的牧草饲料。牧草饲料加工与贮藏是指以牧草饲料为原料，生产符合一定质量标准、适合流通的草产品的收获、加工、贮藏、检测等技术环节。作为牧草饲料加工与贮藏产业链的最终产品，草产品具有狭义和广义两个层面的含义。其中，狭义的草产品是指用于饲喂畜禽的饲草类产品，包括来源于天然草地和人工草地的牧草、饲料基地的饲料作物及农副产物加工调制而成的产品，主要用于饲喂草食家畜；广义的草产品是指所有以草为原料生产的产品，包括饲用草产品、食用草产品、药用草产品、工业用草产品、绿化草产品及工艺型草产品。

牧草饲料加工的专业化生产，大大提高了食草家畜养殖业和牧草种植业的效益，使牧草饲料产品始终保持着最高的营养价值，并能够实现全年均衡供应，利用牧草饲料产品配制的均衡日粮能够提高食草家畜的生产能力，增加畜牧业的生产效益。

二、牧草饲料加工与贮藏的意义

（一）是草产业及草业健康持续发展的重要环节

牧草饲料通过加工形成的各种产品，具有一定的形态、形状或规格，适合作为商品进入流通领域。从发达国家牧草产业化发展的历程来看，在实现牧草饲料商品化的过程中，牧草饲料加工是整个产业链条的中心环节，是牧草饲料从分散生产走向社会化生产、从农产品转为商品的重要步骤。牧草饲料加工可以实现牧草的专业化、规模化、社会化生产，符合产业化对生产过程的组织经营要求，从而形成草产品加工业这一独立产业。

牧草饲料加工是前连草种、饲草种植业，后接家畜养殖业的中间产业，它与前期和后期活动连接紧密，不仅提升了牧草种植业和家畜养殖业的效益，还能够实现草产品全年均衡供应，且能合理优化和解决冬春季饲草不足和地域性不平衡的问题，提高畜牧业的经济效益，促进畜牧业的可持续发展，在草产业的发展过程中发挥着重要作用。

（二）适应国内外草产品的市场需求

牧草饲料产品在国际、国内具有非常广阔的市场，形成了草产业。东南亚国家及日本、韩国和中国是牧草产品巨大的消费市场，牧草饲料产品进口量逐年增加。目前，我国牧草产业“两区一带”格局已经形成，然而实际生产能力依旧无法满足当前市场需求，牧草产品仍需大量进口。美国、加拿大和澳大利亚是主要牧草产品出口国，消费市场主要集中在东南亚国家、日本、韩国和中国。但是，从产地到消费地，受地理因素和环境条件制约较多。因此，只要我们发展牧草加工技术，提升牧草产品的质量和产量，进而提高牧草产品的竞争力，就可以利用地域优势占领部分市场。

目前草产品需求量不断增加，其中，苜蓿干草和天然干草需求量持续增长，供需旺盛，与此同时，青贮饲料需求量更大，成为支持畜牧业健康发展的物质基础。奶牛业的迅速发展需要合格的饲草产品作为基础，但目前国内市场这些产品严重紧缺，从而使奶业发展滞后。禁牧、休牧期也需要大量的牧草产品贮备来满足牧区的养殖业正常发展，尤其是防灾抗灾基地每年都需要大量的优质耐贮牧草产品。牛、羊肉等畜产品的质量和口味同样与牧草产品的质量分不开。这些都说明我国牧草产品的生产水平与发达国家相比存在很大差距，无论数量还是质量都不能满足我国草地畜牧业发展和生态环境建设对优质牧草产品的需求。牧草加工业的发展不仅要注重数量，还要求有质量作保障，这些都建立在牧草加工技术发展的基础之上。

（三）有利于优化产业结构，保证国家粮食安全和促进农牧民增收

我国传统农业长期以粮食作物和经济作物构成的二元结构为主，畜牧业处于副业生产地位。随着人们生活水平的提高，以及对食物质量需求的增加，畜牧业在我国农业结构中所占比例越来越大。必须及时调整种植业结构，充分利用农村丰富的草地资源，加大发展牧草加工技术，促进牧草产业化发展，实现牧草加工的增值作用，保障畜牧业发展的物质基础，不断提高农村生产力，促进农业经济结构的战略性调整，加强农区“粮-经-饲”三元种植业结构和节粮型畜牧业的发展，发展草食动物饲养业，大力发展包括草业经济在内的农业经济，推进农业现代化，降低农牧民的种植成本，真正实现农牧民收入较快增长，使农村经济在新农村建设中得到较快发展。

（四）发展牧草饲料加工技术是缓解粮食紧缺问题的重要措施

我国是人口大国，也是粮食消费大国。据统计，2030 年左右我国人口将达到 16 亿，国内粮食生产总量最高达 6.92×10^8t，但人口对粮食总需求量将达到 67.46×10^8t 左右。与人口和粮食需求增长相比，近年来我国耕地面积逐年减少，进口粮食持续增加，粮食安全问题再一次摆在国人面前。近年来，粮食产量不断增加，但主要是饲料粮食，食用粮食并没有增加（表 1-1）。而有效的办法就是重视食草型、节粮型畜牧业，用饲草解决粮食问题。由于我国自然环境条件的限制，牧草存在年度间和季节性供给不平衡问题，畜牧业生产仍要靠收贮牧草，实行舍饲与季节性放牧相结合的生产方式。牧草饲料经过加工形成产品更有利于贮藏和运输，从而使季节间、地区间饲草得以均衡供应，为舍饲、半舍饲提供充足饲草，提高牧草的利用率，从而减少对饲用粮食的需求量，保证节粮型畜牧业的稳定发展。

表 1-1 2005～2010 年我国主要粮食产量和饲料粮食需求情况

年份	2005 年	2006 年	2007 年	2008 年	2009 年	2010 年
粮食总产量 / 万 t	48 402	49 746	50 150	52 850	53 082	54 641
饲料粮食需求量 / 万 t	23 493	23 578	24 173	24 925	26 267	27 230
占谷物总需求量的比例 /%	62	62	62	62	63	64
玉米饲用需求量 / 万 t	10 100	10 400	10 600	10 800	11 800	12 400
占玉米总需求量的比例 /%	74	72	71	71	72	70

资料来源：《中国农业发展报告 2011》

三、牧草饲料加工与贮藏的性质和任务

牧草饲料加工与贮藏学是以保持和提高牧草饲料的营养价值、减少加工贮藏过程中的营养损失为基本理论，重点研究牧草饲料及其他饲料加工技术的科学。就科学性质而言，牧草饲料加工与贮藏学是草地培育学、饲料作物栽培学的继续；就其应用而言，牧草饲料加工与贮藏学服务于畜牧业，是草业和畜牧业不可缺少的重要环节，是高等农业院校草学、动物科学专业的一门专业课。

牧草饲料加工与贮藏是运用动物营养学原理和草产品加工原理、采用现代生物技术和机械装备，结合高新技术对产品进行科学检测，揭示牧草饲料在加工贮藏过程中营养物质变化的规律和影响因素，研发能有效保持和提高饲料品质的加工工艺和生产工艺，为畜牧业生产提供优质的饲料产品，提高牧草饲料的利用率。

随着现代畜牧业的发展，牧草饲料加工与贮藏的重要性日益凸显。通过本课程的学习，学生可初步掌握牧草饲料收获、加工与贮藏方面的基本理论与先进技术，为促进草业和畜牧业的发展贡献力量。

第二节 牧草饲料加工与贮藏的发展

欧美国家在牧草收获技术、干草调制技术（干燥、切碎、压扁等）、牧草发酵技术、叶蛋白加工技术、牧草检测技术和牧草贮运技术等领域有了显著进展，研发出多种行之有效的草产品加工和贮运技术，并开发了多种类型的饲草配套加工机械，在牧草收获、加工、包装入库等各个环节都实现了机械化和自动化。发达国家的饲草商品化、规模化生产是由先进的技术和发达的机械化支撑的。我国在草产品加工技术方面，通过引进消化及自行研制取得了一定进展，但总体而言，存在产量低、能耗高、质量标准低等问题。目前使用比较普遍的收获、打捆等机械设备仍主要依赖进口。饲草深加工机械，如叶蛋白加工设备、茎叶分离设备、颗粒饲料加工设备等，国产化工作尚处于起步阶段。

国外的干草产品主要有草捆、草粉、草颗粒和草块等种类。牧草在加工过程中的营养成分损失不超过 8%，产品的营养价值较高。青贮方面，在混合青贮工艺、高水分牧草青贮、生物添加剂青贮及防止二次发酵等研究方面取得显著进展。青贮设备既向大型密闭式的青贮袋和真空式的青贮窖发展，又向作业效率高、移动性强的草捆青贮方向发展，青贮过程与利用也走向机械化和自动化。目前，我国草产品以草捆、草块、草颗粒等初级产品为主，草粉生产尚处于起步阶段。在我国很多地区，如甘肃、新疆、内蒙古、辽宁、黑龙江、陕西等

地，已建立了苜蓿草粉生产厂，并已获得成功，甚至有的产品成为出口商品，但由于生产规模较小、加工手段落后等问题，影响草粉的质量，限制了我国生产苜蓿草粉的进一步发展。深加工产品还处于科研阶段或少量生产阶段，导致产品种类单一，不能满足不同区域特点的成套加工，利用率、附加值和科技含量低，同时缺乏先进生产技术的带动，造成大部分产品质量较低，缺乏竞争力，因此不能达到出口的国际标准。

目前，国外草产品加工业的发展趋势是加强对草产品的深加工。美国、英国、澳大利亚、俄罗斯等国家十分重视从栽培牧草中提取蛋白质、膳食纤维、叶绿素、不饱和脂肪酸、β-胡萝卜素等有效物质的技术研究和产品开发，对苜蓿等进行多层次加工和综合利用，以工业化生产叶蛋白、纤维素等，并以此为基础，用于饲料业、食品业和医药业，取得了较高的经济效益。此外，草产品加工业发达的国家都有完善的草产品质量评定、分级及安全评价技术体系。

我国牧草加工业在迅猛发展取得辉煌成绩的同时，也暴露出了一些问题：我国牧草加工产业仍处于发展阶段，尚不规范，还没有形成规模。我国虽然是仅次于澳大利亚、居世界第二位的草原大国，但草地生产力水平不高，因此要求我们必须依靠先进的牧草加工技术，建立完善的牧草生产、加工和供应体系，来实现资源优化配置，促进牧草资源的有效利用，保证其均衡供应。

总体来看，我国草产品加工还很落后，全国每年草产品产量仅有 10 万 t 左右，所生产的大部分豆科牧草，其产品的质量不高，缺乏在国际市场上的竞争力。造成这一现象的原因很多，如草产品生产的关键技术落后、机械化程度低、空间布局不合理等。面对种种制约性问题，今后我国草产品加工的发展应该有以下几个主要的趋向：一是加强基础研究，如草产品营养及利用方式，增长产业链，开发多种产品，并进行深加工等，这也是今后草产品发展的必然趋势。二是在加工机械方面，在现有产品研究的基础上，研究水平和产品开发力度将进一步提高，继续跟踪国际先进水平。今后的研发重点是刈割压扁机具技术、小方捆机关键技术、打结器部件产品、高密度打捆技术与打捆机具设备等。三是进一步完善草产品生产标准，今后草产品加工要按全国统一标准严格执行，只有这样才能不断发展国内市场，并逐步占领国际市场。四是今后我国配合饲料用草和规模化养殖场用草的数量至少在 1000 万 t，而我国 75% 以上地区的牲畜冬季缺草，地区和季节性不平衡也将进一步推动草产品的发展和流通。

尽管我国牧草饲料加工与贮藏存在种种不足，但确实发展了很多相关的技术和监测体系，现简要介绍如下。

1. 牧草刈割与田间快速干燥技术 为了加快豆科牧草的条件干燥技术，研发了茎秆压扁技术，压扁可加快茎秆的干燥速度，使茎秆和叶片的干燥程度趋于同步，可有效地减少叶片损失。为了更进一步加快牧草的水分散失速度，研制了各种有效干燥剂。用化学制剂加速豆科牧草的干燥速度，国外应用较多的有碳酸钾、碳酸钾 + 长链脂肪酸混合液、长链脂肪酸甲基脂乳化液 + 碳酸钾等。

2. 草捆加工技术 草捆加工是牧草商品化生产的主导技术，草捆加工主要有田间捡拾行走作业和固定作业两种方式。田间捡拾行走作业多用于大面积天然草地及人工草地的干草收获；固定作业常用于分散小块地干草的集中打捆及已收货农作物秸秆和散干草的打捆。草捆的形状主要有方形和圆形两种，每种草捆又有不同大小的规格。在各种形状及规格的草捆中，以小方捆的生产最为广泛。通常牧草含水量在 17%～22% 时开始打捆，也可在含水量较高（22%～25%）的条件下捡拾打捆。在安全水分以上条件下打捆时，可采用喷洒装置在草条上喷洒防霉剂，使高水分干草草捆能安全贮藏。将牧草作为商品草来生产时，在第一次捡拾打捆的基础上用高密度打捆机二次加压，使草捆密度进一步增加，不仅节省贮藏空间，还减少运输成本。

3. 干草粉加工技术 近年来，牧草粉碎技术发展较快，在传统的饲草粉碎和铡切工艺的基础上，形成了揉碎和揉切新工艺，揉碎工艺在揉搓结构的作用下将牧草揉切成丝状，茎节被完全破坏。而揉切则是综合了铡切和揉碎两种方式的一种切碎工艺，兼有两者的优点，这些工艺的研发不仅提高了牧草粉碎效率，同时大大改善了牧草产品营养成分的利用率。

4. 牧草成型加工技术 成型饲料具有空气接触面积小、物料密度大和可生产全价复合料等优点，成型加工技术在美国发展较快，开发了田间草块加工联合机。例如，WBSCS168 型移动式草块机，由美国奥润贝尔公司生产，是一种新型移动式、适合小型规模加工的小草块加工设备。除了研制各种类型和型号的成型饲料加工设备之外，国内外还开发了系列制粒、制块技术，以及畜禽专用颗粒配方技术、茎叶分离后茎秆草颗粒技术和叶片草颗粒技术等。

5. 青贮加工技术 青贮加工技术真正开始实验研究并取得新的进展是从 19 世纪后半叶开始的。青贮加工技术历来在畜牧业发达国家中占有重要位置。国外主要青贮加工技术包括抑制牧草有氧不稳定技术、生物青贮添加剂开发技术、豆科牧草青贮技术。此外，通过采用萎蔫、半干和青贮添加剂或更先进的机械加工与贮藏设备等措施，改进青贮技术，改善加工工艺，从而使青贮调制真正成为饲草加工贮存的主要方法。为了抑制青贮过程中不良微生物的生存和繁殖，在实践中常常采用凋萎青贮法和半干青贮法，以调制出品质和适口性更好的苜蓿青贮饲料。由于气候原因，有些地区、有些季节刈割后很难顺利进行苜蓿晾晒工作，难以保证青贮饲料的高发酵品质和稳定性。为此，近年来关于苜蓿青贮添加剂，除传统的各种酸类添加剂外，还不断研制开发出新的乳酸菌制剂和纤维素酶制剂等生物添加剂，显著提高了苜蓿青贮的效果和品质。青贮工艺的改良，提高了青贮作业效率，大大节省了劳动力成本，新开发的灌装式青贮袋青贮工艺、拉伸膜裹包青贮工艺、联合拉伸膜裹包青贮工艺、切碎打捆裹包青贮工艺、高效率裹包青贮工艺等在牧草加工过程中发挥着越来越重要的作用。

6. 草产品深加工技术 叶蛋白饲料又称绿色蛋白浓缩物，是以新鲜牧草或青绿植物的茎叶为原料，经压榨后，从其汁液中提取出具有高质量浓缩蛋白质的饲料。以青绿饲草为原料生产叶蛋白饲料有着广阔的发展前景。自 20 世纪 90 年代以来，叶蛋白研究的范围从单纯的叶蛋白制品向高档叶蛋白精制品、食品、医药保健产品及精细化工产品等方面发展，呈全方位、多层次综合研究开发的特点。

普通膳食纤维作为无能量填充剂，生理功能有局限。通过高技术处理可以强化膳食纤维在促进人体健康方面的功能。目前，研究人员正在研究开发多种牧草膳食纤维，添加于饮料、面点、糖果、汤料、膨化食品和保健食品中，添加量为 3%～30%。此外，具有药用价值的草本植物是中药的主要部分和中医治疗疾病的重要物质基础，是制药等工业的重要原料。中草药是草产品的重要组成部分，是人类社会生存和发展不可缺少的自然资源之一。

油脂植物广泛存在于植物界，就食用而言，植物油脂远远优于动物油脂，许多植物都含有不饱和脂肪酸和甘油酯成分，可预防和治疗心血管疾病；在工业方面，植物油脂是油漆和涂料的主要原料之一。

7. 牧草产品质量安全监测体系 由于近年来疯牛病、口蹄疫等传染病的出现，对饲草饲料的安全和质量监控越来越受到重视。国际上研制出草产品快速检测设备，开展了对收获、加工、贮藏和运输过程中营养成分的全程检验，建立了优质牧草产品生产的标准化体系。

第三节　饲草饲料的分类

随着饲草饲料加工装备及加工工艺的发展，饲草饲料的种类越来越多。人们在日常生产生活中为了便于管理，根据饲草饲料的原料来源、加工技术、饲喂对象及饲料性质等将其进行分类。目前，我国在借鉴国际饲草饲料分类方法的基础上，建立了适合我国资源和生产特点的饲草饲料分类体系，并逐步加以完善和推广。但是，实际生产中除了饲草饲料管理部门推行的标准化饲草饲料分类方法外，还有行业惯用饲草饲料分类法和习惯性饲草饲料分类法。

（一）国际饲草饲料分类法

1. 国际饲草饲料的具体分类　目前尚未统一，但应用最广泛的是美国学者哈里斯（L. E. Harris）于1963年提出的分类系统。

（1）粗饲料（分类编码：1-00-000）　干物质（DM）中粗纤维（CF）含量大于或等于18%，以风干物为饲喂形式的饲料，如干草、干秸秆。

（2）青绿饲料（分类编码：2-00-000）　天然水分含量在60%以上的新鲜饲草及以放牧形式饲喂的人工栽培牧草和天然牧草。

（3）青贮饲料（分类编码：3-00-000）　以新鲜的植物性饲料为原料，以青贮方式调制成的饲料。

（4）能量饲料（分类编码：4-00-000）　干物质中粗纤维（CF）含量小于18%，同时粗蛋白（CP）含量小于20%，如玉米籽实、糠麸类。

（5）蛋白质补充饲料（分类编码：5-00-000）　干物质中粗纤维（CF）含量小于18%，同时粗蛋白（CP）含量大于或等于20%，如豆饼、胡麻饼、鱼粉。

（6）矿物质饲料（分类编码：6-00-000）　可供饲用的天然矿物质及化工合成的无机盐，如硫酸亚铁、碘化钾等。

（7）维生素饲料（分类编码：7-00-000）　由工业合成或提纯的维生素制剂，但不包含富含维生素的天然青绿饲料在内。

（8）饲料添加剂（分类编码：8-00-000）　出于保证或改善饲料品质，防止质量下降，促进动物生长繁殖，保障动物健康的目的，向饲料中加入的少量或微量的物质，但不包括合成氨基酸、矿物质和维生素。

2. 国际饲草饲料分类的编码模式　国际饲草饲料分类方法采用6位阿拉伯数字编码模式。其中，第一位数字一般用1～8来标识八大类饲料；后5位数字为该种饲料在对应大类饲料中的登记号。该类饲料编码方式的饲料标样容量为8类×99999位=799992种。

例1：苜蓿干草的编码为1-00-092，表示其属于粗饲料，位于饲料标样总号数的第92位。

例2：玉米籽实的编码为4-02-879，表示其属于能量饲料，位于饲料标样总号数的第2879位。

（二）国内饲草饲料分类法

1. 国内饲草饲料的具体分类　我国饲草饲料分类法由传统分类与国际分类相结合而成，1987年农业部正式批准，在国际标准八大类基础上拓展为16个亚类。

（1）青绿饲料类（CFN：2-01-0000）　天然水分含量高于45%的新鲜牧草、野菜、藤蔓、秸秧及未完全成熟的谷物植株。

（2）树叶类

CFN：2-02-0000　刚摘下的树叶，饲用时水分含量高于45%，属于青绿饲料。

CFN：1-02-0000　风干后的乔木、灌木、半灌木树叶。此时，CF≥18%，属于粗饲料。

（3）青贮饲料类

CFN：3-03-0000　常规青贮饲料，水分含量65%～75%。

CFN：3-03-0000　低水分青贮（半干青贮），水分含量45%～55%。

CFN：4-03-0000　欧美盛行的谷物湿贮，水分含量28%～35%。

（4）块根、块茎、瓜果类　马铃薯、红薯、胡萝卜、饲用甜菜、落果、瓜皮等。

CFN：2-04-0000　鲜喂，水分含量高于45%。

CFN：4-02-0000　干喂。

（5）干草类

CFN：1-05-0000　DM中CF≥18%，属于粗饲料（老茎干）。

CFN：4-05-0000　DM中CF＜18%，CP＜20%，属于能量饲料（优质禾草）。

CFN：5-05-0000　DM中CF＜18%，CP≥20%，属于蛋白质饲料（优质豆科草粉）。

（6）农副产品类　农作物的藤、蔓、秸、秧、荚、壳等。

CFN：1-06-0000　DM中CF≥18%，属于粗饲料（秕壳）。

CFN：4-06-0000　DM中CF＜18%，CP＜20%，属于能量饲料（禾本科作物）。

CFN：5-06-0000　DM中CF＜18%，CP≥20%，属于蛋白质饲料（豆科作物）。

（7）谷实类（CFN：4-07-0000）　DM中CF＜18%，CP＜20%，如玉米、高粱、稻谷。

（8）糠麸类

CFN：4-08-0000　DM中CF＜18%，CP＜20%，如小麦麸皮、米糠。

CFN：1-08-0000　DM中CF＞18%，如米糠中掺入稻壳。

（9）豆类

CFN：5-09-0000　DM中CF＜18%，CP≥20%，大多数豆科饲料。

CFN：4-08-0000　DM中CF＜18%，CP＜20%，如江西爬豆。

（10）饼粕类

CFN：1-10-0000　DM中CF≥18%，属于粗饲料（葵花饼及棉籽饼）。

CFN：4-10-0000　DM中CF＜18%，CP＜20%，属于能量饲料（玉米胚饼）。

CFN：5-10-0000　DM中CF＜18%，CP≥20%，属于蛋白质饲料（豆饼）。

（11）糟渣类

CFN：1-11-0000　DM中CF≥18%，属于粗饲料（干渣）。

CFN：4-11-0000　DM中CF＜18%，CP＜20%，属于能量饲料（醋糟、酒糟）。

CFN：5-11-0000　DM中CF＜18%，CP≥20%，属于蛋白质饲料（豆腐渣）。

（12）草籽树实类

CFN：1-12-0000　　DM 中 CF≥18%，属于粗饲料（果皮等比重较大的籽实）。

CFN：4-12-0000　　DM 中 CF<18%，CP<20%，属于能量饲料（沙枣、稗草籽）。

CFN：5-12-0000　　DM 中 CF<18%，CP≥20%，属于蛋白质饲料（橡树籽）。

（13）动物性饲料类

CFN：1-12-0000　　DM 中 CF≥18%，属于粗饲料（骨粉、贝壳粉）。

CFN：4-13-0000　　DM 中 CF<18%，CP<20%，属于能量饲料（油脂）。

CFN：5-13-0000　　DM 中 CF<18%，CP≥20%，属于蛋白质饲料（鱼粉、血粉）。

（14）矿物质饲料类（CFN：6-14-0000）　石灰石粉、沸石粉，但不包括骨粉。

（15）维生素料类（CFN：7-15-0000）　维生素 A、维生素 B、维生素 C、维生素 D、维生素 E 等。

（16）添加剂及其他（CFN：8-16-0000）　属于饲料添加剂。

2. 国内饲草饲料分类的编码模式　国内饲草饲料分类方法采用 7 位阿拉伯数字编码模式。其中，第一位数字一般用 1～8 来标识八大类饲料；第二、第三位数对应的是 1～16 个亚类编码；后 4 位数字为该种饲料在对应大类和对应亚类饲料中的登记号。该类饲料编码方式的饲料标样容量为 8 类×16 亚类×9999 位 =1279872 种。我国的饲草饲料分类编码模式不仅在饲料标识样本容量大于国际分类标识编码，还增加了第二、第三层次编码，在划分上更加清楚。另外，用户可以根据分类原则判断饲料性质，还可根据亚类检索出饲料资源的出处。

（三）行业惯用饲草饲料分类法

该类方法主要是畜牧业和饲草生产行业从业人员对饲草饲料进行管理与利用的分类方法。主要是根据饲草饲料的加工方法对其进行分类。

1. 干草　干草是特指牧草或饲料作物在质量兼优时期刈割，并经过一定的干燥方法制成的粗饲料，制备良好的干草仍保持青绿色，故也称为青干草。

2. 青贮饲料　青贮饲料是指在青贮容器中厌氧条件下经过发酵处理的饲料产品。新鲜的、萎蔫的或者半干的青绿饲料（牧草、饲料作物、多汁饲料及其他新鲜饲料），在密闭条件下利用青贮原料表面附着的乳酸菌的发酵作用，或者在外来添加剂的作用下促进或抑制微生物发酵，使青贮原料的 pH 下降而保存的饲料称为青贮饲料，这一过程称为青贮。

3. 草粉　草粉是以饲草为主要原料，经人工快速高温干燥、粉碎等工艺生产而成的草产品。草粉主要作为畜禽的维生素、蛋白质和钙磷补充料，是畜禽配合饲料中的重要原料。

4. 成型草产品　成型草产品是指将干草粉、草段、秸秆、秕壳等原料或粉状的配合饲料、混合饲料加工成颗粒状、块状、饼状及片状等固型化的饲草饲料。

5. 饲草型全混合日粮　饲草型全混合日粮是指以饲草为原料，将精料、矿物质、维生素和其他添加剂用特制的搅拌机进行科学的混合，供畜禽自由采食，能提供足够营养以满足畜禽需要的日粮。

6. 植物性添加剂　植物性添加剂是指以植物为原料，从中提取特殊物质，具有促进畜禽生长、增强免疫、改善畜禽产品风味的添加剂。

（四）习惯性饲草饲料分类法

该类方法主要是人们根据饲草饲料的不同特性和用途进行的习惯性分类方法。

1. 按原料分类 动物性饲料、植物性饲料、矿物质饲料、维生素饲料等。

2. 按形态分类 固态饲料（包括颗粒状、块状、粉状、饼状等）和液态饲料。

3. 按提供的营养成分分类 精饲料、粗饲料、蛋白质补充饲料等。

4. 按饲养动物分类 牛饲料、羊饲料、猪饲料、鸡饲料、鱼虾饲料及特种动物饲料等。

思 考 题

1. 简述牧草饲料加工与贮藏的含义。
2. 谈谈牧草饲料加工与贮藏的重要意义。
3. 国际上将饲草饲料分为几大类？其依据是什么？

第二章 牧草及饲料作物的收获

【内容提要】 牧草及饲料作物的适时收获；牧草及饲料作物收获的原则；牧草及饲料作物的机械化收获。

【教学目标】 了解牧草及饲料作物适时收获的意义；掌握牧草及饲料作物适时收获的原则和适时收获期；了解牧草及饲料作物的机械化收获。

第一节 牧草及饲料作物适时收获的意义

牧草及饲料作物的适时收获是指在饲草饲料生产过程中，在牧草及饲料作物质量和产量兼优时期进行及时刈割贮藏的生产环节。适时收获是饲草饲料生产的关键措施之一。它不仅关系到饲草饲料本身的产量及质量，还间接影响采食饲草饲料畜禽的畜产品数量和品质，以及利用后的草地生产力的维持和提高。

一、适时收获是生产优质饲草饲料的基本前提

在实际生产中，调制加工优质饲草饲料时，无论是天然打草场的牧草，还是人工栽培的牧草及饲料作物，都必须在其营养物质产量最高时期进行刈割，即首先要保证原料的品质，然后再通过后续的加工调制技术，加工生产优质的饲草饲料。否则，无论采取何种加工方法与先进技术，都不可能用品质较差的原料生产出优质的饲草饲料，这是生产优质饲草饲料的基本前提。例如，适时收获的玉米秸秆经过厌氧发酵可调制成优质的青贮饲料，可成为冬春季节草食家畜优良的青绿多汁饲料；黄枯以后的玉米秸秆不再具备青绿多汁的特性，无论是采用氨化技术还是采用微贮发酵技术调制加工，最终也只能作为家畜果腹的粗饲料。

二、适时收获是提高单位面积草地生产力的有效途径

通过实施牧草及饲料作物适时收获技术，可以对再生性强的牧草和饲料作物进行多次刈割利用。经多次刈割收获的饲草饲料，无论在产量上还是在质量上均显著高于一次性收获方式收获的饲草饲料。例如，张秀芬（1992）以沙打旺为对象进行的研究表明，采用两次刈割技术收获沙打旺，单位面积鲜草产量和干草产量分别为 21 335kg/hm^2 和 7695kg/hm^2，较传统一次刈割技术的鲜草、干草产量分别提高了 29.25% 和 11.47%；两次刈割沙打旺牧草干物质中粗蛋白含量较一次性刈割提高了 3.6%，胡萝卜素含量提高了 59.7mg/kg。因此，适时收获可以改变一年一次性收获牧草及饲料作物的传统习惯，实施一年多次收获，也可提高土地利用效率。

三、适时收获可以显著提高饲草饲料的饲料报酬

据恩斯明格（1980）报道，无论是豆科和禾本科，还是混播牧草，在始花期每推迟刈割一天，牧草的消化率和采食量均会下降0.5%以上，总营养价值下降1%以上。因此必须根据不同牧草及饲料作物的产量及营养物质的含量，适时刈割，使之既不影响牧草的生长发育，又能获得高产优质的饲草饲料。适时收割的牧草，由于干物质产量和可消化营养物质含量高，牲畜采食后产生的畜产品量也相应较高（表2-1）。

表2-1　红三叶和猫尾草混播草地在不同刈割期的干草产量及畜产品量

收割期	干草产量/（kg/hm^2）	干草中可消化蛋白/（kg/hm^2）	畜产品/（kg/hm^2）	
			牛乳	肉
始花期	3550	185	5243	291
盛花期	4440	86	4324	216
结荚期	4350	60	1435	73

四、适时刈割是维持草地生产力和维护草地健康的有效途径

草地资源是一种可更新的资源，但是在特定的时间和空间范围内，它又是一种有限的资源。无论是天然草地还是人工草地，如果利用不得当均会导致退化。过度频繁和过晚的刈割对人工草地生产能力和健康水平都会产生很大的负面作用。而应用适时刈割技术，可以科学地规划草地刈割频次和刈割时间，不仅可以获得质优量多的饲草饲料，还不会对草地健康造成任何负担。何玮等（2006）通过对牛鞭草和白三叶混播草地实施不同频次刈割试验研究后得出：刈割次数过多，虽然可以提前利用，但此时草地各种牧草的地下和地上部分生长量都较小，生长势还比较弱，积累的营养物质较少，在整个生产期间，草地产量和质量呈现下降趋势；而适当的刈割次数，虽然在一定程度上推迟了利用期，但是各种草生长势较旺，不仅地上部分产草量较高，地下部分的生物量也增大，积累的营养物质较多，为下茬草再生长奠定了良好的基础，因此使草地表现出良好的生产性能。

第二节　饲草原料收获的原则

借鉴国内外有关草产品原料适时收获技术的研究成果，结合作者多年来的实践研究经验，适时收获草产品原料需要遵循下列原则。

一、以单位面积内可收获的总消化养分含量最高为基本标准

依据牧草及饲料作物生育期内地上部分产量增长和营养物质积累的动态规律可知，牧草产量和营养物质积累量并不同步。一般情况下，牧草及饲料作物随着生育期的推移，营养物质含量在牧草及饲料作物开花前后达到最高，之后随着营养物质向生殖器官的转移和营养体内纤维性物质含量的增加，牧草及饲料作物植株内的可消化营养物质含量逐渐下降。地上部分生物量在生长初期增长缓慢，从分蘖或拔节期开始进入快速生长时期，至结实期停止生

长。因此，早期收获虽然原料中营养物质含量较高，但是由于可收获原料量过低，单位面积内收获的总消化养分（total digestible nutrient，TDN，产量和可消化总养分含量的乘积）含量低；相反刈割过晚，虽然收获的原料量高，但是由于原料中可消化养分含量过低，单位面积内收获的总消化养分含量并不高。综合考虑，单位面积上的原料产量和营养物质含量，以其乘积——单位面积内收获的总消化养分含量最高时期收获最为理想。

二、有利于牧草的再生

牧草及饲料作物刈割后的再生主要靠刈割刺激分蘖节、根颈或叶脉处休眠芽的生长来实现，未受损伤的茎叶继续生长也起作用（程积民等，1998）。研究表明，牧草被刈割后的再生能力取决于牧草的生物学特性，不同牧草的再生能力不同。例如，贝加尔针茅的再生能力较强，因为它属于下繁禾本科牧草，刈割后生长点不易受损伤，且残留的叶片较多，故恢复生长较快。麻花头的根茎内贮藏养分较多，刈割后能及时供给植株生长所需养分，因此再生能力也较强。另外，刈割时残留在残茬上的叶片面积的大小、叶片的生长阶段及所残留的叶片占整个植株的叶片比例等都影响再生，再生速度随着剩余叶片的叶面积指数的增加而增加。赵萌莉等（2000）的研究表明，在不刈割的情况下，牧草在生长季内的贮藏养分含量变化呈“V”字形，但植物的贮藏养分含量对于刈割反应十分敏感，一个生长季内，连续多次刈割，导致贮藏养分（主要是可溶性碳水化合物）含量下降。不合理的刈割技术对牧草的再生能力也产生一定的负面影响。例如，关于刈割对新麦草草地影响的研究表明，近地面刈割能增加分蘖发生数，但 3 次以上连续刈割将造成分蘖数显著下降，使植株生物量下降，甚至造成植物死亡。因此，牧草及饲料作物的收获要充分考虑多次刈割对贮藏性营养物质含量的影响，保证刈割后贮藏性营养物质含量能够满足再生需求。

三、有利于多年生或二年生牧草及饲料作物的安全越冬

多年生或二年生牧草根系营养物质的积累，直接影响到牧草的越冬成活率和翌年牧草的返青生长。如果牧草刈割太晚，根系发育不良，养分积累太少，对越冬不利，甚至会在翌年出现大面积的死亡。牧草最后一次刈割应在当地平均霜降期来临前一个月左右进行，使其在上冻前能恢复一定的生长高度。杨恒山等（2004）在内蒙古东部的西辽河平原进行的紫花苜蓿多次刈割试验表明：在该地区，紫花苜蓿刈割 4 茬以上，根系营养物质用于再生生长消耗较多，致使根小且根中总糖含量显著偏低，直接影响到紫花苜蓿的安全越冬和翌年的再生生长。

四、天然草地以草群中优势种的最适刈割方式为准

天然草地草群中植物种类多，不同植物的适宜收获时期和技术不一致。因此，为把损失减少到最小，保证收获草产品的原料品质和产量，我们以草群中优势种的最佳刈割时间和刈割技术为主，适当考虑草群中其他牧草的刈割时期，确定最适刈割收获方式。

五、根据不同的利用目的确定适时刈割期

在生产中除了要遵循上述收获原则外，还可根据具体的生产需求确定适时的刈割时期。

例如，以生产高蛋白质和高维生素含量的苜蓿草粉为目的时，应在孕蕾期进行刈割，虽然产量略低一些，但草粉品质提高，经济效益好；若在开花期刈割，虽草粉产量较高，但草粉质量下降，经济效益相对低。

第三节　常用饲草及饲料作物的适时收获技术

一、牧草的收获期

（一）豆科牧草的适时收获

豆科牧草富含蛋白质（占干物质的16%～22%）、维生素和矿物质，而不同生育期的营养成分变化比禾本科牧草更为明显。例如，开花期刈割比孕蕾期刈割粗蛋白含量减少33%～50%，胡萝卜素含量减少50%～80%。不同生育期紫花苜蓿所含营养成分如表2-2和表2-3所示。

表2-2　不同生育期紫花苜蓿营养成分的变化（%）

生育期	干物质	占干物质比例				
		粗蛋白	粗脂肪	粗纤维	无氮浸出物	粗灰分
营养生长	18.0	26.1	4.5	17.2	42.2	10.0
花前	19.9	22.1	3.5	23.6	41.2	9.6
初花	22.5	20.5	3.1	25.8	41.3	9.3
盛花	25.3	18.2	3.6	28.5	41.5	8.2
花后	29.3	12.3	2.4	40.6	37.2	7.5

表2-3　紫花苜蓿不同生长阶段胡萝卜素含量的变化　　（单位：mg/100g）

生长阶段	春季再生	现蕾前	现蕾期	开花期	种子成熟
胡萝卜素含量	17.5～29.3	16.4	13.0	10.7	3.5

豆科牧草生长发育过程中所含必需氨基酸从孕蕾始期到盛花期几乎无变化，而后逐渐降低，衰老后，赖氨酸、甲硫氨酸和色氨酸等含量减少33%～50%。

豆科牧草叶片中的蛋白质含量较茎为多（表2-4），占整个植株蛋白质含量的60%～80%，因此，叶片的含量直接影响到豆科牧草的营养价值。豆科牧草的茎叶重量比随生育期而变化，在现蕾期叶片重量要比茎秆重量大，而至终花期则相反（表2-5）。因此收获越晚，叶片损失越多，品质就越差，因此，避免叶片损失成了晒制干草过程中需要注意的首要问题。

表 2-4　几种豆科牧草茎与叶中的粗蛋白含量（%）

牧草种类	叶	茎
苜蓿	24.0	10.6
红三叶	19.3	8.1
杂三叶	20.7	9.5

表 2-5　不同生育期紫花苜蓿茎叶重量比（%）

生育期	叶	茎
现蕾期	57.3	42.7
始花期	56.6	43.4
50% 开花	53.2	46.8
终花期	33.7	66.3

早春收割幼嫩的豆科牧草对其生长是有害的，会大幅度降低当年的产草量，并降低翌年苜蓿的返青率。这是由根中碳水化合物含量低，同时根部在越冬过程中受损伤且不能得到很好的恢复所造成的。北方地区豆科牧草最后一次收割需在早霜来临前一个月进行，以保证越冬前其根部能积累足够的养分，保证其安全越冬和来年返青。

综上所述，从豆科牧草产量、营养价值和有利于再生等情况综合考虑，豆科牧草的最适收割期应为现蕾盛期至始花期。

（二）禾本科牧草的适时收获

禾本科牧草在拔节期至抽穗期，叶多茎少，纤维素含量较低，质地柔软，蛋白质含量较高；但到后期茎叶比显著增大，蛋白质含量减少，纤维素和半纤维素含量增加，消化率降低。

对多年生禾本科牧草而言，总的趋势是粗蛋白、粗灰分的含量在抽穗前期较高，开花期开始下降，成熟期最低；而粗纤维的含量，从抽穗至成熟期逐渐增加（表 2-6）。从产草量上看，一般产量高峰出现在抽穗期至开花期，也就是说，禾本科牧草在开花期内产量最高，而在孕穗期至抽穗期饲用价值最高。

表 2-6　羊草的化学成分含量动态（占风干重 %）

生育期	粗蛋白	纤维素	无氮浸出物
拔节期	26.24	26.01	23.25
抽穗期	15.42	32.29	30.60
开花期	14.39	35.36	36.68
成熟期	7.42	41.33	40.74

根据多年生禾本科牧草的营养动态，同时兼顾产量、再生性及翌年的生产力等因素，大

多数多年生禾本科牧草在用于调制干草或青贮时，应在抽穗期至开花期刈割。而秋季应在停止生长前 30d 刈割。当然在实际生产中，根据牧草种类的不同还有一些细微的差异，应该区别对待。几种常用禾本科牧草的适时刈割期见表 2-7。

表 2-7　几种禾本科牧草的适时刈割期

种类	适宜刈割期	种类	适宜刈割期
羊草	开花期	黑麦草	抽穗期—初花期
老芒麦	抽穗期	鸭茅	抽穗期—初花期
无芒雀麦	孕穗期—抽穗期	芦苇	孕穗期
披碱草	孕穗期—抽穗期	针茅	抽穗期—开花期
冰草	抽穗期—初花期		

（三）常见豆科牧草的适时收获技术

1. 苜蓿　大量的研究表明，孕蕾期至初花期是总可消化物质、蛋白质及微量元素含量较多的时期，能保证苜蓿草产品的质量及产量。在晾晒过程中不损失叶片的情况下，一般苜蓿干草中的粗蛋白含量可达 18%～20%、粗脂肪含量在 2.4% 左右、粗纤维含量在 36% 左右、无氮浸出物含量在 35% 左右、粗灰分含量在 9% 左右。另外，大面积的苜蓿收获，很难保证全部在初花期收完，一般可掌握在现蕾期（50% 的植株出现花蕾即现蕾期）开始收获，经历初花期到 15% 的植株开花时收割完毕。

刈割期：孕蕾期至初花期（10% 的植株开花）是最佳的刈割时期。

刈割频度：每年可刈割 3～4 次，不同地区可有不同的次数，应以当地最佳刈割次数为宜。

刈割留茬高度：越冬前最后一次刈割的留茬高度在 8cm 以上，利于苜蓿的越冬和翌年生长。

2. 沙打旺

（1）沙打旺适时收获技术　沙打旺生育后期老化粗硬，叶片较其他豆科牧草更易脱落；且植株体内硝基脂肪酸含量随生育期的推迟而持续增加。

刈割期：现蕾期到开花初期，第一次刈割，必须保证有 30～40d 的再生期，第二次在霜冻枯死前刈割。返青后 100～110d，株高 50cm 时刈割。

刈割频度：种植当年割一次，两年以后每年割两次。

刈割留茬高度：割后留茬 5～8cm。

（2）沙打旺收获试验研究　为了提高沙打旺的产量和质量，作者对沙打旺进行了刈割次数与刈割期筛选试验。试验组分别在 6 月 10 日、20 日、30 日进行第一次刈割，在 8 月 10 日、20 日、30 日进行第二次刈割，对照组在秋季（9 月中下旬）进行一次刈割。每次刈割均重复做 10 个样方，以平均干草产量为指标进行比较。将每次刈割的沙打旺打成不同直径的小捆进行立式干燥，以叶片脱落率为指标，在不同直径小捆及常规晾晒方法之间进行比较。

刈割次数及刈割期筛选：将两次刈割和一次刈割沙打旺产草量比较结果示于表 2-8。

表 2-8　不同刈割次数沙打旺产草量对比

产量及相关因素	两次刈割			一次刈割	变化幅度 /%
	第一次	第二次	合计		
刈割时间	6 月 10～30 日	8 月 10～30 日		9 月 25 日	
株高 / cm	55～77	35～40		56～80	
鲜草产量 /（kg/hm^2）	15 668	5 667	21 335	16 506	+29.3
干草产量 /（kg/hm^2）	5 592	2 114	7 706	6 903	+11.6

从表 2-8 可知，两次刈割技术可以使沙打旺鲜草产量、干草产量比一年一次刈割分别提高 29.3% 和 11.6%。因此，可以认为改进刈割技术（刈割次数和刈割期）是提高沙打旺产量的重要措施之一。对两次刈割的沙打旺草粉进行粗蛋白、胡萝卜素、粗纤维等营养成分分析，结果见表 2-9。

表 2-9　不同刈割次数沙打旺草粉营养成分对比

刈割次数	粗蛋白 / %	粗纤维 / %	胡萝卜素 /（mg/kg）
两次刈割	14.8	29.7	97.8
一次刈割	11.2	34.8	38.1
变化幅度	+3.6	−5.1	+59.7

由表 2-8 和表 2-9 可知，一次刈割的时间为 9 月中下旬，此时沙打旺木质化程度高、茎秆粗硬，造成粗蛋白、胡萝卜素含量急剧下降，而粗纤维含量迅速增加，总体营养价值降低。因此，两次刈割技术具有提高沙打旺草粉营养价值的作用，与一次刈割相比，粗蛋白含量提高 3.6%，粗纤维含量降低 5.1%，胡萝卜素含量提高 59.7mg/kg。

沙打旺应采取两次刈割技术，其干草粉产量、营养价值高；第一次刈割在 6 月 10～30 日，第二次刈割在 8 月 10～20 日进行；立式打捆干燥是保存沙打旺叶片、提高沙打旺草粉质量的一种切实可行的技术。

3. 草木樨　现蕾期后香豆素含量迅速增加。香豆素在霉菌的作用下，可转变为双香豆素，抑制家畜肝脏中凝血原的合成，延长凝血时间，致使家畜出血过多而死亡。

刈割期：现蕾期，最好在初花期和孕蕾期刈割。

刈割频度：东北当年春播的可刈割 2～3 次，南方地区当年春播的可刈割 3 次，秋播的刈割后产量很高，但刈割后生长能力很差。

刈割留茬高度：作饲草用第一年应在 7 月刈割，霜后还能再刈割一次，若天旱只能在霜前刈割一次，留茬高度在 9～12cm；第二年应在初花期刈割，留茬高度在 6～9cm。

4. 红三叶　红三叶苗期生长缓慢，过早刈割对其生长和营养物质积累均不利。

刈割期：调制干草以在开花期刈割为宜，调制青贮以在开花后期刈割为宜，青刈饲用应在开花前期刈割。

刈割频度：一般在早春播种的当年刈割至少 3 次，秋播的当年和次年共刈割 3～5 次。在北方可刈割 3 次，在南方可刈割 4～5 次。

刈割留茬高度：留茬高度以 4～6cm 为宜。

5. 红豆草　红豆草孕蕾期粗蛋白含量 15.27%、粗纤维含量 32.01%、无氮浸出物含量 46.23%。从干物质消化率来看，红豆草高于苜蓿，在开花期至结荚期一直保持在 75% 以上，进入成熟期之后消化率降至 65% 以下。

刈割期：青饲宜在现蕾期到始花期刈割，晒制干草可在盛花期刈割。

刈割频度：年刈割 2～3 次。

刈割留茬高度：3～5cm。

（四）天然草地牧草适时收获

在我国北方草原牧区，收贮天然草地牧草依然是畜牧业生产中饲草贮藏的主要方式和途径。科学合理地收贮天然牧草不仅可以提高收贮饲草的产量和品质，还对维护天然草地的生态安全起到积极的推动作用。天然草地牧草收获的基本原则：以草群中优势种的适时收获期为基准收获期。在长期的研究中，作者总结了一部分草原优势种植物和伴生种植物的刈割收获情况。

1. 针茅 针茅是优良牧草，开花前各种家畜均喜食，尤其是春季。但果实成熟时对家畜有一定的危害，特别是绵羊，其具锋利基盘的颖果不但易刺伤家畜的口腔黏膜和腹下皮肤，而且芒针混入羊毛时影响毛的品质。所以果实成熟期的大针茅草地质量显著降低，有经验的牧民常在此期移场放牧，以避免危害。颖果脱落后，适口性又有所提高。大针茅植株冬季残留性颇好，是分布区内家畜最基本的放牧地。

刈割期：开花前。

刈割频度：年刈割 1 次。

刈割留茬高度：6～8cm。

2. 羊草 羊草的主要特征是营养枝比例大，抽穗期粗蛋白含量 24.14%、粗纤维含量 28.76%、无氮浸出物含量 34.60%。该时期收割调制的干草颜色浓绿，气味芳香，是饲喂各种牲畜的上等青干草。羊草再生能力强，耐牲畜践踏，春季返青早，生长期长，叶量丰富，质地柔软，为各种家畜喜食，营养价值高。夏秋能抓膘催肥，适合放牧利用。

刈割期：抽穗期。

刈割频度：年刈割 1 次。

刈割留茬高度：6～8cm。

3. 披碱草 披碱草抽穗期粗蛋白含量 11.65%、粗纤维含量 39.08%、无氮浸出物含量 42.0%。调制好的披碱草干草颜色鲜绿，气味芳香，适口性好，马、牛、羊均喜食。披碱草干草制成的草粉也可喂猪。青刈披碱草可直接饲喂家畜或调制成青贮饲料喂饲。披碱草再生性差，一年可刈割 1～2 次，再生草可用来放牧，果后营养期长，一直可利用到秋末。

刈割期：抽穗期。

刈割频度：年刈割 1～2 次。

刈割留茬高度：6～8cm。

4. 老芒麦 老芒麦的叶量大，营养枝条较多，播种当年叶量占总量的 50% 左右，种植第二年以后，抽穗期叶量一般占 40%～50%，茎秆占 35%～47%，花序占 6%～15%。老芒麦草质柔软，适口性好，各类家畜均喜食。老芒麦适宜刈割期为抽穗期，这时营养物质最丰富，产草量也较高，一般干草产量为 4500～7500kg/hm^2，高产可达 10 500kg/hm^2 以上，适宜的利用年限为 4～5 年。抽穗期粗蛋白含量 13.90%、粗纤维含量 26.95%、无氮浸出物含量 38.84%。牧草返青早，枯黄迟，绿草期较一般牧草长 30d 左右，从而提早和延迟了青草期，对各类牲畜的饲养都有一定的经济效益。

刈割期：抽穗期。

刈割频度：年刈割 1～2 次。

刈割留茬高度：6～8cm。

5. 冰草　冰草在抽穗前，质地柔软，营养价值较高，适口性好，各种家畜均喜食。抽穗期粗蛋白含量 19.03%、粗纤维含量 35.97%、无氮浸出物含量 35.42%。既能用作青饲，也能晒制干草、制作青贮或放牧。延迟收割，茎叶变得粗硬，适口性和营养成分均降低，饲用价值下降。秋季家畜喜食再生草，冬季牧草枯黄时牛和羊也喜食。

刈割期：抽穗期至开花期。

刈割频度：年刈割 1～2 次。

刈割留茬高度：6～8cm。

6. 无芒雀麦　无芒雀麦返青早，枯黄晚，绿色期长，再生性好，适宜放牧或刈割用。无芒雀麦叶片宽厚，质地柔软，品质优良。抽穗期粗蛋白含量 16.0%、粗脂肪含量 6.3%、粗纤维含量 30.0%、无氮浸出物含量 44.2%。无芒雀麦根系发达，固土力强，覆盖良好，是优良的水土保持植物。其可消化蛋白的含量随着生长而呈下降趋势，但总可消化干物质呈增加趋势。产量的高峰在抽穗期，粗蛋白含量在此时也达最高。无芒雀麦可以调制干草，也可放牧利用。

刈割期：抽穗期。

刈割频度：年刈割 2 次。

刈割留茬高度：6～8cm。

7. 拂子茅　拂子茅在夏末和秋季草质变粗糙，各种家畜的喜食性降低或放牧时基本不采食。同样，在开花前调制的干草，营养较丰富，各种家畜均喜食。结实后草质变硬，营养显著下降。

刈割期：开花期。

刈割频度：年刈割 2 次。

刈割留茬高度：4～6cm。

8. 羊茅　羊茅叶量丰富，茎秆细软，适口性好，抽穗前各种家畜均喜食，羊、马最喜食。抽穗后，适口性下降。由于冬季保存性好，其耐牧性强，耐践踏，再生性强，而且营养价值高，因此羊茅可以作为首选放牧利用的牧草。

刈割期：抽穗期。

刈割频度：年刈割 1～2 次。

刈割留茬高度：4～6cm。

9. 芨芨草　芨芨草的茎叶粗糙，韧性较大，家畜采食困难。开花以前粗蛋白和胡萝卜素含量较丰富，拔节期至开花期以后逐渐降低，而粗纤维含量增加，适口性下降。在拔节期间，芨芨草粗蛋白的品质较好，必需氨基酸含量高，与紫花苜蓿的干草不相上下。芨芨草作为放牧利用时，霜冻后的茎叶各种家畜均可采食。因生长高大，为冬、春季牲畜避风卧息的草丛地，在冬季矮草被雪覆盖，家畜缺少可饲牧草的情况下，芨芨草便是主要饲草。因此，牧民习惯以芨芨草多的地方作为冬营地或冬、春营地。大面积的芨芨草草滩为较好的割草地，割后再生草也可放牧家畜。

刈割期：抽穗期、开花前期进行刈割。

刈割频度：年刈割 1 次。

刈割留茬高度：12～14cm。

10. 芦苇　芦苇抽穗前的嫩茎、叶为各种家畜所喜食，抽穗后植株体内纤维素和木质素成分迅速增加，适口性下降。目前芦苇草地大多数作为放牧地，少部分用作割草地。

刈割期：抽穗期。

刈割频度：年刈割 2～3 次。

刈割留茬高度：8～10cm。

（五）其他牧草的适时收获

1. 聚合草　聚合草栽种的第一年，在南方一般可刈割 2～4 次，在东北和西北只能刈割 2～3 次。生长第二年以后，每年 4～5 月株高 50cm 左右刈割第一次，以后每隔 35～40d 刈割 1 次；南方一年可收 4～6 次，北方一年可收 3～4 次。

收获时留茬高度以不超过 5cm 为宜，这样的留茬高度发芽出叶多，可提高产量。最后一次刈割时间应在停止生长前的 25～30d，以便留有足够的再生期，保证根系贮存足够的营养，形成良好的越冬芽，以利安全越冬。

2. 串叶松香草　串叶松香草收草适宜的刈割期为孕穗期至初花期。孕穗期茎叶比为 0.74∶1，每 4kg 鲜草可晒制 1kg 干草。种子成熟极不一致，且成熟后易脱落，成熟一批采摘一批，采收种子时，因茎枝较脆应轻放，以免折断茎枝，降低种子产量。我国南方采收种子易受雨水和台风为害，头茬刈割收草，再生草采收种子，以降低株高，避开雨季和台风季节。

3. 苦荬菜　苦荬菜在株高 40～50cm 时即可首次刈割，留茬 15～20cm，隔 5～6 周后即可进行刈割，到秋末最后一次刈割时可齐地刈割，采种植株一般不刈割，但在温带地区可在刈割后利用再生株采种。因种子极易落粒，故应分期分批采收。

4. 木地肤　木地肤是优质高蛋白饲用植物，其青草和干草的适口性均好，是牛、马、骆驼、羊等喜食的植物。木地肤在播种当年不宜放牧，可刈割少量干草，留茬不能低于 8cm，第二年秋天可刈割晒制干草，3 年后可用于春、秋、冬季放牧。夏季绵羊主要采食叶、细枝和花序。据新疆伊犁地区试验，第三年达成株时，鲜草产量可达 3750～7500kg/hm^2，种子产量为 225～300kg/hm^2；内蒙古正镶黄旗试验测试表明，鲜草产量可达 4320kg/hm^2。

5. 一年生禾本科牧草及青刈谷类作物的适宜刈割期　一般根据当年的营养动态和产草量两个因素来确定。几种常见的一年生禾本科牧草及青刈谷类作物的适宜刈割期见表 2-10。

表 2-10　几种常见的一年生禾本科牧草及青刈谷类作物的适宜刈割期

种类	适时刈割期	种类	适时刈割期
扁穗雀麦	孕穗期—抽穗期	青刈谷子	孕穗期—开花期
青刈燕麦	乳熟期—蜡熟期	青刈大麦	孕穗期

二、饲料作物的适时收获

（一）青贮饲料作物的适时收获

饲料作物营养价值的下降会影响家畜的采食量，因此刈割晚易引起可消化营养物质采食量的损失。在结实期干物质采食量只保持在早期刈割的 75%，而其 TDN 下降为早期的 46%。

根据青贮品质、营养价值、采食量和产量等综合因素的影响，禾本科作物的最适宜刈割期为抽穗期（出苗或返青后 50～60d），而豆科作物开花初期最好。专用青贮玉米（即带穗整株玉米）多在蜡熟期收获，并选择在当地条件下初霜期来临前能达到蜡熟期的早熟品种。兼用玉米（即籽粒作粮食或精料、秸秆作青贮饲料的玉米），目前多选用籽粒成熟时茎秆和叶片大部分呈绿色的杂交品种，在蜡熟末期及时收果穗后，抢收茎秆作青贮。青贮高粱则在乳熟后期刈割。几种饲料作物调制青贮的适宜收获期见表 2-11。

表 2-11　几种饲料作物调制青贮的适宜收获期

青贮饲料种类	适宜收获期	收获时含水量 /%	青贮饲料种类	适宜收获期	收获时含水量 /%
杂交苏丹草	约 90cm 高	80	燕麦	乳熟期	78
带穗玉米	蜡熟期	65～70	大麦	始穗期至蜡熟前期	70～82
整株高粱	蜡熟初期至中期	70	黑麦	始穗期至蜡熟前期	75～80

（二）草料兼收获饲料作物的适时收获

饲料作物在生长过程中，各个时期的营养物质含量不同，因此确定适宜的收获期是很重要的，尤其对于草料兼收的作物更为重要。

草料兼收的作物在考虑产量和品质时，也有所侧重。对于像玉米、高粱、燕麦和大麦等禾谷类籽实饲料作物，其籽实是重要的精饲料，是单胃家畜、家禽的基本饲料成分。此类饲料含大量的碳水化合物，淀粉占 70% 左右，粗蛋白占 6%～10%，粗纤维、粗脂肪、粗灰分各占 3% 左右，所含矿物质中磷较多，钙较少。以收获籽实为目的，一般在籽粒蜡熟末期或完熟期收获。对于豆类籽实，如大豆（包括黄豆、黑豆、秣食豆）、豌豆、蚕豆及野豌豆等，此类饲料粗蛋白含量一般在 22% 以上，如大豆为 33%～45%，是畜禽优良的蛋白质补充饲料，一般其收获期在籽实的完熟期。

（三）青刈饲料作物的适时收获

青刈饲料作物是指利用农田栽培的农作物或饲料作物，在其结实前或结实期收割作为青饲料的作物。常见的有青刈玉米、青刈燕麦、青刈大麦、大豆苗、豌豆苗、蚕豆苗等。

一般青刈作物用于直接饲喂或青贮。青刈饲料柔嫩多汁，适口性好，营养价值比收获籽实后剩余的秸秆高，尤其是青刈禾谷类作物，其无氮浸出物含量高，用作青贮效果好。此外，青刈燕麦和青刈大麦也常用来调制青干草。

幼嫩期青刈的高粱和苏丹草中含有氰苷配糖体，家畜采食后会在体内转变为氢氰酸而中毒。为了防止中毒，宜在抽穗期刈割，也可调制成干草或青贮，使毒性减弱或消失。

1. 青刈玉米　玉米是我国的主要粮食作物之一，栽培面积和总产量仅次于水稻和小麦，居于第三位。由于玉米植株高大，生长迅速，含糖量高，产量高，因此作为家畜的青饲料具有重要意义。

青刈玉米的产量和品质与收获期有很大关系。适时收割的玉米才能达到最高营养价值。青刈玉米柔嫩多汁，口味良好，新鲜饲喂，适于作牛、猪的青饲料。制成干草供冬、春饲喂，营养丰富，无氮浸出物含量高，易消化。据报道，鲜玉米株中粗蛋白和粗纤维的消化率分别为65%和67%，而粗脂肪和无氮浸出物的消化率则分别高达72%和73%。

2. 青刈高粱　高粱植株和玉米一样是优质青饲料。它茎叶青绿，尤其是甜茎种，是猪、牛、马、羊的好饲料。鲜喂、青贮或调制干草均可，但应注意的是，高粱新鲜茎叶中含氰苷配糖体，可在酶的作用下生成氢氰酸而引起毒害作用。过于幼嫩的茎叶不能直接利用，多量采食易引起中毒。调制青贮或晒制干草后毒性消失。

（四）块根、块茎类饲料作物的适时收获

块根、块茎类饲料作物是指甘薯、胡萝卜、马铃薯等以地下部块根、块茎等营养器官为饲料的饲料作物。这类作物无固定的收获期，但收获期可根据外界温度条件确定，通常在早霜前收获。下面以饲用甘薯、胡萝卜为例简单介绍块根、块茎的收获过程。

1. 饲用甘薯的收获　饲用甘薯的收获，要兼顾藤叶产量和薯块产量。如果收获合理，则薯块的产量不会显著减少，还可获得大量新鲜的藤叶。一般在草层高度为45cm时进行第一次收割。在华南和华东，甘薯可割藤3～5次，而在华北一带则只割2～3次。在高温多雨季节，每30d可割1次；在干旱季节，每45d割1次；温度下降或干旱季节，刈割的间隔日数延长，甚至长达72d。到下霜以前，可以最后一次齐地刈割。甘薯块根是无性营养体，没有明显的成熟期，只要气候条件适宜，就能继续生长。在适宜的生长条件下，生长期越长，产量越高。甘薯收获过早，缩短了薯块膨大的时间，使产量降低；收获过迟，因气温已下降到甘薯生长温度的低限，对提高产量作用不大，而且常常由于低温冷害的影响，薯块品质下降，不耐贮藏。最好在地温18℃时开始收获。另外，在此范围内还要注意先收春薯，后收夏薯；先收留种薯，后收食用薯。甘薯收获是一项技术性很强的工作，关系到贮藏工作的成败。因此，从收获开始至入窖结束，应始终做到轻刨、轻装、轻运、轻放，尽量减少搬运次数，严防破皮受伤，避免传染病害。

2. 胡萝卜的收获　胡萝卜肉质根的形成，主要在生长后期。越成熟，肉质根颜色越深，营养价值越高，所以胡萝卜宜在肉质根充分肥大时收获。7～8月播种的晚熟品种，12月可以收获，产量可达30～60t/hm^2。北方寒冷地区应在霜冻来临前收获，以防受冻，不耐贮藏。每公顷肉质根产量为37.5t左右，叶产量为15t。一般采用窖贮。上冻前选向阳避风、排水良好的地方挖窖。窖深、宽各2～3m，长度视贮量而定。入窖前晾晒1d，选无碰伤、无腐烂的肉质根，削去茎叶，层层摆好，摆至土壤结冻线以下为止。窖里的相对湿度控制在85%～95%，每隔30～50d倒一次窖，及时剔除烂根。

第四节　饲草原料机械化收获技术

一、牧草收获机械

在茎叶繁茂、生物量最大、单位面积营养物质产量最高时收获青草，可用镰刀等人工割草工具，但为了减少损失，短期收获，提高效率，以便于饲喂和调制，在地面平整、草地面积大时，常采用机械收获法。机械收获既有普通的割草机，也有直接在田间进行刈割和粉碎的青饲料收获机。

（一）割草机

割草机按切割原理，可分为往复切割器式（简称往复式）和旋转切割器式（简称旋转式）两种。按动力配套方式，又可分为牵引式、悬挂式、半悬挂式、自走式割草机及割草压扁铺条机。图 2-1 和图 2-2 是两种常见的割草机。

图 2-1　华德 92GHB-2.1（1.8）型割草机

图 2-2　牧神 9GTZ-3.6 型自走式全液压割草压扁铺条机

1. 往复式割草机　往复式割草机适用于收割天然草地牧草和种植牧草。其割茬低而均匀，铺放整齐，功率消耗小，价格便宜，使用调整方便。但要求草场平坦、障碍物少，切割高产或湿润牧草，易发生堵刀。

2. 旋转式割草机　旋转式割草机采用水平或垂直切割器。水平旋转式割草机包括圆盘式和转镰式两种；垂直式割草机包括卧式滚筒式割草机和甩刀式割草机。

3. 割草压扁铺条机　牧草干燥时间的长短，实际上取决于茎秆干燥时间的长短。例如，豆科牧草及一些杂类草，当叶片含水率降低到 15%～20% 时，茎的水分仍为 35%～40%，所以加快茎的干燥速度，就能加快牧草的整个干燥过程。

割草压扁铺条机的功能就是能将牧草茎秆压裂，破坏茎的角质层及维管束，并使之暴露于空气中，茎内水分散失的速度就可大大加快，基本能跟上叶片的干燥速度。这样既缩短了干燥期，又使牧草各部分干燥均匀。

（1）牧草压扁技术要求

1）配套性要求。为了加速干燥，由割草机割倒并形成铺条的牧草。近年来，通常将割草机与不同形式的压扁机配套使用，满足现代化的干草生产要求，实现将牧草地收割、茎秆压扁和铺成草垄等作业，由机器连续一次完成。

2）压扁性能要求。目前，国内外常用的茎秆压扁机有两种，即圆筒型和波齿型。圆筒型压扁机装有捡拾装置，压扁机将草茎纵向压裂；而波齿型压扁机可有一定间隔地将草茎压裂。一般认为，圆筒型压扁机压裂的牧草，干燥速度较快，但在挤压过程中往往会造成新鲜汁液的外溢，破坏茎叶形状，因此，要合理调整圆筒间的压力，以减少损失。根据现代农业的要求，割下的牧草必须有 40% 以上在压辊间通过，失落的草叶和断茎秆的损失，以干物质含量百分率表示，不得超过压扁牧草总重量的 2%。

（2）牧草压扁机械　按与动力的连接形式可分牵引式和自走式；按切割形式可分往复切割器式和旋转切割器式。割草压扁机辊的材料有橡胶和钢两种。现有的割草压扁机中压辊有两种组合方式，一种是一个光辊和一个槽辊相配合，其作用以压扁为主，称为压扁辊，其中槽辊常由橡胶制成；另一种称为碾折辊，由橡胶或钢制成，碾折作用较强，适于高秆丰产牧草，当使用钢制碾折辊时，辊棱必须修圆，以免切断牧草茎叶。

压扁机的工作部件由两个水平的、彼此做相反方向转动的挤压辊组成。新鲜牧草就从这两个压辊间通过。有弹簧压在一根压辊的轴上，使压辊之间产生压力。当割下的牧草以比较均匀的薄层在压辊间通过时，压扁机压辊的工作效率就高。

（二）青饲料收获机

青饲料收获机在田间将青饲料收割、切碎并吹送到拖车上，运回饲养场，现喂或青贮。

青饲料收获机按切碎饲料方式可分为直接切碎式和收割切碎式两种。甩刀式青饲料收获机属直接切碎式，它将直立的青饲料直接切成碎段；有多种收割台的通用型青饲料收获机属于收割切碎式。甩刀式青饲料收获机用同一部件进行收割切碎和抛送，因此其结构简单。但它只能用来收获青绿牧草、青绿燕麦及甜菜叶等饲料作物，不适于青（黄）玉米等高秆作物。

二、饲用玉米收获机械

饲用玉米，是指专门用于畜牧业饲料的玉米品种，包括粒用饲料玉米和青贮饲料玉米。粒用饲料玉米主要有优质高蛋白玉米和高油玉米，青贮饲料玉米包括青贮专用型玉米和粮饲兼用型玉米两种。粒用饲料玉米和青贮饲料玉米相应的收获机械不同。

（一）粒用饲料玉米收获机械

国外的粒用饲料玉米收获机械主要有两种：一种是以美国和德国等为代表的大功率联合收割机配套用的玉米摘穗台（我国称其为玉米割台）；另一种是以苏联生产的KCKY-6型自走式玉米收割机为代表的玉米联合收割机。美国的玉米摘穗台与联合收割机配套使用，可一次完成玉米摘除、脱粒和秸秆还田作业，其主要特点是在田间直接收割玉米籽粒，然后运输到农户。KCKY-6型自走式玉米收割机能够一次完成玉米摘穗、剥皮和秸秆还田（或青贮作业），其配套动力为147kW，适用于大面积作业，生产率为1.33～2hm^2/h。

（二）青贮饲料玉米收获机械

青贮饲料玉米收获机械，既有配置中耕作物割台的通用型青饲料收获机，也有专用的青贮玉米收获机（4YZ-3型）。

1. 配置中耕作物割台的通用型青饲料收获机　割幅可为两行，大型者可达3～4行。割台由切割器和夹持机构组成。工作时，青玉米首先由切割器割断，同时被夹持机构夹住并向中央集中和向上提升，但由于夹持机构上方有一槽梁挡住，因此最后玉米秆根部向右而平卧，再被喂入装置压紧和卷入，由切碎器切成碎段抛向拖车。在机身上除上述部件外，还有机架、行走轮、传动部分等。自走式收获机上还装有发动机和操纵部分（图2-3）。

2. 专用的青贮玉米收获机（4YZ-3型）　该机是新疆农业科学院农业机械化研究所根据我国当前农牧业生产规模、农牧区经济、技术条件、配套动力及维修使用条件等实际情况，在引进国外样机，经过实验分析、消化、吸收的基础上研制的一种小型悬挂式新机具。它具有结构简单、切碎质量好、投资少和使用维修方便等特点。主要用于收获青（黄）贮饲料玉米。

作业时，机器前进旋转的剪刀将玉米茎秆割断，两喂入辊相对旋转夹持茎秆送到切碎室，被高速回转的刀盘破茎切碎，并由抛送叶片抛起经抛料筒输送到抛车内。

该机与 40kW 拖拉机右侧悬挂，三点连接，机组行驶速度 5km/h。生产率 $0.2hm^2/h$ 以上。切碎长度小于 25mm 的切段占 75%～80%，破茎率大于 90%，适应玉米行距为 45cm 以上，割茬高度不大于 15cm，收割损失率小于 3%，机重 500kg（图 2-4）。

图 2-3　4Q-185 型青饲料收获机

图 2-4　4YZ-3 型青贮玉米收获机

三、块根、块茎类饲料作物收获机械

块根、块茎类饲料作物的收获机械是收割、采摘或挖掘块根、块茎类饲料作物的食用部分，并附带装运、清理、分级和包装等作业的机械。

（一）块根、块茎类饲料作物收获机械的类型

块根、块茎类饲料作物收获机械是指收获马铃薯、胡萝卜等的机械，有挖掘式和联合作业式两种类型。

1. 挖掘式收获机械　　挖掘式收获机械能完成切顶和挖掘作业，并将收获物铺放成条。

2. 联合作业式收获机械　　联合作业式收获机械有两种类型：一种是夹住茎叶把收获物从土中拔出，然后分离茎叶和土壤的机械；另一种是先切去茎叶，然后将收获物从土壤中挖出，并清除土壤和杂草的机械。

（二）块根、块茎类饲料作物收获机械

块根、块茎类饲料作物收获机械较多，这里列举马铃薯和胡萝卜收获机械。

1. 马铃薯收获机械　　一般马铃薯收获机械只用于马铃薯的收获，少数机型也可用于挖收甘薯、胡萝卜等。20 世纪初，出现了能使泥土与薯块分离的升运链式马铃薯收获机和抛掷轮式马铃薯挖掘机，50 年代后发展了能一次完成挖掘、分离土块和茎叶及装箱或装车作业的马铃薯联合收获机（图 2-5）。

2. 胡萝卜收获机械　　用机械收获胡萝卜有两种方法：一种是将块根和茎叶从土壤内拔出，然后分离茎叶和土壤，按这种原理工作的机械称为拔取式收获机；另一种是在块根从土壤内拔出之前，先切去茎叶，然后再把块根从土壤内挖出，并清除土壤和其他杂物，按这种原理工作的机器称为挖掘式收获机（图 2-6）。

图 2-5　马铃薯联合收获机

图 2-6　4HBZ-1 型挖掘式胡萝卜联合收获机

思 考 题

1. 牧草及饲料作物适时收获的意义是什么？
2. 确定牧草及饲料作物适时收获期的原则有哪些？
3. 大多数豆科牧草和禾本科牧草的适时收获期分别在生长期的哪个阶段比较合适？
4. 饲料作物的适宜收获期在何时？
5. 牧草收获中涉及的机械有哪些？

第三章　干草加工与贮藏

【内容提要】　干草调制的意义；干草的种类、营养特征和影响干草品质的因素；干草的调制原理、工艺和干燥方法；干草的贮藏；干草的利用；干草加工过程中的机械。

【教学目标】　了解干草调制的意义和干草的种类；掌握干草的营养特征和影响干草品质的因素；了解调制干草的原理和工艺，掌握干草调制的方法；掌握干草贮藏的方法；了解干草的利用；了解干草调制过程中的机械。

第一节　概　　述

干草在实际生产中有广义和狭义之分。广义上的干草包括所有可饲用的干制植物性原料，基本上涵盖了哈里斯国际饲料分类体系中的第一类饲料——粗饲料，即所有干物质中粗纤维含量≥18%，以风干状态存在的饲料和原料，如干制的牧草、饲料作物，以及农作物的秸秆、藤、蔓、秧、皮壳与可饲用的灌木、树叶等。而狭义的干草是特指牧草或饲料作物在质量兼优时期刈割，并通过一定的干燥方法制成的粗饲料，制备良好的干草仍保持青绿色，故也称为青干草。青干草可以看成青饲料的加工产品，是为了保存青饲料的营养价值而制成的贮藏产品。本章重点论述狭义干草的加工和贮藏。

优质的干草具有颜色青绿、叶量丰富、质地柔软、气味芳香、适口性好、易消化等特点，是草食家畜的日粮组成中必不可少的重要成分。特别是在当前草食家畜饲养规模化、集约化的趋势下，干草的作用越来越被畜牧业生产者所重视。新鲜饲草通过调制干草，可实现长时间保存和商品化流通，保证草料的异地异季利用，调制干草可以缓解饲草饲料在一年四季中供应的不均衡性，也是制作草粉、草颗粒和草块等其他草产品的原料。制作干草的方法和所需设备可因地制宜，既可利用太阳能自然晒制，也可采用大型的专用设备进行人工干燥调制，调制技术较易掌握，制作后取用方便，是目前常用的加工保存饲草的方法。

一、干草调制的意义

（一）保障饲草饲料的均衡供应，缓解饲草生产季节性不平衡引发的生产矛盾

我国的青绿牧草和饲料作物的生产具有明显的季节性，表现为夏、秋两季牧草生长旺盛期出现青绿饲草饲料的盈余，而冬、春两季则出现青绿饲草饲料的短缺，给畜牧业的生产带来严重的不稳定性。由于冷季牧草停止生长，放牧家畜只能采食残留于草地上的枯草，而枯草的营养价值只有夏、秋牧草的30%～40%，特别是在“白灾”的时候，牧民根本无法放牧，畜牧业生产始终徘徊在“夏壮、秋肥、冬瘦、春死”的循环中。为此，在植物生长季

节，调制和贮备优质干草，为家畜均衡提供饲草，对于减少冬、春家畜死亡，保障草地畜牧业的健康发展具有重要的意义。

（二）优质干草饲用价值高，可以节约精饲料

优质干草含有家畜所必需的营养物质，是钙、磷、维生素的重要来源。优质牧草经过科学的调制，粗蛋白含量可达10%～20%，可消化碳水化合物可达40%～60%，另外还富含脂肪、矿物质和维生素，能基本上满足日产奶5kg以下的奶牛的营养需要。我国奶牛平均每个泌乳期产奶量为4000kg，而畜牧业发达国家均在8000～10 000kg，差距较大。其主要原因是我国缺乏优质蛋白质饲草的支撑，饲养奶牛仅靠秸秆、精料和青贮玉米不能发挥优良奶牛品种的产奶性能。只有蛋白质饲草供应充足，才能提高产奶量。上海、广东、福建的大型奶牛场改变饲料结构，增加高蛋白饲草，大幅度提高了牛奶的产量和质量，并降低了成本。随着我国现代化畜牧业的发展，以奶业为龙头的草食家畜饲养业将在我国畜牧业乃至农业结构中占有重要的位置，在草食家畜饲养业高效发展中起支撑作用的高蛋白饲草的生产将进入一个新的发展时期。

（三）加工后的干草或草产品便于运输，可作为商品来销售

鲜草不利于运输，而加工后的优质干草产品便于运输，其已经成为国际贸易中的热门产品，全世界每年的贸易额高达50亿美元。随着中国经济和对外贸易的发展，干草和草制品已逐渐商品化。我国地域辽阔，尤其是东北、华北和西北地区适宜发展牧草生产。目前，国际市场对草产品尤其是对苜蓿草产品的需求急剧递增，日本、韩国及东南亚一些国家每年均需要大量的苜蓿草产品。中国是日本的近邻，干草运输成本要比美国和加拿大等国的运输成本低60%左右。因此，借助我国的地域优势，如果能抓住这个市场，可使干草及草制品成为我国重要的出口创汇商品。

（四）调制干草方法简便，原料丰富，有利于我国养殖业的发展

我国是畜牧业大国，近些年，随着中国经济的发展和人民生活水平的提高，畜产品的需求量进一步增加，从而大大刺激了我国草食畜禽养殖业的发展。干草的调制方法简便，方便农牧民操作，且原料有禾本科、豆科牧草及其他优质牧草，来源丰富。干草的数量和质量直接影响我国畜牧业，是当今我国畜牧业稳定发展的关键因素之一。

（五）干草的加工可带动其他行业的发展

伴随着农业现代化的发展，干草的调制逐步采用机械化干燥方法，同时要求有配套的收割、搂草、运输和烘干等机械，最终带动了运输和机械加工等相关产业的发展。

二、干草的种类

关于干草的种类，目前没有统一的分类方法。根据不同的分类方法，干草可形成许多种类，现简要介绍如下。

（一）按照牧草的植物学分类划分

通常可将干草分为禾本科、豆科、菊科、莎草科、十字花科等，在每个科里面，可根据饲草品种的名称命名干草名，如苜蓿干草为豆科干草、黑麦草干草为禾本科干草等。

1. 豆科干草　包括苜蓿、沙打旺、三叶草、草木樨等。这类干草富含蛋白质、钙和胡萝卜素等，营养价值较高，饲喂草食家畜可以补充饲料中的蛋白质。

2. 禾本科干草　包括羊草、冰草、披碱草、黑麦草、无芒雀麦、鸡脚草及苏丹草等。这类干草来源广、数量大、适口性好。天然草地绝大多数是禾本科牧草，是牧区、半农半牧区的主要饲草。

（二）按照栽培方式划分

根据调制干草所用的鲜草栽培方式和来源，可将干草分为天然草地干草和人工草地干草。其中，人工草地干草又可以根据栽培模式划分为单一品种干草和混播草地干草。例如，苜蓿干草为单一品种干草，白三叶 + 黑麦草干草为混播草地干草，而草原上收获的干草为天然牧草干草。

（三）按照干燥方法划分

根据调制干草时的干燥方法，可将干草分为晒制干草和烘干干草两类，这种分类方法可提示消费者所购干草的质量。一般而言，烘干干草质量优于晒制干草，是进一步加工草粉、草颗粒、草块的原料。

（四）按加工调制的产品类型划分

根据最终加工调制的产品类型可将干草划分为散干草和干草捆。

散干草通常露天垛藏。含水量降至 15%～18% 时即可进行堆垛。常见垛形有方形和圆形两种（图 3-1，图 3-2）。通常方形垛宽 4～5m，高 6～7m，长 8m 以上；圆形垛直径 4～5m，高 6～7m。

图 3-1　方形草捆

图 3-2　圆形草捆

干草捆是目前应用最广泛的草产品，其他草产品基本上都是在干草捆的基础上进一步加工而来的，干草捆主要是通过自然晾晒使牧草脱水干燥并打捆而得。与其他草产品相比，干草捆具有加工成本低、工艺简便、贮藏时间长、营养保存完好、饲喂时取用方便等优点。干草打捆后贮藏，草捆紧实，密度大，相对体积小，便于贮藏、运输和取用，是饲草产品商品化生产的一个重要环节。干草捆加工是牧草商品化生产的主导技术，在国外早已得到广泛应用。美国出口的草产品中 80% 以上都是干草捆。干草捆又可以根据草捆的形状分为方草捆和圆草捆；根据草捆的加工密度分为高密度捆（200～350kg/m^3）、中密度捆（100～200kg/m^3）

和低密度捆（<100kg/m³）。目前国内外打捆机的种类较多，主要有捡拾打捆机和固定式高密度二次打捆机（图 3-3，图 3-4）。捡拾打捆机在田间捡拾干草条，边捡拾边压制成草捆。按照草捆形状又可分为方草捆机和圆草捆机。固定式高密度二次打捆机固定作业，人工或机械从入口喂草，将饲草或作物秸秆压制成高密度草捆。目前的机械化作业多采用捡拾打捆机进行田间作业。各种打捆机由于成捆原理、构造等不同，压成草捆的形状、密度、大小等都不一样（表 3-1）。

图 3-3　捡拾打捆机

图 3-4　固定式高密度二次压捆机

表 3-1　常见的草捆参数

参数	小方草捆		大草捆		
	一般压缩	高压	一般压缩	一般压缩	高压
密度 /（kg/m³）	80～130	最大 200	80～120	50～100	125～175
形状	方形	方形	圆柱形	方形	方形
最大截面面积	42.5cm × 55cm	42.5cm × 55cm	直径 150～180cm	150cm × 150cm	118cm × 127cm
长度 / cm	50～120	50～120	120～168	210～240	250
单捆重量 / kg	9～36	最大 56	300～500	300～500	500～600

打捆机喂入量、压缩力及压缩密度是打捆机最主要的技术参数，它们三者之间关系的协调，直接影响着草捆的质量。打捆时饲草由捡拾器、输送喂入装置、压缩室草捆密度装置、草捆长度控制装置、打捆机构等自动地将饲草压缩捆绑后推出压缩室，经放捆板落地等一系列的工艺过程来完成打捆作业。大量的实验证明，喂入量对饲草压缩过程有很大的影响，喂入量不同，所得到的压缩力和压缩密度也不同，在相同的压缩密度下，不同喂入量所对应的压缩力也不同。随着喂入量的增加，压缩力增加，当喂入量增加到一定的程度后压缩力开始下降。当喂入量一定时，压缩密度取决于压缩力的大小，它们之间有一个临界值。

打捆时压缩的过程分为松散与压紧两个阶段。在松散阶段，压缩力随压缩密度的增加而很快上升；在压紧阶段，压缩力随压缩密度的增加而下降，压缩力和压缩密度之间也有一个临界值。

草捆在仓库里贮存 20～30d 后，当含水量降到 12% 以下时，即可进行二次压缩打捆，规格一般为 30cm × 40cm × 55cm，单捆重量为 32kg 左右，高密度打捆的目的主要是降低运输成本。二次打捆的草捆在生产中存在一定的问题，因为密度太大，家畜采食时比较费力，造成家畜能量的消耗。

打捆时应注意的问题如下。

1）在干草打成草捆前，要求其必须干燥均匀而无湿块，含水量在 20% 以下，对于捡拾打捆机，要求搂集成规则的草条，无乱团，以防止湿块和乱团发霉，产生热量而自燃。

2）对干草尤其是豆科青干草进行打捆时，应选择在早晚反潮或有露水时进行，以减少叶片及营养物质的损失。降低打捆时叶片损失的一个方法，就是向干草表面喷洒有机酸（最常用的是丙酸），这样能使打捆时干草的含水量达到 30%，而不是安全防腐所要求的 15%～20%。

3）打捆时，打捆机的前进方向应与刈割和摊晒的方向一致。打捆的前进速度要足够慢，以使干草被干净、整齐地送进打捆机。

4）打捆作业对机具的要求较高，必须认真检修和调试，打捆缠线机构要准确，以防穿线针对孔不正和散捆故障的发生，同时牵引速度要均匀适当，不然会造成打捆失败和断针损失。

三、干草的营养特征

天然草地调制的干草因草地类型、自然气候和收割调制方法等不同，其品质和特性存在较大差异。如果收割时调制方法得当，干燥过程中未发生雨淋和霉变现象，营养物质比较全面，尤其是维生素、微量元素含量较丰富，是草食家畜不可缺少的粗饲料。人工栽培牧草往往品种较单一，如禾本科牧草无氮浸出物含量较高，茎叶柔软，适口性好，是能量饲料的主要来源。豆科牧草以富含蛋白质和钙质为特点，是提供蛋白质的主要饲料。而禾本科与豆科牧草建立的混播草地，则具有以上两类牧草的共同特点。

（一）优质干草营养丰富

干草的营养和饲用价值因受牧草品种、收割时期、调制方法等因素的影响，差异很大，优质干草营养完善，一般粗蛋白含量为 10%～20%、粗纤维含量为 22%～23%、无氮浸出物含量为 40%～54%、干物质含量为 85%～90%。

干草是奶牛、绵羊、马的重要能量来源，表 3-2 可反映这些动物采食的干草和其他饲料在日粮总能中的比例。

表 3-2　由干草和其他饲料所提供的能量的比例（%）

动物	精料	干草	其他饲草	放牧地牧草
泌乳牛	37.9	23.1	19.4	19.6
其他奶牛	19.4	29.0	5.9	45.7
育肥肉牛	69.8	16.3	8.7	5.2
其他肉牛	8.7	15.5	4.1	71.7
绵羊、山羊	10.4	4.7	3.1	81.8
马和骡	20.6	18.3	10.2	50.9

从干草本身含的有效能来看，虽然比能量饲料差，但高于青贮饲料。优质豆科青干草的粗蛋白含量比玉米籽实和青贮都高得多，见表3-3。

表3-3　玉米籽实、玉米青贮和三种质量的苜蓿干草的总可消化养分（TDN）和粗蛋白（CP）的价值比较

指标	玉米籽实	玉米青贮	苜蓿干草		
			高质量	中等质量	低质量
TDN/%	94.7	67.7	58.9	57.6	54.7
CP/%	10.2	8.2	16.1	14.1	11.9
与玉米籽实的价值比较/%	100.0	83.0	83.0	77.7	70.4

优质干草，其原料植物中的矿质元素保存良好，一般含钙都比较丰富，含磷略差。矿物质和维生素含量较丰富，豆科青干草含有丰富的钙、磷、胡萝卜素、维生素K、维生素E、维生素B等多种矿物质和维生素。

干草是动物维生素D的主要来源，一般晒制青干草的维生素D含量为100～1000IU/kg。青饲料在晒制过程中，其他维生素损失都比较严重，唯有维生素D含量大增，而其他植物性饲料维生素D的含量都比较低或没有，所以干草中的维生素D对动物有特别重要的意义。

干草与其原料青草相比，粗纤维含量增加，各种营养物质的消化率降低，所以就干物质来说，干草的营养价值降低。地上晒制干草的淀粉价明显降低，几乎为鲜草淀粉价的一半，见表3-4。

表3-4　多年生黑麦草与其干草的成分和营养价值比较

成分	化学成分/DM%			干物质消化率/%			可消化有机营养物质比例/DM%		
	鲜草	地上晒制干草	架上干燥干草	鲜草	地上晒制干草	架上干燥干草	鲜草	地上晒制干草	架上干燥干草
有机物	93.2	92.5	90.8	76.3	59.1	67.6	71.1	54.7	61.4
粗蛋白	12.8	9.9	12.1	63.6	47.3	59.3	8.1	4.7	7.2
粗脂肪	2.2	1.4	1.6	43.5	10.9	27.9	1.0	0.2	0.4
粗纤维	26.9	36.2	32.4	76.8	69.4	75.9	20.6	25.1	24.6
无氮浸出物	51.3	45.0	44.7	79.6	54.9	65.2	41.0	26.6	29.1
淀粉价	—	—	—	—	—	—	62.0	35.4	42.5

注："—"表示无相应数据，下同

（二）干草具有较高的饲用价值

优质干草呈青绿色，柔软，气味芳香，适口性好。青干草中的有机物消化率可达46%～70%，纤维素消化率为70%～80%，蛋白质具有较高的生物学效价。因此，青干草是草食家畜营养价值较平衡的粗饲料，是日粮中能量、蛋白质、维生素的主要来源。除了供给草食家畜营养物质之外，青干草还在家畜生理上起着平衡和促进胃肠蠕动的作用，是草食家畜日粮的重要组成部分。

（三）干草是形成乳脂肪的重要原料

草食家畜在利用瘤胃微生物分解青干草纤维素的过程中，能产生挥发性的脂肪酸，即乙酸、丙酸、丁酸和类脂肪物质。这些物质是产乳草食家畜合成乳脂肪的重要原料。减少干草喂量，可导致乳脂率降低。

（四）干草是加工其他草产品的原料

晒制或烘干的青干草，可以进一步制成草饼、草粉、草颗粒，其中草粉可作为配合饲料中的原料，为各种家畜所利用。

四、干草的消化率

干草品质的高低不仅在于营养物质含量的多少，更主要的是消化率的高低。晒制成的干草营养物质的消化率，均低于原来的青绿饲料。

首先，牧草干燥时纤维素的消化率下降。这可能是因为果胶类物质中的部分胶体转变为不溶解状态，并沉积到纤维质细胞壁上，使细胞壁加厚。

其次，牧草干燥时易溶性碳水化合物与含氮物质的损失，在总损失量中占较大比例，影响干草中营养物质的消化率。草堆、草垛中干草发热时有机物质消化率下降较多。例如，红三叶鲜草，气温为35℃时一天内营养物质的消化率变化不大；当升高到45～50℃时，蛋白质消化率降低14%；在压制成的干草捆中如温度升到53℃，蛋白质的消化率降低约18%。

人工干燥时几秒钟或几分钟就可以干燥完毕，则牧草的消化率变化不大。

五、干草调制原理

青饲料水分含量高，细菌和霉菌容易生长繁殖，使青饲料发生霉烂腐败，所以，在自然或人工条件下，使青饲料迅速脱水干燥，至水分含量为14%～17%时，几乎所有细菌、霉菌均不能在其中生长繁殖，从而达到长期保存的目的。

也就是说，通过自然或人工干燥方法使刈割后的新鲜饲草迅速处于生理干燥状态，细胞呼吸和酶的作用逐渐减弱直至停止，饲草的养分分解很少。饲草的这种干燥状态防止了其他有害微生物对其所含养分的分解而产生霉败变质，达到长期保存饲草的目的。

干草调制过程一般可分为两个阶段。第一阶段，从饲草收割到水分降至40%左右。这个阶段的特点：细胞尚未死亡，呼吸作用继续进行，此时养分的变化是分解作用大于同化作用。为了减少此阶段的养分损失，必须尽快使水分降至40%以下，促使细胞及早死亡，这个阶段养分的损失量一般为5%～10%。第二阶段，饲草水分从40%降至17%以下。这个阶段的特点：饲草细胞的生理作用停止，多数细胞已经死亡，呼吸作用停止，但仍有一些酶参与一些微弱的生化活动，养分受细胞内酶的作用而被分解。此时，微生物已处于生理干燥状态，繁殖活动也已趋于停止。

六、影响干草品质的主要因素

影响干草品质的因素很多，其主要因素是牧草种类、收获时间、加工方法、贮藏条件及自然条件等。

（一）牧草种类

不同的牧草种类及同一种类的不同品种在营养价值上有较大的差异，导致干草成品营养成分含量不同。一般来说，豆科植物干草的品质好于禾本科植物干草。

（二）收获时间

牧草的收获期对草产品的质量影响很大。收获期越早，草产品中粗蛋白等可消化营养成分比例就越大，粗纤维等含量较少，但植株含水量高，晾晒时间长，营养损失增加；反之，粗纤维含量增加，蛋白质含量比例小，干草质量下降。一般来说，豆科牧草的最佳刈割期在现蕾期到初花期，禾本科牧草的最佳刈割期在抽穗期到开花期。刈割时间是影响干草质量的第一要素。

（三）加工方法

不同的加工方法对干草品质有很大的影响。在自然干燥的过程中，牧草各部分干燥速度不一致，叶片特别容易折断，特别是豆科牧草在晾晒、打捆、搬运时，叶子、叶柄容易干燥，而茎、秆的干燥速度较慢，叶极易脱落，而叶正是营养含量最丰富的部分，致使干草质量下降。人工干燥的方法脱水速度快，干燥时间短，营养损失少，牧草品质好。

（四）贮藏条件

贮藏条件是影响干草品质的主要因素之一。遮阴、避雨、地面干燥的贮藏条件有利于干草的长时间保存。一般垛藏的干草要使水分在16%以下，还要注意保持良好通风。

（五）自然条件

在调制加工和贮藏干草的过程中，干草所处的自然环境条件对干草的品质产生一定的影响。例如，雨淋不仅会使牧草遭受腐败微生物的侵蚀而导致腐烂变质，还会使牧草中的可溶性成分流失，造成营养损失。另外，如鲜草经长时间晒制会使植物中的胡萝卜素、叶绿素和维生素C等大量损失，尤其是维生素类物质损失严重，所以，晒制干草时应尽量避免牧草长时间在强光下曝晒。

第二节　干草的调制技术

一、干草调制过程中的成分变化

（一）水分的变化

牧草及饲料作物的干燥是牧草生产过程中的关键环节，能否把大量的牧草变成可利用的优质干草商品就取决于这一环节的成败。

刚刚收获的新鲜牧草，含水量在50%～80%，而干草的安全贮藏含水量最多不能超过16%。为了获得含水量较低的干草，必须使植物散失大量的水分。

牧草收获后，起初植物体内的水分散失速度很快，这一阶段从植物体内部散失掉的水分是贮藏于细胞和组织间隙的游离态水，在天气良好的晴天，经过5～8h的晾晒，禾本科牧草含水量下降到40%～45%，豆科牧草下降到50%～55%。此后，植物体散失水分的速度越来越慢，这一阶段散失的主要是植物体内的结合水。

影响牧草及饲料作物水分散失速度的主要因素有以下几点。

1. 外界气候条件 牧草及饲料作物水分散失的速度受空气湿度、空气流动速度和空气温度等多方面气候因素的影响。当空气湿度较小、空气温度较高和空气流动速度较大时，可加速水分的散失。

2. 植物保蓄水分能力的大小 植物因其种类不同，保蓄水分的能力也不同。在外界气候条件相同的情况下，植物保蓄水分能力越大，水分散失速度越慢。豆科牧草一般比禾本科牧草保蓄水分能力强，所以，其水分散失速度比禾本科慢。例如，豆科植物在现蕾期刈割需要75h才能晒干，而在抽穗期刈割的禾本科牧草仅需27～47h就能晒干。这主要是因为豆科牧草含碳水化合物少，胶体物质含量多，所以持水能力强，水分散失速度较慢。

3. 植物体各部分散水速度 植物体的各个部分含水量不同，散水速度也不同，所以植物体各个部分的干燥速度也是不一致的（表3-5）。叶的表面积大，水分从内层细胞向外层移动的距离要比茎秆短，所以叶比茎秆干燥快得多。实验证明，叶片干燥速度比茎快5倍左右。当叶片已完全干燥时，茎的水分还很高。茎秆干燥慢导致整个植物体干燥时间延长，牧草的营养成分因生理生化过程造成的损失增加，叶片和花序等幼嫩部分脱落损失。所以应采取合理的方法如压扁茎秆等，尽量使植物体各部分水分均匀散失，以缩短干燥时间，减少损失。

表3-5 紫花苜蓿各部分水的散失速度

植物各部分	新割植物水分/%	植物收割后					
		30h		75h		126h	
		水分/%	水分下降/%	水分/%	水分下降/%	水分/%	水分下降/%
整株	75.7	60.4	20.2	45.9	39.4	29.2	61.4
茎	71.5	59.1	17.3	48.9	31.6	35.6	50.2
叶	73.2	49.5	32.4	39.8	45.6	16.8	77.0
花序	79.2	68.9	13.0	54.3	31.4	32.3	59.2

（二）其他成分的变化

干草调制过程中，随着水分的散失，其他营养物质也发生变化。特别是牧草及饲料作物在刈割初期，植物细胞还具有一定的活性，细胞中的水解酶和分解酶继续将大分子营养物质降解为小分子营养物质。例如，可溶性碳水化合物被降解为寡聚糖、双糖和单糖；蛋白质被降解为氨类小分子含氮化合物。小分子营养物质一部分被细胞的生理生化反应消耗，另一部分水溶性的随着水分的散失而流失，所以整体上在干草调制过程中可溶性营养物质含量下降。除了干草中的酶含量和活性影响干草的营养物质外，宿存于干草表层的微生物和环境条件也会对营养物质含量有一定的影响。例如，在调制成干草的过程中，牧草中麦角固醇经日光中的紫外线作用后，转化为维生素D，可使牧草中维生素D的含量大大增加。牧草干燥过程中的养分变化状况见表3-6。

表 3-6　牧草干燥过程中的养分变化

阶段		第一阶段	第二阶段
特点		1. 在活细胞中进行 2. 以同化作用为主导的生理过程	1. 在死细胞中进行 2. 在酶参与下以分解为主导的生化过程
养分变化	糖	1. 呼吸作用消耗单糖，使糖含量降低 2. 将淀粉转化为双糖、单糖	1. 单、双糖在酶的作用下变化很大，其损失随水分减少、酶活动减弱而减少 2. 大分子的碳水化合物（淀粉、纤维素）几乎不变
	蛋白质	1. 部分蛋白质转化为水溶性氮化物 2. 在降低少量酪氨酸、精氨酸的情况下，增加赖氨酸和色氨酸含量	1. 短期干燥时不发生显著变化 2. 长期干燥时，酶活性加剧使氨基酸分解为有机酸进而形成氨，尤其当水分高时（50%～55%）拖延干燥时间，蛋白质损失很大
	胡萝卜素	1. 初期损失极小 2. 在细胞死亡时大量被破坏，为损失总量的 50%	1. 牧草干燥后损失逐渐减少 2. 干草被雨淋时氧化加强，损失增大 3. 干草发热时含量下降

另外，牧草干燥后期或贮藏的过程中，由于酶的作用产生醛类如丁烯醛、戊烯醛，以及酸类如乙醇烯，使干草有一种特殊的芳香气味，这是干草品质优劣的一项重要指标。

二、干燥调制过程中的损失

牧草及饲料作物在干燥过程中营养成分有不同程度的损失。一般情况下，牧草在干燥过程中总营养损失为 20%～30%，饲料单位损失为 30%～40%，可消化蛋白损失 30% 左右。在牧草干燥过程中的总损失量里，以机械作用造成的损失最大，可达 15%～20%，尤其是豆科干草叶片脱落造成的损失；其次是呼吸作用消耗造成的损失，为 10%～15%；由于酶的作用造成的损失为 5%～10%；由于雨露等淋洗溶解作用等造成的损失则为 5% 左右。

（一）刈割后生理生化变化造成的损失

牧草及饲料作物收获之后，伴随着体内水分的散失，营养物质的变化要先后经过两个复杂的过程。首先是牧草凋萎期，其特点是一切变化均在活细胞中进行；然后是牧草干燥后期，这一阶段的一切变化均在死细胞中发生。

1. 牧草凋萎期（饥饿代谢阶段）　牧草被刈割后，植物的细胞并未立刻死亡，短时间内同化作用仍在微弱进行。因刈割后的牧草与根分离，营养物质的供应中断，由同化作用转向分解作用，而且只能分解植物体内的营养物质，导致饥饿代谢。这一时期植物体内总糖含量下降，少量蛋白质被分解成以氨基酸为主的氨化物，部分氨可转化为水溶性氨化物，而且降低了酪氨酸、精氨酸的含量，增加了赖氨酸和色氨酸的含量。

2. 牧草干燥后期（自体溶解过程）　植物细胞死亡以后，在植物体内酶的参与下进行的生化过程。一般把这种在死细胞中进行的物质转化过程称为自体溶解。这一时期碳水化合物几乎不变，但蛋白质的损失和氨基酸的破坏随这一时期的延长而加大，特别是在牧草水分含量较高时。另外，在体内氧化酶的催化作用和阳光的漂白作用下，一些色素因氧化而被破坏。为了避免或减轻植物体内养分因呼吸和氧化作用的破坏而受到严重的损失，应该采取有效措施，使水分降低到 16% 以下，并尽可能减少阳光的直接曝晒。

（二）机械作用引起的损失

调制干草过程中（主要是指晒制干草），由于植物各部分干燥速度（尤其是豆科牧草）不一致，因此在搂草、翻草、堆垛等一系列作业中，叶片、嫩茎、花序等细嫩部分易折断、脱落而损失。一般禾本科牧草损失为2%～5%，豆科牧草损失最大，为15%～35%。例如，当苜蓿损失叶片重量占全重的12%时，其蛋白质的损失约占总蛋白质含量的40%，因为叶片中所含的蛋白质远远超过茎中的含量。

机械作用造成损失的多少与植物种类、刈割时期及干燥技术有关。为减少机械损失，应适时刈割，在牧草细嫩部不易脱落时及时集成各种草垄或小草堆进行干燥。干燥的干草进行压捆，应在早晨或傍晚进行。国外有些牧草加工企业则在牧草水分降到45%左右时进行打捆或直接放进干燥棚内，进行人工通风干燥，这样可大大减少营养物质的损失。

（三）光化学作用造成的损失

晒制干草时，阳光直射的结果是使植物体内所含的胡萝卜素、叶绿素及维生素C等均因光化学作用的破坏而损失很多，其损失程度与日晒时间长短和调制方法有关。据实验，不同的调制方法，干草中保留的胡萝卜素含量不同：刚割下的鲜草含163mg/kg；人工干燥的干草含135mg/kg；避光干燥的干草含91mg/kg；在散射光（阴干）下干燥的干草含50mg/kg；草垄中干燥的干草含38mg/kg；平摊于地面上干燥的干草仅含22mg/kg。

（四）雨淋损失

晒制干草时，最忌淋雨。雨淋会增大牧草的湿度，延长干燥时间，导致由呼吸作用的消耗而造成营养物质的损失（表3-7）。淋雨对干草造成的破坏作用，主要发生在干草水分下降到50%以下、细胞死亡以后，这时原生质的渗透性提高，植物体内酶的活动将各种复杂的养分水解成较简单的可溶性养分，它们能自由地通过死亡的原生质膜而流失，而且这些营养物质的损失主要发生在叶片上，因叶片上的易溶性营养物质接近叶表面。由淋湿作用引起的营养物质的损失，远比机械损失大得多。

表3-7　毛苕子晒干过程与雨淋后养分变化（%）

处理	色泽	水分	粗蛋白	粗脂肪	粗纤维	无氮浸出物	粗灰分
淋过1次雨	黄褐	13.40	15.99	1.19	35.11	29.54	5.03
未淋过雨	青绿	13.52	22.52	1.91	27.93	27.34	6.85

（五）微生物作用引起的损失

微生物一直宿存于植物体的表面，但只有在细胞死亡之后才能繁殖起来。死亡的植物体是微生物发育的良好培养基。微生物在干草上发育需要一定的条件，如干草的含水量、气温与大气湿度。细菌活动的最低需水量为植物体含水量的25%以上，气温要求在25～30℃，而当空气湿度在85%～90%或以上时，即可能导致干草发霉。这种情况多发生在连阴雨天。

发霉的干草品质降低，水溶性糖和淀粉含量显著下降。发霉严重时，脂肪含量下降，含氮物质总量也显著下降，蛋白质被分解成一些非蛋白质化合物，如氯、硫化氢、吲哚等气体和一些有机酸，因此发霉的干草不能饲喂家畜，因其易使家畜患肠胃病或者流产等，尤其对马危害更大。

三、干草调制原则

根据干草调制的基本原理，在牧草干燥过程中，必须掌握以下基本原则。

1）尽量加速牧草的脱水，缩短干燥时间，以减少由生理作用、生化作用和氧化作用造成的营养物质损失。尤其要避免雨水淋溶。

2）在干燥末期应力求使植物各部分的含水量均匀。

3）牧草在干燥过程中，应防止雨露的淋湿，并尽量避免在阳光下长期曝晒。应当先在草场上使牧草凋萎，然后及时搂成草垄或小草堆进行干燥。干旱地区，干草产量较低，刈割后直接将草搂成草垄进行干燥。

4）集草、聚堆、压捆等作业，应在植物细嫩部分尚不易折断时进行。

四、干草调制工艺流程

目前，生产中常用的干草调制工艺流程可以分为自然干燥法调制干草工艺、人工快速干燥法调制干草工艺和高水分牧草调制工艺。

（一）自然干燥法调制干草工艺

1. 前期处理阶段　对豆科类牧草调制干草，在刈割前，最好进行干燥剂处理。选择合适的干燥剂，按要求配制成溶液喷洒到牧草上。实验证明，干燥剂有助于缩短新鲜饲草调制成干草的时间，降低营养物质损失。对于禾本科牧草，干燥剂效果不是很明显。

2. 中期处理阶段　根据场地条件，对刚刈割牧草采取压扁、切短等措施，主要目的是加快牧草的干燥速度。例如，利用机械收割，有些收割机就包含压扁的工序。自然干燥法中压扁干燥比普通干燥的牧草干物质损失减少2～3倍，碳水化合物损失减少2～3倍，粗蛋白损失减少3～5倍。

3. 干燥晒制阶段　为了使植物细胞迅速死亡，停止呼吸，减少营养物质的损失，选晴朗的天气，将刚收割的饲草在原地或附近干燥地铺成薄长条曝晒，先进行薄层平铺曝晒4～5h，使鲜草中的水分迅速蒸发，由原来的75%以上减少到40%左右。饲草水分由40%减少到14%～17%，是一个缓慢蒸发的过程。如果此时仍采用平铺曝晒法，不但会因阳光照射过久使胡萝卜素大量损失，而且一旦遭到雨淋养分损失会更多。当水分降到40%左右时，可利用晚间或早晨的时间进行一次翻晒，可以减少牧草叶片的脱落，同时将两行草垄并成一行，以保证打捆机的饲喂速度。或改为小堆晒制，将平铺于地面上的半干青草堆成小堆，堆高约1m，直径1.5m，重约50kg，继续晾晒4～5d，等全干后收贮。

4. 原地打捆　在晴天阳光下晾晒2～3d，当牧草的含水量在16%以下时，可在晚间或早晨进行打捆，以减少牧草叶片的损失及破碎。在打捆过程中，应该特别注意的是不能将田间的土块、杂草和腐草打进草捆里。调制好的干草应为深绿色或绿色，并有芳香的气味。

5. 草捆贮存　草捆打好后，应尽快将其运输到仓库里或贮草坪上码垛贮存。码垛时草捆之间要留有通风间隙，以便草捆能迅速散失水分。底层草捆不能与地面直接接触，以避免水浸。在贮草坪上码垛时垛顶要用塑料布或防雨设施封严。

6. 二次压缩打捆 草捆在仓库里或贮草坪上贮存20～30d后，当其含水量降到12%～14%时即可进行二次压缩打捆，两捆压缩为一捆，其密度可达350kg/m^{3}左右。高密度打捆后，体积减小了一半，更便于贮存和降低运输成本。

（二）人工快速干燥法调制干草工艺

一般可选择晴朗天气的上午刈割饲草，刈割后最好就地摊晒2～4h，使水分降低到60%以下。牧草人工干燥法基本上分为两种，即通风干燥法和高温快速干燥法。采用通风干燥法一般需要建造干草棚，棚内设有电风扇、吹气机、送风器和各种通风道，也可在草垛的一角安装吹风机、送风器，在垛内设通风道借助送风，对刈后在地面预干到含水量为50%的牧草进行不加温干燥。

高温快速干燥法的工艺过程是将切短的牧草快速通过高温干燥机，牧草干燥机常为水平滚筒式，多用石油或煤作燃料，将送入滚筒的空气温度加热到80℃左右，饲草在滚筒内经历2～5s，含水量从70%左右迅速降低到10%～15%，出口处温度降低到10℃。整个干燥过程由恒温器和电子仪器控制。采用高温快速干燥法调制的干草可保存牧草养分的90%以上，利用高温快速干燥法制作的干草一般采用价值较高的原料，主要是豆科牧草，如美国干草粉中95%以上是由苜蓿制作的。

（三）高水分牧草调制工艺

国外利用无水氨、乳酸接种等方法对不同含水量苜蓿草捆进行处理研究发现，在苜蓿草捆含水量为20%～25%及25%～30%时，无水氨处理的苜蓿，其干物质、粗蛋白及中性洗涤纤维含量是最高的；乳酸菌处理苜蓿的粗蛋白含量及可溶性氮含量要低于无水氨处理的苜蓿。高彩霞等研究了高水分苜蓿干草的贮藏，以尿素和干草防霉剂（主要成分为丙酸、甘油、二酰甘油）等处理，发现在贮藏过程中尿素和干草防霉剂均降低了草捆的含水量。干草防霉剂和尿素处理苜蓿干草在贮藏过程中可释放出氨，能杀死真菌，所以可以明显降低微生物的活性。这些研究都为高水分苜蓿干草的调制提供了理论依据。

调制干草的方法应根据实际情况而定，在调制干草时必须防止雨露淋洗。在牧草刚收割时，雨露的浸淋不会对干草质量产生大的影响，但干燥到一定程度后，雨露的浸淋会造成养分的很大损失，干物质损失可达20%～40%，磷的损失达30%，氮的损失达20%。阳光直接照射，使饲草所含的胡萝卜素和叶绿素被破坏。为了不损失过多的养分，要防止叶片脱落，在翻晒、堆积和运输过程中都应对叶片加以保护。

在选择使用自然晒制法调制干草时更应该根据当地气候、场所的实际情况，灵活运用，尽可能避开阴雨天气。在人力、物力、财力比较充裕的情况下，可以从小规模的人工干燥方法入手逐步向大规模机械化生产发展，提高所调制干草的质量。无论是何种调制方式都要尽量减少机械和人为造成的牧草营养物质损失。在干草调制过程中，刈割、翻草、搬运、堆垛等一系列手工和机械操作，不可避免地造成细枝嫩叶的破碎脱落，一般情况下，叶片可能的损失达20%～30%，嫩枝损失达6%～10%。因此在调制干草的过程中，除选择合适的收割期外，应尽量减少翻动和搬运，减轻机械作用造成的损失。

五、牧草及饲料作物干燥方法

牧草及饲料作物干燥方法的种类很多，但大体上可分为两类，即自然干燥法和人工干燥法，见图 3-5。自然干燥法主要是借助自然的阳光和风调制干草，如地面干燥、草架干燥和发酵干燥等方法。人工干燥方法是指借助机械设备通过高温和加速空气流动速度调制干草的方法。人工干燥的原理是扩大牧草与大气间水势的差距，使失水速度加快。由于空气的高速流动带走了牧草周围的湿气，并且减少水分移动的阻力。虽然人工干燥法与自然干燥法相比，加工成本高，但是调制的干草品质好。随着科学技术的发展，各种各样的干燥设备得以开发和利用，我国许多大型的饲草生产企业和养殖场都开始采用人工干燥法调制干草。

下面对几种常用的干燥方法进行介绍。

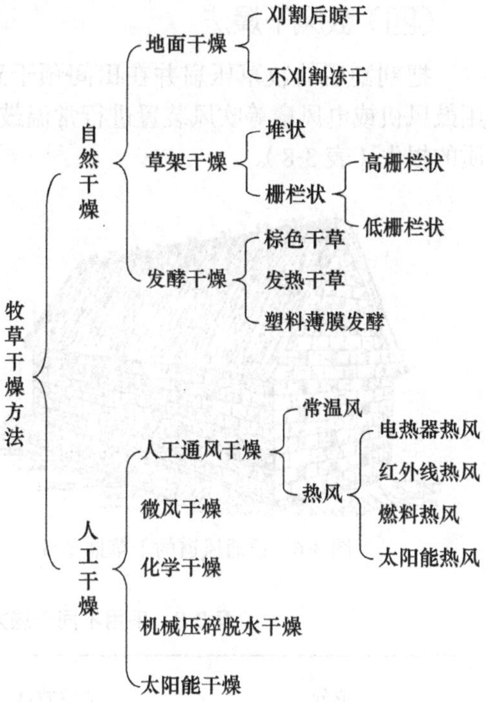

图 3-5　牧草干燥方法示意图

（一）地面干燥法

在我国东北、内蒙古东部及南方一些山地草原区，刈割期正值雨季，应注意使牧草迅速干燥。

牧草刈割后就地干燥 4～6h，使其含水量降至 40%～50% 时，用搂草机搂成草垄继续干燥。当牧草含水量降到 35%～40%，牧草叶片尚未脱落时，用集草器集成草堆，经 2～3d 可达完全干燥。豆科牧草在叶片含水量为 26%～28% 时叶片开始脱落；禾本科牧草在叶片含水量为 22%～23%，即牧草全株的总含水量在 35%～40% 以下时，叶片开始脱落。为了保存营养价值高的叶片，搂草和集草作业应在叶片尚未脱落以前，即牧草含水量不低于 35%～40% 时进行。

牧草在草堆中干燥，不仅可以防止雨淋和露水打湿，还可以减少日光的光化学作用造成的营养物质损失，增加干草的绿色及芳香气味。实验证明，搂草作业时，侧向搂草机的干燥效果优于横向搂草机。例如，干燥时期相同，使用侧向搂草机搂成的草垄中，牧草在堆成中型草堆前，含水量为 17.5%，全部干燥期间，干物质损失为 3.64%，胡萝卜素的损失为 60.4%；而使用横向搂草机，则分别为 29%、6.73% 和 62.1%。

（二）双草垄速干法

割草后稍微干燥一下，即用搂草机搂成双行的小草垄。经过一定程度干燥后，再用左右两组联挂的侧向搂草机把两行草垄合为一行。这样可使牧草在草垄中比较疏松，有利于空气流通。此法适于在产草量中等（2000～3000kg/hm^2）的割草场应用。

（三）草捆干燥法

在多雨的季节调制干草时，可以采用草捆干燥法。将刈割后的牧草摊晒至含水量为 40% 左右时，打成低密度草捆（80～100kg/m^3），然后草捆和草捆之间留好通风道堆垛，草垛顶部做好防雨设施，继续干燥（图 3-6）。也可以打成直径为 20～40cm 的松散小圆捆，然后将草捆矗立于地面继续进行干燥。草捆干燥法不仅可以解决雨季调制干草的难题，还可以有效地保存叶片。

（四）鼓风干燥法

把刈割后的牧草压扁并在田间预干到含水量为50%时，装在设有通风道的干草棚内，用鼓风机或电风扇等吹风装置进行常温鼓风干燥（图3-7）。这种方法可有效降低牧草营养物质的损失（表3-8）。

图3-6　设通风道的干草捆草垛

图3-7　牧草的常温鼓风干燥

表3-8　采用不同干燥方法调制的干草化学成分（干物质）

成分	青绿牧草	干草调制地点	
		干草棚	野外地面
粗蛋白/%	12.57	10.27	7.97
纤维素/%	28.16	30.08	34.97
胡萝卜素/(mg/kg)	141.00	83.00	66.80

（五）高温快速干燥法

高温快速干燥法是将鲜草切短，通过高温气流，使牧草迅速干燥。干燥时间的长短，取决于烘干机的种类和型号，从几小时到几分钟，甚至数秒钟，牧草的含水量从80%～85%下降到15%以下。接着将干草粉碎制成干草粉或经粉碎压制成颗粒饲料。有的烘干机入口温度为75～260℃，出口温度为25～160℃；也有的入口温度为420～1160℃，出口温度为60～260℃。最高入口温度可达1160℃，出口温度下降20%～30%。虽然烘干机中热空气的温度很高，但牧草的温度很少超过30～35℃。人工干燥法使牧草的养分损失很少，但是烘烤过程中，蛋白质和氨基酸受到一定程度的破坏，而且高温可破坏青草中的维生素C。胡萝卜素的破坏应不超过10%。

综上所述，关于蛋白质和胡萝卜素，地面晒制的干草损失最多，机械烘干调制的干草损失最少，架上晒制的干草损失居于两者之间（表3-9）。

表3-9　不同调制方法对干草营养物质损失的影响

调制方法	可消化蛋白的损失/%	胡萝卜素含量/(mg/kg)
地面晒制	20～50	15
架上晒制	15～20	40
机械烘干	5	120

在生产中，也可将刈割后的鲜草在田间晾晒一段时间，当鲜草含水量降至某程度，因气候条件不允许继续晾晒下去，或因空气湿度较大，不可能在短期内使水分降低到安全水分时，将这些半干草人工干燥，并加工成所需的草产品。这种方法的优点是，烘干时所耗能量较小，固定投资和生产成本均较低，可提高生产效益。这一方法适合在降水量为300～650mm 的地区使用。

（六）压裂牧草茎秆

牧草干燥时间的长短，实际上取决于茎秆干燥时间的长短。例如，当豆科牧草及一些杂类草的叶片含水量降低到 15%～20% 时，茎的水分仍为 35%～40%，所以加快茎的干燥速度，就能加快牧草的整个干燥过程。

使用牧草压扁机将牧草茎秆压裂，破坏茎的角质层及维管束，并使之暴露于空气中，茎内水分散失的速度就可大大加快，基本能跟上叶片的干燥速度。这样既缩短了干燥期，又使牧草各部分干燥均匀。许多实验证明，好的天气条件下，如牧草茎秆压裂，干燥时间可缩短 1/3～1/2。这种方法最适于豆科牧草，可以减少叶片脱落、日光曝晒时间和养分损失，干草质量显著提高，能调制成含胡萝卜素多的绿色芳香干草。牧草刈割后压裂，虽可造成养分的流失，但与加速干燥所减少的营养物质损失相比，还是利多弊少。

目前国内外常用的茎秆压扁机有两类，即圆筒型和波齿型。现代化的干草生产常将牧草的收割、茎秆压扁和铺成草垄等作业，由机器连续一次完成。牧草在草垄中晒干后（3～5d），便由干草捡拾压捆机将干草压成草捆。

苏联研究人员将苜蓿与无芒雀麦混播牧草适时收获后，按不同的办法调制成干草，贮藏 90d 后测定干草中的营养成分，见表 3-10。

表 3-10　不同处理的苜蓿与无芒雀麦混播牧草干草的营养成分

处理	干物质/%	粗蛋白/%	粗纤维/%	糖/%	胡萝卜素/(mg/kg)
田间干燥	81.9	9.2	30.0	1.8	18
压捆	82.0	13.5	27.1	3.6	60
破碎	81.9	13.1	27.8	3.8	58

压捆和破碎干草的可消化营养物质含量比散晒干草高。调制破碎干草不仅可提高饲料品质，还能改善其加工性能。可单独或配合成混合饲料使用。

（七）太阳能干燥法

太阳能干燥法的原理是将牧草刈割后在田间进行自然干燥，如豆科牧草含水量降至 45% 左右时进行收集，采用太阳能工厂化干燥，按照一定高度、一定密度将散干草或草捆堆放在太阳能干燥仓内，把用太阳能加热的空气从干燥仓底部吹入，利用加热的空气带走草捆的水分而达到干燥的目的。该方法是一种低成本、高品质、干燥效果好的干燥方法。其工艺路线如图 3-8 所示。太阳能干燥设备如图 3-9 所示。

（八）豆科牧草与作物秸秆分层压扁法（秸秆碾青法）

先把麦秸或稻草铺成平面，厚约 10cm；中间铺适时刈割的新鲜豆科牧草 10cm；上面再

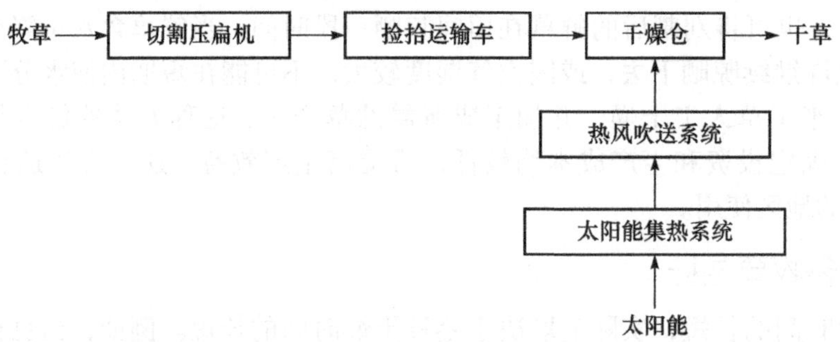

图 3-8　太阳能干燥工艺流程

图 3-9　太阳能干燥设备

加一层麦秸或稻草。然后用轻型拖拉机或其他镇压器进行碾压，直到豆科牧草的绝大部分水分被麦秸或稻草吸收为止。最后晾晒、风干、堆垛，垛顶抹泥防雨。此法调制的豆科牧草干草呈绿色，品质好，同时还提高了麦秸和稻草的营养价值。适于小面积高产豆科牧草的调制。

（九）施用化学制剂加速田间牧草的干燥

近年来，国内外研究发现，对刈割后的苜蓿喷撒 K_2CO_3 溶液和长链脂肪酸酯溶液，破坏植物体表的蜡质层结构，可加快干燥。

第三节　干 草 贮 藏

干草贮藏是牧草生产中的重要环节，可保证一年四季或丰年歉年干草的均衡供应，保持干草较高的营养价值，减少微生物对干草的分解作用。

一、干草含水量的测定

干草含水量的多少对干草贮藏成功与否有直接影响，因此在干草贮藏前应对干草的含水量进行判断。生产上大多采用感官判断法或手持式饲草水分测定仪来确定干草的含水量。实验室分析常用烘箱利用减重原理测定干草含水量，最近微波法也得到了一定的应用。

（一）干草含水量的感官判断方法

当调制的干草含水量达到15%～18%时，即可进行贮藏。为了长期安全地贮存干草，在堆垛前，应使用最简便的方法判断干草所含的水分，以确定是否适于堆藏。其方法如下。

1. 含水量在50%以下的干草

（1）禾本科干草　经晾晒后，茎叶由鲜绿色变成深绿色，叶片卷成筒状，基部茎秆尚保持新鲜，取一束草用力拧挤，不能挤出水分，而成绳状，此时含水量为40%～50%。

（2）豆科干草　晾晒至叶片卷缩，由鲜绿色变成深绿色，叶柄易折断，茎秆下半部叶片开始脱落，茎秆颜色基本未变，压迫茎时，能挤出水分，茎的表皮可用指甲刮下，这时的含水量为50%左右。

2. 含水量25%左右的干草

（1）禾本科干草　紧握干草束或揉搓时，不发出"沙沙"响声，易将草束拧成紧实而柔软的草辫，经多次搓拧或弯曲而不折断。

（2）豆科干草　手摇草束，叶片发出"沙沙"声，易脱落。

3. 含水量18%左右的干草

（1）禾本科干草　紧握草束或揉搓时，只有"沙沙"响声，而无干裂声。放手时草束散开缓慢，但不能完全散开。叶卷曲，弯曲茎时不易折断。

（2）豆科干草　叶片、嫩枝及花序稍触动即易折断，弯曲茎易断裂，不易用指甲刮下表皮。

4. 含水量15%左右的干草

（1）禾本科干草　紧握或揉搓草束时，发出"沙沙"声和破裂声（茎细叶多的干草听不到破裂声），茎秆易断，拧成的草辫松开手后，几乎完全散开。

（2）豆科干草　叶片大部脱落且易破碎，弯曲茎秆极易折断，并发出清脆的断裂声。

（二）微波法快速测定干草含水量

微波是频率在300～300 000MHz的高频电磁波，短时间即可达到所设定的加热温度。在微波烘干系统中，微波能量具有一种内在热量生成能力，可以轻易地穿透样品内部各层次而直接吸收水分，使水分能快速蒸发。利用微波加热的特点，可以实现物料含水量的快速测定。目前，在土壤、粮食、饲料的水分测定中，有关微波法的研究和应用非常广泛。

国外的研究者利用微波法测定玉米青贮饲料及禾草含水量，结果表明利用微波法测定的干草含水量，精密度和准确度都较高。我国采用微波法测定苜蓿和三叶草的含水量，结果表明使用微波法测定的含水量与经典烘箱法的测定值间符合性好，精确度高，准确性好。

微波法测定含水量仅需微波炉和天平即可实现对干草含水量的迅速测定。用微波炉将干草烘干数分钟直至重量不再变化，计算烘干前后的重量差，即可得到含水量。苜蓿和三叶草的每个样品的测定时间仅为4～5min，样品量仅需不足30g。

二、干草贮藏过程中的变化

当干草含水量达到要求时，即可进行贮藏。在干草贮藏10h后，草堆发酵开始，温度逐渐上升。草堆内温度升高主要是微生物活动造成的。干草贮藏后温度升高是普遍现象，即使调制良好的干草，贮藏后温度也会上升，常常可达44～55℃。适当的发酵，能使草堆自行紧实，增加干草的香味，提高干草的饲用价值。

不够贮藏条件的干草，贮藏后温度逐渐上升，如果温度超过适当界限，干草中的营养物质就会大量消耗，消化率降低。干草中最有益的干草发酵菌 40℃时最活跃，温度上升到 75℃时被杀死。干草贮藏后的发酵作用，将有机物分解为 CO_2 和 H_2O。草垛中通过发酵积存的水分会由细菌再次引起发酵作用，水分愈多，发酵作用愈盛。初次发酵作用使温度上升到 56℃，再次发酵作用使温度上升到 90℃，这时一切细菌都会被消灭或停止活动。细菌停止活动后，氧化作用继续进行，温度升高更快，温度上升到 130℃时干草焦化，颜色发褐；上升到 150℃时，如有空气接触，会引起自燃而起火。如草堆中空气耗尽，则干草炭化，丧失饲用价值。

草垛中温度过高的现象往往出现在干草贮藏初期，在贮藏一周后，如发现草垛温度过高，应拆开草垛散温，使干草重新干燥。

草垛中温度升高引起的营养物质损失，主要是糖类分解为 CO_2 和 H_2O，其次是蛋白质分解为氨化物。温度越高，蛋白质的损失越大，可消化蛋白也越少。随着草垛温度的升高，干草颜色变得越来越深，牧草的消化率越来越低。研究表明，干草贮藏时含水量为 15% 时，其堆藏后干物质的损失为 3%；贮藏时含水量为 25% 时，堆贮后干物质损失为 5%。

三、散干草的堆藏

当调制的干草水分含量达 15%～18% 时即可进行堆藏，堆藏有方形垛和圆形垛两种，方形草垛一般宽 4.5～5m，高 6.0～6.5m，长不少于 8m；圆形草垛一般直径应 4～5m，高 6～6.5m。为了防止干草与地面接触而变质，必须选择高燥的地方堆垛，草垛的下层用树干、秸秆或砖块等作底，厚度不少于 25cm。垛底周围挖排水沟，沟深 20～30cm，沟底宽 20cm，沟上宽 40cm。垛草时要一层一层地堆草，方形垛先从两端开始，垛草时要始终保持中部隆起高于周边，以便于排水。堆垛过程中要压紧各层干草，特别是草垛的中部和顶部。从草垛全高的 1/2 或 2/3 处开始逐渐放宽，使各边宽于垛底 0.5m，以利于排水和减轻雨水对草垛的淋湿。为了减少风雨损害，方形垛的窄端必须对准主风方向，水分较高的干草堆在草垛四周靠边处，便于干燥和散热。气候潮湿的地区，垛顶应较尖，干旱地区，垛顶坡度可稍缓。垛顶可用劣质草铺盖压紧，最后用树干或绳索等重物压住，预防风害。

散干草的堆藏虽经济节约，但易受雨淋、日晒、风吹等不良条件的影响，使干草褪色，不仅损失营养成分，还会造成干草霉烂变质。实验表明，干草露天堆藏，营养物质的损失最多达 20%～30%，胡萝卜素损失达 50% 以上。方形垛贮藏一年后，周围变质损失的干草，在草垛侧面厚度为 10cm，垛顶为 25cm，基部为 50cm，其中以侧面所受损失为最小，因此应适当增加草垛高度以减少干草堆藏中的损失。

干草的堆藏可由人工操作完成，也可由悬挂式干草堆垛机或干草液压堆垛机完成。

四、干草捆的贮藏

干草捆体积小，密度大，便于贮藏，一般露天堆垛，顶部加防护层或贮藏于干草棚中。草垛的大小一般为宽 5～5.5m，长 20m，高 18～20 层干草捆。底层草捆应和干草捆的宽面相互挤紧，窄面向上，整齐铺平，不留通风道或任何空隙。其余各层堆平（窄面在侧，宽面在上下）。为了使草捆位置稳固，上层草捆之间的接缝应和下层草捆之间的接缝错开。从第 2

层草捆开始，可在每层中设置25～30cm宽的通风道，在双数层开纵向通风道，在单数层开横向通风道，通风道的数目可根据草捆的含水量确定。干草一直堆到8层草捆高，第9层为“遮檐层”，此层的边缘突出于8层之外，作为遮檐，第10、第11、第12以后成阶梯状堆置，每一层的干草纵面比下一层缩进2/3或1/3捆长，这样可堆成带檐的双斜面垛顶，垛顶共需堆置9～10层草捆。垛顶用草帘或其他遮雨物覆盖。干草捆除露天堆垛贮藏外，还可以贮藏在专用的仓库（图3-10）或干草棚内，简单的干草棚只设支柱和顶棚，四周无墙，成本低。干草棚贮藏可减少营养物质的损失，干草棚内贮藏的干草，营养物质损失1%～2%，胡萝卜素损失18%～19%。

图3-10 专用干草仓库

五、半干草的贮藏

在湿润地区、雨季或调制叶片易脱落的豆科牧草时，为了适时刈割牧草加工优质干草，可在半干时进行贮藏。这样可缩短牧草的干燥期，避免低水分牧草在打捆时叶片脱落。在半干牧草贮藏时要加入防腐剂，以抑制微生物的繁殖，预防牧草发霉变质。贮藏半干草选用的防腐剂应对家畜无毒，具有轻微的挥发性，且在干草中分布均匀。

（一）氨水处理

氨和铵类化合物能减少高水分干草贮藏过程中的微生物活动。氨已被成功地用于高水分干草的贮藏过程。牧草适时刈割后，在田间短期晾晒，当含水量为35%～40%时即可打捆，并加入25%的氨水，然后堆垛用塑料膜覆盖密封。氨水用量是干草重的1%～3%，处理时间根据温度不同而异，一般在25℃时，至少处理21d，氨具有较强的杀菌作用和挥发性，对半干草的防腐效果较好。用氨水处理半干豆科牧草后，可减少营养物质损失，与通风干燥相比，粗蛋白含量提高8%～10%，胡萝卜素含量提高30%，干草的消化率提高10%。用3%的无水氨处理含水量40%的多年生黑麦草，贮藏20周后其体外消化率为65.1%，而未处理者为56.1%。

（二）尿素处理

尿素通过脲酶作用在半干草贮藏过程中提供氨，其操作要比氨容易得多。高含水量干草上存在足够的脲酶，使尿素迅速分解为氨。添加尿素与对照（无任何添加）相比草捆中减少了一半真菌，降低了草捆的温度，提高了牧草的适口性和消化率。禾本科牧草中添加尿素，贮藏8周后，与对照相比，消化率从49.5%上升到58.3%，贮藏16周后干物质损失率减少6.6%，用尿素处理高含水量紫花苜蓿（含水量为25%～30%）干草，4个月后无霉菌发生，草捆温度降低，消化率均较对照要高，木质素、纤维素含量均较对照低。用尿素处理紫花苜蓿时，每吨紫花苜蓿干草使用40kg尿素。

（三）有机酸处理

有机酸能有效防止高含水量（含水量为25%～30%）干草的发霉和变质，并减少贮藏过程中营养物质的损失。丙酸、乙酸等有机酸具有抑制高含水量干草表面霉菌的活动和降低草捆温度的效应。对于含水量为 20%～25% 的小方捆来说，有机酸的用量应为 0.5%～1.0%；含水量为 25%～30% 的小方捆，使用量不低于 1.5%。研究表明，打捆前含水量为 30% 的紫花苜蓿半干草，每 100kg 喷 0.5kg 丙酸处理，与含水量为 25% 的未进行任何处理的相比，粗蛋白含量高出 20%～25%，并且获得了较好的色泽、气味（芳香）和适口性。

（四）微生物防腐剂处理

目前国外在干草贮藏时，利用微生物的竞争特性，选用适当的微生物在空气存在的条件下，与干草捆中的其他腐败微生物进行竞争，从而抑制其他腐败细菌的活动。从国外引进的先锋 1155 号微生物防腐剂是专门用于紫花苜蓿半干草的微生物防腐剂。这种防腐剂使用的微生物是从高含水量苜蓿干草上分离出来的短小芽孢杆菌菌株。在含水量为 25% 的小方捆和含水量为 20% 的大圆草捆中使用，效果明显，其消化率、家畜采食后的增重都优于对照。

第四节　干草的利用

干草是反刍家畜的主要饲草之一。在美国畜牧业生产中，它是喂养家畜最重要的收获饲草，在家畜饲料中排在第三位。干草制作不仅容易掌握，而且可长期贮存和运输，还可以切短、制料、制块或打成各种形式或大小的草捆，大规模的干草生产可以采用现代化机械设备进行自动化的流程生产，便于操作。

1. 干草是家畜重要的能量来源　给家畜饲喂干草主要是为维持产肉、产奶、使役和其他功能提供能量。不同的畜种，利用干草作为营养来源的能力不同。反刍家畜和类反刍家畜能够最高效地利用干草。与其他家畜相比，干草提供的能量对乳牛的作用更大。在北美，干草总量的 1/2 喂给乳牛，肉牛采食约为 1/3。

2. 干草对家畜的作用　反刍家畜需要一定的粗料，犊牛早期饲喂干草能促使其瘤胃发育并防止贫血。高产乳牛群的许多严重问题，都可以追溯到日粮中缺少干草，如乳牛酮病与真胃变位的发生。如果乳牛的日粮由全青贮饲料与精料组成，乳脂率则要减少 10% 以上。育肥牛也需少量的粗料，因为要用以维持瘤胃的正常机能。研究表明，饲喂全精料日粮的围栏育肥牛，若在其日粮中加入少量的粗饲料，效果更佳。

3. 干草的利用方式及特点　干草的利用方式有两种：一是自由采食；二是限量饲喂。

大多数干草是自由采食。用一个饲槽装满干草放在家畜面前，让家畜随意采食。干草采食量只受家畜的食量限制。

干草限量饲喂有两种方式：一是采用人工饲喂干草和精料；二是采用全价混合日粮。前者是确定干草在日粮中所占的比例，人工每日分别定量饲喂。后者是将干草混合于全价日粮中，每天饲喂家畜。

第五节　干草调制机械与设备

干草田间的基本调制方法是成条干燥和摊撒干燥。主要作业内容为摊行、翻草、搂条、翻条、摊条、并条等。为了最大限度地保存牧草的养分，在天气条件不适宜田间晾晒时，可人工干燥，人工干燥有转筒干燥、带式干燥、远红外干燥、气流干燥、过热蒸汽干燥及组合干燥等技术措施。饲草收获或干燥后，还涉及及时的贮藏和运输环节。

一、田间干燥机械

干草调制机械按动力分为人力、畜力和动力。按作业项目分为摊晒机械和搂草机械。摊晒机械又分为摊行机、翻草机、摊条机、翻条机。搂草机械又分为横向搂草机和侧向搂草机。

为反映主要工作部件的工作原理和工作方式，干草调制机械可分为垂直旋转式、水平旋转式和其他三大类。

下面以指盘式摊搂草机、多转子水平旋转摊搂草机、横向搂草机为例分别说明。

（一）指盘式摊搂草机

指盘式摊搂草机可以分为牵引式和悬挂式。现以牵引式为例简要说明其构造。

牵引式指盘式摊搂草机由机架、指盘、地轮等部分构成。机架一般用钢管、角钢或其他型钢焊接，它的形状和尺寸取决于指盘的布置方式和指盘数，每台机具通常有4~6个指盘。指盘是摊搂草工作部件，由圆盘、弹齿和轴套孔构成，通过曲拐轴与机梁连接。曲拐轴的一头装在指盘的轴套孔内，另一端装在机梁上的轴承孔内。这样，指盘既能绕自身中心旋转，又能绕机梁上的轴承摆动，在地面成浮动状态。当机器前进时，指盘平面与前进方向间有一定的夹角，由于弹齿尖与地面接触，因此在指盘平面内产生一个分力，驱动指盘旋转。前一个指盘把草拨向下一个指盘的作用范围内，依次拨向最后一个指盘，在最后一个指盘的内侧形成草条。改变指盘与前进方向的夹角，使上一个指盘拨动的草不能到达下一个指盘的作用范围，机器便处于摊草工作状态。

（二）多转子水平旋转摊搂草机

多转子水平旋转摊搂草机为集水平旋转摊晒机和搂草机特点于一身的干草调制机械。动力输出轴通过中央锥齿轮传动机构驱动空心机架内的万向传动轴，万向传动轴再通过每个转子的锥齿轮传动机构驱动转子旋转。机架可绕万向节弯曲，使转子处于搂草、摊晒或运输状态。搂草时最外侧的两个转子都向内旋转，把草拨向中间两个也向内旋转的转子，在两个挡草屏间形成草条。摊晒时各转子排列成直线，相邻的转子反方向旋转，去掉挡草板。运输时两外侧的转子向前或向后折回。转子由圆盘、弹齿臂和弹齿构成。每个转子有4~6个弹齿臂，每个弹齿臂的外端安装一副弹齿。

多转子水平旋转摊搂草机作业速度为15km/h左右，幅宽约6m。搂草时草条从两侧向中央集中，草移动距离短，破碎损失少，污染轻。每个转子的工作幅有一定重叠，弹齿臂交错，草受到一定程度的弯折，有利于加速干燥。适用于各种类型的草地。

（三）横向搂草机

横向搂草机由于草条与机器的作业行驶方向垂直而得名。相互平行的弧形搂齿在整个搂幅内构成一个弧形的曲面。作业时，搂草机前进，草进到搂齿的前段，然后沿曲面上升，当达到极限高度后，在后续牧草的推动下而降落，先落下的草向中心卷入，后续草依次卷在外层。机器行驶到放草位置时搂草器升起，放草成条。

二、人工干燥机械与设备

（一）转筒干燥

湿物料在转筒内前移过程中，直接或间接得到载热体的给热，使湿物料得以干燥，然后在出料端经皮带机或螺旋输送机送出。在圆筒内壁上装有抄板，它的作用是把物料抄起来又洒下，使物料与气流的接触表面增大，以提高干燥速度并促进物料前进。热载体一般为空气、烟道气等。热载体经干燥器以后，一般需经旋风除尘器将气体内所带物料捕集下来。如需进一步减少尾气含气量，还应经过袋式除尘器或湿法除尘器后再放空。

转筒干燥器的主要工作部件有筒体、抄板、滚圈、托轮、挡轮、传动装置、密封装置及其他附属设备。

转筒干燥器作业流程为：牧草收割切碎后，运送到干燥设备车间，用铲运机投入链耙式升运器，经拨料轮传送到横向螺旋输送器中，拨料轮上的齿杆使牧草在升运器上均匀分布，以保证喂入量稳定；牧草经倾斜导槽进入转筒内，在进口处牧草与燃烧炉产生的高温（600～900℃）、高速气流混合，然后在气流与筒内壁的扬料板、挡料板的作用下，向转筒末端运动，同时牧草在筒内不断扬起、落下运动中与热空气接触，经几分钟即通过转筒，而被干燥。由转筒排出的干草，经主旋风分离器沉降于分离器底部，废气由主吸风机和排烟管排入大气，沉降下来的干草经拨料轮输送至粉碎机，被粉碎成干草粉；干草粉再通过旋风分离器、拨料轮与螺旋输送器卸出，经降温后即可贮存起来。

（二）带式干燥

带式干燥器由若干个独立的单元组成。每个单元包括循环风机、加热装置、单独或公用的新鲜空气抽入系统和尾气排出系统。带式干燥器最常用的干燥介质是空气。空气用循环风机由外部经空气过滤器抽入，并经加热器加热后，以垂直方向向上或向下穿过物料层。空气流过干燥物料层时，物料中水分汽化，空气增湿，湿度降低。部分湿空气排出箱体，部分则在循环风机吸入口前与新鲜空气混合再进行循环。为了使物料层上下脱水均匀，干燥介质流动方向可以多变。最后干燥产品经外界空气或其他低温介质直接接触冷却后，由出料口卸出。

带式干燥器的主要工作部件包括输送带、加料装置、干燥介质加热装置、操作过程的调节控制系统等。带式干燥工艺流程：切断或搓揉后的牧草送上上料机，并均匀摊布在烘干机的网带上，物料从一端运行到另一端落入第二层，以同样的方式经第3～5层后经出料装置排出机外；热风炉将加热后的清洁空气作为介质由鼓风机分别从上部和下部穿过物料层后进入中间吸风口经除尘后排入大气，上面两层采用顺流烘干，即从上部进来的热空气与温度较低、湿度较大的物料接触，供给的热量几乎均被物料水分蒸发所吸收。下面三层采用逆流烘干，即从下部进来的热空气与温度较高、水分较低的物料接触。由于牧草是热敏性物料，为确保温度不超标，多处设置温度检测，及时对上下部干燥介质和排出废气的温度进行检测并进行仪表显示，再将检测到的数据反馈到执行元件，控制进风温度。

（三）远红外干燥

远红外干燥器是利用辐射传热干燥的一种方法。远红外干燥器由其辐射器产生电磁波，以光的速度直接传播到达被干燥的物料，当远红外辐射器的发射频率和被干燥物料中分子运动的固有频率相匹配时，引起物料中的分子强烈振动，在物料的内部发生激烈摩擦产生热而达到干燥的目的。在远红外线干燥过程中，由于被干燥的物料表面水分不断被蒸发吸热，物料表面温度降低，造成物料内部温度比表面温度高，这样物料的热扩散方向是由内向外的。同时，由于物料内存在水分梯度而引起水分移动，总是由水分含量较多的内部向水分含量较少的外部进行湿扩散。因此，物料内部水分的湿扩散与热扩散方向是一致的，从而也加速了水分内扩散的过程，即加速了干燥的进程。

远红外干燥器的主要工作部件有辐射器、加热装置、反射集光装置和温度控制等附加装置。在牧草干燥时，将牧草放入转笼内，转笼是用圆形钢筋条和长形钢筋条焊接成转笼骨架，转笼骨架上镶衬钢丝网从而组成网状转笼。转笼下部设计有一个红外煤气燃烧床，燃烧床为分隔式燃烧床结构。上边铺有三层燃烧网，内层为里网，中层为燃烧网，面层为辐射网。当点燃燃烧床时，煤气作无焰燃烧，由于燃烧网的金属材料为铁铬铝合金，燃烧网表面温度可高达800～1000℃，在燃烧时辐射出波长为2.5～6μm的红外射线。燃烧床上的高温及红外射线，穿过转笼的金属网，对转笼内的牧草进行加热烘干，同时红外线的穿透作用很强，使鲜草内的水分在2～3min内有效排出干燥器。转笼一端设有进料斗，另一端设有出料斗，转笼内设计有用来搅拌翻动牧草并推动牧草从进料斗端运动的搅拌推进装置，从而实现连续烘干牧草。

（四）气流干燥

湿物料自加料器进入干燥管，空气由鼓风机鼓入，经加热器加热后与物料汇合，在干燥管内达到干燥目的。干燥后的物料在旋风除尘器和袋式除尘器内得到回收，废气经抽风机由排气管排出。气流干燥器是对流干燥的一种，湿物料的干燥由传热和传质两个过程所组成。当湿物料与热空气接触时，干燥介质将热能传至湿物料表面，再由表面传递至物料的内部，这是一个热量传递过程。与此同时，湿物料中的水分从物料内部以液态或气态扩散到物料表面，由物料表面通过气膜扩散到热空气中是一个传质过程。

（五）过热蒸汽干燥

过热蒸汽干燥是利用过热蒸汽直接与被干燥物料接触而去除水分的一种干燥方式。与传统的热风干燥相比，过热蒸汽干燥以水蒸气作为干燥介质，干燥机排出的废气全部是蒸汽，利用冷凝的方法可以回收蒸汽的潜热再加以利用，因而热效率高。并且由于水蒸气的热容量要比空气大1倍，干燥介质的消耗量明显减少，故单位热耗低。

过热蒸汽干燥设备包括脱水箱及其箱门、送料车和传动装置。脱水箱的上部具有通过管道与真空泵连接的抽真空口，脱水箱的下部具有通过管道与过热蒸汽发生装置连接的过热蒸汽进口，因此可利用过热蒸汽提供热能和真空状态下的低温汽化原理对牧草进行干燥、脱水，牧草在真空缺氧状态下受热干燥不会氧化变色。

该设备具体工作过程如下：先进料，使支架往后退，离开箱门，然后打开箱门，再让支架往前进，将送料车送进脱水箱内的输送履带上，并由传动装置带动输送履带前进，使送料加在输送履带上前进，至合适位置后，先让支架后退，然后关闭箱门。通过抽真空口对脱水箱进行抽真空，同时从过热蒸汽进口往脱水箱内输送过热蒸汽，使送料车上的牧草完成干燥脱水，干燥完毕后，打开箱门，操作传动装置，送料车在输送履带的带动下，离开脱水箱。

（六）组合干燥

由于各种物料的性质不同，用单一类型的干燥器来干燥物料，常不能达到干燥目的。如果采用两种或两种以上的干燥器，将它们连接起来，或者在机械方面增加特殊装置，使新的装置在干燥过程中兼有不同类型干燥器的性能，达到用单一干燥器所不能达到的目的，这种干燥器称为组合干燥器。

组合干燥器的工作原理是先通过第一级干燥器，使湿物料含水量降到某一值，然后，再经过第二级甚至更多级干燥器，使物料的含水率达到标准要求。

三、贮运机械与设备

干草调制过程中，能否进行合理的贮藏和运输是关系到饲草质量的重要环节。应该选择适宜的贮运方式，各项作业密切配合、相互衔接，以达到贮运的目的。

（一）集垛机

1. 集草机　集草机的主要用途是把搂草机集成的草条堆集成草堆，并送往堆垛地点，也可直接用来堆集比较厚实的草条及摊晒于地面的作物茎秆。集草机有畜力和动力两类。动力集草机有前悬挂式和后悬挂式两种。前悬挂式集草机具有方便操作人员观察、减轻劳动强度等优点。

2. 垛草机　集草机集成的小草堆松散，占地面积大，不利于长期贮存。为减少养分损失，便于贮存管理，集草机集成的小草堆还需要垛成大草堆。垛草机是用来完成垛草作业项目的机具。

3. 捡拾压垛机　捡拾压垛机是20世纪60年代末70年代初发展起来的一种高效、大型饲草收获机械，现已在美国、加拿大等国家推广使用。这种机器可以由一个人单独操作，半小时左右即可捡拾集压6～7t的干草垛。草垛密度为70～120kg/m^3，相当于低压草捆的密度。垛形整齐，顶呈拱形，防雨性强，适用于田间或场院贮存。草不易变质，养分保持良好。

国产的捡拾压垛机由传动装置、捡拾输送装置、压实机械和车体组成。主要用于捡拾牧草草条，并压缩成垛。也适用于稻麦茎秆的捡拾成垛。车厢容积33m^3，捡拾宽度1.98m，所成的草垛长3m、宽2.6m、高3m，重2～3t。草垛密度为70～110kg/m^3，每20min可形成一个草垛。

（二）饲草装运机械

农业生产中，运输作业时间一般占总作业时间的60%以上。内蒙古自治区呼伦贝尔市天然草场试验表明，从草场把调制好的干草运到贮存地点，其运输成本一般占总作业成本的70%以上。饲草装运机械的种类繁多，构造、性能也各不相同。按作业用途分为散草捡拾装运车、压捆机、小方草捆捡拾装运机械、圆草捆装运机械四大类。

1. 散草捡拾装运车

（1）类型　一般散草装运车由一人操作，进行捡拾草条装车、运输、卸车作业。比较完善的捡拾装运车除捡拾、装载、卸车外，还有切割、搂集、切碎、压缩、计量等附件或工作机械，可以直接收割饲草或搂集草条，并切碎、装入车厢，运到贮存或饲喂地点，再按计量要求卸车。这类机器可直接收获青草饲喂牲畜，也可以收获调制青贮饲料的饲草。

散草捡拾装运车按动力来源可分为牵引式和自走式；按装载机械可分为低装载式和高装

载式；按承载轴数可分为单轴式和双轴式；按车厢容积可分为大型、中型、小型。

（2）基本构造　以多用途散草捡拾装运车为例，由捡拾器、输送机构、切碎机构、车底传送机构和装卸计量装置等组成。

2. 压捆机　将散乱的饲草压成捆，便于饲草的运输和贮存，进而使之能够以商品的形式进入市场。压捆机分为固定式压捆机和捡拾压捆机两类。根据压面的草捆形状可分为方捆捡拾压捆机和圆捆机。根据草捆密度分为高密度（200～350kg/m^3）压捆机、中密度（100～200kg/m^3）压捆机和低密度（＜100kg/m^3）压捆机。

（1）方捆捡拾压捆机　以9KJ-1.4A型方捆捡拾压捆机为例，该机为活塞式压捆机，适合于捡拾收割机留下的牧草条铺，主要由捡拾器、输送喂入装置、压缩室、草捆密度调节装置、草捆长度控制装置、打捆机构、曲柄连杆机构、传动机构和牵引装置等组成。

（2）圆捆机　圆捆机调制的草捆呈圆形，直径可达2m左右。其结构简单，使用调节方便，草捆便于饲喂，耐雨淋，适于露天存放，捆绳用量少。按工作部件形式可分为长胶带式、短胶带式、链式和辊子式等，按工作原理可分为内卷绕式和外卷绕式。其中长胶带式、链式为内卷绕式，短胶带式和辊子式为外卷绕式。

皮带式内卷绕捡拾压捆机的主要部件包括捡拾器、输送喂入装置、卷压机构、卸草后门、传动机构和液压操纵机构。

3. 小方草捆捡拾装运机械

（1）捡拾抛捆叉　捡拾抛捆叉是一种简易的小方草捆捡拾装载机具，由机梁、油缸和草叉等构成。每分钟可捡拾装载15～20个20kg左右小方草捆，机重不超过100kg，结构简单，挂接方便。

（2）链式捡拾升运机　链式捡拾升运机由机架、升运、平台及地轮等构成。我国小批量生产的9JK-2.7型草捆捡拾升运机属于此类型，其升运高度为2.7m，生产率250捆/h。

（3）皮带式草捆抛掷机　皮带式草捆抛掷机有两种：第一种，装在捡拾压捆机尾部通道末端，把压捆排出的草捆直接抛入拖车，这种抛掷机称为草捆不落地一体化抛掷机，或称为直接抛掷机；第二种，单独与拖拉机挂接，从地面捡拾草捆并抛掷入车，称为捡拾抛掷机，它利用上下高速回转的两组皮带，使草捆以10m/s左右的速度脱离机器，借惯性抛入拖车。

（4）集捆装载机　小方草捆的集捆装载，由集捆机和装载机配套作业，集捆机挂接在捡拾压捆机的后面，草捆由捡拾压捆机排出后，先在集捆机平台上按8×2、12×2或12×3等方式排列成16、24或36等不同捆数的草捆层。平台排满后，由液压式或机械式机构把草捆（保持平台上的排列顺序）放在田间地面。

（5）自动草捆车　自动草捆车有牵引式和自走式两种，是目前小方草捆捡拾装运机械中自动化程度和生产效率较高的机具。根据机型的大小每车可装运草捆40～160个，最大载重量可达6t。一个人操纵可完成捡拾草捆、运输、卸车、码垛全作业过程。由捡拾、输送、第一平台、第二平台、第三平台及液压系统构成。工作过程分为捡拾、输送、排层、码垛、卸垛。

4. 圆草捆装运机械

（1）前置装载机　它是一种简单的大圆草捆装载机具，可由液压推举式垛草机或其他前置装载机（举起高度2m以上）改装而成。通常采用双齿捆叉，叉齿的距离在草捆直径的

2/3 左右，叉齿长与草捆长度相同或略短。叉齿纵向顺草捆下面插入，举时草捆稳定在两叉齿之间。

另一种前置式圆捆装载机为钳夹叉式。两个叉杆的前端装有齿尖（向内的叉齿），叉杆张开的距离大于草捆的长度，两叉齿对准草捆中心，靠油缸使两叉杆向内收回，两齿尖插入草捆中心，依靠提升缸升起草捆并装到车上。钳夹式圆草捆装载机除完成装载作业外，还可用于拆捆。将草捆升起，抽去捆绳，使草捆与成捆时卷压方向相反转动，圆草捆便很容易分层脱散。

（2）圆草捆装运车　圆草捆重量一般在 300kg 以上。生产中常见的装载运输机具有两种形式，即立装式和平装式。立装式和平装式是针对草捆在运输车上的停放方式而言，立装式草捆端面与装载面接触，垂直排放在车底板上；平装式草捆呈水平状态，横向或纵向依次排放在车底板上。

立装式圆草捆装运车由捡拾装置、车架和液压系统等部分构成。平装式圆草捆装运车有纵向平装和横向平装两种形式。

（3）草垛装运车　草垛装运车是和捡拾压捆机配套的一种快速装载运输专用机具。它由车身、液压系统、行走系统、捡拾传送机构等构成。

思考题

1. 试述干草调制的意义。
2. 如何调制优质干草？
3. 干草贮藏的方法有哪些？
4. 如何合理利用干草？
5. 干草调制过程中涉及的机械有哪些？

第四章　青贮饲料调制加工

【内容提要】 青贮饲料的概念；青贮饲料的发酵原理及类型；青贮原料的种类；青贮饲料的制作工艺；青贮饲料的加工机械与设备。

【教学目标】 了解青贮饲料发酵的过程；熟悉青贮发酵过程中所涉及的微生物；掌握青贮饲料加工工艺；熟悉为改善青贮饲料品质而应用的添加剂。

第一节　概　　述

一、青贮饲料的概念

青贮饲料是指经过在青贮容器中厌氧条件下发酵处理的饲料产品。新鲜的、萎蔫的或半干的青绿饲料（牧草、饲料作物、多汁饲料及其他新鲜饲料），在密闭条件下利用青贮原料表面附着的乳酸菌的发酵作用，或者在外来添加剂的作用下促进或抑制微生物发酵，使青贮原料 pH 下降而保存饲料，这一过程称为青贮。乳酸菌是青贮发酵过程中主要的有益微生物，它在厌氧条件下占主导地位，大量繁殖而产生乳酸，从而抑制不良微生物的生长繁殖，保存青贮原料的营养价值。

二、生产青贮饲料的意义

青贮饲料作为饲料体系中的重要组成部分，是畜牧业的物质基础，在畜牧养殖中发挥着重要作用。随着我国人民生活水平的不断提高，人们对高品质肉类、奶类等食品的消费需求不断增长，推动了奶牛、肉牛、肉羊等草食动物养殖业的迅猛发展。据统计，2017 年全国肉牛出栏 5162 万头，比上年增加 52 万头，增长 1.0%；牛肉产量 726 万 t，增加 9 万 t，增长 1.3%。2017 年羊出栏 3.12 万只，比上年增加 524 万只，增长 1.7%；羊肉产量 468 万 t，增加 8 万 t，增长 1.8%。为了满足草食动物产品生产的效率和品质需求，必须供给优质饲草饲料。实践证明，为反刍动物均衡供给优质青贮饲料是充分发挥动物遗传潜力、提高动物产品的产量与质量、保障动物健康的重要前提。以奶牛为例，为了使奶牛保持较高的产奶水平，必须全年均衡供给优质青贮饲料，在高产奶牛的饲养过程中，青贮饲料已经成为其日粮中不可缺少的成分。

（一）青贮能有效地保存饲草的营养价值

青绿饲草在加工调制过程中会造成营养物质的损失，导致营养价值下降。饲草营养物质的损失主要来源于以下几个方面：刈割后由牧草自身酶类作用导致的分解损失，机械损失，不利天气条件（降雨、大雾等）造成的损失，长时间日晒带来的损失，不利微生物作用造成的损失等。损失的营养物质以糖类、蛋白质等为主，多是家畜易于消化吸收的高营养组分。

调制青贮饲料可以避免或减少其中一些损失。由于青贮过程中饲草暴露时间较短，几乎不受日晒、雨淋等天气条件的影响，氧化分解的程度低，维生素、可溶性糖类等高营养价值的养分损失小；并且，由于不经过翻晒等田间机械作业，减少了由机械作业造成的落叶等损失。青贮饲料的营养物质损失一般在10%～15%。如果调制技术成熟、管理完善，损失可降至10%以下。青绿饲草饲料在密封厌氧条件下保存，也可减少营养物质的损失。优良的青贮饲料与青贮原料相比，碳水化合物总量变化不大，糖多转化为乳酸，蛋白质损耗少，胡萝卜素可保持在90%以上，营养价值只降低3%～10%。而在青绿饲料晒制干草的过程中，由于植物细胞的呼吸作用、枝叶脱落及机械损失等原因，营养价值降低30%～50%。例如，新鲜的甘薯藤，每千克干物质中含有158.2mg的胡萝卜素，经8个月青贮后，仍然可保留90mg；而晒制成干草则只剩2.5mg，损失高达98%以上。

同样的玉米秸，玉米青贮饲料比风干玉米秸的粗蛋白含量约高1倍，粗脂肪含量约高4倍，而粗纤维含量低7.47%（表4-1）。

表4-1　玉米青贮饲料和风干后营养成分比较（%）（陈自胜和陈世良，1999）

成分	粗蛋白	粗脂肪	粗纤维	无氮浸出物	粗灰分
风干玉米秸	3.94	0.90	37.60	48.09	9.46
玉米青贮饲料	8.19	4.60	30.13	47.30	9.74

（二）青贮饲料适口性好，消化率高

牧草及饲料作物经过青贮后可以很好地保持青绿饲料的鲜嫩汁液，质地柔软，并且产生大量的乳酸和少部分乙酸，具有酸甜清香味，从而提高了家畜的适口性。对于粗糙干硬的原料，家畜直接采食困难，经过青贮调制过程中的机械切短、水分调节和微生物发酵等作用，可大大改善其适口性。此外，青贮发酵还能消除原料的特殊气味和某些抗营养因子，改善适口性。有些植物如菊芋、向日葵茎叶和一些蒿类植物风干后，具有特殊气味，而青贮发酵后，异味消失，适口性增强。

青贮饲料的能量、蛋白质、粗纤维消化率与同类干草相比均高。并且青贮饲料干物质中的可消化粗蛋白（DCP）、总可消化养分（TDN）和消化能（DE）含量也较高（表4-2）。

表4-2　干草和青贮饲料消化率及营养价值比较

饲草种类	消化率		营养价值（干物质中）		
	能量/%	粗蛋白/%	可消化粗蛋白/%	总可消化养分/%	消化能/（MJ/kg）
自然干草	58.2	66.0	10.1	57.3	10.71
人工干草	57.9	65.4	10.1	59.4	10.63
干草饼	53.1	58.6	9.1	53.3	9.75
青贮饲料	59.0	69.3	11.3	60.5	11.59

（三）青贮可以扩大饲料来源，有利于畜牧业发展

青贮在改善原料的物理性状、质地，消除抗营养因子，去除异味方面具有良好的效

果，可改善原料的饲用价值，对开发潜在的饲草资源将发挥重要作用。青贮原料除饲料作物、牧草及一些青鲜的农副产品外，还有一些畜禽不喜欢采食或不能直接采食的野草、野菜、树叶等无毒青绿植物，经过发酵，可以变成畜禽喜食的饲料。例如，菊科中的蒿属植物、树叶、马铃薯茎叶等植物在青鲜状态含有异味，不经加工家畜不喜食或不能采食，经青贮发酵后，可去异味和毒素，家畜可安全采食。向日葵、锦鸡儿等植物在新鲜时质地较粗硬，一般家畜多不喜食或利用率很低，如果把它们调制成青贮饲料，不但可以改变口味，而且能够将其软化，增加可食部分的数量。而对于叶片较多的饲草，在调制干草过程中叶片容易脱落，当制成青贮饲料，这些营养丰富的叶片就能全部保存下来，从而提高了饲料的质量。

（四）调制青贮饲料不受气候等环境条件的影响，并可以长期保存利用

在调制青贮饲料的过程中，几乎不受风吹、日晒和雨淋等不利气候因素的影响，贮藏过程也不易发生火灾等事故，可实现长期安全贮藏。在阴雨季节或天气不好，难以调制干草时，只要按青贮规程的要求进行操作，仍可以制成良好的青贮饲料。青贮饲料可以常年利用，保存条件好的甚至可贮存利用多年。在青贮方法正确，原料优良，青贮窖位置合适，不漏气、不漏水，管理严格情况下，青贮饲料可贮存20～30年，其优良品质保持不变。

（五）家畜饲喂青贮饲料，可减少消化系统和寄生虫病的发生，也可减轻杂草危害

很多病虫为害过的牧草与饲料作物原料，进行青贮发酵后，由于青贮容器里缺乏氧气，并且酸度较高，寄生虫及其虫卵或病菌失去生活力，因此可减少家畜寄生虫病和消化道疾病的发生。还有许多杂草的种子，经过青贮后便失去发芽的能力，如将杂草及时青贮，不但给家畜贮备了饲草，而且减少了农田杂草的危害。

实践证明，调制青贮饲料比晒制干草和干草粉具有更大的优越性。它可以缓解青饲、放牧与饲料生长季节的矛盾，对提高饲草利用率，均衡青饲料供应，满足反刍动物冬、春季节的营养需要等，都起着重要作用。全年给家畜饲喂青贮饲料，如同一年四季都可采食到青绿多汁饲料，从而使家畜终年保持高水平的营养状态和生产水平。特别是奶牛饲养业，青贮饲料已经成为维持和创造高产及集约化经营不可缺少的重要饲料之一。

（六）调制青贮饲料，可节省加工调制与饲料贮藏的成本

青贮饲料的调制成本包括青贮容器成本、机械成本、劳动力成本、原料成本等。调制青贮饲料的青贮容器可因地制宜选择，最大效能地发挥其利用潜力，创造最大经济效益。大型养殖基地可营造大型的固定式青贮容器，一次投资可多年利用，不用增加循环投资。小型养殖单位可建造适宜的小型容器或选择适宜地段挖制青贮窖，降低设施投资。近年来推广采用的地面堆贮、塑料袋青贮、拉伸膜裹包青贮等青贮工艺可不必建设永久性的青贮设施，降低投资风险和投资压力。由于青贮饲料贮藏空间比较小，与干草相比可节省保存的场地。1m^{3}青贮饲料的重量为450～700kg，其中干物质含量为150kg；而1m^{3}的干草重量仅为70kg，干物质含量约为60kg。另外，常规调制青贮饲料仅需收获机械和切断机械即可完成，与调制干草相比可减少机械投资。

第二节　青贮的原理

一、青贮原理

在厌氧的环境条件下，可以用自然发酵——青贮的方式来保存牧草，而且是最有效的方式之一。青贮饲料是利用乳酸菌厌氧发酵产生的。饲草原料青贮后，在厌氧条件下能够生长的微生物（乳酸菌、大肠杆菌、梭菌、一些杆状菌、酵母菌）开始增殖，竞争营养物质。最初几天的变化决定着后来发酵的成功与否。如果条件适宜，乳酸菌会迅速繁殖，产生大量乳酸，降低青贮饲料的 pH，最终获得优质的青贮饲料。

在厌氧条件下，青贮容器中所残留的氧，迅速被植物体的酶活动清除。在敞开式的青贮容器中，好氧生物的生存时间，主要取决于原料的压实程度和密封效果。密封的目的：①防止贮存过程中空气进入青贮容器，在容器内循环。有氧气时，好氧微生物的活动导致青贮饲料腐烂变质，失去饲喂价值。②阻止梭状芽孢杆菌和大肠杆菌等微生物的活动。梭状芽孢杆菌通常以孢子的形式存在于牧草上，在厌氧条件下开始增殖，从而产生丁酸并降解氨基酸；大肠杆菌没有孢子形态，是兼性厌氧微生物，能发酵糖产生乙酸和其他产物，并使氨基酸降解。

促进乳酸发酵是抑制有害微生物生长的有效手段。乳酸菌通常存在于牧草上，与大肠杆菌一样是兼性厌氧微生物，可以发酵糖类（主要是葡萄糖和果糖），形成以乳酸为主的有机酸。生成的乳酸提高了氢离子浓度，从而抑制其他细菌的繁殖。而且，除了氢离子浓度的作用外，未分解的酸本身也起一定的抑制作用。由于乳酸的抑制作用不仅依赖于 pH，还依赖于水分含量和温度，因此很难规定一个准确的青贮 pH 临界值，通常原料的水分含量越高，pH 临界值越低。一般认为，如果原料干物质含量在 200g/kg 左右，青贮容器密封良好并能防止雨水渗透，pH 在 4.0 时就可以安全地保存牧草。

在青贮前通过凋萎来降低牧草的含水量，是另一种抑制有害细菌生长的方法。乳酸菌对低湿度环境有相对较高的耐受力，并且能够在发酵中占优势。而梭状芽孢杆菌对含水量敏感，它们需要在较湿的环境中才能旺盛生长。对于含水量较高的牧草（如干物质含量为 150g/kg），pH 甚至在 4.0 时也不能抑制梭状芽孢杆菌的生长。

乳酸产生速率是抑制有害细菌生长和减少发酵损失的关键因素。乳酸产生速率依赖于原料中乳酸菌的最初数量和有效底物的含量，同时也受物理加工（揉搓、粉碎、切碎等）程度的影响。现代收获机可以把原料切碎成长度小于 25mm 的微粒，使植物汁液迅速释放，刺激乳酸菌生长。而且，从家畜利用角度来看，细切的青贮饲料比切碎较长的或者是切碎粗糙的青贮饲料更容易被反刍动物采食。

二、青贮饲料发酵过程

青贮发酵是一个复杂的微生物活动和生物化学变化的过程，主要通过乳酸菌的厌氧发酵，使原料中所含的糖分变为以乳酸为主的有机酸，借此提高酸度。当乳酸在青贮饲料中积累到一定浓度，pH 降为 4.2 左右，微生物的活动被抑制，防止原料中养分继续被微生物分解或消耗，从而将原料中的养分很好地保存下来。乳酸发酵过程中产生大量热能，当青贮原料温度上升到50℃时，乳酸菌也就停止了活动，发酵结束。在整个发酵过程中，从封存到启用，各种微生物的兴衰演变是巨大的。

青贮发酵过程受物理因素、化学因素和微生物因素等的制约，因此，为了掌握青贮调制技术，有必要了解从装填原料到完成青贮饲料的过程中所发生的物质变化及其机制。青贮发酵过程与多种微生物有关，现已查明，大约有47属140种的细菌、酵母菌及霉菌等参与青贮发酵。根据环境因素、微生物种类和物质变化，可将正常的青贮发酵过程大体分为5个阶段（表4-3）。

表4-3　青贮发酵过程的物质变化

阶段	环境条件	变化原因	物质变化	期限
1	好气	植物细胞	碳水化合物氧化成二氧化碳和水	1～2阶段一般3d左右
2	好气	好气性细菌	碳水化合物氧化成乙酸	
3	厌氧	乳酸菌	碳水化合物转化为乳酸	4～6d
4	厌氧	乳酸菌	乳酸增加到1.0%～1.5%，pH 4.2以下，进入稳定期	2～3周
5	厌氧	梭状芽孢杆菌	乳酸生成量不足，碳水化合物、乳酸转化为丁酸，氨基酸转化为氨	2～3周后

（一）植物呼吸期

刚收获的牧草中细胞并未立即死亡，仍有生命活动。青贮原料切碎装填密封之后，因青贮容器中仍有空气存在，青贮初期植物细胞仍将利用容器内残留的氧气，继续进行呼吸代谢作用，氧化分解可溶性碳水化合物，产生二氧化碳、水和热量。该过程一直持续到容器内氧气被耗尽而形成厌氧状态为止。

$$C_6H_{12}O_6+6O_2 \longrightarrow 6CO_2+H_2O+2820kJ$$

适量的热有利于乳酸发酵，但如果青贮容器内残留的氧气过多时，植物细胞呼吸期延长，即引起糖原的过多消耗而影响乳酸发酵，同时也导致青贮容器内温度升高，加大各种养分的损失。为此，在制作青贮饲料时应踩实压紧，排出青贮原料间隙中的空气，减少氧化损失，这对促进乳酸发酵和减少养分损失具有十分重要的意义。

（二）好气性细菌繁殖期

好气性微生物包括好气性细菌、酵母菌和霉菌等。青贮的最初几天，由于容器内尚存氧气，加上植物细胞受机械切割、压榨而排出汁液，内含丰富的可溶性碳水化合物等养分，此时好气性微生物开始强烈活动、繁殖，如假单孢菌属、埃希氏菌属和芽孢杆菌属的细菌开始活跃，分解蛋白质和糖类而产生氨基酸、乳酸和乙酸等物质。

另外，在植物体本身的蛋白分解酶的作用下，蛋白质被分解为氨基酸，且进一步脱羟基后产生氨化物与二氧化碳。蛋白分解酶的活性即使达到厌氧状态也并不能立即丧失，而一直持续到青贮饲料pH降至4.0以下为止。第一和第二阶段为1～3d，从营养保存和有效发酵的角度考虑，这两个阶段越短越好，如果持续时间过长，对其后的乳酸发酵将会造成不利影响。

（三）乳酸发酵期

经过 3d 左右的植物细胞呼吸作用和好气性微生物活动，氧气耗尽而产生二氧化碳，容器内形成厌氧状态，好气性微生物停止活动，这时就开始植物分子间的呼吸（厌氧呼吸）和强烈的乳酸发酵。

植物分子间呼吸主要是在细胞内酶的作用下消耗体内氧气而产生二氧化碳、水和有机酸，同时放热。乳酸菌迅速繁殖，分解可溶性碳水化合物产生大量乳酸，迅速降低 pH，致使腐败细菌、梭状芽孢杆菌等活动受到抑制、停止，甚至死亡。乳酸菌可分为同型乳酸发酵（homolactic fermentation）和异型乳酸发酵（heterolactic fermentation）两大类。前者将葡萄糖或果糖分解为乳酸，而后者将葡萄糖分解为乳酸、乙醇、二氧化碳，将果糖分解为乳酸、甘露醇、乙酸、二氧化碳，将五碳糖分解为乳酸、乙酸。乳酸发酵在原料装入之后的 4～6d 开始，此时的乳酸菌为明串珠（球）菌属、片球菌属、链球菌属、肠道球菌属、乳球菌属等的球菌及乳杆菌属的杆菌。一般发酵初期以球菌繁殖为主，随着 pH 的下降其繁殖能力减弱，耐酸的乳酸菌占主导地位，进一步降低 pH。

（四）发酵稳定期

经过旺盛的乳酸发酵，乳酸生成量达到新鲜物的 1.0%～1.5%（若含水量为 80% 的情况下，相当于干物质中的 5.0%～7.5%），pH 降至 4.2 以下时，就会抑制不良细菌的繁殖，使青贮发酵进入稳定状态。如果原料中的可溶性糖含量充足，并且能保证厌氧条件，乳酸生成量一般能达到原料的 1.0%～1.5%，而且 pH 迅速降至 4.0 以下。

（五）丁酸发酵期

若青贮原料、调制方法和青贮设施能满足条件，就能保证青贮饲料品质的稳定性。否则，乳酸发酵过程中所产生的乳酸将转化为丁酸，并且蛋白质和氨基酸也分解成氨类物质，导致 pH 升高，青贮品质下降，即发生丁酸发酵。通常丁酸发酵发生在原料装填后 30d 左右，引起丁酸发酵的原因是梭状芽孢杆菌的繁殖，该菌能够使糖类和乳酸转化成丁酸，属于一种厌氧性芽孢形成菌，在完全厌氧条件下也能生长，若大量产生丁酸时，青贮料不仅有腐臭味，还会引起大量养分的损失。同时，梭状芽孢杆菌的繁殖也会引起蛋白质的分解而产生大量的氨和胺类物质。这些物质和丁酸一起引起青贮饲料腐败，饲喂奶牛时易导致产奶量下降，并且发生痢疾和乳腺炎等疾病。

三、青贮过程中营养成分的变化

（一）青贮过程中营养物质的变化

青贮过程中各种微生物和植物本身酶系统的作用使青贮饲料发生一系列生物化学变化，也必然带来物质损失。正常青贮时，青贮饲料中可溶性碳水化合物大部分转化为乳酸、乙酸、琥珀酸及醇类等，其中主要为乳酸，同时放出较少的热量。碳水化合物转化为乳酸的过程是氧化分解过程，不产生二氧化碳，因此能量损失较少。青贮饲料中的乙酸，主要是乙醇通过微生物的作用生成的，产生的时间比乳酸早，一旦酸度升高，厌氧状态形成后，乙酸菌等活动受到抑制，乙酸的生成量也随之减少。当乙酸浓度高时，呈游离状态；浓度低时，与盐基结合成乙酸盐。梭状芽孢杆菌把碳水化合物、蛋白质和氨基酸分解生成丁酸、胺、氨和二氧化碳等。梭状芽孢杆菌是厌氧菌，但它不耐酸，喜较高温度，因此当pH下降至4.4以下，温度又较低时，一般不生成丁酸。此外，部分多糖也能被微生物转化为有机酸，但纤维素基本保持不变，一般脂肪变化也不大。

青贮饲料中蛋白质的变化与pH的高低密切相关。当pH小于4.4时，蛋白质因植物细胞酶的作用，部分分解为氨基酸，较稳定，损失极少。但当pH大于4.4时，由于腐败菌的活动，氨基酸便分解成氨、硫化氢和胺类等，使蛋白质受到损失。

（二）青贮过程中营养物质的损失

国内的研究表明，青贮过程中营养物质的损失量为10%～15%，如果青贮技术掌握良好，损失可控制在10%以下，甚至控制在5%左右。青贮过程中的能量损失及原因见表4-4。青贮过程中造成营养物质损失的原因概括起来有如下4个方面。

表4-4　青贮过程中的能量损失及原因

青贮过程	能否避免	损失量/%	损失原因
植物呼吸	不可避免	1～2	植物酶
青贮发酵	不可避免	2～4	微生物
汁液渗透	可避免	5～7	原料含水量
田间凋萎	可避免	2～5	天气、管理技术、牧草种类
二次发酵	可避免	0～20	原料、含水量、青贮设施、季节
贮存期好气性变质	不可避免	0～10	装填时间、密度、青贮设施、密封状况、原料

1. 田间损失　调制青贮时，牧草在田间的损失可分为3种：机械损失、生化损失和淋雨损失。

在牧草刈割、搂草、搬运等一系列作业中，叶片、嫩茎、花序等细嫩部分易折断、脱落而损失。一般禾本科牧草损失为2%～5%，豆科牧草损失较大，为15%～35%。例如，苜蓿损失叶片占全重的12%时，其蛋白质的损失约占总蛋白质含量的40%，因叶片中所含的蛋白质远远超过茎的含量。机械作用造成损失的多少与植物种类、刈割时期有关。

生化损失主要是由植株收获后本身的呼吸和其他酶反应引起的，对营养物质的影响及控制反应活性速度的因素详见第三章。

淋雨是造成牧草田间损失的重要因素之一。Kormos和Chestnutt通过模拟淋雨实验，研究淋雨对晾晒期间损失量的影响，增加降雨量可导致干物质损失量升高，机械处理与降雨量对损失的影响存在相互作用，在凋萎前植物损伤将增强雨淋的不利影响。

2. 发酵损失　发酵所造成的损失取决于被发酵的营养物质和相关的微生物。由于有几种发酵产物比青贮发酵底物的总能量高，因此在发酵过程中干物质的损失大于能量损失。当干物质损失在0～33%时，乳酸菌发酵糖和有机酸所造成的能量损失几乎是零。

3. 渗出液损失　含水量较高的青贮原料切碎后，由于细胞结构受到破坏，汁液从细胞内释放出来，以青贮渗出液的形式排出。排出的汁液中含有可溶性碳水化合物、蛋白质、矿物质和发酵产物等多种营养成分，导致青贮饲料的养分损失。

当干物质含量较低（如多年生黑麦草含水量高于80%）时，青贮料的压实程度与渗出液的生成量之间有极显著的正相关关系。温度对青贮渗出液的产生有影响，高温促进发酵从而青贮渗出液多，青贮初期是渗出液大量生成的时候。青贮容器中大多数的渗出液是在青贮早期产生的。

新鲜牧草饲料植株细胞液的渗透压较高，不同的牧草种或品种吸持水分的特性和能力不同，因此不同原料的渗出液量也不尽相同。例如，青贮时苜蓿比黑麦草的植株细胞更易破裂。另外，纤维含量也影响渗出液的生成。

青贮原料加工处理对青贮渗出液的影响可能有正反两方面的影响，一方面对原料的切碎和挤压可能会促使渗出液的生成，另一方面原料细碎柔软后又可能会提高原料对水分的吸持。

4. 氧化损失　青贮期间的氧化损失是指牧草在好气过程中的损失，包括青贮初期的好气阶段、贮藏过程中的表面氧化及开封后的有氧腐败。青贮初期好气阶段残余呼吸所造成的损失与原料装填过程中的空气渗入量有关，如果青贮时迅速装填原料并且密封良好，则由残余空气所造成的损失较少。密封良好的青贮容器表面氧化损失大大减少。在饲喂期间，青贮饲料暴露于空气中，将会进一步产生干物质的损失。

四、青贮饲料的微生物及其作用

青贮饲料是由乳酸菌发酵产生的，从 20 世纪早期，人们就已认识到了这些细菌的重要性。酵母菌在发酵过程中起很小的作用，而且是好氧腐败变质的原因之一，特别是在容器开封后。大肠杆菌、梭状芽孢杆菌、杆状菌、乙酸菌、李斯特菌和丙酸菌等也都起一定的作用。这些细菌中的绝大多数是严格需氧菌，对饲料的保存很少有或没有积极作用。在厌氧环境中能够生长的微生物，大肠杆菌是数量最多的。梭状芽孢杆菌只以孢子的形式存在，可能是由土壤和所带泥浆污染引起的。乳酸菌是青贮中最重要的菌种，但在牧草植株上，其数量要比主要的竞争者（真菌和大肠杆菌）低 1000 倍。

青贮后，在厌氧条件下能够生长的微生物（乳酸菌、大肠杆菌、梭状芽孢杆菌、一些杆状菌、酵母菌）开始增殖，竞争可利用的营养物质。最初几天的变化对后来发酵很重要，如果条件适宜，乳酸菌会迅速将环境酸化到一个其他微生物不能生存的程度，获得较低 pH 的青贮饲料。如果 pH 不能迅速降到较低的水平，有害微生物（主要是大肠杆菌、梭状芽孢杆菌和酵母菌）会与乳酸菌竞争营养物质，其产物对贮存不利，使青贮饲料的品质下降。尽管酵母菌和杆状菌在发酵中不重要，但它们协同能够导致青贮饲料的有氧变质。

（一）好气性细菌

在青贮初期，青贮容器内空气尚存的情况下，好气性细菌可以大量繁殖。除好气性细菌外，还有共性厌氧性细菌。这些微生物以孢子形态存在，具有较强的耐热特性。好气性细菌能分解原料中的糖，消耗糖分，从而影响乳酸菌的繁殖。尽管在青贮料发生有氧变质时存在的细菌大多确定为杆菌类，但乙酸菌能使整株玉米青贮饲料发生有氧变质。这些乙酸菌，分为乙酸杆菌属和葡糖酸杆菌两个亚属，是革兰氏阴性、非孢子、严格需氧杆菌，通过将乙醇氧化成乙酸，或者将乳酸和乙酸氧化成二氧化碳及水来获得能量。Spoelstra 发现酵母菌常常同乙酸菌一起引起青贮料最初的腐败，乙酸菌反应式如下。

$$C_6H_{12}O_6 \longrightarrow 2C_2H_5OH+2CO_2\text{（酵母发酵）}$$

$$C_2H_5OH+O_2 \longrightarrow CH_3COOH+H_2O$$

乙酸菌和大肠杆菌适宜生长的 pH 约为 7.0，发酵初期有利于其生长，若乳酸菌增殖迅速，其活动则很微弱。大肠杆菌等发酵糖分生成乙酸、甲酸等其他产物。所产生的甲酸，或积聚起来，或在酸性条件下转化为 H_2 和 CO_2。

丙酸杆菌在低 pH 青贮饲料中可发酵乳酸生成丙酸盐，而且优先利用乳酸而不是糖类作为底物，其活性对青贮饲料影响较小。

（二）梭状芽孢杆菌

梭状芽孢杆菌，又称丁酸菌，简称梭菌。革兰氏阳性菌，具有孢子，通常可运动，呈棒状，在严格的厌氧条件下生长，能发酵蔗糖、有机酸和蛋白质。根据底物将它们分成两个主要生理学群：分解糖的梭状芽孢杆菌，主要发酵蔗糖和有机酸，对蛋白质或者氨基酸的活性很小；分解蛋白质的梭状芽孢杆菌，主要发酵氨基酸。一些梭状芽孢杆菌，如梭菌属（*Perfringens*）具有两种活性类型。

$C_6H_{12}O_6 \longrightarrow 2（C_3H_6O_3）$

糖　　　乳酸

2.816MJ　　2.728MJ　减少 0.088MJ，或者损失 3.1%

$2（C_3H_6O_3）\longrightarrow C_4H_8O_2+2CO_2+2H_2$

乳酸　　　丁酸

2.728MJ　　2.192MJ　减少 0.536MJ，或者损失 19.6%

$C_6H_{12}O \longrightarrow C_4H_8O_2+2CO_2+2H_2$

糖　　　丁酸

2.816MJ　　2.192MJ　减少 0.624MJ，或者损失 22.2%

梭状芽孢杆菌分解蛋白质形成氨基酸、胺和硫化氢等，形成具有刺鼻臭气的产物，伴有碱性反应。同时，梭状芽孢杆菌又破坏青贮饲料中的叶绿素，在其外表形成程度不同的黄斑。

梭状芽孢杆菌分解蛋白质的途径有三种。

1）脱氨作用：使氨基酸释放出氨，留下有机酸残基。

2）脱羧作用：使氨基酸形成胺。

3）氧化-还原作用：在 Stickland 偶联反应中，一个氨基酸被氧化为比原来化合物少一个碳原子的脂肪酸，而另一个则被还原为与原分子碳原子数相同的脂肪酸。通常被氧化的氨基酸包括丙氨酸、组氨酸、异亮氨酸、亮氨酸、苯丙氨酸、丝氨酸、色氨酸和酪氨酸，被还原的包括精氨酸、天冬氨酸、半胱氨酸、甘氨酸、甲硫氨酸、鸟氨酸、脯氨酸、色氨酸和酪氨酸。

除脯氨酸外，均可通过两种发酵途径释放出 NH_3。丙氨酸和甘氨酸的发酵是一个典型的 Stickland 反应，其发酵产物为乙酸、NH_3 和二氧化碳。其反应式如下。

$$CH_3CHNH_2COOH+2CH_2NH_2COOH+H_2O+ADP \longrightarrow 3CH_3COOH+3NH_3+CO_2+ATP$$

葡萄糖和果糖都可以被青贮饲料中的梭状芽孢杆菌发酵，除了双酶梭菌外，生孢梭菌和酪丁酸梭菌对其他碳水化合物的发酵也有抑制作用。有些种类，如酪丁酸梭菌只发酵生成乙酸，这是一个从乳酸盐到乙酸盐的氧化反应，并且二氧化碳可结合乙酸盐生成丁酸盐。糖和乳酸被梭状芽孢杆菌作为能源利用是通过一个类似的途径进行的，即以丙酮酸为中间产物，产生丁酸盐、二氧化碳和氢。不是所有的糖被梭状芽孢杆菌分解都产生丁酸盐，如耐热梭状芽孢杆菌发酵葡萄糖生成乙醇、乙酸盐、二氧化碳、氢和少量的乳酸盐。

青贮饲料内氨的产生量，是梭状芽孢杆菌活动分解蛋白质程度的可靠指标，原因在于青贮饲料内其他微生物和植物酶产生的氨量相对较少。梭状芽孢杆菌活动产生的丁酸和氨等，具难闻的臭味，降低青贮饲料的品质。

梭状芽孢杆菌广泛分布在自然界，但植物体上附着的梭状芽孢杆菌数量非常少，它们主要与土壤一起带入青贮饲料中，或青贮容器本身被污染而带入。青贮时压得不实或过度坚实、高温贮藏、原料含水量高、可溶性碳水化合物含量低、缓冲能高或者青贮容器密封迟缓都助长梭状芽孢杆菌的增殖。只要在青贮过程中避免这些感染途径和消除影响因素，创造乳酸菌大量繁殖的适宜条件，就能抑制梭状芽孢杆菌的活动。

（三）酵母菌

酵母菌是需氧真菌，耐酸性极弱，在青贮中厌氧环境一般只活跃4～5d。青贮后，酸性迅速积累，便很快阻止它的活动。在原料中，多数是以隐球酵母菌和红酵母属的无芽孢酵母菌为主，而贮藏之后这些酵母菌减少，当青贮发酵完成时主要以酵母属和汉逊酵母属的有芽孢酵母菌为主。虽然酵母有发酵糖产生乳酸和乙酸的能力，但它们在青贮料中的存在却是有害的。这是因为：①它们与有氧变质有关；②它们与乳酸菌争夺底物并发酵生成乙醇，而乙醇对青贮保存作用很小。酵母厌氧发酵的产物除了乙醇外，还包括正丙醇、异戊醇、乙酸、丙酸、丁酸、异丁酸及少量的乳酸。

（四）霉菌

霉菌又称丝状菌，是青贮饲料的有害微生物，也是导致青贮饲料有氧变质的主要微生物。它们不仅可以通过一般的呼吸途径来分解糖和乳酸，还可以分解、代谢纤维素和其他细胞壁成分。此外，一些霉菌还产生对动物和人有害的物质（真菌毒素），如黄曲霉毒素、棒曲霉毒素和玉米烯酮。与青贮饲料良好保存有关的青贮环境条件（如低pH和厌氧环境）对于霉菌的生长是不利的，它们通常仅存在于青贮饲料的边缘和表层等与空气接触的地方。霉菌和酵母被认为是导致青贮饲料有氧腐败变质的原因。

虽然已鉴别出的霉菌超过200 000种，但饲用价值的降低和家畜中毒的例子通常与曲霉、镰刀菌霉和青霉的生长有关。这些真菌分布广泛，靠土壤传播，生长仅需水、氧气和一种适宜的底物。毒素的产生不仅与霉菌的种属有关，还与很多因素有关，如厌氧和有氧条件等。发霉饲料中的真菌毒素不仅影响家畜，还可能通过食物链传递给人。

从青贮饲料中分离出来的霉菌有毛竹基腐病菌、烟曲霉、黑曲霉、丝衣霉属、枝霉、镰刀菌属、白地霉、念珠菌、红曲霉属、拟青霉属、青霉属、木霉属。大多数霉菌的生长需要较高的氧气含量，但娄地青霉不同，它更适宜高浓度二氧化碳（达到80%）的环境，据报道，这种微生物在密封的谷物青贮饲料中占优势。

虽然一般认为酸处理能抑制青贮饲料有氧变质，但Jonsson等发现，在大捆青贮中添加甲酸（4L/t或8L/t）可促进霉菌的生长。在谷物贮藏中，甲酸处理还与检测到黄曲霉毒素的概率增加有关，现在在瑞典已禁止甲酸作为高水分谷物的防腐剂。

（五）乳酸菌

青贮饲料中的乳酸菌是在原料中附着的或在收获过程中机械上附着的乳酸菌被带入青贮容器内，并且在短时间内繁殖起来的。在特定的青贮饲料上，实际的菌种有很大的变化，并且存在的数量和菌种受与青贮有关的许多因素影响。青贮中存在的大多数乳酸菌中，植物乳杆菌是最常见的。所有的乳酸菌中，植物乳杆菌是最容易、最顺利生长繁殖的，因为这一菌种能发酵很多种底物，具有很高的竞争力，能迅速产生大量的酸。植物乳杆菌包含很多生理变种。

乳酸菌的典型特征是具有较高的耐酸力，生长的pH是4.0～6.8，有些菌种，如有害片球菌在pH为3.5时也能生长。不同种类乳酸菌能生长和发酵的最低pH存在差异，可能是酶和转运载体的差异造成的。与青贮有关的肠球菌（*Enterococcus faecalis*和屎肠球菌）能在pH 9.6的条件下开始生长，并且能把pH降到4.0。乳酸杆菌在最初pH为6.4～6.5的弱酸性基质上生长最好，并且通常把pH降到比链球菌更低的水平，一些菌种能使pH降低到3.5。*Pediococcus acidilactici*和戊糖片球菌有类似的降低pH特性，适宜的pH是6.0～6.5，它们通常能降低pH到4.0，然而*Pediococcus damnosus*的最适宜pH要略低些。

乳酸菌生长的温度变化非常大，能够在5～50℃生长，大多数最适温度在30℃左右。大多数乳酸杆菌种在15℃生长，*Lactobacillus fermentum*在45℃生长。通常在青贮饲料中发现的肠球菌的两个种，在温度10～45℃生长。*Pediococcus damnosus*、*Pediococcus pentosaceus*和*Pediococcus acidilactici*适宜的生长温度分别为25℃、30℃和40℃。

Beck发现在保存完好的青贮饲料中，酸性环境最初是由同质发酵乳酸菌引起的，特别是植物乳杆菌和弯曲杆菌，但仅仅4d后85%的乳酸菌种以异质发酵型为主，如布氏乳杆菌，直到发酵结束它们一直占主导地位。异质发酵乳酸菌种最终占主导作用是因为它们对乙酸具有更强的耐受力。

乳酸菌根据细胞形态可分为杆菌和球菌，又根据对葡萄糖的发酵形式可分为同质型和异质型。此外，因乳酸菌的种类不同而产生D型、L型或者DL型乳酸异构体，大部分乳酸菌产生DL型乳酸。乳酸菌为了繁殖生长，以碳水化合物（葡萄糖和其他糖类）、蛋白质（氨基酸和肽）、维生素和矿物质作为营养物质，其中以葡萄糖作为能量源产生乳酸。同质型发酵菌种，在理论上将葡萄糖和果糖以100%的效率转化成乳酸；异质型发酵菌种除了产生乳酸以外，还要生成乙醇、乙酸和二氧化碳等物质，乳酸的转化率为50%。因此，从青贮发酵角度来看，促进同质型发酵菌种的增殖能提高乳酸生成效率。

第三节 青贮原料

可用作青贮原料的饲用植物种类很多，理想的青贮原料应具有以下特点：富含乳酸菌可发酵的碳水化合物；含有适当的水分，一般认为，适合乳酸菌繁殖的含水量为65%～75%，豆科牧草的含水量以60%～70%为宜；具有较低的缓冲能；适宜的物理结构，以便青贮时易于压实。实际上，很多饲用植物不完全具备上述条件，调制青贮时，必须采用诸如田间晾晒凋萎或加水、适度切短或使用添加剂等技术措施使其改善。

青贮原料根据区域气候特点可以分为冷季型牧草、暖季型牧草和饲料作物，饲料作物主要以玉米为主进行青贮。

一、冷季型牧草

冷季型牧草生长在比较冷凉的地带，在温度为5℃开始生长，最适宜生长温度为15～25℃。一般的冷地型牧草茎秆比暖地型柔软，家畜利用率高，蛋白质含量低，缓冲能力低。

（一）禾本科牧草

1. 多花黑麦草　又称一年生黑麦草，原产于地中海沿岸，广布于欧洲南部、非洲北部及小亚细亚等地。我国最适于长江流域种植。

多花黑麦草草质好，柔嫩多汁，适口性好，各种家畜均喜食，也是养草鱼的好饲料。利用方式以刈割青饲、制干草或青贮料为主。多花黑麦草因水分含量高，所以直接青贮难度较大。但适当凋萎，降低青草含水量后则可达到满意的青贮效果。

2. 鸭茅　鸭茅原产于欧洲、北非及亚洲温带地区，现在全世界温带地区均有分布。美国18世纪60年代引入栽培，目前已成为美国大面积栽培牧草之一。此外，其在英国、芬兰、德国也占有重要地位。我国青海、甘肃、陕西、山西、河南、吉林、江苏、湖北、四川及新疆等地均有栽培。

鸭茅是一种优质牧草，其营养枝丰富，草质柔软，适口性良好，各种家畜极喜食，既可以作青饲、干草，也可放牧利用。

3. 羊草　羊草为广域性禾草，分布于北纬36°～62°，东经120°～130°，主要分布区为欧亚大陆草原东部，其中我国占一半以上，且集中分布于东北平原和内蒙古高原东部。

羊草茎秆细嫩，叶量丰富，为各种家畜喜食，夏秋能抓膘催肥，冬春能补饲营养。尤其用羊草调制的干草，颜色浓绿，气味芳香，是上等优质饲草。

4. 燕麦　燕麦是重要的谷类作物，广布于亚、欧、非三洲的温带地区。在我国，主要分布于东北、华北和西北地区，是内蒙古、青海、甘肃、新疆等各大牧区的主要饲料作物，黑龙江、吉林、宁夏、云贵高原等地也有栽培。

燕麦是一种优良的草料兼用作物，叶多，茎秆柔软，叶片肥厚，细嫩多汁，适口性好，蛋白质可消化率高，营养丰富，可鲜喂，但主要供调制青贮饲料或干草。

（二）豆科牧草

1. 紫花苜蓿　紫花苜蓿原产于小亚细亚、伊朗、外高加索和土库曼一带，中心产地为伊朗。它的分布范围广，目前广泛分布于北美、南美、欧洲、亚洲、南非、澳大利亚和新西兰等地。据不完全统计，目前全世界的栽培面积约3300万hm^2，其中美国面积最大，约1114万hm^2。我国约133万hm^2，居世界第6位。

紫花苜蓿是各种家畜的上等饲草，无论青饲、放牧，还是调制的干草、青贮，适口性均好，各类家畜都很喜食。

2. 白三叶　原产于欧洲和小亚细亚，为世界上分布最广的一种豆科牧草，我国自20世纪20年代引种以来，已遍布全国各地栽培，尤以长江以南地区大面积种植，是南方广为栽培的当家豆科牧草。

白三叶茎叶柔软细嫩，适口性好，营养丰富，是猪、鸡、鸭、鹅、兔、鱼的优良青绿多汁饲料，也是牛、羊、马的优质饲草。

3. 白花草木樨　白花草木樨原产于亚洲西部，现广泛分布于欧洲、亚洲、美洲、大洋洲等地。我国主要在东北、华北、西北等地栽培。

白花草木樨质地细嫩，营养价值较高，含有丰富的粗蛋白和氨基酸，是家畜的优良饲草。可青饲、放牧利用，也可以调制成干草或青贮饲料后饲喂。

（三）其他

除了上述牧草外，适于作青贮原料的冷季型牧草还有多年生黑麦草、无芒雀麦、赖草、披碱草、蒙古冰草、红三叶、沙打旺、紫云英、红豆草、小冠花和百脉根等。

二、暖季型牧草

暖季型牧草生长在热带、亚热带地区，该类牧草最适生长温度为27～32℃，耐高温，但耐低温能力差。

（一）禾本科牧草

1. 象草　象草原产于非洲、大洋洲和亚洲南部等地，是热带、亚热带地区普遍栽培的多年生高产牧草。目前，我国广东、广西、海南、云南、四川、贵州、江西、湖南、福建和台湾等地均有大面积栽培，河北、陕西、北京等地也已试种成功。

象草不但产量高，而且营养价值也较高。适时收割的象草，柔嫩多汁，适口性好，牛、羊、马均很喜食。也可养鱼。一般多用青饲，也可青贮，晒制干草和粉碎成干草粉。

2. 苏丹草　苏丹草原产于北非苏丹高原地区，非洲东北、尼罗河流域上游、埃及境内都有野生种分布。目前，欧洲、北美洲和亚洲大陆均有栽培。我国于20世纪30年代开始引进，现已作为一种主要的一年生禾草在全国各地广泛栽培。

苏丹草株高茎细，再生性强，产量高，适于调制干草，也可供夏季放牧使用。其茎叶产量高，含糖丰富，尤其是与高粱的杂交种，最适于调制青贮饲料。在旱作区栽培，其价值超过玉米青贮饲料。苏丹草营养丰富，且消化率高。营养期粗脂肪和无氮浸出物含量较高，抽穗期粗蛋白含量较高，粗蛋白中各类氨基酸含量也很丰富。另外，苏丹草还含有丰富的胡萝卜素。

3. 狗牙根　狗牙根原产于非洲，分布在热带、亚热带和暖温带沿海地区。在美国的南部、非洲、欧洲、亚洲的南部各国均有分布。在我国广泛分布于黄河以南各地。

狗牙根植株低矮，较耐践踏，适于放牧利用。如气候适宜，水肥充足，植株较高，也可刈割晒制干草和青贮。狗牙根草质柔软，味淡，其茎微甜，叶量丰富，黄牛、水牛、马、山羊及兔等牲畜均喜食，幼嫩时也为猪及家禽所采食。狗牙根的粗蛋白、无氮浸出物及粗灰分等的含量较高，特别是幼嫩时期，其粗蛋白含量占干物质的17.58%。

（二）豆科牧草

1. 圭亚那柱花草　原产于南美洲。20世纪60年代以来，先后引入我国试种的有‘斯柯非’‘库克’‘奥克雷’‘恩迪弗’和‘格拉姆’等品种，其中‘奥克雷’‘格拉姆’更耐低温和抗病，且开花早、易留种，故发展更快。在广西南部和西部及广东主要用于改良天然草地。

粗糙型的圭亚那柱花草生长早期适口性比较差，到后期逐渐为牛喜食；细茎型的适口性很好，生长各时期都为牛、羊、兔等家畜喜食，叶量较丰富，除放牧、青刈外，调制干草也为家畜喜吃。

2. 银合欢 原产于中美洲的墨西哥，现广泛分布于世界热带、亚热带地区。我国已在海南、广东、广西、福建、云南、浙江、台湾和湖北大面积栽培。

银合欢茎叶和种子中营养物质含量丰富，且适口性好，牛、马、羊、兔均喜采食。其叶片含大量叶黄素和胡萝卜素，可沉积于鸡皮肤和蛋黄，使之变成消费者喜好的深橘色。茎可以喂牛，叶粉是猪、鸡、兔的优质补充饲料。

3. 绿叶山蚂蟥 绿叶山蚂蟥原产于中美洲热带地区，澳大利亚引入作为沿海地区改良草地重要牧草之一。我国 1974 年从澳大利亚引入，在广西、广东栽培，生长良好。

绿叶山蚂蟥产草量高，播种当年可刈割 2～3 次，每公顷产鲜草 60t 左右。其叶质柔软，适口性较好，猪、兔、鱼均喜食。茎叶营养价值高，可放牧利用，也可调制干草，现已成功地将其人工干燥的叶片作为苜蓿粉的代用品，用于喂饲牛、羊。

（三）其他

除了上述牧草外，适于作青贮原料的暖季型牧草还有结缕草、狗尾草、狼尾草和黑籽雀稗等。

三、饲料作物

我国对饲料作物的青贮主要以玉米为主。玉米是世界上分布最广的作物之一，是我国的第二大粮食作物。玉米又称为饲料之王，不但在于它的籽粒可作为饲料，而且茎叶是草食动物的好饲草。

根据玉米的饲用用途，可将玉米的品种类型分为青贮玉米、粮饲兼用玉米和粮用玉米。青贮玉米是指在玉米乳熟期至蜡熟期，收获包括果穗在内的整株玉米，经切碎加工或贮藏发酵，调制成饲料，饲喂以牛、羊为主的草食家畜。青贮玉米营养丰富，非结构性碳水化合物含量高，收获时具有较高的干物质产量，与其他青贮饲料相比具有较高的能量和良好的利用率。粮饲兼用玉米有两种用途：一是果穗成熟时茎叶仍保持鲜绿，果穗收获后，秸秆可作青贮用；二是指品种既有较高的籽粒产量，又有较高的全株生物产量，可根据玉米市场价格情况，决定整株青贮或采收籽粒。粮用玉米则以收获玉米籽粒为主，秸秆可作为青贮的原料。

玉米作为青贮原料具有诸多优点。首先，玉米的单位面积生物产量高，且营养物质含量丰富。玉米具有植物高大、茎叶繁茂等特点，生物产量很高，一般每公顷的产量可达 45～60t。保持青绿状态的玉米秸秆，碳水化化合物含量丰富，纤维含量较低，能量含量高，具有良好的消化性，饲料价值高。青贮玉米专用品种，在育种目标中强调提高淀粉和蛋白质含量，提高纤维性物质的利用率。如果采取全株青贮利用方式，营养价值更佳，是优质的动物饲料。其次，玉米含有较高的可溶性碳水化合物，易于调制成优质的青贮饲料。玉米茎秆中含有大量的可溶性碳水化合物，经过切碎等加工处理，可为乳酸菌发酵提供充足的发酵底物，青贮易于调制成功。最后，玉米收获和青贮调制可采用机械化作业，节约劳动力。目前，采用玉米青贮联合收获机可实现玉米直接切碎装载到运输车辆上，运回青贮基地后可及时装填、压实。新型的切碎裹包体系可在固定场所或田间对切碎的玉米打捆成型并实施密封，全部采用机械化处理，大大减少劳动力的消耗。

此外，灌木、树叶及食品加工业副产品等均可作为青贮原料，通过单一青贮和混合青贮等技术措施调制成青贮饲料。

第四节　青 贮 容 器

同干草贮藏相比，调制青贮饲料最关键的是需要密封良好的青贮容器，可根据生产需要采用各种各样的形式。

一、青贮容器的类型

青贮过程中用于保存青贮饲料的容器称为青贮容器。青贮容器的种类繁多，大体上可分为实验室青贮容器和生产用青贮容器两大类。

（一）实验室青贮容器

在早期的实验室青贮过程中，使用最广泛的青贮容器是试管，其容量通常在 50～250g。在试管口装上特制的橡皮塞（带有水银阀或是灌有水的简易玻璃、塑料阀）作为密封装置，这种密封装置可以允许气体逸出并阻止空气进入。

目前实验室青贮最常使用的是聚乙烯袋和塑料罐。

实验室青贮用聚乙烯袋的厚度一般为 8～10mm，具有良好的机械强度和气密性。聚乙烯袋的规格一般为 20cm × 40cm 或 40cm × 80cm，也可根据实际需要用聚乙烯薄膜自行制作。青贮袋装入适量青贮原料后用抽真空机抽净袋内空气密封保存即可。

实验室青贮塑料罐的容积一般为 100mL、250mL、500mL 或 1L，将青贮原料装罐后压实，排出空气，盖紧内、外瓶盖，用绝缘胶带密封罐口保存。

（二）生产用青贮容器

生产用青贮容器主要有堆积式青贮、青贮塔、青贮窖、青贮壕、拉伸膜裹包青贮和塑料袋青贮等几种类型。

1. 堆积式青贮　　堆积式青贮是指在平坦干燥的地面上垂直堆成 2～3m 高的草堆。最初青贮堆表面直接暴露在空气中，这会造成很大的氧化损失。从 20 世纪 50 年代开始，塑料膜应用于农业生产。用塑料膜覆盖在压实后的青贮料上，可以使其氧化损失显著降低。在现代青贮技术中，将适量青贮原料堆放在置于平坦地面的塑料膜上，然后覆盖上另一块塑料膜，用密封带或其他合适的方法将两块塑料膜密封起来，之后在垛顶和草堆周围压上旧橡胶轮胎并在草堆外围放置沙袋，以防塑料膜被风揭开。

2. 青贮塔　　青贮塔是经过专业技术设计和施工的，由混凝土、钢铁或木头建造成的圆柱形建筑，适用于机械化水平较高、饲养规模较大、经济条件较好的饲养场。青贮塔直径 4～6m，高 13～15m，塔顶有防雨设备。塔身一侧每隔 2～3m 留一个 60cm × 60cm 的窗口，装料时关闭，用完后开启。原料由机械从塔顶吹入落下，塔内有专人踩实。饲料由塔底层取料口取出。由于暴露在空气中的面积少，青贮塔青贮是目前保存青贮草料最有效的方法之一。

3. 青贮窖　　青贮窖是我国广大农村应用最普遍的青贮容器（图 4-1）。按照窖的形

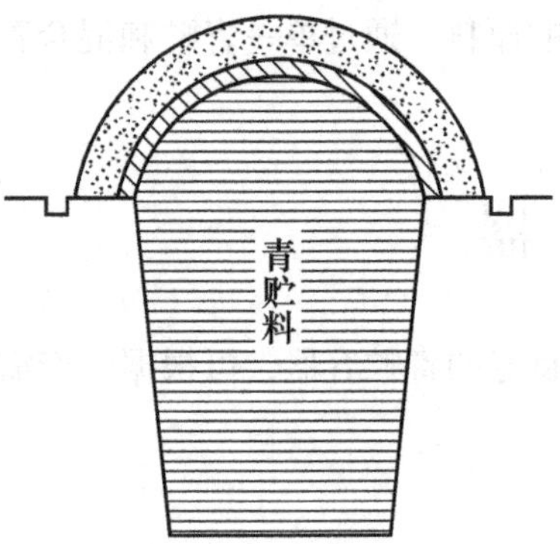

图 4-1　地下式圆形青贮窖

状，可分为圆形和长方形两种。在地势低平、地下水位较高的地方，建造地下式窖易积水，可建造半地下式或地上式。圆形窖占地面积小，圆筒形的容积比同等尺寸的长方形窖要大，装填原料多。但圆形窖开窖喂用时，需将窖顶泥土全部揭开，窖口大，不易管理；取料时需逐层取用，若用量少，冬季表层易结冻，夏季易霉变。长方形窖适于小规模饲养户采用，开窖从一端启用，先挖开 1～1.5m 长，从上向下，逐层取用，这一段饲料喂完后，再开一段，便于管理。但长方形窖占地面积较大。

无论圆形窖还是长方形窖，都应用砖、石、水泥建造，窖壁用水泥挂面，壁光滑，以减少青贮饲料水分被窖壁吸收和利于压实。窖底只用砖铺地面，不抹水泥，以便使多余水分渗漏。圆形窖的直径 2～4m，深 3～5m，窖壁要光滑。长方形窖宽 1.5～3m，深 2.5～4m，长度根据需要而定。长度超过 5m 以上时，每隔 4m 砌一横墙，以加固窖壁，防止砖、石倒塌。如果使用土窖青贮时，四周要铺垫塑料薄膜。第二年再使用时，要清除上年残留的饲料及泥土，铲去窖壁旧土层，以防杂菌污染。

青贮原料一般是以楔形块状依次填入长方形青贮窖，逐一压实，填满压实之后在顶部用塑料膜进行密封，并在薄膜表面压上重物，如沙袋、轮胎或打捆的稻草，以防止空气再次进入。

4. 青贮壕　青贮壕是指大型的壕沟式青贮设施，适用于大规模饲养场（图 4-2）。此类建筑最好选择在地方宽敞、地势高燥或有斜坡的地方，开口在低处，以便夏季排出雨水。青贮壕一般宽 4～6m，便于机械压实。深 5～7m，地上至少 2～3m，长 20～40m，必须用砖、石、水泥建筑永久窖。青贮壕是三面砌墙，地势低的一端敞开，以便车辆运取青贮饲料。

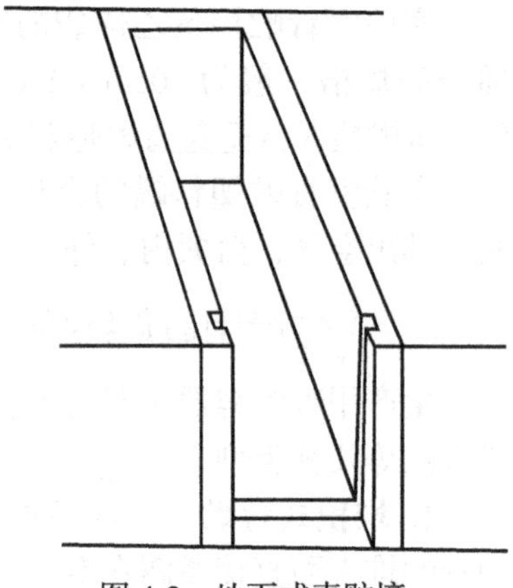

图 4-2　地下式青贮壕

5. 拉伸膜裹包青贮　近年来，以拉伸膜裹包形式贮存的饲料大量增加，这种制作青贮饲料的方法在英国等许多国家广泛应用。目前，世界上有两种类型的拉伸膜裹包青贮：小型拉伸膜裹包青贮和大型缠绕式青贮。小型拉伸膜裹包青贮是指将收获的新鲜牧草、玉米秸秆、稻草、甘蔗尾叶、地瓜藤、芦苇等各种青绿植物，用打包机高密度压实打捆，然后将每个圆捆或方捆用专用青贮塑料拉伸膜裹包起来，形成一个最佳的发酵环境。经这样打捆和裹包起来的草捆，处于密封状态，在厌氧条件下，经 3～6 周，最终完成乳酸型自然发酵的生物化学过程。大型缠绕式青贮是指将压制的方捆或圆捆，采用特制的机械，紧紧排列在一起，外面缠以拉伸膜，制成大型呈条状的青贮饲料。

6. 塑料袋青贮　近年来，随着塑料工业的发展，国外一些饲养场采用质量较好的塑料薄膜制成袋，装填青贮饲料，袋口扎紧，堆放在畜舍内，使用很方便。小型袋宽一般为 50cm，长 80～120cm，每袋装 40～50kg。大型“袋式青贮”技术，特别适合于苜蓿、玉米秸秆、高粱等的大批量青贮。该技术是将牧草饲料切碎后，采用袋式灌装机械将原料高密度地装入由塑料拉伸膜制成的专用青贮袋，在厌氧条件下，完成青贮发酵过程。此技术可青贮含水量高达 60%～65% 的饲草。一个 33m 长的青贮袋可灌装近 100t 饲草，灌装机灌装速度可高达 60～90t/h。

二、青贮容器的要求

制作青贮饲料时，无论青贮容器的类型和形式如何，都必须达到下列要求。

1. 选址　一般要在地势较高、地下水位较低、土质坚实、离畜舍较近、制作和取用青贮饲料方便的地方。

2. 容器的形状与大小　永久性青贮容器的形状一般为长方形，可建成地下式、地上式或半地下式；青贮容器的深浅、大小可根据所养家畜的头数、饲喂期的长短和需要贮存的饲草的数量进行设计。青贮容器的宽度或直径一般应小于深度，宽：深为 1：1.5 或 1：2，以利于青贮饲料借助本身重力而压得紧实，减少空气，保证青贮饲料质量。

3. 密封　青贮容器要能够便于密封，并能防止空气的进入，四壁要平直光滑，以防止空气的积聚，并有利于牧草饲料的装填压实。

4. 青贮容器底部　青贮容器底部从一端到另一端须形成一定的斜坡，或一端建成锅底形，以便使过多的汁液能够排出。

5. 能防冻　地上式青贮容器，必须能很好地防止青贮饲料冻结。

三、青贮容器的容量及容量估测

青贮容器的容量大小与青贮原料的种类、水分含量、切碎压实程度及青贮容器的种类等有关。

（1）圆形窖和圆形青贮塔容量　计算公式如下。

容量＝π× 青贮塔（窖）半径的平方 × 青贮塔（窖）的深度 × 单位体积内的容重

（2）长形青贮窖的容量　计算公式如下。

容量＝窖长 × 窖深 × 窖宽 × 单位体积内的容重

第五节　青贮饲料的加工工艺

一、高水分青贮

高水分青贮是指刈割的青贮原料未经田间干燥即行贮存，一般情况下含水量在 70% 以上。这种青贮方式的优点为原料不经晾晒，减少了气候影响和田间损失。其特点是作业简单，效率高。但是为了得到好的贮存效果，水分含量越高，越需要达到更低的 pH。高水分对发酵过程有害，容易产生品质差和不稳定的青贮饲料。另外，渗漏还会造成营养物质的大量流失，以及增加运输工作量。为了克服高水分引起的不利因素，可以添加能促进乳酸菌繁殖或抑制不良发酵的有效添加剂，促使其发酵成功。

二、普通青贮

（一）适时收割

优质青贮原料是调制优良青贮饲料的物质基础。青贮饲料的营养价值，除了与原料的种类和品种有关外，还与收割时期有关。一般早期收割其营养价值较高，但收割过早单位面积营养物质收获量较低，同时易引起青贮饲料发酵品质的降低。因此，依据牧草种类，在适宜的生育期内收割，不但可在单位面积上获得最高总可消化营养物质产量，而且不会大幅度降低蛋白质含量和提高纤维素含量。同时，含水量适中，可溶性碳水化合物含量较高，有利于乳酸发酵和制成优质青贮饲料。营养价值的下降影响采食量，刈割晚易引起可消化营养物质和采食量的下降。结实期的干物质采食量只保持了早期刈割的 75%，而其总可消化营养物质和可消化粗蛋白的含量分别下降为早期的 46% 和 28%。

（二）调节水分

适时收获的原料含水量通常为 75%～80%，要调制出优质青贮饲料，必须调节含水量。对于含水量过高或过低的青贮原料，青贮时均应进行处理。水分过多的原料，青贮前应晾晒凋萎，使其含水量达到要求后再行青贮；有些情况下如雨水多的地区通过晾晒无法达到合适含水量，可以采用混合青贮的方法，以期达到适宜的含水量。水分过低的原料，在青贮时要添加适宜的水分以利于发酵。

（三）切碎和装填

原料的切碎和压裂是促进青贮发酵的重要措施。切碎的优点概括起来如下：①装填原料容易，青贮容器内可容纳较多原料（干物质），并且节省时间；②改善作业效率，节约压实时间；③易于排出青贮容器内的空气，尽早进入密封状态，阻止植物呼吸，形成厌氧条件，减少养分损失；④如使用添加剂时，能均匀撒在原料中。

切碎的程度取决于原料的粗细、软硬程度、含水量、饲喂家畜的种类和铡切的工具等。对牛、羊等反刍动物来说，禾本科、豆科牧草及叶菜类等宜切成 2～3cm，玉米和向日葵等粗茎植物宜切成 0.5～2cm，柔软幼嫩的植物也可不切碎或切长一些。对猪、禽来说，各种青贮原料均应切得越短越好。

切碎的工具多种多样，有粉碎机、甩刀式收割机和圆筒式收割机。无论采取何种切碎措施均能提高装填密度，改善干物质回收率、发酵品质和消化率，增加采食量，尤其是圆筒式切碎机的切碎效果更好。利用粉碎机切碎时，最好在青贮容器旁进行，切碎后立即装入容器内，这样可减少养分损失。青贮前，应将青贮设施清理干净，容器底可铺一层 10～15cm 切短的秸秆等软草，以便吸收青贮汁液。窖壁四周衬一层塑料薄膜，以加强密封和防止漏气渗水。装填时应边切边填，逐层装入，时间不能延长，速度要快。一般小型容器当天完成，大型容器 2～3d 装满压实。

（四）压实

切碎的原料在青贮设施中要装匀，尽量压实，尤其是靠近壁和角的地方不能留有空隙，以减少空气，利于乳酸菌的繁殖和抑制好气性微生物的活动。但是，不能过度压实，以免引起梭状芽孢杆菌的大量繁殖。小型青贮容器可人力踩踏，大型青贮容器则用拖拉机来压实。用拖拉机压实时注意不要带进泥土、油垢、金属等污染物，压不到的边角可人力踩压。

（五）密封与管理

原料装填压实之后，应立即密封和覆盖。其目的是隔绝空气与原料接触，并防止雨水进入。青贮容器不同，其密封和覆盖方法也有所差异。以青贮窖为例，在原料的上面盖一层10～20cm切短的秸秆或青干草，草上盖塑料薄膜，再压上50cm的土，窖顶呈馒头状以利于排水，窖四周挖排水沟。密封后，尚需经常检查，发现裂缝和空隙时用湿土抹好，以保证高度密封。

三、半干青贮

半干青贮也称低水分青贮，主要应用于牧草（特别是豆科牧草），通过降低水分，限制不良微生物的繁殖和丁酸发酵，从而达到稳定青贮饲料品质的目的。为了调制高品质的半干青贮饲料，首先通过晾晒或混合其他饲料使其水分含量达到半干青贮的条件，应用密封性强的青贮容器，切碎后快速装填。

四、混合青贮

一些青贮原料干物质含量偏低、过于干燥，可发酵碳水化合物含量少，如果把两种以上的青贮原料进行混合青贮，彼此取长补短，不但容易青贮成功，还可以调制出品质优良的青贮饲料。混合青贮有以下三种类型。

第一种：青贮原料干物质含量低，可与干物质含量高的原料混合青贮。例如，甜菜叶、块根与块茎类、瓜类等，可与农作物秸秆或糠麸等混合青贮。不但提高了青贮质量，而且可免去建造底部有排水口的青贮设施或加水的工序。

第二种：可发酵碳水化合物含量太少的原料进行青贮难以成功，可与富含糖的原料混合青贮，如豆科牧草与禾本科牧草混合青贮。

第三种：为了提高青贮饲料营养价值，调制配合青贮饲料。

常用混合青贮：沙打旺与玉米秸秆混合青贮（按1∶1或沙打旺占60%～70%）；沙打旺与野草混合青贮；苜蓿与玉米秸秆混合青贮（按1∶2或1∶3）；苜蓿与禾本科牧草或其他野草混合青贮；红三叶与玉米（或高粱）秸秆混合青贮；玉米秸秆与马铃薯茎叶混合青贮；甜菜叶与糠麸混合青贮等；还有玉米、向日葵与其他饲料混合青贮，以及豌豆与燕麦混合青贮均可收到良好的效果。

五、添加剂青贮

为保证调制出优质的青贮饲料，常规青贮时青贮原料必须满足4个条件：①应含有适量并以水溶性碳水化合物形式存在的发酵基质；②干物质的含量应在200g/kg以上；③应具有较低的缓冲能；④应具有理想的物理结构，这种结构使牧草饲料在青贮容器里容易压实。若青贮原料不符合上述条件时，需添加青贮添加剂。根据青贮添加剂的作用效果，可将其分为5类：发酵促进剂、发酵抑制剂、好气性变质抑制剂、营养性添加剂和吸收剂（表4-5）。

表 4-5 青贮添加剂

发酵促进剂		发酵抑制剂		好气性变质抑制剂	营养性添加剂	吸收剂
生物培养剂	碳水化合物	酸	其他			
乳酸菌	葡萄糖	无机酸	甲醛	乳酸菌	尿素	大麦
酶	蔗糖	蚁酸	多聚甲醛	丙酸	氨	稻草
	糖蜜	甲酸	亚硝酸钠	己酸	双缩脲	聚合物
	谷类	乳酸	二氧化硫	山梨酸	矿物质	甜菜粕
	乳清	苯甲酸	硫代硫酸钠	氨		斑脱土
	甜菜粕	丙烯酸	氯化钠			丙烯酰胺
	橘渣	羟基乙酸	二氧化碳			
	米糠类	硫酸	二硫化碳			
		柠檬酸	抗生素			
		山梨酸	氢氧化钠			

（一）发酵促进剂

1. 乳酸菌制剂 添加乳酸菌制剂是人工扩大青贮原料中乳酸菌群体的方法。原料表面附着的乳酸菌数量少时，添加乳酸菌制剂可以保证初期发酵所需的乳酸菌数量，尽早进入乳酸发酵优势状态。近年来，随着乳酸菌制剂生产水平的提高，选择优良菌种或菌株，通过先进的保存技术可将乳酸菌活性长期保持在较高水平。目前，主要使用的菌种有植物乳杆菌、肠道球菌、戊糖片球菌及干酪乳杆菌。值得注意的是菌种选择，应是那些盛产乳酸而少产乙酸和乙醇的同质型乳酸菌。一般每 100kg 青贮原料中加入乳酸菌培养物 0.5L 或乳酸菌制剂 450g。乳酸菌添加效果不但与原料中可溶性糖含量有关，而且受原料缓冲能、干物质含量和细胞壁成分的影响，因此，乳酸菌添加量也要考虑乳酸菌制剂种类及上述影响因素。

对于猫尾草、鸭茅和意大利黑麦草等禾本科牧草，乳酸菌制剂在各种水分条件下均有效，最适宜的水分范围为轻度到中等含水量；苜蓿等豆科牧草的适应范围则比较窄，一般在中等含水量以下的萎蔫原料中利用，不能在高水分原料中利用。

调制青贮的专用乳酸菌添加剂应具备如下特点：①生长旺盛，在与其他微生物的竞争中占主导地位；②具有同型发酵途径，以便使六碳糖产生最多的乳酸；③具有耐酸性，尽快使 pH 降至 4.0 以下；④能使葡萄糖、果糖、蔗糖和果聚糖发酵，可以发酵戊糖则更好；⑤生长繁殖温度范围广；⑥在低水分条件下也能生长繁殖。

2. 酶制剂 青贮添加的酶制剂主要是多种细胞壁分解酶，大部分商品酶制剂是包含多种酶活性的粗制剂，主要分解原料细胞壁的纤维素和半纤维素，产生乳酸菌可利用的可溶性糖类。目前，酶制剂与乳酸菌一起作为生物添加剂引起关注，酶制剂的研究开发也取得了很大进展，酶活性高的纤维素分解酶产品已经上市。

作为青贮添加剂的纤维素分解酶应具备以下条件：①添加之后能使青贮早期产生足够的糖分；②在 pH 4.0～6.5 起作用；③在较宽温度范围内具有较高活性；④对低水分原料也起作用；⑤在任何生育期收割的原料中都能起作用；⑥能提高青贮饲料营养价值和消化性；⑦不存在蛋白质分解活性；⑧能与其他青贮添加剂相媲美的价格水准，同时能长期保存。

3. 糖类和富含糖分的饲料 通过旺盛的乳酸发酵，产生 1.0%～1.5% 的乳酸，pH 降至 4.2 以下后，就能制备优质青贮饲料。为了达到此目的，通常原料中的可溶性糖含量要达到 2% 以上。当原料可溶性糖分不足时，添加糖和富含糖分的饲料可明显改善发酵效果。这类添加剂主要包括糖蜜、葡萄糖、糖蜜饲料、谷类、米糠类等。糖蜜是制糖工业的副产品，其加入量禾本科为 4%，豆科为 6%。一般葡萄糖、谷类和米糠类等的添加量分别为 1%～2%、5%～10% 和 5%～10%。此外，糖蜜饲料所含的养分也是家畜营养源。

（二）发酵抑制剂

1. 无机酸 难青贮的原料，加一定量的酸或缓冲液，可使 pH 迅速降至 3.0～3.5，抑制腐败细菌和霉菌的活动，促进青贮饲料迅速下沉，造成缺氧环境，植物呼吸作用随即停止，从而达到长期保存的目的。国外早期使用的是无机酸或缓冲液，使用较多的是 A.I.V 和 A.A.Z 添加剂。A.I.V 添加剂由 30% 盐酸 92 份和 40% 硫酸 8 份配制而成，使用时再按每 100 份此种溶液加 400 份水予以稀释。青贮时，每吨原料加 A.I.V 稀释液 50～60kg。A.A.Z 添加剂由 8%～10% 盐酸 70 份和 8%～10% 硫酸 30 份混合制成，青贮时按原料重量的 5%～7% 添加此种混合液。

由于无机酸对青贮设备、家畜和环境不利，目前使用不多。

2. 甲酸 添加甲酸青贮是 20 世纪 60 年代末开始在国外广泛使用的一种方法，即通过添加甲酸快速降低 pH，抑制原料呼吸作用和不良细菌的活动，使营养物质的分解限制在最低水平，从而保证饲料品质。添加甲酸降低了乳酸的生成量，同时更明显降低了丁酸和氨态氮生成量从而改善发酵品质。

添加甲酸的青贮饲料具有乳酸和总酸含量少等特点，表明适当添加甲酸可抑制青贮发酵。另外，添加甲酸也能减少青贮发酵过程中的蛋白质分解，蛋白质利用率高。浓度为 85% 的甲酸，禾本科牧草添加量为湿重的 0.3%，豆科牧草为 0.5%，混播牧草为 0.4%。通常苜蓿的缓冲能较高，需要较高的甲酸添加量，有人建议苜蓿适宜添加水平为 5～6L/t。甲酸添加量不足时，pH 不能达到理想水平，难以抑制不良微生物的繁殖。由于干物质含量的不同，中等水分（65%～75%）原料的添加量要比高水分（75% 以上）原料多，其添加量应增加 0.2% 左右。此外，对早期刈割的牧草，因其蛋白质含量和缓冲能较高，为了达到理想 pH，有必要增加 0.1% 的添加量。在欧美各国也有与其他添加剂混用，如甲酸 + 丙酸 + 乳酸 + 抗氧化剂等。

（三）好气性变质抑制剂

好气性变质抑制剂有乳酸菌制剂、丙酸、己酸、山梨酸和氨等。对牧草或玉米添加丙酸调制青贮饲料时，单位鲜重添加 0.3%～0.5% 时有效，而增加到 1.0% 时效果更明显。在美国玉米青贮中也广泛采用氨。

（四）营养性添加剂

营养性添加剂主要用于改善青贮饲料营养价值，而对青贮发酵一般不起作用。目前，应用最广的是尿素，将尿素加入青贮饲料中可降低营养物质的分解，提高青贮饲料的养分含量；同时，还兼有抑菌作用。在美国，玉米青贮饲料中添加 0.5% 的尿素，粗蛋白提高 8%～14%，在肉牛育肥中广泛使用。

（五）吸收剂

吸收剂主要是用来吸收青贮发酵时产生的流汁，吸收的效果受青贮饲料作物的物理结构、应用方法、青贮容器的构造的影响。用作吸收剂的材料一般有稻草、甜菜渣、丙烯酰胺和斑脱土。

第六节　青贮饲料的利用

一、青贮饲料的营养价值

青贮饲料的营养价值取决于原料的营养成分和调制技术，即使同一种原料，收获期不同，其青贮饲料的营养价值也有所差异。同时，因青贮技术不同，其养分损失也有所变化，通常情况下其损失为10%～15%。

另外，青贮饲料对家畜的适口性、饲养效果和特性也有差异，因此，掌握这些特性和效果是很有必要的。

（一）干物质

与其原料相比，青贮饲料的含水量低，干物质含量高。一般来说，随原料种类、收割期不同，干物质含量为15%～40%，而优质青贮饲料的干物质含量可达20%～30%。半干青贮的干物质含量则更高。不同干物质含量的黑麦草青贮，青贮饲料的营养成分及饲喂效果见表4-6。

表4-6　黑麦草及其3种青贮饲料的成分及营养价值（McDonald et al.，1991）

指标	青贮饲料			
	自然发酵			凋萎加甲酸
	原料	未凋萎	凋萎	
干物质/(g/kg)	175	186	316	336
pH	6.10	3.94	4.18	4.39
总氮/(g/kg DM)	22.7	23.0	22.8	24.2
蛋白氮/(g/kg TN)	648.0	235.0	289.6	314.0
水溶性碳水化合物/(g/kg DM)	140	10	47	151
乙酸/(g/kg DM)	0	36	24	8
丙酸/(g/kg DM)	0	1.7	0.3	0.8
丁酸/(g/kg DM)	0	1.4	0.6	0.6
乳酸/(g/kg DM)	0	102	59	43
乙醇/(g/kg DM)	0	12	6.4	6.1
干物质消化率/%	0.784	0.794	0.752	0.776
有机物质消化率/%	0.797	0.809	0.768	0.788
氮消化率/%	0.752	0.782	0.723	0.784
尿能/总能	0.046	0.063	0.059	0.053
代谢能/(MJ/kg DM)	11.6	13.6	11.4	12.0

注：甲酸（85%）的添加量为3.3L/t

（二）蛋白质含量

青贮饲料中因蛋白质分解而生成的氨化物和游离氨基酸较多，即非蛋白氮化合物增加，且在青贮发酵过程中蛋白质有所损失，因此与其原料相比，青贮饲料中的粗蛋白比例减少。一般来说，氨态氮含量越高，说明其发酵品质越差。

（三）碳水化合物

原料中的糖通过发酵转化成乳酸，同时一部分淀粉也分解为简单糖，使无氮浸出物发生相应的变化，但是粗纤维成分没有变化。

（四）无机物

虽然青贮过程中钙和磷等矿物质的绝对含量不发生变化（加酸青贮时10%～20%的钙和磷损失），但因含水量变小，无机物相对含量变大。微量元素在青贮饲料中的变化不大。

（五）维生素类

牧草中含有很多B族维生素和胡萝卜素。青贮前后，维生素B_1和烟酸几乎没变化，虽然新鲜原料中维生素D不多，但经过凋萎过程也形成较多维生素D，然而一部分维生素D因发酵作用而被破坏，因此青贮饲料中的含量也减半。

青贮饲料的消化率（尤其对反刍家畜）与其原料无明显差异。调制方法不当时，其消化率也会受到影响。

二、青贮饲料的有氧稳定性

青贮饲料已在畜牧业生产中得到了广泛应用，特别是在反刍动物饲养实践中，它已成为不可缺少的基础饲料。生产实践中，由于在发酵贮藏过程中没有严格控制青贮饲料所需的厌氧环境，以及在取用过程中未能妥善管理，往往造成青贮饲料的有氧变质，即二次发酵。特别是当青贮饲料开封接触空气后，就会促进酵母菌、霉菌及一些好氧细菌的生长繁殖，青贮饲料的温度及pH随之升高，青贮饲料开始腐败。同时，由于腐败菌的生长繁殖会造成青贮饲料营养物质的严重损失，降低青贮饲料的品质，进而影响家畜的采食量及生产性能。因此，如何有效地控制牧草在青贮发酵、贮藏及取用过程中的厌氧环境及有氧稳定性，对于保证青贮饲料的品质非常重要。

青贮饲料在接触空气后的有氧稳定性程度是评价青贮饲料质量的一个重要指标。空气对青贮饲料十分有害，可以使腐败微生物如酵母菌和霉菌得以繁殖。当开封饲喂和长期贮存时，青贮饲料接触空气，其温度和pH会升高，主要的发酵酸、氨基酸、蛋白质和残留糖分会损失，产生二氧化碳、水和氨，使青贮饲料的质量和消化性降低，干物质损失最大，超过青贮饲料制备过程中总的干物质损失。当青贮饲料暴露在空气中时，在青贮饲料表面附近的空气相对更加充足，因此，这些变化也相对较大。

添加化学制剂不仅能够提高青贮饲料的发酵品质，抑制真菌的生长繁殖，还能够影响青贮饲料的有氧稳定性。苯甲酸钠和山梨酸钾是两种常用的食品添加剂，饲料青贮时添加这两种制剂能够有效地抑制酵母菌和霉菌的生长繁殖，提高青贮饲料的品质和有氧稳定性。

国外利用微生物来提高青贮饲料有氧稳定性的研究主要集中在同质和异质发酵型乳酸菌及丙酸菌。青贮时添加的同质型发酵乳酸菌——植物乳杆菌，其发酵主要产生的是乳酸，而产生的能够抑制酵母菌、霉菌等生长繁殖的短链脂肪酸数量非常少。因此，当青贮饲料与氧气接触后，发酵所产生的乳酸便给乳酸同化型酵母菌提供其生长繁殖所需的底物，这样酵母菌开始迅速繁殖，从而造成青贮饲料的二次发酵。而异质型发酵乳酸菌，如布氏乳杆菌，虽然比同质型发酵乳酸菌在青贮过程中消耗更多原料中的营养物质，但这种乳酸菌在发酵过程中能将乳酸分解成乙酸和丙二醇，而相对于乳酸而言，乙酸等挥发性脂肪酸是一种更有效的抗真菌及霉菌的酸类物质。丙酸菌能够将青贮饲料中的糖及其发酵所产生的乳酸分解成乙酸和丙酸，而这些短链脂肪酸能够有效抑制青贮饲料中酵母菌和霉菌的繁殖。

三、青贮饲料的利用

青贮饲料在乳牛饲养中效果非常明显，此外在肉牛、羊、马和猪的饲养中，甚至在养鸡生产中也广泛运用。家畜对青贮饲料的适口性强，采食量高。但第一次饲喂青贮饲料，有些家畜可能不习惯，可将少量青贮饲料放在食槽底部，上面覆盖一些精饲料，等家畜慢慢习惯后，再逐渐增加饲喂量。妊娠家畜应适当减少青贮饲料喂量，妊娠后期停喂，以防引起流产。冰冻的青贮饲料，要在解冻后再用。实践中，应根据青贮饲料的饲料品质和发酵品质来确定适宜的日喂量。

青贮饲料是良好的饲料，由于原料不同，其营养价值也不一样，必须与精料和其他饲料按畜禽营养需要合理搭配饲用。现将主要不同畜禽饲用青贮饲料的饲用方法简介如下。

（一）青贮饲料饲喂牛

不足6月龄犊牛可用幼嫩植物原料制备专用青贮饲料。犊牛日粮中加入犊牛专用青贮饲料，可使精饲料的消耗减少1/2，并能确保日增重800～100g，促进胃肠道的发育，对培育适于采食大量容积饲料的育成乳牛，具有重要作用；6月龄以上的牛，一般都能采食为成年家畜所制备的青贮饲料。根据实际经验，生产中常按每头15～20kg/d的量饲喂，最大量可达60kg/d。妊娠最后一个月的母牛不应超过10～12kg/d，临产前10～12d停喂青贮饲料，产后10～15d在日粮中重新加入青贮饲料。役牛和育肥牛饲喂量为每100kg体重10～12kg/d。用优良的青贮饲料饲喂种公牛，饲喂量为每100kg体重1～1.5kg/d。

（二）青贮饲料饲喂马

马对青贮饲料品质要求严格，反应敏感，只能喂高质量、含水量少的玉米青贮饲料。每匹役马饲喂量为6～15kg/d；种母马和一岁以上马驹为5～10kg/d。孕畜少喂或不喂青贮饲料，以免引起流产。

（三）青贮饲料饲喂羊

一般饲喂量为：每只成年羊2～4kg/d，每只羔羊400～600g/d。

（四）青贮饲料饲喂猪、禽

3～6月龄育肥猪每头饲喂量为1～1.5kg/d；6月龄以上为2～3kg/d。仔猪从1.5月龄开始饲喂仔猪专用配混青贮饲料；2～3月龄每头饲喂量为2～2.5kg/d。哺乳母猪每头饲喂量为1.2～2kg/d；妊娠母猪每头饲喂量为1.2～2kg/d；妊娠的最后一个月，应减少一半饲喂量；产仔的前两周要从日粮中全部撤出青贮饲料；产后再喂，最初每头饲喂量为0.5kg/d，经过

10～15d，增至正常饲喂量。养禽专用青贮饲料必须是高质量的，饲喂量为：1～2月的雏鸡5～10g/d，成年鸡20～25g/d；鸭80～100g/d；鹅150～200g/d。

第七节　青贮机械与设备

饲草收获后，为获得优质的青贮饲料，在青贮调制过程中，必须具有适宜的青贮设施，以及与之相配套的青贮机械。

青贮机械种类较多，主要包括青贮饲料切碎机械、青贮饲料联合收获机械、拉伸膜裹包青贮机械和袋式灌装青贮机械等。青贮饲料联合收获机械前面章节已经介绍。

一、青贮饲料切碎机械

利用动、定刀速度和摩擦力之间存在的巨大差异产生的相互作用力，将牧草饲料铡切成整齐的草段的过程称为切段切碎。将各种牧草饲料切成碎段的机械称为牧草饲料切碎机械，也称为切草机。

根据牧草饲料种类、饲喂对象和方式，将牧草饲料长度整齐一致地切碎。青贮切碎机为大中型切碎机，结构比较完善，生产效率高，能自动喂入牧草饲料和抛送切碎段，适宜切碎青玉米、苜蓿等牧草饲料。

牧草饲料切碎机由喂入装置、切碎器、传动装置和机架等部分组成，大中型切碎机还有茎秆喂入输送器和碎段抛送器等。按照切碎器型式不同分为轮刀（圆盘）式、滚刀（滚筒）式两种（图4-3）。青贮切碎机的切碎器为了抛送青贮原料，一般为轮刀式。

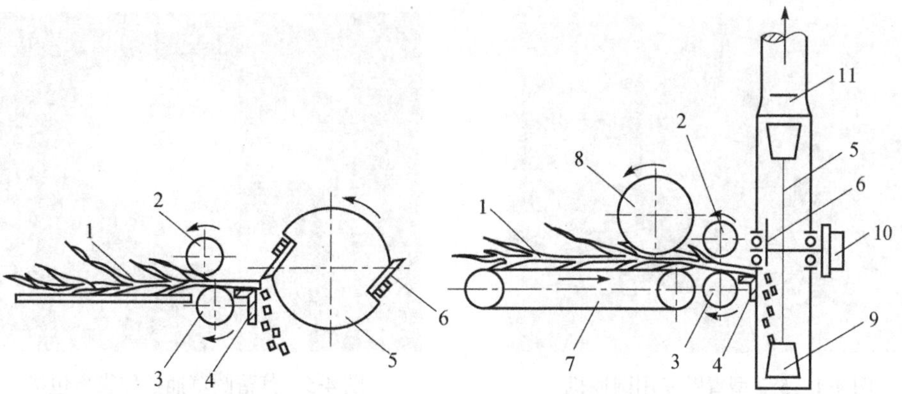

图4-3　牧草饲料切碎机工作示意图（农业部农业机械化管理司，2005）

1. 牧草；2. 上喂入辊；3. 下喂入辊；4. 定刀；5. 滚筒或圆盘；6. 动刀；7. 链板输送器；8. 压草辊；9. 抛送叶板；10. 皮带轮；11. 抛送管

（一）轮刀式切碎机

轮刀式切碎机工作时，圆盘回转，圆盘上的动刀片刃线的运动轨迹是一个垂直于回转轴的平面圆。作业时，链板输送器主动链轮同压草辊相对回转，将输送槽上的牧草饲料不断喂向喂入辊间，喂入辊将牧草饲料夹紧送进，回转着的动刀片将夹持在定刀上的牧草饲料切断，碎段落入蜗壳形的切碎器外壳中，被抛送叶板抛向抛送管排出。轮刀式切碎的优点是可在圆盘上方便地安装抛送装置，并将碎段送到 12～16m 的高度卸出。

（二）滚刀式切碎机

滚刀式切碎机由输送链、压草辊、上下喂入辊、切碎器、抛送叶片（常安装在切碎滚筒上，故抛不高、不远）、传动机构及机架等组成。滚刀式切碎机工作时，滚筒回转，其动刀片刃线运动的轨迹呈圆柱形或近似圆柱形。上下喂入辊相对回转，将牧草饲料压紧和卷入，送至定刀上，由动、定刀构成的切割幅切碎，碎段落入排出槽排出，或由抛送器抛送至指定地点。有的滚刀式切碎机在喂入辊前设链板输送器，使牧草饲料喂入均匀连续、省力安全。滚刀式切碎机的结构优点是滚筒与喂入辊、输送链的轴平行，所以传动较简单、结构紧凑。

我国的牧草饲料切碎机已成系列，以纯小时生产率为主参数。轮刀式切碎机的系列为：0.25t/h、0.4t/h、1.0t/h、1.6t/h、2.5t/h、4.0t/h 等 6 种规格。其喂入口宽度为 71～340mm，主轴转速 600～950r/min，配套动力 0.37～1.5kW。滚刀式切碎机的系列为：0.16t/h、0.4t/h、1.0t/h、1.6t/h 等 4 种规格。其喂入口宽度有 60mm、70mm、80mm、90mm、100mm、160mm、180mm、200mm、240mm 等 9 种。刀刃线速度 8～17m/s，配套动力 0.25～4.0kW。

二、拉伸膜裹包青贮机械

新鲜牧草整株或揉碎（切碎）后，用打捆机进行高密度压实打捆，然后通过裹包机用青贮塑料拉伸膜裹包起来（图 4-4，图 4-5）。青贮专用拉伸膜是一种很薄、具有自黏性、专为裹包草捆研制的塑料拉伸回缩膜。

图 4-4　582 型青贮专用圆捆机

（玉柱和孙启忠，2012）

图 4-5　苜蓿圆草捆拉伸膜裹包机

（玉柱和孙启忠，2012）

三、袋式灌装青贮机械

袋式灌装青贮是应用专用设备将切碎的青饲物料以较高密度、快速水平压入专用拉伸膜袋中，利用拉伸膜袋的密封、遮光功能，为乳酸菌提供发酵环境，进行青贮。

思 考 题

1. 调制青贮饲料的意义是什么？
2. 青贮的原理是什么？
3. 青贮原料有哪些？
4. 青贮设施有什么要求？
5. 青贮饲料调制工艺有哪些？
6. 如何合理利用青贮饲料？
7. 青贮饲料调制过程中涉及的机械有哪些？

第五章　秸秆饲料加工贮藏

【内容提要】　秸秆的饲用加工原理；秸秆饲料的加工方法。

【教学目标】　限制秸秆利用的因素；秸秆饲料的物理加工方法；秸秆饲料的化学加工方法；秸秆饲料的生物加工方法。

第一节　概　　述

凡纤维素含量（以干物质计）20% 以上的农副产物，统称为农业纤维素类物质。农作物秸秆属于农业资源中自然资源的可更新资源，它是与生物过程有关的资源。农作物秸秆是农业纤维类物质的主要部分。所谓秸秆饲料，就是作物收获籽实（块根）后的地上茎叶或藤蔓、皮壳及牧草等直接作为饲料或经物理、化学和生物等方法加工和调制后作饲料。依据其来源可将秸秆饲料分为：禾本科作物秸秆，如玉米秸秆、稻草、小麦秸秆等；豆科作物秸秆，如黄豆秸秆、苜蓿秸秆、沙打旺秸秆、箭筈豌豆秸秆等；其他作物秸秆，如甘薯藤、马铃薯蔓等。

稻草、小麦秸秆和玉米秸秆是我国三大作物秸秆资源，也是世界各国的主要秸秆资源。

一、秸秆资源在农业生产中的地位

秸秆资源是一种潜在的非竞争资源，是全世界最丰富的饲料来源之一。据统计，全世界秸秆年产量 2.9×10^9t，2010 年农业部发布的《全国农作物秸秆资源调查与评价报告》显示，2009 年全国农作物秸秆理论资源量为 8.2×10^8t（风干，含水量 15%），约占全球秸秆总量的 20%，而且以 1.3% 的速度递增，在农作物秸秆中玉米秸秆产量 2.6×10^8t，占秸秆理论资源总量的 31.7%。

秸秆资源依据其空间分布格局可划分为高产、中产和低产地区。高产地区包括河南、山东、江苏、黑龙江、安徽、四川、广西、湖南、河北和湖北 10 个省份。中产地区包括吉林、内蒙古、江西、新疆、云南、辽宁和广东 7 个省份。低产地区包括贵州、陕西、山西、甘肃、重庆、浙江、福建、宁夏、海南、青海、西藏、天津、上海和北京 14 个省份。

由上可知，秸秆作为农业生产的副产品，具有分布广、数量大的特点。此外，2008 年国务院办公厅下发的《关于加快推进农作物秸秆综合利用的意见》，2009 年国家发展和改革委员会（简称“国家发改委”）和农业部联合发布的《关于印发编制秸秆综合利用规划指导意见的通知》，2012 年国家发改委、农业部、财政部联合印发的《“十二五”农作物秸秆综合利用实施方案》等文件对于秸秆资源的综合开发利用具有积极的推动作用，同时也极大程度地减少了资源不合理利用所造成的诸如环境污染等负面效应。同时，秸秆的综合开发利用在构建完整农业生产体系、提高农业资源利用率及农业生态系统稳定性方面意义重大。

二、秸秆资源开发利用现状

据调查显示，我国有 40%～50% 的秸秆作为生活能源的燃料，15%～20% 的秸秆作为肥料就地燃烧还田或直接翻入土层中还田，另有 2% 左右作为造纸工业、建筑业及手工业的原料，仅 25%～35% 的秸秆被用作草食家畜的饲料，资源浪费及潜在的环境污染现象严重。我国作为粮食生产大国，农作物秸秆作为一种可持续获得的绿色生物资源，其开发利用潜力仍然非常巨大。如果能充分、有效地利用这些资源，不但可成为发展节粮型畜牧业的有效途径之一，实现农业的可持续发展，而且对缓解日益严重的能源危机和环境保护问题具有十分重要的意义。当前，我国秸秆资源的利用主要体现在以下几方面。

1. 秸秆作为能源燃料　我国有 40%～50% 的秸秆被作为成本低廉的生活燃料，但由于普通炉灶的燃烧效率低，往往造成能源的极大浪费。随着生物技术、能源科学与环境科学的发展，农作物秸秆作为可再生生物质能源的价值受到广泛的关注。可再生生物质能源是利用有机物质作为燃料，通过气体收集、气化、燃烧等技术产生的能源。

生物质常温固化成型技术，通过将粉碎的秸秆在不添加任何黏合剂的条件下，压缩成高密度的燃料颗粒、块等。成型后的秸秆煤炭体积仅占秸秆原料的 1/30，而其燃烧效率却提高 70% 以上。此技术的突出优点是含硫低、燃烧能值高、无污染物排放，有“绿煤”的美誉，是一种新型的清洁能源。

秸秆气化技术是另一种生物质能源的高效转化方式，包括秸秆热解气化技术和秸秆生物气化技术。秸秆热解气化技术是依据空气流体力学及热学原理，使气化炉中的农作物秸秆在密闭缺氧状态下将碳、氢、氧等元素转化为一氧化碳、氢气、甲烷等可燃气体。秸秆生物气化技术是利用多种微生物的厌氧降解原理，将秸秆直接投入沼气池产生沼气，沼液、沼渣还可直接作为有机肥使用。与秸秆热解气化技术相比，生物气化具有反应条件温和、沼气热值高（秸秆生物制沼所产生的沼气中含有 50%～70% 的甲烷）的优点。同时，秸秆生物气化技术与用畜禽粪便生产沼气相比，具有原料来源充足、运输方便、价格低廉、沼液零排放的特点，解决了沼气大面积推广和集中供气的原料问题。由此，对秸秆进行气化或液化处理制造新型燃料，建立秸秆沼气站、气化站等是当代农村能源开发中一项重要的举措。

此外，农作物秸秆中的纤维素、半纤维素可降解为发酵性的葡萄糖或木糖等，用于制取化工原料甲醇等，实现了农业废弃物的工业转化。

2. 秸秆还田　秸秆免耕覆盖还田或直接粉碎还田，不仅可提高土壤有机质、矿物质含量，起到培肥地力的效应，还具有良好的保墒作用及增加土壤孔隙度、降低土壤容重、改善土壤团粒结构和理化性质的效应。秸秆还田还可起到控制田间杂草、减少病虫害及提高后茬作物产量和品质的作用，对于农业生态系统的内稳态机制构建及有机农业的持续有效发展意义重大。

农作物秸秆还可堆贮在一起，经过高温充分腐熟发酵后制成堆肥、沤肥，或将秸秆饲喂家畜后的排泄物直接施入土壤，从而提高土壤肥力，实现物质循环。此外，将秸秆通过粉碎、酶化、配料、混料等工序生产秸秆复合肥，对于促进土壤养分转化、优化农田生态环境具有良好的效果。

3. 秸秆用作饲料　利用揉搓丝化、氨化、碱化、微贮等技术调制适口性好、营养价值高的秸秆饲料（详见本章第三节），对秸秆资源的高效转化利用、节粮型畜牧业结构的构建及中国特色饲料工业格局的形成意义重大。

4. 秸秆的其他应用　秸秆富含纤维素、木质素等有机物，以秸秆为基料栽培食用菌，克服了以棉籽壳作基料货源紧缺、价格昂贵、产量提高缓慢的缺点，提高了食用菌的产量和品质，据测算，1kg 秸秆用作基料可生产金针菇、草菇 0.5～1.0kg，平菇、香菇 1.0～5.0kg。栽培食用菌所使用的下脚料还可作为有机肥还田，有机质含量相当于秸秆和粪便直接还田的 3 倍。

除上述用途外，秸秆还可用于造纸、生产人造板、可降解材料、彩瓦等。将上述各项技术集成产业化所体现的农作物秸秆高效生态循环利用工程是秸秆利用的未来发展方向。

三、限制秸秆资源利用的因素

秸秆作为一种农业生产副产品，数量巨大，但由于其纤维素和木质素含量高，粗蛋白含量低，因此适口性和消化率均较差。

（一）营养价值低

秸秆由大量的有机物、少量的无机物和水分组成，其中有机物中大部分是纤维素类的碳水化合物，由纤维素类物质和可溶性糖类组成；此外还有少量的粗蛋白和粗脂肪。我国主要秸秆资源的营养组成详见表 5-1。

表 5-1　我国主要秸秆资源的营养组成（%）

类别	粗蛋白	粗脂肪	粗纤维	NDF	ADF	无氮浸出物	粗灰分	钙	磷
玉米秸秆	6～7	1～2	23～31	63～65	29～39	42～57	5～9	0.22～0.24	0.09～0.27
小麦秸秆	3～6	>1	32～41	42～53	29～34	32～42	5～9	0.21～0.26	0.03～0.08
稻草	3～6	>1	29～33	49～61	31～34	38～49	12～16	0.21～0.30	0.04～0.13
大豆秸秆	6～13	6～7	27～32	—	—	38～39	4～10	0.61～1.39	0.03～0.23
甘薯藤	7～19	2～3	14～36	—	—	45～50	8～13	1.06～1.41	0.22～0.33

资料来源：中国饲料数据库，1998。NDF. 中性洗涤纤维；ADF. 酸性洗涤纤维

1. 纤维素类物质含量高　纤维素类物质包括纤维素、半纤维素和木质素。纤维素是构成细胞壁的主要成分，是由 D-葡萄糖以 β-1,4-糖苷键组成的大分子多糖，多个分子平行紧密排列成丝状小束，几十个纤维束通过较弱的氢键组成小纤维，由许多小纤维构成植物纤维素。纤维素常常与半纤维素和木质素等物质以嵌入的形式存在，组成紧密结构。秸秆中的半纤维素主要是木聚糖。木质素是一类由苯丙烷结构单元组成的无定型的复杂复合物，在植物细胞壁中的含量仅次于纤维素和半纤维素，主要发挥细胞壁结构支撑、抵抗微生物攻击和抗氧化等作用。

秸秆中纤维含量高，尤其是 NDF 的含量较高，如玉米、小麦和水稻三大作物秸秆中的 NDF 含量分别为 63%～65%、42%～53% 和 49%～61%；ADF 分别为 29%～39%、29%～34% 和 31%～34%；尤其是含有相当数量的木质素和硅酸盐，一般木质素含量为 6.5%～12%，燕麦秸秆木质素含量高达 14.6%。木质素不仅不能被家畜吸收，还会影响家畜对其他营养物质的消化利用，从而降低秸秆的饲用价值。

2. 粗蛋白含量低　豆科植物秸秆的粗蛋白含量较高，为 8.9%～9.6%，其中可消化粗

蛋白为26.5～46.8g/kg；禾本科植物秸秆的粗蛋白含量较低，为3%～5%，可消化粗蛋白为16.5～27.5g/kg。三大粮食作物秸秆中，以玉米秸秆粗蛋白含量较高，但仍不能满足反刍家畜对饲料蛋白质含量的最低要求（≥8%），而实际上绝大多数秸秆、荚壳的粗蛋白含量都低于8%，且其蛋白质生物学价值又低，不能为瘤胃微生物的迅速生长繁殖提供充足的氨源，结果导致瘤胃微生物的活力降低，难以充分消化利用进食的秸秆饲料。

3. 缺乏维生素　在各种作物秸秆中，几乎都不含维生素，尤其是维生素A、维生素D和维生素E等在秸秆中几乎为零，胡萝卜素含量也仅有2～5mg/kg，这就成为秸秆用作饲料的一个限制因素。

4. 钙、磷含量低，硅酸盐含量高　秸秆中钙、磷含量低而且钙、磷比例不适宜。例如，玉米秸秆中的钙含量为0.22%～0.24%，磷含量为0.09%～0.27%，会严重影响家畜生产和健康。此外，秸秆中存在大量的硅酸盐类物质，严重影响反刍家畜瘤胃中高糖物质的降解，同时也不利于其他营养成分的消化利用。

（二）秸秆的消化率低

据中国饲料数据库资料，牛对玉米秸秆中的粗蛋白、粗脂肪、粗纤维、无氮浸出物的消化率分别为46%、55%、66%和61%，而猪对粗蛋白、粗脂肪的消化率为零，对于粗纤维和无氮浸出物也仅能消化利用其中的30%和25%（表5-2）。由此秸秆中的潜能及其有限的营养物质不能被家畜消化利用。秸秆的消化率低是由各种限制消化因素共同作用的结果。

表5-2　不同家畜对秸秆的消化率

种类	家畜	消化率/%			
		粗蛋白	粗脂肪	粗纤维	无氮浸出物
玉米秸秆	牛	46	55	66	61
	猪	0	0	30	25
稻草	牛	5	38	71	53
	猪	0	0	18	10
小麦秸秆	牛	12	41	54	44
	猪	0	0	20	15

资料来源：中国饲料数据库，1998

1. 木质素和纤维素等是影响消化率的主要因素　纤维素是高分子葡聚糖，半纤维素主要是木聚糖，它们可以在瘤胃微生物分泌的纤维素酶和纤维二糖酶的作用下，部分降解成单糖，并进一步酵解为乙酸、丙酸、丁酸等挥发性脂肪酸（VFA），进而作为能源被家畜吸收；木质素结构牢固，瘤胃微生物不能分解利用。

一般木质素含量每增加1%，粗饲料的消化率就降低4.49%。影响秸秆消化利用的机制是木质素与纤维素以共价键的方式结合在一起，形成一种镶嵌结构，在纤维素、半纤维素等营养物质表面形成“框架式”保护层，从而限制了内部营养底物的消化利用。

1）胞间木质素对秸秆消化率的影响：胞间木质素和少量果胶将细胞黏结在一起，木质素镶嵌在细胞的表面，而且使细胞结成群体聚集态，反刍家畜消化道内的微生物不能与包被在木质素里面的营养物质相接触，因而构成了秸秆消化利用的障碍。

2）细胞内木质素对秸秆消化率的影响：细胞壁内木质素存在于次生壁，在次生壁中木质素与纤维素紧密结合形成许多微细的薄层，薄层之间充满了纤维素、半纤维素等营养物质，由于这些微细薄层的分隔包围，限制了薄层之间营养物质的消化利用。

2. 秸秆的表皮膜（禾本科）和蜡质层（豆科）妨碍秸秆的消化利用　茎的表面由表皮组织所覆盖。禾本科秸秆表皮组织外覆盖一层表皮膜，它是硅化程度较高的透明体，如稻草表皮有许多充满二氧化硅的硅细胞；豆科秸秆表皮组织外有一蜡质层；且表皮细胞密集排列无间隙；家畜瘤胃微生物不能与表皮组织内营养物质相接触，从而限制了瘤胃微生物进一步作用于秸秆内部的营养物质，降低了秸秆的消化利用。

3. 秸秆中纤维素分子多以“结晶型”分子存在，具有高抗蚀性　秸秆中纤维素分子间成结晶态排列，结晶区纤维素分子内部形成三种力，这三种力增强了纤维素分子的稳定性，不利于纤维素的消化。

1）b 轴方向的主键：它是以 C—C 主价键相结合，键能 334～376kJ/mol。

2）a 轴方向的氢键：分子间和分子内均能形成氢键，键能 20.9～33.4kJ/mol。氢键的存在降低了纤维素的吸湿性、溶解性和反应能力。

3）c 轴方向的范德瓦耳斯力：键能 8.36kJ/mol。

要使家畜能够利用秸秆中的纤维素，秸秆必须经过适当的处理，打破这三种结合力，使纤维素从中释放出来。

（三）消化能值低

秸秆的总能含量一般为 15.5～25.0MJ/kg，与干草相近，但其消化能只有 7.8～10.5MJ/kg，比干草消化能 12.5MJ/kg 低得多，也远低于其他饲料中所含的消化能值。分析表明，秸秆的纤维水平及其消化率是影响消化能的主要因素。虽然秸秆的 NDF 含量较高，但家畜在采食时，体增热会大幅度增加，从而降低了代谢能用于维持和生产的效率。以体重 40kg 左右的育肥羔羊为例，其对饲料消化能的要求为 17.0～18.8MJ/kg，而秸秆中所含消化能与羔羊的需要相差较多。由此看来，以秸秆为主要饲料的牛、羊等家畜，难以从中获取所需要的消化能。

第二节　秸秆饲料加工的原理

一、影响秸秆营养组成的因素

不同作物秸秆的营养组成差异较大，这种差异是作物种类、形态部位、收获期、环境因子、贮存方法与时间等因素综合作用的结果。

（一）作物种类

不同种、品种间作物秸秆的营养成分有很大的差异。由表 5-1 可知，大豆秸秆、甘薯藤的粗蛋白含量较高，其次为玉米秸秆，小麦秸秆、稻草的粗蛋白含量较低。而玉米秸秆的 NDF 含量则显著高于其他各类秸秆。据报道，不同水稻品种秸秆的营养组成也存在差异，具体到粗蛋白、NDF、木质素的含量分别为 3.8%～5.9%、61.9%～74.4% 和 3.7%～6.1%。

（二）形态部位

植株部位不同，茎叶比例不同，木质化程度不同，营养成分差异较大。一般而言，秸秆叶片粗蛋白含量高，叶鞘部分则含有较多的纤维素。与茎基部相比，植株上部的叶、叶鞘、节、节间茎秆的粗蛋白和细胞可溶性物质含量较高，木质素含量较低。由此，小麦秸秆由上至下，粗蛋白和细胞可溶性物质含量逐渐减少，而NDF和木质素含量逐渐增加。某种意义上，秸秆的刈割高度决定了其营养水平的高低。

（三）收获期

作物成熟前期营养价值较高，成熟后期随收获期的推移，秸秆中的NDF、ADF含量明显上升，营养价值越来越低。同一秸秆成熟度越高，木质素含量越高，秸秆的消化利用率越低。由此，在不影响籽粒产量的前提下，尽可能提早收获秸秆是获得高质量秸秆的关键所在。

（四）环境因子

影响作物生长的主要环境因子包括光照、温度、土壤养分含量及水分亏缺等。温度是加速作物木质化的一个重要因素，通常热带地区生长的作物较温带地区生长的作物木质素含量高出很多，且随收获期的临近，营养物质含量下降较快。光照强度与持续时间直接影响光合产物的积累。水分亏缺不但导致叶片老化，而且使细胞壁组分增加，作物品质下降。土壤养分状况直接影响营养物质在植株体内的运输和积累。土壤氮素水平升高，非豆科作物体内的粗蛋白含量增加，家畜瘤胃微生物的活动增强，秸秆利用率提高，但施氮同时也促进了茎秆的木质化。

（五）贮存方法与时间

除上述秸秆本身的作物学因素影响秸秆的化学成分外，秸秆的保存方法和时间对其营养价值也具有明显的影响。秸秆的保存方法不同可使某些化学成分的发酵速率发生变化，从而使被消化养分的组成也发生变化。

一般，秸秆收获后立即青贮较自然晒干者养分损失小。自然存放状态下，随着时间的延长，秸秆中粗蛋白和WSC（可溶性碳水化合物）含量逐渐减少，而NDF和ADF含量却逐渐增加。

干燥方法对秸秆营养成分的影响差异显著。一般直接烘干对WSC和粗蛋白含量的影响较小，NDF和ADF也相应较低，而晒干则相反。因为在晒干过程中，植物体细胞并未死亡，仍然进行呼吸作用和蒸腾作用，植物体内贮藏的部分无氮浸出物被水解成单糖，作为能量消耗掉。少量的蛋白质也被分解为以氨基酸为主的氨化物。随着水分的减少，细胞壁趋于死亡，呼吸作用停止，而植物体本身及外部微生物的酶类还继续氧化，氨化物被分解成氨而损失，糖类变成CO_2和H_2O，由于这些消耗的物质是细胞内物质，细胞壁物质的浓度相对提高。

综上所述，秸秆的营养价值受上述诸多因素的影响，同时结合秸秆化学组成特性，采用科学的加工处理方法是提高秸秆饲料营养价值的有效途径。

二、加工对秸秆饲料的作用

以玉米秸秆木质纤维素组成为例，其中纤维素含量30%、半纤维素含量50%、木质素含量15%。常温下，纤维素不易溶于水、有机溶剂、稀酸溶液，采用浓无机酸及高温高压条件处理时，纤维素可被分解为单糖。半纤维素是木质纤维素所有结构中，对热化学因素最敏感的成分，在酸性或碱性条件下很容易被分离提取。木质素的诸多特性，决定了它在植物细胞壁中是最难降解的成分，因而加工处理过程中木质素的去除与否、去除程度显得尤为重要。

秸秆处理的目的是尽可能多地降解木质纤维素组成中可被降解的部分，从而提高秸秆的消化率，保证动物在采食秸秆的同时，能更大程度地获取营养物质，满足其养分需求。秸秆的处理方法有物理处理、化学处理、生物处理。

（一）物理处理

1. 机械处理　机械粉碎可使细胞破裂，使细菌能穿过表皮的几层保护层，这样有助于细菌的集群和消化。不过即使细胞破裂，里面的内容物流出来，细菌也不容易附着在细胞壁的内表面。用扫描电镜研究表明，细胞壁的主要分解菌有两种，即黄瘤胃球菌和产琥珀酸厌氧杆菌，它们群集于或靠近细胞壁破裂所形成的横切面。反刍和再咀嚼作用，可使这种表面不断地暴露出来，有助于细菌的生化作用。

2. 蒸煮处理　茎和叶的大多数细胞壁在高温处理时，可使一些乙酸和半纤维素间的酯键水解，释放出的乙酸使pH降低。当温度升高时，某些对酸不稳定的阿拉伯-呋喃糖侧链键会裂解，使某些半纤维素链解聚。

（二）化学处理

1. 无机试剂　pH的剧烈变化对细胞内容物和细胞壁都有水解作用，但碱性pH的溶解作用更为重要。稀酸处理能够使一些半纤维素溶解转化为可溶性糖类。用氢氧化钠、氢氧化钾或氨处理秸秆可引起秸秆的膨胀，增加纤维素的表面积，使秸秆中的木质素结构受到破坏。氧化处理可影响木质素，将多糖中的一些中性糖残基转化成糖醛酸，很可能还通过对细胞壁的作用而影响饲料的消化性。

2. 酶处理　酶处理可以提高消化率。酶能降低发酵时的pH，增加乳酸含量，但不能降低秸秆中的中性洗涤纤维含量，也不能提高干物质、中性洗涤纤维的瘤胃降解率，因而酶对细胞壁结构的破坏作用不大。

（三）生物处理

利用多种微生物如各种细菌、霉菌、酵母菌和食用菌，一方面可使植物秸秆中的半纤维素、纤维素、果胶得以分解；另一方面游离出来的细胞内容物被乳酸菌、酵母菌利用，可转化成品质优良的菌体蛋白。

生产实践中通常将上述不同处理法进行组合，即采用物理化学处理法、化学复合处理法、生物化学处理法等，目的是在将木质纤维素分解成更多糖类物质的同时，产生较少的醛、酚类等抑制因子和较低含量的毒素。

第三节　秸秆饲料的加工技术

草食家畜对秸秆饲料具有特殊的消化能力，所以秸秆是其重要的饲料来源。但由于秸秆的营养价值低、消化率低等限制因素的存在，如用秸秆直接饲喂家畜，家畜从中获得可消化营养物质很少，而且适口性差。为了提高秸秆的营养价值，改善其适口性，常常需要对秸秆饲料进行适当的物理、化学和生物学等加工处理，以提高其饲用价值。

一、秸秆的物理加工方法

秸秆的物理加工就是利用水、机械和热力等作用来改变秸秆的物理性状，使秸秆软化、破碎、降解，适口性提高，减少动物咀嚼时间，便于瘤胃微生物分解木质素与糖类的复合体，提高动物对秸秆饲料的消化率，进而提高单位重量秸秆饲料的利用率。同时还可消除混杂于秸秆中的泥土和沙石等有害物质。物理加工法包括机械加工、蒸煮、热喷、浸泡、压块或制粒、微波、照射等方法。

（一）机械加工

机械加工是指利用机械将粗饲料铡短、粉碎或揉搓，这是粗饲料利用最简便而又常用的方法，尤其是比较粗硬的秸秆饲料，加工后便于咀嚼，减少能耗及饲喂过程中的饲料浪费。同时，机械加工后的秸秆饲料与瘤胃微生物的接触面积大大增加，便于瘤胃微生物的降解发酵。秸秆饲料加工后易于和其他饲料配合利用，提高经过瘤胃速度，增加家畜采食量。但过分地切短或粉碎处理大大缩短了秸秆在瘤胃中的停留时间，养分来不及充分降解发酵，便进入真胃和小肠，造成纤维类物质消化率的下降和瘤胃内挥发性脂肪酸生成率发生变化。由此，秸秆饲料的切短和粉碎不但影响其本身的结构，而且对动物的生理机能也有重要影响。秸秆的切短长度和粉碎程度，根据使用目的和畜种的不同而定。一般喂牛可略长些，以3～4cm为宜；马、骡、驴，2～3cm；羊，1.5～2.5cm，老弱和幼畜应更短些。粉碎的秸秆颗粒粒径一般为0.7～1.0cm，如过细，在家畜胃内形成食团，马、骡易引发疝痛，牛、羊则易出现反刍停滞现象。

揉搓技术利用揉搓设备将粗硬的秸秆揉搓成柔软的丝状物后，再根据反刍家畜对粗蛋白、能量、粗纤维、矿物质、维生素等的营养需要，与精料和各种添加剂按照一定比例混合配制成全混合日粮（total mixed ration，TMR）。TMR技术的应用，显著改善了单独饲喂农作物秸秆适口性差、消化率低的状况；便于控制生产，家畜的生产性能、饲料利用率相应提高。

秸秆的水分含量、成分直接影响机械加工的精细程度、能耗及后处理过程（如酶水解）的效率。

（二）蒸煮

蒸煮可降低纤维素的结晶度，软化秸秆，增加适口性，提高消化率，是一种较早采用的调制秸秆的方法。此法主要用于饲喂种猪、育肥牛和低产乳牛。蒸煮时可采用加水直接蒸煮法或通气蒸煮法。加水直接蒸煮法是将秸秆与水按1∶1或1∶1.5的比例，同时添加少量豆饼和适量食盐，在90℃水温条件下蒸煮0.5～1.0h。通气蒸煮法是将切碎的秸秆置于四周布满洞眼的通气管上，通入蒸汽蒸20～30min，5～6h后取出饲喂即可。

（三）热喷

热喷是将预先切碎的秸秆装入热喷机内，而后通入热饱和蒸汽，经过一定时间高压处理，然后对物料突然释压，迫使物料从机内喷爆出来，从而使秸秆的结构和某些化学成分发生改变。

1. 原理 热喷技术是热效应和机械效应二者共同作用的结果。秸秆在170℃以上的高温蒸汽（0.8MPa）作用下，破坏秸秆细胞壁内的木质素与纤维素和半纤维素之间的酯键，部分氢键断裂而吸水，使木质素、纤维素、半纤维素等大分子物质发生水解反应成为小分子物质或可利用残基。然后在高压喷放时，经内摩擦作用，再加上蒸汽突然膨大及高温蒸汽的张力作用，使茎秆撕碎，细胞游离，细胞壁疏松，胞间木质素分布状态发生改变，总表面积增加，从而有利于体内消化酶的作用。

2. 工艺流程 将粉碎的秸秆，连同添加剂（或其他物料如碳酸氢铵、尿素等）一并装入压力罐，密封。通入饱和蒸汽，维持一定时间（1～30min），然后骤然减压，原料从压力罐中喷入泄料罐中，冷却后，即可直接饲喂家畜，也可与其他辅料混合配制成混合饲料。

3. 效果 热喷处理后的秸秆粗蛋白、粗脂肪含量增加，粗纤维含量降低，营养价值提高。分析影响热喷效果的主要因素如下。

1）秸秆的种类和含水量：对热喷的效果影响很大，一般认为含水量40%～50%效果最佳。另有研究表明，秸秆含水量高，热喷时所需压力低，热喷后粗纤维含量下降幅度大。

2）处理压力：一般为0.05～1.0MPa。研究表明，粗饲料NDF的体外消化率，随压力（温度）的升高相应增加。

3）压力持续时间：一般为1～30min。处理时间越长，经处理的粗饲料消化率越高。

4）喷放压力：一般为0.45～1.6MPa。

5）喷放速度：一般以150～300m/s为宜。

（四）浸泡

浸泡的目的主要是软化秸秆，提高其适口性，便于家畜采食，并可清洗掉秸秆上的泥土等杂物。同时，浸泡处理可改善饲料采食量和消化率，并提高代谢能利用效率，增加体脂中不饱和脂肪酸比例。其方法是在100kg水中加入食盐3～5kg，将切碎的秸秆分批在桶或池内浸泡24h左右。

浸泡秸秆喂前最好用糠麸或精料调味，每100kg秸秆可加入糠麸或精料3～5kg，如果再加入10%～20%优质豆科或禾本科干草、酒糟、甜菜渣等效果更好，但切忌再补饲食盐。此法在东北地区广泛应用，效果良好。

（五）压块或制粒

秸秆经粉碎后与其他辅料混合配制成块状或颗粒饲料，适口性好，便于咀嚼，使粉碎秸秆通过消化道的速度减慢，消化率提高，动物的采食量和生产性能相应提高。

颗粒饲料的大小因家畜而异。乳牛、马为9.5～16mm，犊牛为4～6mm，鸭和鹅为4～6mm。

将上述的TMR饲料颗粒化，即按照不同动物不同生长期的营养需要与揉搓成丝状的秸秆混配制成颗粒饲料，动物采食量、日增重、饲料转化率均显著提高。研究表明，采用颗粒化的TMR饲喂山羊，每只羊每月增重4.6kg，较对照组提高50.33%；饲喂肉牛，日增重较对照提高0.12kg，料肉比降低0.73。

（六）微波

微波处理可降解秸秆中的木质素和半纤维素，改变植物纤维的超分子结构，使纤维素结晶区尺寸发生变化，从而提高植物纤维的酶水解效率。研究表明，经微波处理的秸秆纤维表面形态变异较大，未经微波处理的秸秆纤维表面光滑，处理后变得粗糙，并出现许多细小孔洞。

（七）照射

γ射线等照射秸秆，可使秸秆的粗纤维含量减少，无氮浸出物含量增加。饲喂家畜后有机物、粗纤维和无氮浸出物的消化率提高，瘤胃挥发性脂肪酸产量增加，主要是由照射处理增加了秸秆的水溶性物质含量，易被瘤胃微生物有效利用所致。

（八）其他方法

从广义来讲，秸秆的干燥、补喂精饲料等也属于物理处理。干燥的目的是更好地保存秸秆。补喂精饲料可以改善秸秆的利用效率，但过量补喂精饲料后易引起瘤胃 pH、纤维分解菌数量和活性下降，从而降低秸秆的转化率。

二、秸秆的化学加工方法

化学加工是利用酸、碱等化学物质对秸秆进行处理，降解秸秆中木质素、纤维素等难以消化的组分，使之更易被消化液和瘤胃微生物所利用，从而提高秸秆饲料的营养价值。

化学加工方法包括氨化处理、酸化处理、碱化处理、碱-酸化处理和脱木质素技术。酸化处理秸秆的效果不明显，已不再采用，碱-酸化处理的方法也很少采用。目前大部分采用碱化处理秸秆，常用方法包括氢氧化钠处理、氢氧化钙处理和氨化处理。碱化处理主要针对粗老秸秆。不同秸秆碱化处理的效果不同，禾本科秸秆碱化效果优于豆科秸秆。这是因为禾本科秸秆中木质素和纤维素间以酯键相连，而豆科秸秆多为糖苷键相连，酯键易与碱起皂化反应而断裂，而糖苷键却不与碱发生反应。

以下主要介绍氨化处理与其他碱化处理。

（一）氨化处理

氨化处理的研究始于 20 世纪 30 年代，由于方法简便，饲料营养价值提高显著，世界各国普遍采用。中国自 20 世纪 80 年代后期开始推广应用。秸秆经氨化处理后粗蛋白含量提高 4%～6%，纤维素含量降低 10% 左右，总营养价值接近中等质量的青干草。同时氨化处理可杀死秸秆上的一些虫卵和病菌，防止饲料霉变，从而降低家畜因采食感染病虫饲草而患疾病的概率，并且能较好地保存高水分含量的秸秆。此外，氨化处理可使秸秆中夹杂的杂草种子丧失发芽力，从而起到控制农田杂草的作用。与其他碱化处理相比，氨化对保持土壤肥力具有一定作用。氨化处理最主要的缺点是对氨的利用率较低，仅为 50% 左右，其余的氨在打开氨化设施后释放入空气，造成了一定的污染，对家畜和人体的健康也有一定的危害。

1. 氨化原理 氨化过程中，秸秆与氨化剂主要发生碱化、氨化和中和三种作用。

（1）*碱化作用* 用于氨化的药剂均属于碱性物质，其中的氢氧根（OH^-）能使秸秆纤维内部的氢键结合变弱，使纤维分子膨胀，并且能溶解半纤维素、皂化糖醛酸和乙酸的酯键、中和游离的糖醛酸，使木质素与纤维素之间的酯键断裂，打破纤维素与木质素之间的镶嵌结构，从而增加渗透性，使反刍家畜的消化液和细菌酶类直接与纤维素、半纤维素接触；

同时有少量木质素被溶解，形成羟基木质素，从而提高了秸秆的消化率。

（2）氨化作用　氨化处理过程中，氨源游离、分解产生的氨与秸秆中的有机物质发生氨解反应，在破坏木质素与多糖间酯键的同时，形成铵盐。铵盐是一种非蛋白氮化合物，吸附在秸秆上，随秸秆进入反刍家畜的瘤胃，被瘤胃微生物利用NH_4^+-N合成优良的菌体蛋白，菌体蛋白可在消化道内与饲料蛋白质一起被消化吸收，供畜体利用。

（3）中和作用　氨属于碱性物质，当处理劣质秸秆时，能与其中的有机酸起化学反应，消除酸根。中和饲料的潜在酸度，为反刍家畜瘤胃微生物的活动创造良好的环境条件。此外，氨化秸秆属于碱化饲料，在精饲料喂量较高和饲喂大量青贮饲料导致瘤胃pH降低时，氨化秸秆能产生一定的缓冲作用。

2. 氨源　目前用于秸秆氨化的氨源种类很多，常用的有氨水（$NH_4 \cdot H_2O$）、无水氨或液氨（NH_3）、尿素［$CO(NH_2)_2$］和碳酸氢铵（NH_4HCO_3）等。

（1）尿素　可使用市场上销售的农用化肥，含氮量为46%，塑料袋密封包装，使用量为风干秸秆的2%～5%。具体使用方法是先将尿素溶于少量的温水中，再将尿素溶液倒入用于调整秸秆含水量的水中，然后均匀地喷洒到秸秆上，由于秸秆上附着有分泌脲酶的微生物，分泌的脲酶在适宜的温度（20～30℃）和适宜的湿度（30%～50%）条件下，经过2～5d，将尿素分解成氨和二氧化碳，产生的氨和氨水同样具有氨化秸秆的作用，这样既使氨化作用均匀，又可避免局部尿素含量偏高造成家畜尿素中毒。

（2）氨水　含氮量为18%～25%，浓度低于17%的氨水，不能用于氨化秸秆。氨水用量因浓度变化而异。由于氨水含氮量低且易挥发，因此贮存、运输氨水必须使用专门的设备。加氨水前应将秸秆密封起来，以防止氨逸出。常用加氨水的方法：倾倒加氨水法、用氨枪注入氨水法。

（3）无水氨或液氨　无水氨是氨高度浓缩的形式，含氮量为84.2%，使用量一般为风干秸秆的3%～5%，在此范围内，增加氨的用量与提高秸秆消化率和粗蛋白含量呈正相关。由于无水氨易挥发，其扩散半径为2～2.5m，一般用氨枪注入。氨枪插入位置以距离秸秆底部0.2m为宜。而加氨水则可距垛底1m，因氨水可向秸秆底部流动，并逐渐挥发。

（4）碳酸氢铵　碳酸氢铵的含氮量低，约为17%。一般用量为风干秸秆的4%～5%，若超过5%，会增加秸秆的咸苦味，影响适口性。使用碳酸氢铵氨化秸秆的成本低于尿素，但氨化效果不如尿素。碳酸氢铵易挥发，所以操作时必须迅速。

3. 氨化方法　秸秆氨化方法遵照因地制宜、就地取材和经济实用的原则而定。

（1）堆垛氨化法　堆垛氨化法是指在预先铺放厚度0.2mm左右的聚乙烯塑料薄膜上，将秸秆以散草或草捆堆成方形垛，垛顶和四周用塑料薄膜覆盖，密封或抽真空后，注入氨源进行氨化的方法。向阳、背风、平整、中部微凹及排水良好的地方适宜堆垛氨化。

通常选用的氨化剂有液氨、氨水和尿素。当用液氨处理秸秆时，用量按秸秆重量的3%计；如果以20%的氨水作氨源，一般每氨化100kg秸秆氨水用量为11～12kg；以尿素作氨源，一般每氨化100kg秸秆尿素用量为4～5kg，使用时事先将尿素配成溶液，每堆30～45cm厚的秸秆均匀喷洒一次尿素溶液，以确保氨化效果。氨贮时间视外界气温而定，一般炎热夏季15～20d，寒冷冬季则需30～60d。

（2）窖池式氨化法　窖池式的氨化设施为壕、池、窖。氨化壕为长形土壕，投资小，取料方便，一般只能使用1～2年。氨化池是水泥结构，一次性投资大，但可连续使用多年。地势高燥、地下水位低的地方适宜挖氨化窖，窖口四周用土坯等砌垒高出地面0.5～1m，以免雨水、雪水流入。氨化窖可以是传统土窖，也可以是砖和水泥修筑的永久性地下式或半地下式水泥窖。使用土窖进行氨化时，底层铺放塑料膜，且膜在窖的四周要余出 1m 左右。水泥窖里可以不铺塑料膜，仅窖顶覆盖塑料膜即可。

适用于该法的氨化剂为尿素和碳酸氢铵。氨化时应清除窖池内的泥土和积水，以防秸秆中混杂泥土。将浓度为 15% 的氨水按每 100kg 秸秆 16.5kg，或浓度为 10% 的尿素溶液按每 100kg 秸秆 35～40kg 的比例，均匀地喷洒到切碎的秸秆上，拌匀后装入窖池内，秸秆填装高度以高出窖口 30～45cm 为宜。装填时应注意压实靠近窖池壁的秸秆，尽量排出秸秆中的空气。密封时要迅速；注意随时检查，发现漏氨处应及时修补。

（3）袋装氨化法　此法不需建氨化设施，贮藏、取用方便，但每千克秸秆氨化时所需塑料费用较高。氨化用塑料袋以双层为好，一般长度为 2.5m，宽 1.5m。秸秆装袋时应特别小心，以防扎破塑料袋。装完袋后，扎紧袋口，然后放置在安全地点，也可放在屋顶上。贮存期间，应经常检查是否有氨气逸出或塑料袋破损，一旦发现应重新扎紧或及时用胶带等封住。

（4）氨化炉法　秸秆氨化炉是一种密闭的粗饲料氨化设备，它可将秸秆等粗饲料进行快速氨化处理。氨化炉按其构造分为土建式氨化炉、集装箱式氨化炉和拼装式氨化炉。土建式氨化炉即用砖石建成的密闭房舍。集装箱式氨化炉采用废旧的集装箱作为炉体改建而成；拼装式氨化炉由菱苦土板（具有保温性能）等拼装而成。依照加热方式不同，氨化炉又分为电加热式、蒸汽加热式和地炕式。近年来，又研制出一种小型桶式氨化炉，氨化容量小，投资成本低，生产实用性强。

用氨化炉氨化秸秆的操作方法是将秸秆切碎打捆后置于草车中，将相当于风干秸秆质量 8%～12% 的碳酸氢铵或 5% 的尿素溶液均匀喷洒到秸秆上，将秸秆的含水量调整到 45% 左右。草车装满后推进炉内，关上炉门后加热。将炉温控制在 95℃左右，加热 14～15h，再焖 5～6h，其特点是大大缩短了氨化时间，氨化效果优于其他方法，不受天气和季节的限制。

4. 氨化秸秆的利用

（1）开封　氨化设施开封后，经品质检验合格的氨化秸秆，需放氨 1～2d，消除氨味后方可饲喂。放氨时，应将刚取出的氨化秸秆放置在远离畜圈和住所的地方，以免释放出的氨气刺激人畜呼吸道和影响家畜的食欲。若秸秆湿度较小，天气寒冷，通风时间应稍长一些。

（2）取用　用于饲喂家畜的氨化秸秆于饲喂前 1～2d 取出放氨，其余再密封起来，以防放氨后含水量仍很高的氨化秸秆在短期内饲喂不完而发霉变质。

（3）饲喂　氨化秸秆只适用于反刍家畜牛、羊，不适宜饲喂单胃家畜马、骡、驴和猪等。初喂氨化秸秆时，家畜不适应，需在饲喂氨化秸秆的第一天，将氨化秸秆与未氨化秸秆按 1∶2 的比例混合饲喂，以后逐渐增加，数日后家畜即可适应。

（4）饲喂量　氨化秸秆的饲喂量一般占家畜日粮的 70%～80%，这一饲喂量对家畜的增重、维持过冬、泌乳量的增加及犊牛初生增重等方面效果均较好。

为使家畜获取的营养趋于平衡，在饲喂氨化秸秆的同时，应尽可能注意维生素、矿物质和能量的补充。维生素的补充对于饲喂氨化秸秆的家畜尤为重要，否则易出现缺乏症。因此，家畜在饲喂氨化秸秆的同时，应适当搭配胡萝卜、青草和青贮饲料。氨化秸秆与青贮饲料混合饲喂，可降低日粮的 pH，创造适宜瘤胃微生物的微碱性环境。若要补充能量，则需饲喂一定量的能量饲料，如玉米、麸皮等，一般氨化秸秆与能量饲料混喂的比例为

100：（2～3）。氨化秸秆中，家畜所需的矿物质含量不足，而且比例不适宜，特别是钙、磷等，在饲喂时应注意这些矿物质的补充。

（二）其他碱化处理

1. 氢氧化钠处理

（1）*原理*　氢氧化钠中 OH^- 可以使纤维素与木质素之间的维系结构断裂，破坏木质素、半纤维素与纤维素的复合物，使其纤维素部分水解和膨胀；再有，反刍动物瘤胃中分解粗纤维的微生物区系在微碱性环境中活动性较强，因而促进了秸秆类饲料消化率的提高。在处理秸秆时，氢氧化钠溶液的浓度是至关重要的，当采用 10%～20% 碱溶液时，纤维素的水解效率较高，但是处理后必须用大量的水冲洗，这样许多溶于水的有效物质易被淋溶损失。用弱碱液浸泡切断的秸秆，效果较好。

氢氧化钠在破坏细胞壁的同时，也破坏秸秆饲料中的蛋白质和维生素等成分，因而蛋白质和维生素含量较高的秸秆如大豆秸秆和一些藤蔓类饲草，不适宜用氢氧化钠处理。像小麦秸秆、玉米秸秆、稻草等，蛋白质和维生素含量都较低，适合进行碱化处理。

（2）*处理方法*

1）湿碱法：传统的湿碱法是在室温条件下，将秸秆在 1%～1.5% 的 NaOH 溶液中浸泡 10～12h，然后用大量的清水漂洗，去除余碱。经过此法处理的秸秆有机物消化率高于氨化秸秆，如小麦秸秆的消化率较未处理组提高 20% 左右，家畜采食量增加约 17%，但漂洗使干物质损失严重（20% 左右），而且易造成水源浪费和环境污染。

改进的方法是将秸秆置于 1%～1.5% 的 NaOH 溶液中浸泡 0.5～1h，捞出，不冲洗，空掉多余的液体，再将秸秆垛起来，放置 3～6d，待其熟化，然后便可饲喂。为了提高秸秆的粗蛋白含量，可向溶液中加入尿素，用量为 30～35g/kg。

近年来，生产中多采用喷洒碱水的方法，此法简便易行，便于推广。具体如下。

单纯喷洒碱液法：将秸秆切成长 2～3cm 的小段，每千克秸秆喷洒 1kg 5% NaOH 溶液，喷洒均匀，边喷洒边搅拌。用于小规模饲喂生产，可行手工操作，如果大量处理秸秆，可采用饲料混合机作业。当天饲喂的饲料最好在前一天进行处理。经喷洒碱化处理的秸秆呈鲜黄色、潮湿有咸味，家畜喜食，自由采食条件下较未处理组采食量提高 10%～20%。

喷洒碱液后堆放处理法：将 25%～45% 的 NaOH 溶液，均匀地喷洒在切碎的秸秆上，使用专门设计、结构类似水泥搅拌机的秸秆处理机，将碱溶液与秸秆充分而又均匀地混合在一起。秸秆经碱化处理后，堆放在通风良好的场所。经堆放发热处理后的秸秆，木质素和半纤维素的降解率可达 60%～80%，消化率提高 15% 左右。

此法适用于含水量较低的原料。对于含水量较高的秸秆，常会出现堆垛发热不足、霉烂等现象。

当植株尚青绿或收获时遇雨淋，即行碱化处理的，也可用 25%～45% NaOH 溶液处理，封贮保存一年。

2）干碱法：20 世纪 70 年代初在英国、丹麦，利用青草压粒设备，将碱化秸秆制成颗粒，制作过程中不冲洗氢氧化钠，而是用酸气中和。新的工业法是在一定的温度和压力作用下进行的，反应时间只有 0.5～1min。干碱法的处理效果与温度、压力、碱的用量和反应时间等因素密切相关。一般处理条件：温度 80～100℃，压力 50～100Pa。碱的用量以每 100g 秸秆添加 5g NaOH 为宜。原料含水量对颗粒坚实度有一定的影响，一般要求在 20%。

2. 石灰处理 石灰处理秸秆的效果不如氢氧化钠，但具有原料来源广、价格低及不需要冲洗等优点。石灰处理可补充秸秆中的钙质，故又称为“钙化”处理。用于处理的石灰要新鲜，氧化钙的含量不能低于90%。经石灰处理后的秸秆消化率提高15%～20%，家畜的采食量增加20%～30%。据Shreck等（2011）研究表明，采用5% CaO处理含水量调节至50%的玉米秸秆效果最好，处理后的玉米秸秆体外干物质消化率较未处理组提高12.8%。石灰处理后，秸秆中钙的含量增加，钙、磷比例为（4～9）：1，因此在饲喂时，应注意补充磷。

3. 复合处理法 单一使用氨化处理秸秆成本较高，且氨氮损失较大。氢氧化钠处理秸秆具有化学反应速度快、时间短，对秸秆表皮组织和细胞木质素消化障碍消除程度较大，动物采食量和消化率明显提高等优点，但也存在诸如家畜采食后，饮水量、排尿量增加，尿液污染土壤，局部土壤盐碱化等问题。石灰处理秸秆的效果不如氢氧化钠，但来源广，价格低廉。因此，为克服各自存在的弊病，生产中通常采用化学复合处理法，即氢氧化钠（或石灰）与氨混合处理或氢氧化钠与石灰混合处理。

（1）氢氧化钠（或石灰）与氨混合处理 氢氧化钠（或石灰）处理秸秆，消化率提高的幅度较大，但不能增加粗蛋白的含量；氨化处理可提高粗蛋白含量，但消化率提高的幅度较小。为使处理秸秆效果达到最佳，可采用氢氧化钠（或石灰）与氨混合处理，氨源最好用尿素。氢氧化钠（或石灰）和尿素的用量均为干秸秆重的3%左右。处理时秸秆的含水量应调整到35%左右。处理方法、时间、开窖饲喂方法与秸秆氨化法相同。

有研究表明，采用4%尿素处理秸秆，其干物质48h瘤胃消失率提高23.03%，再添加5%的石灰复合处理秸秆，其干物质48h瘤胃消失率提高70.86%。单一的碱化法或是尿素氨化均能提高干物质、ADF和NDF的瘤胃降解率，但如果将两种方法相结合会取得更加明显的效果。

（2）氢氧化钠与石灰混合处理 将切碎的秸秆分层铺装，每层厚20～30cm，分层喷洒由1.5%～2%氢氧化钠和1.5%～2%生石灰配制成的混合液，每100kg干秸秆喷洒80～120kg混合液，压实。经过7～8d后，秸秆堆内的温度达到35～55℃，这时秸秆呈淡绿、浅棕色，并带有新鲜青贮料的气味。此法处理后的秸秆，粗纤维消化率可由40%提高到70%。

（三）碱化秸秆的利用

碱化后的秸秆可直接饲喂家畜，也可压制成颗粒或饼后饲喂。压制成型后，可进一步提高碱化秸秆的消化率，比未压制成型的碱化秸秆提高5%～10%。生产实践中需要注意的是，秸秆经碱化处理后，有很多碱性物质残留在秸秆上，一定程度上影响了秸秆饲料的适口性和采食量。研究表明，动物采食经干碱法处理的秸秆后，在较短的时间内就会使瘤胃液上部的pH超过8，致使动物采食停止，直到pH降到7以下才又恢复采食。用盐酸中和可稳定pH，最好的方法是与青贮饲草或青贮玉米混喂。另外，在饲喂时，应注意搭配一些能量饲料、维生素含量较高的饲料和一些矿物质饲料（主要是Ca、P）。切忌另给家畜补饲食盐，同时要保证家畜的饮水，维持体内生理平衡。

三、秸秆的生物学加工方法

秸秆的生物学加工方法是利用乳酸菌、酵母菌、纤维分解菌、细菌和真菌等微生物和酶对秸秆进行处理的方法，它是在秸秆饲料中接种一定量的特有菌种后进行发酵和酶解作用，使其粗纤维部分降解转化成为动物可消化利用的糖类、脂肪和蛋白质，并起到软化秸秆、改善适口性、提高营养价值和消化利用率作用的一种处理方式。经生物学加工的秸秆，主要用于饲喂猪和育肥牛、羊。

（一）微生物处理

20 世纪 60 年代开始，国内外学者大量的研究表明，在自然界中有许多细菌、真菌和放线菌等都能产生纤维素酶，可以利用天然的木质纤维素类。目前已筛选出的具有降解纤维素作用的细菌种类很多，包括噬纤维菌属（*Cytophage*）、纤维多囊菌（*Polyangium cellulosum*）、生成噬纤维菌属（*Sporocytophaga*）、梭菌属（*Clostridium*）中的热纤梭菌（*Clostridium thermocellum*）等。真菌由于具有较高的胞外酶活性及酶种类较齐全的特点，研究报道较多。已报道的对纤维素作用较强的菌株多是木霉属（*Trichoderma*）、曲霉属（*Aspergillus*）、青霉属（*Penicillium*）、枝顶孢霉属（*Acremonium*）、漆斑霉属（*Myrothecium*）、脉孢霉属（*Neurospora*）、毛壳霉属（*Chaetomium*）的菌株；而胞外内切酶活性较高的类群主要有曲霉属（*Aspergillus*）、根霉属（*Rhizopus*），其中以黑曲霉研究的最为深入，在工业生产上常和木霉属混合使用，以提高纤维素类物质的糖化率。白腐菌是目前自然界中已知降解木质素能力最强的一类真菌。据报道，用于木质素降解研究的白腐真菌主要有：黄孢原毛平革菌（*Phanerochaete chrysosporium*）、拟革盖菌（*Corilopsis gallica*）、彩绒革盖菌（*Coriolus versicolor*）、异担子菌（*Heterobasidion annosum*）、变色栓菌（*Trametes versicolor*）、射脉菌（*Phlebia radiata*）、多孔菌（*Polyporus pinsitus*）、凤尾菇（*Pleurotus pulmonarius*）、朱红密孔菌（*Pycnoporus cinnabarinus*）等。放线菌很少利用纤维素，但它们较易利用半纤维素，并能在一定程度上改变木质素的分子结构，继而分解溶出的木质素。

乳酸菌是可发酵碳水化合物产出乳酸的一类细菌总称，属于厌氧或兼性厌氧菌，具有产酸、耐酸和产抑菌素等特征，为青贮秸秆时发挥作用的主要菌种，因此其被广泛用作微生物饲料添加剂及饲料发酵剂。酵母菌是一种兼性好氧菌，厌氧条件下可进行酒精发酵；酵母菌体自身富含蛋白质，同时能产生纤维素脂肪、氨基酸、维生素等，在秸秆发酵中常与木质素降解菌及纤维素降解菌混合使用，来发酵和糖化饲料，帮助木质素、纤维素的酶解。

秸秆青贮和微贮均属微生物发酵的有效形式，以下就秸秆微贮进行详述。

1. 秸秆微贮的原理和特点 秸秆微贮在密闭的厌氧条件下进行，由于发酵活干菌微生物菌群的作用，秸秆中的纤维素、半纤维素和部分木质素首先被降解为木聚糖、木聚寡糖、木三糖和木糖等，继而又被转化成有机酸，有机酸在秸秆饲料中发生电离，形成大量的氢离子，使秸秆饲料酸化，pH 下降，当 pH 下降到 4.5～5.0，抑制了有害菌和腐败菌的繁殖，从而使微贮秸秆饲料可以长期保存。再有，发酵菌种中的乳酸菌利用秸秆中的可溶性碳水化合物和添加的养分进行酵解生成真菌蛋白、多种游离氨基酸及维生素等，更大程度地提高了秸秆的饲用价值。此外，微贮秸秆还具有如下一些特点。

1）生产成本低，经济收益高。通常处理 1000kg 秸秆仅需 3g 发酵活干菌，而氨化同样多的秸秆则需用尿素 40～50kg。处理效果基本相同的情况下，微贮秸秆可比尿素氨化降低成本 80% 左右。

2）改善适口性，提高采食量。在微生物作用下，秸秆中的纤维素、半纤维素和木质素被酶解，质地变得蓬松、柔软，并具有酸香气味，适口性明显提高，刺激了家畜的食欲，采食量增加 20% 以上。

3）秸秆的营养价值和消化率提高。在微贮过程中，经高效复合活干菌作用后，秸秆中的纤维素和木质素部分被降解，同时纤维素-木质素的复合结构被打破。这样，秸秆能够充分地与反刍动物瘤胃内的微生物相接触，促进了瘤胃微生物的活动，增加了瘤胃微生物蛋白和挥发性脂肪酸的合成量，从而提高了秸秆的营养价值和消化率。

4）操作简便，饲喂方便，无毒副作用。秸秆微贮与青贮、氨化相比，简单易操作。选用菌种和微贮秸秆安全可靠，对人畜无害，可以长期饲喂。

5）不受季节限制，贮存期长。秸秆发酵活干菌处理秸秆的适宜温度为10～40℃，由此，我国北方地区春、夏、秋三季，南方部分地区全年都可以制作秸秆微贮饲料。秸秆经微贮发酵后，能够形成大量的有机酸，这些有机酸具有很强的杀菌抑菌能力，故发酵的微贮秸秆饲料不易发生霉变，可以长期保存。

2. 秸秆微贮设施 制作微贮秸秆大多利用微贮窖进行。其建筑简单，贮料大，成本低，可被各类大、中、小型牧场和一般养殖业所采用，微贮窖可以是地下式或半地下式的，有水泥窖（池）和土窖两种。水泥窖（池）内壁光滑坚固，不易进水漏气，密封性好，经久耐用；土窖的优点是成本低，使用时窖底通常铺一层厚塑料薄膜。从长远考虑，最好用砖和水泥砌成长方形的永久窖。

微贮窖应选在土质坚硬、排水良好、地下水位低、距离畜舍近、便于操作及取用方便的处所。微贮窖最好砌成口大底小的梯形窖，斜度一般以6°～8°为宜，这样可以保证边角处的秸秆被压实，排气效果更好。微贮窖的贮量与秸秆质地、含水量及压实程度有关，一般小麦秸秆微贮料容量250～300kg/m^3、水稻秸秆300～350kg/m^3、玉米秸秆450～500kg/m^3。

3. 秸秆微贮的微生物菌剂 秸秆微贮过程中所选用的微生物菌剂无论是单一菌种，还是混合菌种，其发酵效果均因地域条件、发酵温度、秸秆类型的不同而存在较大差异，国内外学者的研究结果见表5-3。

表5-3 不同菌种发酵秸秆效果研究（刘海燕等，2012）

菌种	秸秆类型	发酵效果
白腐真菌	稻草	木质素的降解率平均可达37.8%
康氏木霉和热带假丝酵母	稻草	粗蛋白增加量（绝干）达到18.9%；粗纤维含量下降14.6%
生化培养剂	稻草	粗蛋白含量提高2.6%～3.4%，粗纤维含量降低10.4%～16.6%
多种菌株双重发酵	花生壳和麦草	粗纤维降解率达46.2%：粗蛋白含量提高16.9%
酵母、白地霉和产纤维素酶菌	稻草	纤维素、半纤维素降解率分别为29.4%、17.6%
青霉、白地霉等	玉米秸秆	粗蛋白含量提高，纤维素、半纤维素降解率由38.2%下降到36.1%
海星牌秸秆发酵活干菌	小麦秸秆和玉米秸秆	粗蛋白含量提高12.4%
秸秆发酵剂	玉米秸秆	粗蛋白含量11%～14%，粗脂肪含量3%～4%，有机酸提高10倍以上，各类消化酶增加4～5倍
乳酸菌和纤维素酶	早籼稻秸秆	NDF和ADF含量分别下降了11.7%和19.8%
乳酸菌	水稻秸秆	改善水稻秸秆青贮的发酵品质，提高饲料的营养价值

此外，由以上各研究得出，复合菌种较单一菌种的发酵效果好。例如，在玉米秸秆中添加一定量的纤维素酶和乳酸菌，既可降解玉米秸秆的纤维素，又可将释放的还原性糖转变为乳酸，抑制腐败菌生长，保持作物的鲜嫩和营养，同时改善适口性、提高消化率。

4. 秸秆微贮方法

（1）制备菌液

1）菌种复活：将 3g 秸秆发酵活干菌溶于 2000mL 水或 1% 白糖溶液中，经充分溶解后，在常温下放置 1～2h 备用。复活菌种的用量，应根据当天所处理秸秆的数量来确定，一般上述菌液可微贮 1000kg 干秸秆。

2）菌液配制：把已经复活好的菌液加入含盐 0.7%～1.0% 的水溶液中，以备喷洒。

（2）切短秸秆　选取新鲜无霉变的秸秆，切短，一般玉米秸秆 2～3cm，小麦秸秆和水稻秸秆 5～6cm。这样易于压实，保证微贮料的质量，微贮窖的利用率相应提高。

（3）装窖　在微贮窖底铺放 20～30cm 厚的秸秆，均匀喷洒菌液，压实，再装 20～30cm 厚的秸秆，再喷洒菌液压实，如此反复。分层压实的主要目的是排出秸秆中的空气，为菌种繁殖创造厌氧条件。此环节中，秸秆的含水量是决定微贮料品质的关键因子。因此，在分层铺放秸秆的过程中，应随时注意检查、调控秸秆的含水量。一般秸秆含水量以 60%～70% 为宜。

（4）封窖　秸秆分层压实直到高出窖口 40～50cm 后，在最上层均匀地撒上一层盐，用量 $250g/m^2$。然后用 0.2～0.5mm 的塑料薄膜覆盖，塑料薄膜应比窖口要大一些，薄膜上加盖干草和泥土，便于密封，周边挖排水沟，防止雨水渗入。

（5）开窖　微贮发酵好后，即可开窖取用。开窖时，应从窖的一端开始，揭开塑料薄膜，由上至下逐段垂直取用。取用完后，用塑料薄膜将窖口封严，尽量避免与大量空气接触，引起二次发酵，使秸秆发生腐烂变质。

5. 秸秆微贮饲料的利用及饲喂效果　微贮发酵时间的长短因气温的不同而存在一定的变化。一般来说，在气温较高的季节微贮 21d 或在气温较低的季节微贮 30d 后，即可开窖饲喂。开窖后首先应进行质量检查，优质的微贮秸秆呈黄褐色，鲜亮而有光泽，具有浓郁的水果香味和醇香味，手感柔软松散，质地湿润，不黏不滑。

秸秆微贮料与其他饲草和精料搭配，主要用于饲喂牛、马、羊等家畜。饲喂时遵循循序渐进、逐步增加用量的原则。

微贮秸秆具有酸香气味，能够刺激家畜的食欲。据报道，牛、羊等动物采食微贮秸秆的速度与未处理秸秆相比，可提高 30%～43%，采食量增加。同时，微贮后秸秆维生素 B_{12} 的含量可达 0.33mg/g，挥发性脂肪酸较未处理秸秆提高 37.5%，这些有机酸是合成动物氨基酸的重要前体。加之在微贮过程中所形成的酶和菌素的作用，秸秆的消化率一般可提高 55%～60%。微贮秸秆用于饲喂生长肉牛，在每日精料添加量 2.5kg 的情况下，其平均日增重可达 1.3kg；用于饲喂奶牛，每日产奶量可提高 0.8～1.0kg。

微生物处理的主要优点是能耗较少、反应条件较为缓和，但是大多数的生物降解木质素存在处理周期较长、转化效率较低的缺点。为促进纤维素分解菌对秸秆的利用效率，可采用蒸汽、酸或碱等对原料进行预处理或添加纤维素酶液进行生物联合处理。

（二）酶水解处理

酶水解处理是使用纤维素酶、半纤维素酶、β-葡聚糖酶等酶制剂，降解秸秆中的纤维素、半纤维素、β-葡聚糖等多糖成分为单糖，从而有效提高秸秆饲料利用率。

生产中针对性地降解秸秆纤维素的复合纤维素酶通常由多种酶组成，而在酶的水解过程中主要由以下 3 种酶发挥作用。

1）纤维素内切酶（EG，endo-1, 4-D-glucanohydrolase），主要作用于低结晶度的纤维素纤维，随机切断β-1, 4-糖苷键，将长链的纤维素分子截短，生成许多非还原性末端的小分子纤维素。

2）纤维素外切酶（CBH，1, 4-β-D-glucancellobiohydrolase），作用于纤维素线状分子末端，产物是纤维二糖。

3）β-葡萄糖苷酶，将纤维二糖、纤维寡糖及可溶性纤维糊精水解成葡萄糖。

此外，一些分解半纤维素的附属酶类，包括葡萄糖苷酸酶、乙酰酯酶、木糖酶、葡甘露聚糖酶等经水解作用，将半纤维素转化为一些糖类物质。研究表明，采用复合纤维素酶处理豌豆秸秆 6h 和 12h 后，秸秆的营养价值显著提高。为提高大豆秸秆的酶解效率，首先对秸秆进行微波预处理，条件为：微波辐射功率 400W，辐射时间 40min，辐射温度 60℃，然后进行超声辅助酶解，7h 后酶解率达到 11.06%，酶解效率显著增加。

第四节　秸秆的饲用加工机械与装备

一、秸秆饲料的切碎与揉搓机械

（一）切碎机械

切碎机械主要是指各种类型的铡草机，主要用来切断稻草、小麦秸秆、玉米秸秆等，具有结构简单、功耗低、生产率高的特点。切碎机械按机型的大小可分为大型、中型和小型。小型切碎机适用于广大农户和小规模饲养户，大型切碎机常用于规模较大的养殖场。按切碎部件的不同分为盘式和筒式铡草机。大中型铡草机一般都为盘式，小型铡草机两者皆有，但以筒式居多。

1. 筒式铡草机　该机由上、下喂入辊，切碎装置，风扇，传动装置和机架等组成（图 5-1）。电机驱动主轴皮带轮转动，进一步驱动下喂入辊，下喂入辊通过齿轮及十字沟槽联轴节驱动上喂入辊。为便于铡切，喂入辊上配有弹簧式夹紧装置。切碎装置由 2～6 片直刃刀片和底刃定刀组成。该机配套动力 2.8～3.0kW 电机，主轴转速 900r/min，生产效率 950kg/h。

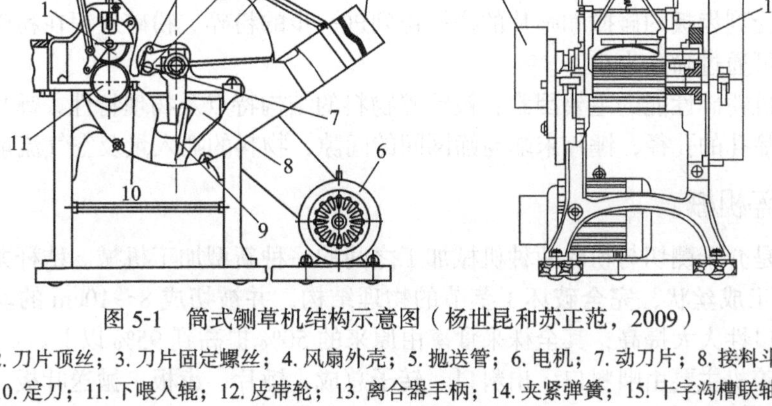

图 5-1　筒式铡草机结构示意图（杨世昆和苏正范，2009）

1. 上喂入辊；2. 刀片顶丝；3. 刀片固定螺丝；4. 风扇外壳；5. 抛送管；6. 电机；7. 动刀片；8. 接料斗；9. 风扇叶片；10. 定刀；11. 下喂入辊；12. 皮带轮；13. 离合器手柄；14. 夹紧弹簧；15. 十字沟槽联轴节

工作原理：工作时，秸秆经由草槽送进喂入辊，上下喂入辊向相反方向转动，将秸秆夹紧，并向切碎滚筒送进。切碎滚筒回转，秸秆被切短成一定长度的小段，后直接利用高速旋转动刀片产生的抛送力或叶轮式抛送装置将物料输出。

2. 盘式铡草机　以 ZC-6.0 型铡草机为例。工作时，链板输送器主动链轮同压草辊做相反方向的回转，草槽中的秸秆不断向喂入辊输送，旋转着的刀盘将秸秆切断，落入蜗壳形的铡切器外壳中或由抛送叶板抛出。

（二）粉碎机械

依照粉碎方式的不同可将粉碎机械分为：锤片式粉碎机、辊式粉碎机和爪齿式粉碎机。其中锤片式粉碎机较为多见。锤片式粉碎机是利用高速旋转的锤片击碎物料的一种机具，具有粉碎效果好、生产效率高等优点。按进料方式不同可将粉碎机分为切向进料式、径向进料式和轴向进料式 3 种，秸秆粉碎通常采用切向进料式。

锤片式粉碎机主要由锤片、筛片、齿板、进料斗和转子等零部件组成（图 5-2）。用于粉碎秸秆的锤片一般由碳素结构钢 65Mn 制造，厚度 5～6mm，各锤片排列方式有 4 种，即螺旋线排列、对称平衡排列、交错排列和交错平衡排列。筛片以圆孔筛应用较多，筛孔直径分为：小孔 1～2mm，中孔 3～4mm，粗孔 5～6mm，大孔 8mm。按配置方式不同又可将筛片分为底筛、环筛和侧筛。齿板由铸铁制成，主要功能是阻碍物料环流层运动，提高粉碎效率。齿板的齿形有人字形、直齿和高齿槽形，齿高一般为 3～6mm。

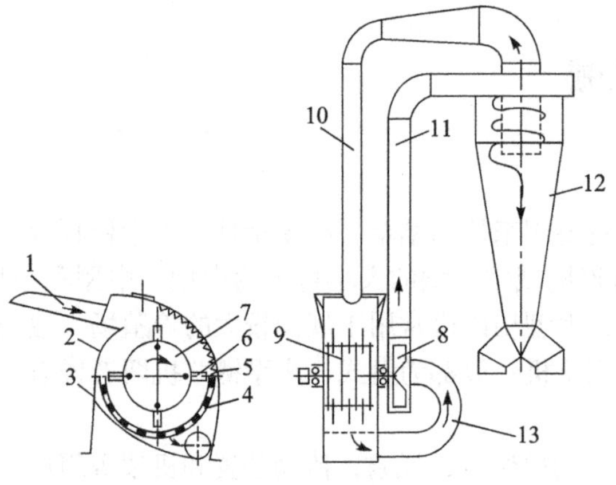

图 5-2　切向进料锤片式粉碎机结构示意图（杨世昆和苏正范，2009）

1. 进料斗；2. 上机体；3. 下机体；4. 筛片；5. 齿板；6. 锤片；7. 转子；8. 风扇；9. 锤架板；10. 回料管；11. 出料管；12. 集料筒；13. 吸料管

作用原理：秸秆由进料口喂入粉碎室，经过锤片的高速旋转打击，从而得到一定程度的粉碎，同时，物料以较高的速度被抛向固定在粉碎室内部的齿板和筛片上，并受到齿板的碰撞和筛片的搓擦得到进一步的粉碎。粉碎过程在粉碎室内重复进行，直到物料可通过筛孔为止。

影响粉碎机粉碎性能的主要因素：被粉碎物料的结构特点及物理特性，锤片的数量、厚度和线速度，筛孔的孔径，锤片末端与筛网间的间隙，物料的喂入量及空气流量等。

（三）揉碎机械

揉碎机械是介于铡切与粉碎两种机械加工之间的一种新型加工机械。秸秆尤其是玉米秸秆经过揉搓加工成丝状，完全破坏了茎节的物理结构，并被切成 8～10cm 的丝条碎段，使牲畜采食的适口性大大提高，其全株采食率由原来的 50% 提高到 95% 以上。

常见的揉碎机主要由喂料口、出料口、转子总成、锤片、齿板、抛送叶板、安全罩和传动装置等组成（图 5-3）。

揉碎机作业时，秸秆通过喂料口在锤片及空气流的作用下进入揉搓室，直径为400mm的转子高速旋转（2856r/min），带动4组16个锤片不断撞击喂入的秸秆，同时机器凹板上装有变齿高斜齿板和6片定刀，斜齿呈螺旋线走向，从而保证了秸秆在被锤片和斜齿板撞击后产生轴向运动，促使秸秆碎段经过隔板空缺部分流向机器的抛送室，然后由风扇叶片将秸秆由出料口抛出机外。

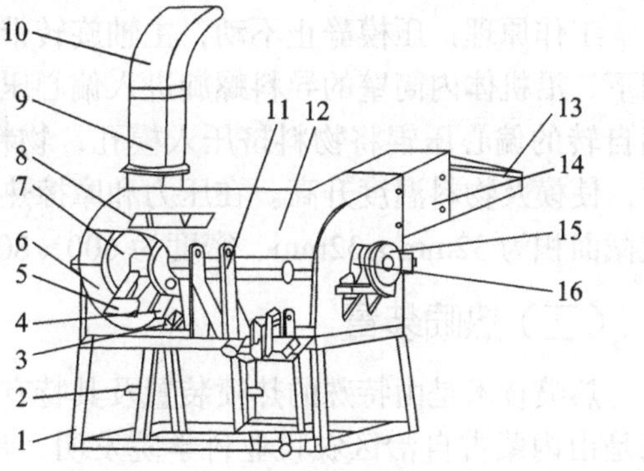

图 5-3　揉碎机结构示意图（杨世昆和苏正范，2009）

1. 机架；2. 下悬挂点；3. 齿板；4. 锤片；5. 抛送叶板；6. 下机体；7. 转子总成；8. 气流调节导板；9. 出料直管；10. 出料导向管；11. 上悬挂点；12. 上机体；13. 喂料口；14. 安全罩；15. 皮带轮；16. 轴承座

二、秸秆饲料热压加工设备

（一）压块机

压块机可将含水率10%～18%的秸秆（包括经过化学处理的秸秆）压制成高密度饼块，其压缩比可达1/5～1/15，大大减少了运输与储存空间。该类机具以环模式小截面压块机发展较快。

环模式小截面压块机主要由喂料搅龙、压块机构、传动部件、驱动电机、喂料口、安全销和机体等组成（图 5-4）。压块机的关键部件是压块机构，主要由压模和压辊组成。目前，普遍使用的是组合式压模，即将加工精度较高的若干组压模模块组合在一起。为增加与物料的摩擦，压辊外表面通常加工成齿槽形状。

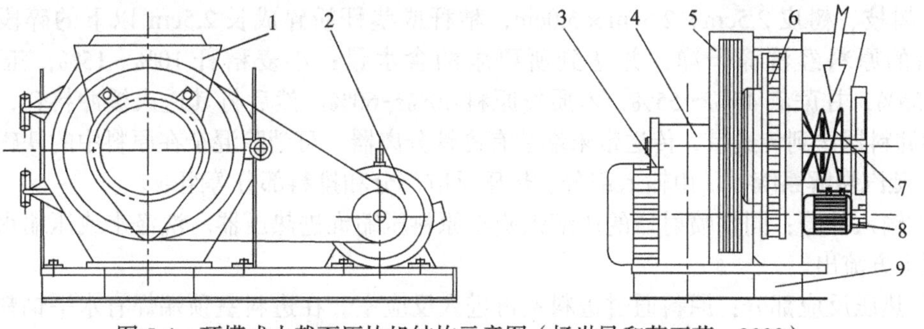

图 5-4　环模式小截面压块机结构示意图（杨世昆和苏正范，2009）

1. 喂料口；2. 驱动电机；3. 安全销；4. 机壳；5. 传动部件；6. 压块机构；7. 喂料搅龙；8. 喂料电机；9. 机座

以黑龙江省农业机械工程科学研究院与黑龙江省畜牧机械化研究所合作设计研发的9KLP-380型秸秆饲料压块机为例。该机主要由传动部分、主轴、压辊支架、压辊、平模、料斗、集料箱、润滑系统等组成。主要结构参数：压模直径 Φ=450mm，厚200mm，孔面积32mm×32mm，孔中心轴直径 Φ=358mm，两辊中心距 L=358mm。压辊直径 Φ=195mm。主轴直径 Φ=100mm，主轴轴承型号9069420。压辊轴直径 d=65mm，压辊轴轴承为单列圆锥滚子轴承7214两列。

工作原理：压模静止不动，主轴旋转带动压辊支架转动，物料在旋转主轴喂料刮刀的作用下，沿机体内筒壁的导料螺旋进入偏心压辊和环模间的压制区，由沿环模内沟槽公转和摩擦自转的偏心压辊将物料挤压入模孔，物料在模孔中被连续推压，物料与模壁摩擦产生热量，使模及物料温度升高。在压力和摩擦热的双重作用下物料在模内成型并被推出模外，形成截面积为 32mm × 32mm、密度为 600～800kg/m^3 的秸秆块。

（二）热喷装置

热喷技术是由特殊的热喷装置及其特有工艺流程来完成的。目前，国内生产的饲料热喷机是由内蒙古自治区农牧业科学院发明、呼和浩特市锅炉厂生产的热喷 6 型秸秆饲料加工机，实际上就是一种间歇式气流膨化机。

热喷 6 型饲料加工机由一台 DEGQ25-20-A 型蒸汽锅炉、一台热喷压力罐、一台泄放罐及其他锅炉附属设备组成。

原料经铡草机切碎，装入贮料罐，经进料漏斗，被分批装入安装在地下的压力罐。将其密封后通入 0.5～1.0MPa 的低中压蒸汽（蒸汽由锅炉提供并由进气阀控制），维持一段时间（1～30min）后，控制排料阀，进行减压喷放，秸秆经排料管进入泄力罐，喷放出的秸秆可直接饲喂或压制成型。

（三）高压蒸汽裂解装置

该工艺是把各种农林副产物（如农作物秸秆、树枝、刨花皮等）和各种牧草，置于热压器内，器内通入高压蒸汽，使物料连续发生蒸汽裂解，破坏纤维素-木质素的紧密结构，将纤维素、半纤维素分离出来，便于牛、羊消化吸收。这种工艺是目前世界上唯一不用化学物质来完成上述反应的一种新工艺。

该工艺使用的设备包括下述 6 个系统。

1. 原料预处理系统　由破碎机和带式传送机组成。用破碎机将原料破碎成所要求的尺寸：树枝、树皮 2.5cm × 2.5cm × 5.0cm，秸秆或茎秆粉碎成长 2.5cm 以下的碎段（片）。破碎后的原料经洗涤干净，并达到所要求的含水量：小麦秸秆 10%～15%，玉米秸秆 45%～55%，甘蔗渣 45%～55%，木质类原料 40%～60%。然后将其送入缓冲料仓，再由两个螺旋卸料器送到传送带，传送带末端装有磁铁分离器，可消除混杂在原料中的铁磁杂质。

2. 蒸汽裂解系统　由输入部分、热压反应部分和排料部分等组成。

1）输入部分：同轴喷射器的压缩螺旋将原料压缩推进热压器。洗涤水或压缩水从同轴喷射器下方流出。

2）热压反应部分：原料通过进料室再进入反应室。在进料室顶端焊有水平饲料管，与反应室构成一体。在同轴喷射器的上方有圆锥形的冲子。被压紧的原料被冲子破碎变松，便于蒸汽的浸润。

3）排料部分：原料被排料螺旋输送器推入排料口。排料口是一个旋转的球形阀。原料通过球阀时，在排料口紊流和压差的作用下，物料急剧膨胀和脱水，变得膨化松软。然后由排料管把产品卸入膨胀罐，使产品和蒸汽分开。

3. 混合系统　由混合机和尿素添加装置组成。传送装置将经过裂解的、潮湿的产品送入混合机，由液体添加系统将尿素溶液按要求比例喷入混合机，与裂解物料充分混合。

4. 干燥系统　干燥器是一个管式通道，并带有旋转干燥筒、刮板、传动装置、燃烧器及气动吹风系统。

5. 制粒冷却系统　产品从混合机排出后进入制粒机制成颗粒饲料。粒料用输送器运送到卧式颗粒冷却器冷却。

6. 成品装袋系统　散装成品经输送机送入贮存仓。袋装成品经输送器、提升机至分级筛。筛分后的粒料送入贮存仓，经称重、打包及缝口机称重打包后送入成品仓。

三、碱化处理工艺与设备

（一）碱液容器撒布处理装置

该装置最先在日本使用，由处理器、撒布设备、碱液贮存器3部分组成。电机为0.4kW，液泵流量为0.11m³/min，扬程为7m，处理器尺寸为1m×0.9m×1.2m，碱液贮存器容积为0.26m³，多孔板由不锈钢板制成，其上的孔径为2mm，孔距为4 mm。处理时将秸秆切成3～10mm的碎段充填于处理器内。碱液贮存器内装有浓度为1%～2%的NaOH溶液，溶液经液泵打入撒布管，喷洒在容器内的秸秆上，经一定时间即可获得pH为7.9～10.3的碱化秸秆。

（二）碱液“擦掺”工艺

该工艺是由丹麦JF和荷兰Taarup厂商共同完善起来的，它是一种干法生产，利用温度、压力、时间和机械“擦掺”作用（或称为“强力拌和”原理），将高浓度碱液擦至秸秆表面，经堆放制得成品，此工艺强化了碱化反应的效果。碱化秸秆在仓库堆放过程中有化学后效应作用。刚入库堆放的碱化秸秆可消化率仅为可能增加的60%，堆放1～2d后其温度可达30～60℃，3d后，消化率达到最高值，氢氧化钠残留量降到最低，此时可喂饲家畜。

四、秸秆打捆裹包青贮

目前，该技术所用的加工设备主要有青贮圆捆机和青贮方捆机两种类型。以YKJ5552型青贮圆捆机为例，主要构造包括盘架机构、牵引拖动机构、拾料机构、主传动机构、绕线捆扎机构、安全防护罩等。

工作原理：采用皮带传送，开机后揉搓或切碎的秸秆由人工匀速送入打捆机的工作仓，主传动机构开始工作，壁板下端的输入主轴及主轴两侧的链轮带动草料一起旋转。当信号轮已随机转动时，应停止进料，扳动绕线捆扎机构中的送线离合手柄，绕线捆扎机构开始自动捆扎。当捆扎完毕，线绳被切断后，表明秸秆的成捆、压实、成型工作已完成，即可扳动开仓手柄，开仓、出捆。

思考题

1. 影响秸秆化学组成的因素有哪些？
2. 限制秸秆利用的因素有哪些？
3. 秸秆的物理加工方法有哪些？
4. 秸秆的化学加工方法有哪些？
5. 秸秆的生物学加工方法有哪些？
6. 简述物理、化学、生物复合处理秸秆的原理。

第六章　木本饲料加工贮藏

【内容提要】 木本饲料资源的饲用加工分类；乔木、灌木资源的饲用加工研究；木材加工副产品的加工；木本饲料的饲喂方法。

【教学目标】 了解木本饲料的种类及加工利用现状；掌握木本饲料的加工贮藏利用途径及饲喂方法。

第一节　概　述

木本饲料是指具有饲用价值的木本植物的幼嫩枝叶、花、果实、种子及其副产品，既可直接放牧利用，又可采集、刈割、加工后利用，国际上称为 wood grass 或 woody forage。我国的木本饲用植物资源丰富，以乔木的种类最多，其次是灌木、半灌木和竹类，可开发的前景广阔。在生物技术领域不断创新的情况下，国内外研究人员及生产者针对木本饲料在科研、生产、加工和应用等方面取得了前所未有的成果。合理地利用和开发木本饲料及其植物资源的综合效益，对发展畜牧业、改善人们生活水平及生态环境等具有重要意义。

一、我国木本饲料资源

（一）种类繁多

我国的木本植物有 8000 余种，其中可以用作木本饲料的有 1000 余种，是世界上木本饲用植物资源最丰富的国家之一。各地由于地理环境、气候条件不同，其木本饲用植物资源的种类和数量也不尽相同。例如，青海省有 53 科 128 属 509 种，其中蔷薇科、藜科、豆科、菊科在数量上为主体；新疆维吾尔自治区约有 15 科 54 属 210 种，其中品质较好的为梭梭、白梭梭、沙拐枣、木本黄芪、灌木黄芪、驼绒藜、新疆绢蒿、锦鸡儿属、蔷薇属、樟味藜、盐生桦和盐豆木等木本饲用植物；贵州省有木本植物 2306 种，包括针叶乔木类的马尾松，阔叶乔木类的刺槐、槐树、构树、桑树、柘木、泡桐、肥牛树、银合欢、羊蹄甲等，竹类的箭竹、刺刚竹等，灌木类的白刺花、胡枝子、锦鸡儿、山蚂蟥等，木质藤本植物的黎豆及葛属植物等；海南省的木本饲用植物种类也较多，据刘国道和罗丽娟（1998）统计，一共有 45 科 97 属 189 种，包括阔叶乔木 25 科 56 属 122 种（如枫香、面包果、大叶相思、红花天料木等），阔叶灌木 20 科 41 属 66 种，以及少量针叶乔木；内蒙古自治区木本饲用植物有 19 科 127 种；河西走廊东部（主要包括武威、金昌 2 市 6 个县区）木本饲用植物共有 27 科 66 属 238 种；其他各省份也拥有丰富的资源。

（二）品质优良

我国木本饲用植物不但种类繁多，而且品质优良，营养丰富。张清斌等（1996）测定了新疆 28 种木本饲用植物的营养成分含量，其中粗蛋白含量较高的是盐豆木、新疆绢蒿、大沙枣、木本猪毛菜和沙拐枣树叶，分别达 11.2%、13.5%、20.6%、14.7% 和 12.3%。万国栋（2004）测定了河西走廊东部 17 种木本饲用植物的营养成分，指出其中大部分的粗蛋白含量大于 10%，粗纤维含量较低，可与禾本科牧草相媲美。孙建昌等（2006）对贵州 36 种木本饲用植物进行了分析后，同样认为木本饲用植物具有丰富的营养成分，刺槐、紫穗槐、槐树、白花刺、槐蓝、构树、泡桐、羊蹄甲等树种的树叶粗蛋白含量超过了 20%，而粗纤维含量除羊蹄甲达到 29% 外，其余树种均在 20% 以下。刘国道和罗丽娟（1998）对海南 35 种阔叶乔木的叶、嫩梢等部分进行了分析，其营养成分分别为粗蛋白 14.8%、粗脂肪 6.4%、粗纤维 20.9%、无氮浸出物 50.6%、粗灰分 7.2%、钙 1.02%、磷 0.30%。由此可见，木本植物饲料的营养成分含量达到或超过禾本科牧草。其中部分甚至可与常用的苜蓿干草并驾齐驱，这为畜牧业选择、利用当地木本饲用植物资源提供了有力的科学依据。

（三）蕴藏量大

根据我国森林面积、活立木总蓄积量和采伐情况进行估算：每年树叶产量达 5 亿 t 以上；按生物学测定，树叶占全树重量的 5% 左右，其中针叶林面积约 7000 万 hm^2，每公顷可产松针 3t，全国针叶林年产松针 2.1 亿 t；阔叶林面积约 6500 万 hm^2，枝叶繁茂，产叶量大，平均每公顷产叶量可达 4.1t，全国阔叶林年产叶量可达 2.7 亿 t；具有较高饲用价值的各种树籽约 100 万 t，其营养价值相当于饲料粮，以橡子为例，其淀粉含量丰富，达 50%～60%，可作为能量饲料；维生素 B_2 含量特别高，达粮食的 7～10 倍。我国的木本饲用植物资源丰富，发展潜力大，如果其产量的 1/5 用作饲料，就相当于目前全国饲料用粮的 3 倍，是畜禽饲料的宝库。

二、木本饲用植物资源的分类

根据植物种类，木本饲用植物资源大致分为松针类、阔叶嫩枝类、灌木类、加工副产品类、籽实类；根据利用部位，可分为树皮类、树汁类、树叶类、树根类、木屑类；根据植物外貌特征，可大致分为针叶乔木、阔叶乔木、竹类、灌木、半灌木及小半灌木。

（一）针叶乔木饲用植物资源

我国针叶乔木饲用植物北起寒温带大兴安岭，南至海南岛，从东部平原到西部的高原山地都有分布。其中以东北和西南山地分布最广，其次是西北山地和南方的丘陵山地，各地还有一定数量的人工针叶林。其中有饲用价值的针叶乔木有 6 科 3 属 200 余种，主要有松属、落叶松属、云杉属、冷杉属、柏木属。

（二）阔叶乔木饲用植物资源

我国阔叶乔木饲用植物主要分布在湿润、半湿润和热带雨林等地带的丘陵山地，干旱和半干旱地带水分条件较好地区及灌丛草地。其种类丰富，包括杨柳科、豆科和一些果树。杨柳科的有小叶杨、胡杨、加拿大杨、毛白杨、旱柳、垂柳和沙柳；豆科的有柠条、紫穗槐、刺槐、胡枝子、羊柴、银合欢、合欢和山合欢等；还有一些果树，如苹果树、梨树、杏树、柿树、柑橘树及山楂树、构树、泡桐、梧桐和木槿等。

（三）灌木、半灌木饲用植物资源

灌木类饲用植物根据株高和叶形，分为小叶灌木、宽叶灌木、肉质叶灌木、无叶灌木、鳞叶灌木、针叶灌木和中灌木，从温带到热带，从低平地到海拔 5000m 以下的高山均有分布。国际上，干旱草原治理中最有前途的改良方向是建立包括灌木、半灌木和草本的，能综合利用（饲料、燃料、经济价值）的高产农业植物群落。世界上一些经济发达的国家都把灌丛草地资源看作“绿色黄金”“立国之本”。半灌木类饲用植物可分为蒿类、盐柴类、多汁盐柴类、宽叶和垫状半灌木。其中以旱生或超旱生植物尤其重要，其种类较多，分布较广，饲用价值大，在西部干旱区常以建群种或优势种出现。胡枝子属、锦鸡儿属及南方有刺灌丛是较重要的类群；其中，锦鸡儿属植物我国有 72 种，是干旱草原、荒漠草原以至荒漠上良好的饲用、药用及水土保持植物。我国的灌丛植被主要类型有热带、亚热带灌丛，温带灌丛，高山、亚高山灌丛，温带灌木-半灌木荒漠，热带、亚热带旱生灌丛。

（四）竹类饲用植物资源

竹类分布南起海南岛，北至黄河流域，东起台湾，西至西藏聂拉木地区，但以长江流域以南的湿润地区分布较广，尤以热带、亚热带地区种类丰富，多分布在各地的丘陵山地或河谷地带。目前已知可供饲用的竹类植物约 19 属 41 种，如箣竹、刺刚竹等。

三、木本饲料的饲用加工分类

木本饲料具有很高的价值，蛋白质、脂肪、微生物、矿物质等含量较高，一些木本饲料还富含氨基酸、糖等。特别是豆科木本饲料植物，其蛋白质含量非常高，被称为“饲料之王”。不同的木本饲料植物，其含营养物质有差异，其饲喂方式不同，有些可以直接用其枝、叶等进行饲喂或供家畜采食。但很多木本饲料需要进行加工后作为添加饲料进行利用。新型的木本饲料加工工艺主要包括：青贮、微贮发酵、叶粉、糖化、膨化和生产水解酵母。木本饲料经过不同方法加工后作为饲料进行饲喂，其效果会有所不同。

木本饲料的利用可以分为乔木松针叶饲料、乔木阔叶树嫩枝叶饲料、灌木饲料及加工副产品饲料（刨花、木屑）等。乔木松针叶饲料饲喂家禽及牲畜效果较好，有研究表明，家禽饲料中添加 0.02%～0.05% 的松针叶粉活性物质，肉鸡增重 8%；添加 5% 的松针叶粉，维生素添加剂节约 50%，成本下降 3%；猪饲料中添加 3%～5% 松针叶粉，增重 15%～30%，并明显增加瘦肉率。乔木阔叶树嫩枝叶饲料饲喂兔子和蛋鸡增产效果显著，有研究表明，用槐叶粉代替 50% 苜蓿粉制成颗粒饲料饲养兔子，不仅对兔子质量增加有显著影响，还降低 10% 的成本。用刺槐叶和构树叶饲养猪，试验组比对照组平均增重超过 20%。在生产期的猪，用桑叶取代 15% 的商业精饲料，日增重由 680g 增加到 759g。以桑叶喂养安哥拉兔，压缩饲料的摄取量可减少 40%，大大节省了饲料成本。在蛋鸡饲料中加入桑叶粉，使蛋黄颜色更佳，鸡蛋更大，产量更高。灌木饲料青贮后品质大幅度提高，研究表明，以沙棘嫩枝叶为材料，进行青贮发酵，青贮后蛋白质含量较原来提高 25%，钙、磷等矿质元素有所增加，保持了原有水分，并降低了粗纤维含量，感官指标评价为优级。柠条作为奶牛日粮的组成部分，取代部分粗饲料（玉米秸秆黄干贮），发现饲喂泌乳牛的产奶量、乳脂肪含量、乳蛋白含量、乳糖含量及乳干物质含量均略高于对照组。实验发现，柠条氨化处理后粗蛋白含量提高 5.92%，粗纤维含量降低 0.9%，木质素含量降低 0.51%。无氮浸出物含量降低 2.75%。而其他研究发现，柠条经过机械粉碎混合其他原料制成颗粒后，其利用率可提高 10%～20%。另外，加工副产品饲料饲喂牛的效果较好，水解糖化的饲料酵母粗饲料中加入 30% 的大豆粉喂牛，产奶量提高 10%；在玉米、大麦的配合饲料中加入 14%～50% 的处理锯末，可以代替干草喂牛，增重效果相同。

四、木本饲料的综合开发利用研究现状

木本饲料植物的特点之一是其具有综合开发利用价值。我国林业已从单一木材生产向以生态建设为主体，多目标培育、多功能利用的方向转变。木本饲料植物具有多重功能，首先是水土保持功能、饲用功能、木材利用功能及其他功能，具有生态效益、社会效益和经济效益兼顾的特点。随着畜牧业的发展，草本饲料的紧张，木本饲料越来越受重视，对其有关的研究也越来越多。郭绍祖等（1988）研究表明，沙棘、柠条等水土保持植物既可作配合饲料的原料，也可直接作饲料。孙浩峰（1998）的研究表明，华北驼绒藜枝叶繁茂，有效截流降雨，且根系发达，具有良好的水土保持功能，且是优良的木本饲料。桑树有多种功能，是饲料植物、药用植物，且桑树的根垂直分布最深可达 4m 多，有汲水储水功能良好的根系网络，有极强的遏制风沙、保持水土的能力，在生态建设中具有重要作用。构树也具有多种功能，树叶是良好的家畜饲料，且其水土保持效果好，抗污染能力强，耐烟尘污染，对二氧化硫、氯气具有较强抗性，由于叶子表面粗糙，对尘埃吸附性好。

为了更好地综合开发利用这些木本饲料植物资源，研究人员对其新品种的引进、杂交培育、适应性实验，以及饲用林营造的技术、管理措施等进行更加深入的研究。总之，发展木本饲料，开发木本饲料植物资源，对于发展林业非木质资源具有重要意义，能够优化我国饲料结构，充分发挥我国的饲料资源，能有效解决林粮争地与林牧争地问题，带动生态养殖业的发展，加快贫困山区的发展。发挥木本饲料植物的综合效益，还能起到快速恢复、固土保水、美化环境、保护生态平衡的生态效益，以及调整农村经济结构、人们生活方式的社会效益。

五、木本饲料发展战略

（一）因地制宜，大力发展饲料林，增加木本饲用植物资源

国际上天然草地或耕地与树间作已形成草地农业的传统模式。凡能栽种乔木林的地方，更适宜灌木林和牧草，要实行混播、混栽，人工形成乔灌草“双层”草地、“三层”草地、“空中牧场”。水热条件差、土壤有机质含量低的难利用地可以发展灌木。

（二）发挥木本饲用植物资源利用的综合效益

发展和利用木本饲用植物，其目的并非局限于饲料应用，而在于其综合利用价值。木本饲料林带通过降低风速、再分配降水来改善附近的土壤水分与空气湿度，从而提高周边牧草的营养价值和产量。因此要针对不同土地用途，发展饲料林，改善生存环境。

（三）加强对木本饲料的科学研究，工业化生产配合饲料，形成木本饲料产业

愈是全价饲料，饲料到畜产品的转化率就愈高。正常经营条件下，饲料费用占整个成本的 70% 左右，因此木本饲料应走配合饲料之路。这就要求在生产实践中充分利用木本饲用植物萌芽力强的生物学特性，科学安排轮伐期与合理规定采伐量相配合，加强对木本饲料的

采集、加工中提高利用率及草粉、膨化饲料、配合饲料等生产技术的科学研究，运用生物工程技术，逐步转变畜牧业生产的粗放经营为集约化经营。

（四）加强木本饲用植物资源的引种驯化

我国先后从国外引进和驯化木本饲用植物近百种，已筛选培育出银合欢、刺槐、柠条、胡枝子等供生产上栽培。我国在广东、广西、海南及福建等地引种栽培‘萨尔瓦多’型银合欢，面积约700hm^2；在亚热带和热带各省份尚有灌木型野生种分布，应加强木本饲用植物资源的引种驯化。

第二节　乔木资源的饲用加工

我国乔木饲用植物资源充沛，南北方广泛分布，但乔木资源饲用时以加工利用树叶为主，多数乔木树叶营养丰富，经过加工调制后，不仅能作家畜的维持饲料，还可以作为家畜的生产饲料。乔木饲用资源按照树叶类型大致可以分为针叶型和阔叶型两大类。

一、乔木树叶的饲用价值

（一）乔木树种

乔木树叶的营养成分因乔木树种而异（表6-1），有的树种，如榆树、构树等叶子中粗蛋白含量较高，按干物质量计，均在20%以上，还含有组成蛋白质的18种氨基酸，如松针（表6-2）。而构树、槐树、柳树、梨树、桃树、枣树等树叶的有机物质含量、消化率、能值较高，对猪的消化能值达8.36MJ/kg DM以上，对鸡的代谢能值达6.27MJ/kg DM。树叶中维生素含量很高，据分析，柳树、桦树、榛树、赤杨树等青叶中，胡萝卜素含量为110～132mg/kg，紫穗槐青干叶中胡萝卜素含量可达270mg/kg，针叶中的胡萝卜素含量高达197～344mg/kg。此外，树叶中还含有大量的维生素C、维生素E、维生素D、维生素K和维生素B_1等；松针粉含有家畜所需的矿质元素（表6-3）。有的树叶含有激素，能刺激畜禽的生长，或含有抑制病原菌的杀菌素等。

表6-1　几种树叶的营养成分含量（占干物质%）

营养成分	粗蛋白	粗脂肪	粗纤维	无氮浸出物	粗灰分	钙	磷	备注
松针	12.1	11.0	27.1	46.8	3.0	1.10	0.19	
紫穗槐叶	11.5	10.1	11.7	49.1	6.6	0.18	0.94	
杨树叶	22.7	3.2	12.4	54.4	7.3	1.21	0.18	
柳树叶	15.6	6.0	12.9	55.9	9.6	1.10	0.21	
榆树叶	22.4	2.5	17.3	50.2	7.6	0.97	0.17	均为鲜叶
构树叶	22.8	6.2	13.4	41.6	16.0	2.44	0.46	
合欢叶	25.8	6.4	20.9	39.2	7.7	—	—	
杏树叶	10.1	5.2	8.2	66.3	10.2	—	—	
桑叶	14.4	13.0	22.9	32.9	16.8	2.29	3.00	

表 6-2　松针中氨基酸含量（%）

氨基酸	甲硫氨酸	甘氨酸	色氨酸	苏氨酸	丝氨酸	谷氨酸	甘氨酸	丙氨酸	缬氨酸	亮氨酸	酪氨酸	苯丙氨酸	异亮氨酸	组氨酸	精氨酸	脯氨酸	胱氨酸	天冬氨酸
含量	0.07	0.97	0.08	0.29	0.31	0.72	0.31	0.39	0.36	0.57	0.35	0.47	0.37	0.14	0.39	0.34	0.12	0.61

表 6-3　松针中矿质元素含量（%）

矿质元素	K	Na	Ca	P	Me	Fe	Cu	Mn	Z	Co	Se
含量	0.46	0.03	0.54	0.08	0.44	0.03	4.00	0.02	0.004	0.58	0.06

（二）生长期

生长着的鲜嫩叶营养价值高；青落叶次之，可用于饲喂反刍家畜，还适宜饲喂单胃家畜和家禽；而枯黄叶最差，仅可勉强饲喂反刍家畜。

（三）乔木树叶中所含的某些特殊成分

有些树叶营养成分含量较高，但因含有一些特殊成分，饲用价值降低。例如，有的树叶含有单宁（tannin，也称为鞣酸，tannic acid），具苦涩味，如核桃、山桃、橡、李、柿、毛白杨等树种，必须经加工调制后再饲喂。有的树种到秋季叶片中单宁含量增加，如栎树、栗树、柏树等树叶，到秋季单宁含量达 3%，有的高达 5%～8%，应提前采摘饲喂或少量配合饲喂，少量饲喂还可起到收敛胃的作用。有的树叶有剧毒，如夹竹桃等，不能饲喂家畜。

二、乔木树叶的采收

采收方法及采收时间对树叶的营养成分影响较大。采集树叶应在不影响树木正常生长的前提下进行，切不可折枝毁树破坏绿化。

（一）采收方法

1. 青刈法　适宜分枝多、生长快、再生力强的灌木，如紫穗槐、橡子树等。

2. 分期采收法　对生长繁茂的树木，如洋槐、榆树、柳树、桑树等，可分期采收下部的嫩枝、树叶。

3. 落叶采集法　适宜落叶乔木，特别是高大不便采摘的或不宜提前采摘的树叶，如杨树叶。

4. 剪枝法　对需适时剪枝的树种或耐剪枝的树种，特别是道路两边的树和各种果树，可采用剪枝法。

（二）采收时间

树叶的采收时间因树种而异，下面介绍几种代表性树种采集树叶的时间。

1. 松针　在春秋季节松针含松脂率较低的时期采集。

2. 紫穗槐、洋槐叶　北方地区一般在 7 月底至 8 月初采集，最迟不要超过 9 月上旬。

3. 杨树叶　在秋末刚刚落叶即开始收集，而不能等落叶变枯黄再收集；还可以收集修枝时的叶子。

4. 枯树叶　在秋末冬初，结合修剪整枝，采集枯叶和嫩枝。

三、针叶乔木的加工利用

（一）针叶粉（也称维生素粉）

1. 饲用价值　针叶粉含有一定量的蛋白质和较高的维生素，尤其是胡萝卜素含量很高（表6-4），对畜禽的生长、生产有明显的促进作用，并能增强畜禽的抗病力，提高饲料的利用率。据报道，在饲料中添加针叶粉喂鸡，产蛋率可提高13.8%；并能提高蛋黄的色泽，雏鸡的成活率从68%提高到75%，每只鸡在整个生长期内节省饲料1.25kg；喂猪增重率比对照组提高15%以上，每增重1kg可节约饲料0.11kg，且猪的毛皮光亮红润，瘦肉率增高；喂奶牛，产奶量可提高7.4%，牛奶的味道正常。另外，在饲料中添加针叶粉，可替代50%以上"多维"，有利于降低饲料成本。

表6-4　松针粉的营养成分

营养成分	水分	粗蛋白/%	粗脂肪/%	粗纤维/%	无氮浸出物/%	粗灰分/%	钙/%	磷/%	胡萝卜素/(mg/kg)	维生素C/(mg/kg)	维生素B_1/(mg/kg)	维生素B_2/(mg/kg)
含量	10.68	9.84	7.62	26.84	42.02	3.00	0.39	0.05	291.87	522	3.8	17.2

2. 针叶粉的生产工艺

（1）*原料的贮运*　针叶采集后要保持其新鲜状态，含水量为40%～50%。原料贮存时要求通风良好，不能日晒雨淋，采收到的原料应及时运至加工场地，一般从采集到加工不能超过3d，以保证产品质量。

（2）*脱叶*　对树枝上的针叶应进行脱叶处理。脱叶分手工脱叶和机械脱叶（JQ-1-560型脱叶机）。手工脱下的针叶含水量一般为65%左右，杂质含量（主要是指枝条）不超过35%；机械脱下的针叶含水量为55%左右，杂质含量不超过45%。

（3）*切碎*　用切碎机将针叶切成3～4cm，以破坏针叶表面的蜡质层，加快干燥速度。

（4）*干燥*　可采用自然阴干或烘干。烘干温度为90℃，时间20min，也可利用工厂余热烘干。干燥后应使针叶的含水量从40%～50%降到20%，以便粉碎加工和成品的贮存运输。

（5）*粉碎*　用粉碎机将针叶加工成2mm左右的针叶粉，针叶粉的含水量应低于12.5%。

生产针叶粉的主要设备有：JQ-1-560型脱叶机，QJ-1-390型切碎机，SG-厢式干燥机，FS-500型粉碎机。

3. 针叶粉的贮存　针叶粉要用棕色的塑料袋或麻袋包装，防止阳光中紫外线对叶绿素和维生素的破坏。另外，贮存场所应保持清洁、干燥、通风，以防吸湿结块。在良好的贮存条件下，针叶粉可保存2～6个月。

4. 质量标准　针叶粉的外观为浅绿色，有针叶香味。目前，在我国评定针叶粉的质量，主要借鉴的是中华人民共和国林业行业标准（表6-5）。

表 6-5　中华人民共和国林业行业标准（%）

指标		粗蛋白	粗纤维	水分	消化率	粉末粒度（在孔径 1mm 筛上残留物料）
级别	特级	7	30	10	35	4
	一级	6	33	11	33	5
	二级	5	35	12	30	6

5. 饲喂

1）饲喂方法：针叶粉作为添加饲料适用于各类畜禽，可直接饲喂或添加到配合饲料和混合饲料中。针叶粉应周期性地饲用，连续饲喂 15～20d，然后间断 7～10d，以免影响畜产品质量。

2）饲喂量：松针粉中含有松脂气味和挥发性物质，在畜禽饲料中的添加量不宜过高。一般在猪饲料中的添加量为 5%～8%，肉鸡为 3%，蛋鸡和种鸡为 5%，鸭和鹅为 10%，牛和羊为 10%～15%。

（二）针叶浸出液

饲喂针叶浸出液，不仅能促进畜禽的生长和生产，还能降低羊的支气管炎和肺炎的发病率，增加食欲和抗病能力。所以，针叶浸出液又称为保健剂。

1. 浸出液的制作　将针叶粉碎，放入桶内，加入 70～80℃的温水（针叶与水的比例为 1∶10）。搅拌后盖严，在室温下放置 3～4h，便得到有苦涩味的浸出液。

2. 饲喂　针叶浸出液可供家畜饮用，也可与精料、干草或秸秆混合后饲喂。家畜对浸出液有一个适应过程，开始应少量，然后逐渐加大到所要求的量。一般牛、马日给饲量 5～6L，成年猪和羊 2～3L，幼畜 0.25～1L（按日龄由 0.25L 增加到 1L）。

（三）针叶浓缩物

针叶浓缩物也称为针叶维生素-蛋白质浓缩物。要求制得浓缩物的含水量不得超过 12.5%，以利于存放。针叶浓缩物为浅灰绿色，其营养价值很高（表 6-6），是畜禽重要的蛋白质、维生素饲料，可进行工厂化生产。针叶浓缩物的提取率为针叶绝干物质的 10%。

表 6-6　针叶浓缩物的营养成分含量（占风干物质）

营养成分	干物质/%	粗蛋白/%	粗脂肪/%	粗纤维/%	胡萝卜素/（mg/kg）	钙/%	磷/%	甲硫氨酸/%	赖氨酸/%	色氨酸/%
含量	89.2	55.0	11.8	12.2	210	1.3	0.7	0.9	3.9	0.8

此外，针叶也可不经加工，连同嫩枝一同直接饲喂，牛、羊、鹿和猪也很喜食。

四、阔叶乔木的加工利用

（一）基本利用方式与途径

1. 糖化发酵　将树叶粉碎，掺入一定量的谷物粉，用 40～50℃温水搅拌均匀后，压实，堆积发酵 3～7d。发酵可提高阔叶的营养价值，减少树叶中单宁的含量。糖化发酵的阔叶饲料主要用于喂猪、鸡。

2. 叶粉　叶粉可作为配合饲料和混合饲料的原料，在猪、鸡饲料中掺入的比例为5%～10%。据实验，在饲料中掺入紫穗槐叶粉喂鸡，产蛋率达70%，饲料报酬为2.5∶1，还可代替一部分鱼粉；喂猪，日增重达0.6kg，料肉比为3.33∶1，而对照组日增重只有0.5kg，料肉比为3.77∶1。

3. 浓缩物　以表6-7所示的浓缩物为例，其中除粗蛋白、胡萝卜素含量低于针叶外，其他营养成分含量与针叶相近，并且还含有一系列有价值的物质。

表6-7　阔叶乔木叶浓缩物的化学成分（占干物质）

组分	粗蛋白/%	粗脂肪/%	淀粉/%	灰分/%	纤维素/%	还原物质/%	胡萝卜素/（mg/kg）	蔗糖/%	鞣质/%
欧洲白杨叶	17.70	12.91	1.10	6.53	16.30	4.87	193	0.57	1.13
赤杨叶	23.16	10.38	2.70	3.31	7.80	0.47	130	痕量	0.22

4. 蒸煮　把阔叶放入金属筒内，用蒸汽加热（180℃左右）15min后，树叶的组织受到破坏，利用筒内设置的旋转刀片将原料切成类似"棉花"状物。这种饲料适合喂牛、羊，在饲料中掺入的比例为30%～50%。除上述方法外，还可将阔叶进行膨化、压制成颗粒和青贮。

（二）橡子的加工

橡子（acorn）又名杠木豆，是山毛榉科栎属植物的籽实，我国大多数山区均有分布。橡子营养丰富，经测定，无氮浸出物58.85%，粗蛋白6.03%，粗纤维9.95%，粗脂肪2.41%，总能14.48MJ/kg。但因其含有少量单宁，味苦涩而影响适口性，且过多采食会发生中毒，故饲喂前需进行脱毒处理。

1. 脱毒原理　橡子中含有大量的栎单宁，栎单宁水解后生成没食子酸和焦性没食子酚两种物质，能够对家畜的肝脏和肾脏产生毒害作用。根据没食子酸和焦性没食子酚能溶于水的特性，可采用浸泡的办法进行脱毒。

栎单宁也可与碱性物质发生作用，形成络合物，从而使栎单宁失去毒性。

2. 脱毒方法

（1）物理法

1）冷水浸泡：流程如下。

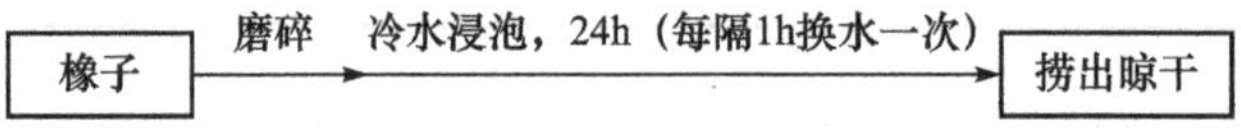

2）温水浸泡：流程如下。

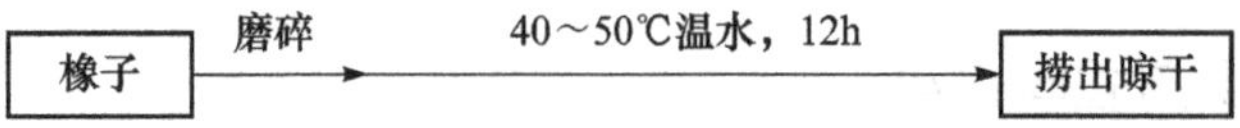

（2）化学法　①尿素溶液浸泡1～2h；②草木灰浸泡1～1.5h；③苏打水浸泡12h；④石灰水处理18h。

第三节　灌木资源的饲用加工

灌木饲用植物的种类十分丰富，从北到南都有野生灌木、半灌木的分布。尤其是在干旱、半干旱地区的山地、丘陵、沙漠及荒漠地带分布有大量灌木植物，形成了天然灌木、半灌木草原。

灌木饲用植物根据其生活特点、饲用价值和生态价值，可分为灌木豆科、半灌木豆科、半灌木蒿类、阔叶灌木、小叶灌木；根据株高和叶形，可分为小叶灌木、宽叶灌木、肉质叶灌木、无叶灌木、鳞叶灌木、针叶灌木和中灌木。

一、几种重要灌木饲用植物及其特点

（一）柠条

柠条（*Caragana korshinskii* Kom.），正名为柠条锦鸡儿，也称毛条，主要分布于我国东北、内蒙古、河北、山西、陕西、宁夏等地区。属于豆科锦鸡儿属落叶大灌木饲用植物，根系发达，入土深达 5～6m，水平伸展可达 20m，高 1.5～5m。喜生于固定、半固定沙地，在流动沙地、覆沙戈壁或丘间谷地、干河床边也有生长。抗寒、耐热，抗旱性强，耐风蚀沙埋。苗期生长缓慢，因此播后应围封 3 年，严禁放牧，以利于柠条的生长发育。

开花期在干物质中，含粗蛋白 15.1%，枝叶繁茂，营养丰富，但适口性稍差。山羊、骆驼春季喜食幼嫩枝叶，春末喜食其花，夏秋采食较少，初霜后又喜食。马、牛采食较少，种子加工后可用于制作羊的精饲料。但因茎上有刺，不适于在发展绵羊的地区种植。

（二）胡枝子

胡枝子（*Lespedeza bicolor* Turcz.），又名二色胡枝子，原产中国、日本及朝鲜，在我国华北、东北、西北及长江流域广泛栽培。属于豆科胡枝子属多年生落叶小灌木，茎直立，高为 2～3m，多分枝，下部多木质化。多生长在海拔 400～2000m 的山坡地，耐寒、耐旱性都很强，也耐瘠薄，对土地适应范围很广，但最适壤土和腐殖土。

开花期干物质中含粗蛋白 18.6%，适于舍饲或放牧，适口性稍差。羊喜食，特别是山羊更喜食，马、牛习惯后喜食。其叶制成草粉后，鸡、鸭、鹿、兔均喜食。

（三）羊柴

羊柴［*Hedysarum fruticosum* Pall.var.*laeve*（Maxim.）H.C.Fu］，正名为塔落岩黄芪，也称杨柴，原产中国、蒙古国、俄罗斯，主要分布在我国东北、内蒙古、河北及陕西等地。属于豆科岩黄芪属多年生半灌木，根粗壮，侧根沿水平方向伸展，茎直立，株高为 60～150cm。多生长于固定沙丘和半固定沙丘及河窝子中，抗寒、抗旱性强，也能耐短期高温。苗期生长缓慢，严禁放牧，应生长 2～3 年后再放牧利用。

营养生长期干物质中含粗蛋白 25.4%，多用于放牧，羊喜食嫩枝、花和果实，骆驼一年四季喜食。晒制干草适宜在花期刈割，一般亩[①] 产干草 200～300kg。制成草粉后，各种牲畜

① 1 亩≈666.7m²

均喜食。

（四）沙棘

沙棘（*Hippophae rhamnoides* L.subsp.*sinensis* Rousi），主要分布于我国的北部、西部和西南地区。属于胡颓子科沙棘属落叶直立灌木。适应性强，分布广，抗寒耐热，抗风沙，抗病虫害。

嫩枝叶作马、羊等的饲料。沙棘的经济价值较高，因此常把沙棘的嫩枝叶和果实加工后的残渣作为一种粗纤维饲料来饲喂家畜。另外，用沙棘的果渣和枝叶饲喂家畜，还具有明显的预防和治疗动物胃疾病的效果。

（五）梭梭

梭梭 [*Haloxylon ammodendron*（C.A.Mey.）Bunge]，又名琐琐、梭梭柴。分布于我国的内蒙古、甘肃、青海、新疆等地的干旱地区，蒙古国、中亚也有。梭梭为藜科梭梭属灌木，高为1～5m，当年生枝生长快，呈深绿色。耐干旱，为荒漠地区植物，种子不耐贮藏。

据测定，开花期的梭梭分别含粗蛋白11.19%、粗脂肪2.27%、粗纤维17.64%、钙1.26%，有机物质消化率为46.11%。梭梭是荒漠干旱地区的优质饲料，落枝骆驼喜食，并有“抓膘”作用。羊喜食落在地上的枝和果实。

（六）沙拐枣

沙拐枣（*Calligonum mongolicum* Turcz.），又名蒙古沙拐枣，分布于我国的内蒙古中西部、宁夏、甘肃和新疆等地区。属于蓼科沙拐枣属多枝丛生小灌木，株高一般1～1.5m，丛幅0.5～2.0m。抗风蚀、耐沙埋、抗干旱、耐贫瘠，多生于流动沙丘、半流动沙丘或石质地。

适口性中等，夏秋季骆驼喜食枝叶，冬春采食较差。绵羊、山羊夏秋季喜食嫩枝及果实，冬春季不食，牛与马不吃。

（七）沙蒿

沙蒿（*Artemisia desertorum* Spreng.），分布于我国的东北、华北及西北各地。属于菊科蒿属半灌木，主根粗大深长，高40～100cm。耐干旱，抗风沙，常生于半固定沙丘和流动沙丘的迎风坡下半部。

适口性较高，但饲用价值有明显的季节性变化，春季和秋季的饲用价值较高，夏季饲用价值低。

二、灌木的饲用价值

灌木饲用植物生物量高、适口性好，营养成分含量丰富且较高，牛、羊、猪都喜食，特别是山羊对灌木嫩枝叶的采食量占全部日粮的50%～80%。灌木饲料的大部分嫩枝叶富含蛋白质，并含有丰富的维生素和矿物质，有些灌木的营养成分优于豆科牧草，如银合欢、沙棘、多花木兰、木豆等鲜叶的粗蛋白含量占干物质的21%～24%。王政宇（1995）研究了胡枝子属、锦鸡儿属中9种灌木叶片的营养成分和适口性，指出灌木富含蛋白质的叶片或种子作为动物的蛋白质饲料或添加剂是完全可行的。锦鸡儿由于具有较高的粗蛋白含量，被誉为荒漠地区的“救命草”。南方刺灌丛分布广，适口性好，粗蛋白含量较高，是山羊的重要饲料来源。另据研究表明，不少灌木饲用植物中氨基酸总量高于小麦麸，而且部分豆科灌木的氨基酸含量可接近豆类，是理想的植物蛋白饲料。几种重要灌木、半灌木饲用植物的营养成分见表 6-8，几种热带重要灌木饲用植物的饲用价值综合评价见表 6-9。

表 6-8　几种重要灌木、半灌木饲用植物的营养成分（占风干物质 %）（玉柱和贾玉山，2010）

种类	物候期	水分	粗蛋白	粗脂肪	粗纤维	无氮浸出物	粗灰分	钙	磷
小叶锦鸡	营养期	14.95	22.48	4.98	27.85	22.36	7.38	2.16	0.52
	结实期	12.26	16.84	3.22	35.25	26.50	5.93	2.99	0.52
中间锦鸡儿	营养期	14.95	22.48	4.98	27.85	22.36	7.38	—	—
柠条锦鸡儿	开花期	10.43	18.26	2.46	35.46	27.61	5.78	—	—
沙柳	结实期	12.34	13.79	14.32	27.47	27.04	5.04	3.08	0.63
优若藜	开花期	19.01	10.08	1.39	35.58	25.90	8.04	2.16	0.17
	分枝期	12.13	14.93	1.69	29.93	35.54	5.78	3.44	0.64
沙拐枣	盛花期	6.27	4.33	1.65	39.20	44.11	4.50	—	—
木地肤	营养期	13.00	16.85	2.18	17.26	35.38	15.33	—	—
	开花期	11.01	11.32	2.40	29.58	36.04	9.65	1.26	0.29
梭梭	营养期	4.30	7.77	4.95	18.47	44.27	20.24	—	—
沙棘	营养期	6.00	11.91	4.50	16.74	56.31	4.54	—	—
沙蒿	营养期	11.54	15.87	6.85	26.00	31.18	8.56	—	—
	开花期	8.75	12.72	12.60	22.65	35.62	7.66	—	—

表 6-9　几种热带重要灌木饲用植物的饲用价值综合评价（李茂等，2012）

项目	营养价值	适口性	体外干物质消化率	饲用价值
鹊肾树	14.34 ± 0.61	5.00 ± 0.00	67.98 ± 3.67	19.21 ± 0.54
大果榕	13.68 ± 1.16	4.78 ± 0.44	52.50 ± 8.88	16.23 ± 1.70
对叶榕	14.58 ± 1.42	4.92 ± 0.29	77.05 ± 10.38	20.70 ± 2.20
克拉豆	18.58 ± 0.71	4.92 ± 0.29	66.22 ± 5.49	21.42 ± 0.87
银合欢	18.41 ± 1.10	4.33 ± 0.49	60.67 ± 7.69	19.68 ± 1.36
大叶千斤拔	15.90 ± 0.64	4.00 ± 0.00	43.02 ± 8.11	15.98 ± 1.16
木豆	16.92 ± 1.16	3.92 ± 0.51	50.36 ± 7.81	17.94 ± 0.99
假木豆	15.20 ± 0.94	3.78 ± 0.44	36.91 ± 4.62	15.11 ± 0.66
长穗决明	17.88 ± 1.99	3.67 ± 0.49	76.16 ± 9.88	21.84 ± 1.93
双荚决明	18.71 ± 1.82	3.50 ± 1.24	79.30 ± 3.76	23.00 ± 1.31
倒吊笔	16.18 ± 0.74	3.42 ± 0.67	78.07 ± 4.87	21.47 ± 0.99

续表

项目	营养价值	适口性	体外干物质消化率	饲用价值
刺桐	18.42 ± 1.37	3.33 ± 1.23	71.21 ± 9.71	22.04 ± 1.62
圆叶舞草	15.35 ± 1.14	2.83 ± 1.47	45.08 ± 6.84	16.15 ± 1.16
白背叶	15.10 ± 1.85	2.67 ± 0.89	57.27 ± 10.99	17.84 ± 2.41
白饭树	16.53 ± 1.00	2.25 ± 0.62	64.60 ± 9.22	18.97 ± 1.54
黄牛木	13.12 ± 1.85	1.92 ± 0.79	38.06 ± 7.26	13.54 ± 1.51
破布叶	14.91 ± 1.51	1.50 ± 0.67	48.42 ± 12.50	16.40 ± 2.67
金合欢	18.27 ± 1.13	1.25 ± 0.45	46.49 ± 8.54	17.47 ± 1.73
平均值	16.23 ± 1.82	3.44 ± 1.17	58.85 ± 7.79	18.61 ± 2.73

虽然灌木饲用植物作为粗饲料营养价值较高，但是在实际生产利用中仍有不足之处。一方面，一些灌木饲用植物的营养成分中含有有毒化学物质即抗营养因子，使这类植物的利用受到一定限制，比如银合欢中存在含羞草氨基酸毒素，豆科灌木中存在许多酚类化合物等；另一方面，灌木的枝叶较粗糙，如果让家畜直接对灌木进行采食则利用率很低，因此灌木饲用植物一般要适当粉碎或制成饲料增大吸收面积、增加家畜采食量，但是目前我国灌木饲料生产加工技术研究仍很落后，技术科技含量低，应用推广相对薄弱，灌木潜在的经济价值远未开发出来。

三、灌木饲料的加工利用

（一）晒制灌木干草

将灌木刈割后，打成 4～5kg 重的小捆，直接运至贮存场所，略加晾晒后即可堆垛。经该法调制的灌木干草，叶量损失很小，仍保持绿色。在冬、春季节，其叶和嫩枝为家畜所喜食，剩下的粗硬茎秆可用作薪柴。

（二）加工灌木粉

灌木的含水量较低，刈割后稍加晾晒即可加工成灌木粉。灌木出粉率为 80% 左右，生产率一般为 1000kg/h，若平茬后不经晾晒直接加工成灌木粉，则生产率较低，仅为 250～300kg/h。

灌木粉的适口性较好，采食率为 60%～80%，高的可达 90%。绵羊和山羊的日食量分别为 1～1.5kg 和 0.5～1kg，基本上可以维持家畜体内新陈代谢活动的需要。灌木加工成粉后消化率有所提高，粗蛋白、粗脂肪的消化率在 50% 以上，干物质在 40% 以上，较难消化的粗纤维也达到 40%。

（三）膨化

为进一步提高灌木的消化率和利用率，可将灌木进行膨化处理。方法与秸秆膨化基本相同。

（四）叶蛋白的提取

有些灌木叶片丰富，蛋白质含量高，可直接进行蛋白质提取生产优质叶蛋白，提取出来的叶蛋白价格便宜，质量接近花生饼。

（五）打浆

一些灌木叶片大、多汁、营养丰富，可进行打浆饲喂，如葛藤、绿叶胡枝子等，可选择花前幼嫩的叶片进行摘除、洗净、打浆，然后拌入精料饲喂。许多阔叶类灌木的浆液味香可口，拌入糠、麸皮后可制成反刍家畜的优质精料补充料，可节约大量蛋白质饲料。另外打浆可使许多灌木生物碱、芳香类物质分解，增加灌木的利用率。

（六）青贮

许多半灌木蒿类和小叶类灌木，如茵陈蒿、锦鸡儿、绣线菊等，由于含有有毒有害物质而不宜新鲜饲喂。但和玉米秸秆进行混合青贮后，可减少毒害影响，还能提高青贮饲料的蛋白质和维生素水平。此类青贮灌木料在饲料中的添加量不宜超过5%。

第四节 木材副产品的加工利用

木材加工的副产品以锯末为主。因此本节主要阐述锯末的加工利用。

锯末是一种木质素和纤维素含量很高的木本饲料，数量很大，但利用率不足10%，其余的锯末被抛弃或烧掉，这是一个巨大的浪费。锯末经适当加工调制后，可用来喂猪、鸡、兔和牛，饲喂效果较好，并有抗病的作用。

一、生物法

（一）发酵法

1. 先进行中种发酵，后进行锯末发酵

（1）中种发酵　将米糠和锯末以2∶1的比例混合后，加入发酵素（主要是一些好气性微生物，如枯草杆菌），100kg加发酵素80g。然后加水，将含水量调至40%左右，搅拌均匀，进行堆积发酵。夏季不需覆盖物；春、秋季可用草席、麻袋等覆盖，但绝不能使用塑料等不透气覆盖物；冬季应在发酵料中放入热水袋或装热水的瓶子，以促进发酵。待发酵料散发出芳香味，并产生酿热（60℃），即可摊开，使其风干。干燥后，装入纸袋于室内保存。

（2）锯末发酵　其制作方法与中种发酵基本相同。将锯末、米糠、中种发酵饲料以5∶1∶0.1的比例充分混合，然后缓慢加水，使含水量保持在40%～50%，再搅拌15～20min，置之发酵2～3d。发出芳香味和酿热（60℃）后，去掉覆盖物，晾1～2d即可使用。锯末发酵饲料制成后放置10～30d也不会失效，但最好马上使用。

2. 直接发酵　锯末60%、草粉（或农作物秸秆、叶粉）20%、糠麸20%进行混合，每100kg发酵料中加水60～80kg、发酵面团0.1～0.2kg、食盐0.2kg，拌匀后装入木箱或缸内发酵。经24h，表面有淡色结层，发酵料松软，并带有酸、甜、香或酒味，即可饲喂牛、羊等家畜。

（二）酶解后培养酵母

先用能分解木质素和纤维素的酶处理锯末，使锯末中难以利用的碳水化合物转化为简单的碳水化合物。然后，接种酵母菌，酵母菌利用这些简单的碳水化合物大量繁殖，从而增加了锯末的粗蛋白含量。

（三）水解后培养酵母菌

先用硫酸处理锯末，使锯末中的纤维素、半纤维素水解为糖类，再培养酵母菌。例如，苏联（1976 年）有 43 个水解厂，以锯末等木材加工副产物为基质，每年约生产酵母 45 万 t。日本、罗马尼亚、东欧等国家和地区也发展了水解木材副产物生产饲料酵母菌。我国黑龙江省南岔水解厂，利用木材水解生产乙醇过程中的剩余物，提取饲料酵母菌，年产 300～400t。

二、物理法

（一）蒸煮法

在高温、高压条件下，把锯末做短时间处理，以便去掉部分木质素，再用机械作用解开纤维，破坏组织结构，或将锯末放入开水中，煮沸 6h 后捞出晒干。蒸煮的锯末饲料与 70% 干草混合饲喂牛、羊，其效果与单纯喂干草相当。

（二）膨化处理

日本农林水产省畜产草地研究所研制出一种膨化木屑饲料，其生产工艺方法：先将锯末或废木屑筛除杂物并洗净晾干，然后在 200℃的高温蒸汽和 3 个大气压的压力釜里蒸煮，再烘干，即在高温高压的状态中瞬时曝光在常温常压下，木屑即膨化暴涨。这种膨化木屑饲料完全可以代替干草饲料喂养牛、马。如果将膨化木屑与青饲料按 7∶3 的比例喂养牲畜，牲畜的增重效果比单纯喂青饲料的对照组高 17.5%。这种方法既利用了废木屑，又适合为牲畜储备冬季饲料。

三、化学法

将锯末浸泡于浓度为 5% 的氢氧化钠溶液中，浸泡 24h 后捞出。摊开晒干，再与其他饲料拌和，该处理锯末适宜喂兔，喂量占日粮的 15%。

除了灌木、树叶和锯末外，木本植物的果实也是畜禽的好饲料。在我国作为饲用果实类的树种，主要是橡子，其营养成分见表 6-10。橡子中淀粉含量丰富，达 50%～60%，可作为能量饲料；维生素 B_2 含量特别高，几乎是粮食的 7～10 倍。据测定，50kg 橡子喂猪的育肥效果与 40kg 玉米相当。橡子中含有单宁，在应用时，应用水浸泡。橡子易生虫，需及时加工贮藏和饲喂。

表 6-10　橡子的营养成分（33 种平均值）

营养成分	淀粉 /%	粗蛋白 /%	粗脂肪 /%	维生素 /%	粗灰分 /%	维生素 B_2/（mg/kg）	单糖 /%	双糖 /%
含量	50～60	2～4	3～5	2～4	2 左右	4 200～63 300	0.82～12.28	1.57～11.42

第五节　木本饲料的饲喂方法

木本饲料如松树、紫穗槐、刺槐、桑树、苹果树、柳树、柑橘树、葡萄树、杏树、李树及其他多种树的叶子及锯末都含有丰富的营养物质，只要经过科学处理，都可用来饲喂畜禽。用树叶和锯末作饲料具有增重快、省精料和提高动物免疫力等优点。基本饲喂方法如下。

一、鲜树叶饲喂法

（一）打浆

将采集的鲜树叶用清水漂洗，除去泥沙，沥干水分，拌入适量其他青饲料（如蔬菜碎叶、苕藤等），用粉碎机直接打浆生喂。例如，将鲜松针叶直接粉碎按 10% 的比例加入饲料中直接喂猪。

（二）青贮

将树叶洗净，晾至变软，切细后倒入缸桶或水泥池内，边装边踩实。然后，在树叶上盖一层塑料薄膜，膜上铺一层 7～10cm 厚的稀泥，上面再盖一层塑料薄膜，并扎紧四周边口，使之不透气、不漏水。一般经过 2～3 周后即可取用。贮存好的树叶为黄绿色，带酸香味，凡腐烂、有恶臭并呈褐色的树叶，说明已变质，不宜用作饲料。

（三）发酵

取小苏打（碳酸氢钠）1kg，加水调成糊状，再加入 15kg 糠或麸皮拌匀，使之呈手握成团、放下即散状态。堆放 24h 后，加入洗净切碎的鲜树叶 50kg、酒糟 10～15kg，充分搅匀，含水量应以手握时指缝见水珠为宜。然后装缸或装池，边装边压实，装满后盖上草席或旧麻袋，使温度保持在 40～45℃，堆沤发酵 48h 后便可取用。发酵好的树叶混合饲料呈黄色，具有酸甜、香软特点，并略带酒味。

（四）水贮

将树叶切碎，分层装入大缸或水泥池中压实，在上面盖上竹制的盖，再加入清水，使水面超出树叶面 5～8cm，并保持这个高度 4～5d 即可。若将树叶与麸皮同时分层装贮，效果更佳。

二、干树叶饲喂法

（一）打粉干喂

将干树叶（或鲜树叶晒干）粉碎后按一定比例直接拌入其他饲料中，如松针叶粉碎后可按 5% 加入饲料喂猪。

（二）粉碎发酵

将自然掉落或采集的树叶晒干后打成叶粉，再将水喷到树叶中搅匀，以手握成团、指缝见水珠为宜。然后，逐层装入不漏水的缸桶内，边装边压实，填装完毕后，盖上塑料薄膜，加土密封，一般 20～30d 后就可取用。或将树叶粉放入缸桶内，加水浸泡软化，再捞出沥干水分，以手握成团、指缝见水珠为宜。然后在晚上上锅蒸一夜，次晨出锅。出锅后当料温降至不烫手时，每 100kg 蒸料中拌入鲜酒糟 20～25kg 或酒曲 0.5kg，拌匀后装入缸桶内，密封发酵 10～15d 即可。

三、锯末饲喂法

将新鲜干净的锯末（阔叶树）按 60% 的比例与饲料（麸皮、糠）混匀，加入食盐水，水分以手捏成团而不滴水为宜，在 20℃的常温下自然发酵 2d，待有酸甜酒味时便可饲喂利用，用量由少到多。

思 考 题

1. 木本饲料资源有哪些类型？
2. 简述木本饲料发展战略。
3. 常见灌木饲用植物有何特点？
4. 灌木饲料的加工利用途径是什么？
5. 简述橡子的加工利用途径。
6. 木本饲料饲喂方法有哪些？
7. 木材加工副产品的加工方法有哪些？
8. 简述松针粉的加工利用方法。

第七章　工业副产品饲料加工贮藏

【内容提要】　工业副产品的种类；各种工业副产品的营养特点及加工利用。

【教学目标】　掌握工业副产品饲料加工和贮藏方法，了解其饲用品质及利用技术。

第一节　粮食加工副产品

常用的粮食加工副产物主要有小麦麸皮、米糠、玉米皮及玉米蛋白粉等。这类饲料的特点是粗蛋白含量较高（9.3%～17.0%），粗纤维和粗脂肪含量差异较大，矿物质含量较高。常用粮食加工副产品类饲料的营养价值见表 7-1。

表 7-1　粮食加工副产品类饲料的营养价值（干物质基础）

饲料名称	次粉	小麦麸皮	米糠	米糠粕
中国饲料号	4-08-0104	4-08-0069	4-08-0041	4-10-0018
干物质（DM）/%	88.0	87.0	87.0	87.0
猪消化能（DE）/（MJ/kg）	13.68	9.37	12.64	11.55
鸡代谢能（ME）/（MJ/kg）	12.76	5.69	11.21	8.28
奶牛产奶净能（NEl）/（MJ/kg）	8.32	6.11	7.45	5.27
粗蛋白（CP）/%	15.4	15.7	12.8	15.1
粗脂肪（EE）/%	2.2	3.9	16.5	2.0
粗纤维（CF）/%	1.5	6.5	5.7	7.5
无氮浸出物（NFE）/%	67.1	56.0	44.5	53.6
粗灰分（Ash）/%	1.5	4.9	7.5	8.8
中性洗涤纤维（NDF）/%	18.7	37.0	22.9	23.3
酸性洗涤纤维（ADF）/%	4.3	13.0	13.4	10.9
淀粉（Starch）/%	37.8	22.6	27.4	—
钙（Ca）/%	0.08	0.11	0.07	0.15
总磷（P）/%	0.48	0.92	1.43	1.82
有效磷（AP）/%	0.15	0.28	0.20	0.25

资料来源：《中国饲料成分及营养价值表》，2012 年第 23 版

一、小麦麸皮

我国是小麦生产大国，近些年来，小麦的年产量已超过 1 亿多吨，小麦麸皮是小麦面粉

厂主要的加工副产品，每年产量可达 2000 万 t 以上。麸皮中的蛋白质、维生素、矿物质等较胚乳含量丰富，还含有大量的碳水化合物，营养价值较高。

（一）小麦麸皮的营养特点

小麦麸皮粗蛋白含量高达 14.8%～17.0%，且质量较好，氨基酸组成较平衡，尤其是赖氨酸含量达到了 0.67%；粗纤维（CF）含量高，为 8.5%～12.0%，能值稍低，可用来调节饲料的养分浓度。脂肪含量约 5%，并且不饱和脂肪酸含量高，因此麸皮易氧化酸败。B 族维生素较其籽实丰富，其中维生素 B_1 含量达 8.9mg/kg，维生素 B_2 达 3.5mg/kg，维生素 E 含量高，但维生素 A、维生素 D 含量少。矿物质含量丰富，但钙（0.13%）、磷（1.18%）比例极不平衡，钙磷比为 1∶8 以上，因此饲用时要注意补钙。小麦麸皮适口性好，质地蓬松，不结团，容积大，有饱腹感，具有轻泻性质，可防止便秘。

（二）小麦麸皮的加工

通过接种发酵菌剂进行发酵处理是小麦麸皮常用的加工方法。具体操作可分为以下 4 步。①制作培养基：将小麦麸皮除去杂质后经 40 目筛粉碎成麸皮粉，添加少许面粉（麸皮∶面粉=10∶1）后加水拌匀，含水量以 55%～60% 为宜。②培养母种：在培养基中按 0.4% 添加酵母，混合后置于 35℃恒温箱培养成母种。③发酵：将已称好的麸皮倒入发酵池中，添加母种，然后按步骤①的要求加水拌匀发酵。④干燥：将发酵好的麸皮干燥后备用或制成颗粒。

发酵后的麸皮不仅消化率和适口性显著提高，还含有大量的酵母菌蛋白，氨基酸组成齐全，特别是赖氨酸含量高，维生素和酶含量丰富，每克酵母菌蛋白含硫胺素 0.1～0.2mg、核黄素 0.04～0.06mg、烟酸 0.03～0.06mg 等，此外，尚含有维生素 B_{12}、叶酸、肌醇、转化酶、麦芽糖酶等。饲喂麸皮发酵饲料，可以提高畜产品蛋白质含量、家禽产蛋率和奶牛产奶量，也有利于动物健康。

（三）小麦麸皮的利用

1. 鸡　小麦麸皮的代谢能较低，在鸡的日粮中要控制好用量。一般肉鸡日粮中添加 2%～8% 比较适宜，蛋鸡 8%～10%。生长鸡及后备种鸡为了控制体重，防止体内过多沉积脂肪，用量以 15%～25% 为宜。

2. 猪　小麦麸皮适口性好，含有轻泻性的硫酸盐类，有助于胃肠蠕动和通便润肠，是妊娠后期和哺乳母猪的良好饲料。麦麸用于猪的育肥效果较差，但可提高猪的胴体品质，产生白色硬体脂，一般使用量不应超过 15%。小麦麸皮用于仔猪时不宜过多，以免引起消化不良。

3. 反刍家畜　小麦麸皮容积大，纤维含量高，适口性好，是奶牛、肉牛及羊的优良饲料原料。奶牛精料中使用 10%～15%，可增加泌乳量，但用量太高反而失去效果。肉牛精料中可用到 50%。

4. 饲喂时注意的问题　小麦麸皮应与高能量饲料如玉米、高粱等一起配合使用；饲喂麸皮时，要认真核算饲料中的必需氨基酸，特别是甲硫氨酸和赖氨酸的含量，适量加入甲硫氨酸和赖氨酸添加剂，以保证配合饲料中甲硫氨酸和赖氨酸平衡；在畜禽配合饲料中，应注意钙质补充，使钙磷比达到（1.5∶1）～（2∶1）的协调比例。由于麸皮中粗纤维和磷的有机化合物含量较高，质地疏松，具有轻泻性。因此，母畜在产前产后用麸皮作饲料时，应适当饲喂淡盐水麸皮汤和淡糖水麸皮汤，以通便利肠。

（四）小麦麸皮的贮藏

由于麸皮破碎疏松空隙度大，吸湿性强，含脂肪高达5%，因此贮藏过程中极易酸败或生虫、霉变，特别是高温潮湿的夏季更易霉变。新鲜的麸皮温度一般可高达30℃，贮藏前要把温度降到10～15℃才能入库。麸皮在贮藏期要勤检查，防止结露、生虫、发霉、吸湿。一般贮藏期不宜超过3个月，贮藏在4个月以上酸败就会加快。

二、米糠

米糠是稻谷加工过程中的副产品，由稻谷的种皮和胚芽组成，含有丰富的营养因子。根据加工方式米糠可分为普通米糠、脱脂米糠和细米糠。目前我国米糠利用率很低，除5%～10%的米糠用于制取米糠油或提取植酸钙等产品外，大部分被用作畜禽饲料。

（一）米糠的营养特点

普通米糠干物质含量为88.4%、粗蛋白14.5%、粗纤维10.1%、灰分10.2%；脱脂米糠含15.1%粗蛋白、1.8%乙醚抽取物、13.1%粗纤维和13.0%灰分；细米糠的营养成分比较高，含有14.9%的粗蛋白，远远高于玉米（一级玉米8.7%），且价格低于玉米和小麦麸皮，还含有16.4%的粗脂肪、7.3%的灰分和0.2%的粗纤维，是一种很好的能量饲料。米糠不含胆固醇，其蛋白质的氨基酸种类齐全，营养品质可与鸡蛋蛋白媲美，而且米糠所含脂肪主要为不饱和脂肪酸，必需脂肪酸含量达47%，还含有70多种抗氧化成分。因此，米糠在国外被誉为“天赐营养源”。我国农业行业标准《饲料用米糠》（NY/T 122—1989）、《饲料用米糠饼》（NY/T 123—1989）、《饲料用米糠粕》（NY/T 124—1989）把不同米糠产品按照粗蛋白、粗纤维、粗灰分含量分为三级，详见表7-2。

表7-2　米糠的质量标准（%）

等级	饲料用米糠（NY/T 122—1989）			饲料用米糠饼（NY/T 123—1989）			饲料用米糠粕（NY/T 124—1989）		
	一级	二级	三级	一级	二级	三级	一级	二级	三级
粗蛋白	≥13.0	≥12.0	≥11.0	≥14.0	≥13.0	≥12.0	≥15.0	≥14.0	≥13.0
粗纤维	<6.0	<7.0	<8.0	<8.0	<10.0	<12.0	<8.0	<10.0	<12.0
粗灰分	<8.0	<9.0	<10.0	<9.0	<10.0	<12.0	<9.0	<10.0	<12.0

（二）米糠的加工

米糠的加工方法有冷冻法、化学法、辐照法、微波法和热处理法等。冷冻法和微波法由于所需设备昂贵，一时难以推广；化学法、辐照法尚未成熟。目前较为常用的方法主要为热处理法，包括以下几种形式。

1. 干燥法　干燥法是利用干燥器等加热设备，对米糠进行加热处理以去除水分、钝化解脂酶的活性，进而延长米糠保鲜期的方法。该法优点为设备投资少，操作简单，但其缺点是能源消耗大，无法完全抑制酶的活性。

2. 湿热蒸炒法　湿热蒸炒就是利用蒸汽，对米糠进行加湿、加热，然后再干燥至水分为 12% 以下，最后再冷却至常温。湿热蒸炒法钝化解脂酶的效果较好，但操作复杂，蒸汽耗量较大。

3. 电解质加热　米糠通过电解质加热，使分解脂肪的解脂酶失活。该法抑制解脂酶活性的效果非常显著，但成本相对比较高。

4. 挤压膨化法　挤压膨化法就是利用挤压膨化机对米糠进行膨化处理，在高温、高压和摩擦力的作用下，钝化米糠的解脂酶，使其储存期大大延长，并且营养成分破坏少，结构疏松，有利于米糠作为饲料或后续制油工作。膨化可以有效地抑制米糠中解脂酶的活性，破坏脂肪层结构，有效杀死细菌及其他微生物，是稳定米糠酸价，提高米糠品质及贮存稳定性的有效而经济的处理方式。挤压膨化法可分为干法膨化和湿法膨化两种。

（1）干法膨化　米糠经在膨化机内挤压、摩擦，机械能转化为热能，使米糠温度升高到 100～130℃，经瞬间喷爆，形成具有一定强度的膨化米糠。该方法使蛋白质变性，淀粉糊化，破坏细胞结构使油脂扩散出来，达到稳定米糠品质和有利于浸出制油的目的。

（2）湿法膨化　喷入蒸汽，与米糠混合，米糠在膨化机缸体内受到挤压、揉搓、剪切等机械作用和喷入蒸汽的湿、热等一系列作用后，米糠温度可达 100～120℃，从模板处挤出。由于压力突降，水分迅速蒸发，米糠急剧膨胀而获得疏松多孔而强度又高的米糠挤压膨化物料，再经过自然冷却或强制冷却，制成良好的膨化物料。通过湿法膨化的米糠，必须经过冷却干燥才能贮藏，如果未经完全冷却直接贮存，将会增加膨化物料的粉末度，并易发生霉变。

（三）米糠的利用

米糠在饲料行业用途广泛，可作为主料与其他饲料原料制成全价饲料，是饲料厂成品料的理想原料；也可作为辅料与成品浓缩料按配比供给所饲养的动物。米糠中含胰蛋白酶抑制因子、生长抑制因子等，但它们均不耐热，加热可破坏这些抗营养因子，故米糠宜熟喂或制成脱脂米糠粕后饲喂。

1. 猪　生长育肥猪前期饲料中米糠粕用量以 10% 为宜，后期饲料米糠粕用量可提高至 20%，种公母猪饲料中米糠粕用量可达 10%～30%，但添加量应低于 30%，仔猪饲料中应尽量少用。

2. 禽类　产蛋鸡对米糠的耐受量高于肉鸡，因而蛋鸡日粮中米糠用量也高于肉鸡，肉鸡日粮要限制用量。一般成年鸡日粮中不超过 10%，雏鸡日粮中以占 5% 为宜。鸭对米糠耐受力更大，日粮中较大比例的米糠对鸭的生产性能影响很小，成鸭日粮米糠添加量可达 45%。

3. 反刍动物　脱脂米糠粕是反刍动物的良好饲料原料。在奶牛精料中的用量随奶牛不同阶段而异，青年牛和干奶期牛用量较多，一般可以用到精料的 30%～40%；产奶牛随着泌乳阶段的变化而变化，一般可以用到精料的 15%～30%。作为肉牛的精料补充料，可以将米糠作为主要的精料补充料。

（四）米糠的贮藏

米糠中脂肪含量高，含有活性较高的解脂酶、过氧化酶等，由于其导热不良，吸湿性强，米糠在短时间内迅速水解酸败，使其在流通及贮藏过程中品质劣变，极易发热酸败，降低米糠原料的利用价值。因此，延长米糠的贮藏期尤为重要。

1. 控制水分　水分含量是米糠贮藏期间一项重要指标，直接影响米糠的风味及其在贮藏期间品质的变化。水分过多会导致微生物快速繁殖，产生霉变。稻米及其副产品的适口性与水分含量成正比，而水分偏高的稻谷（>14%）虽然储藏困难，但较好地保持了米糠固有的品质和口感。因此，稻谷水分一般控制在 14% 左右，而米糠由于贮藏期间容易霉变，水分一般控制在 12% 左右。

2. 选用合适的包装　包装的密封性对控制米糠贮藏期水分含量稳定性、米糠新鲜度和口感有明显作用。阻隔性较好的包装材料能有效减少外界水分、氧气的渗透，降低米糠脂肪水解的程度，配合真空包装效果最优。真空包装米糠处于低氧环境，降低组织间的氧气浓度，降低脂肪酸氧化速度，可有效保持米糠的饲用价值，延长其贮存期。

3. 控制贮藏温度　低温度环境可抑制米糠中酶活性和微生物的繁殖。这种方法适用于我国北方省份，这些地区平均温度在 0℃以下的时间有 5 个月以上，是理想的低温贮藏自然环境。

4. 其他注意事项　在碾米加工或者抛光后应立即对产生的米糠进行稳定化处理，防止米糠变质。贮藏米糠时应避免踩压，入库的米糠要及时检查，勤翻勤倒，注意通风降温。米糠贮藏时其稳定性比麸皮还差，不宜长期贮藏，要及时“推陈贮新”，避免损失。

三、玉米加工副产品

玉米是人类加工利用最多的禾谷类作物，近年来玉米加工工业迅猛发展，玉米加工副产品的种类、数量也与日俱增，每年因加工玉米而产生的副产品可达几十万吨。玉米加工副产品的合理加工利用，必将带来可观的经济效益和社会效益。

（一）玉米加工副产品的营养特点

1. 玉米皮（糠）　玉米皮（糠）也称玉米皮渣，是生产淀粉的主要副产物，产量约为 5%，因加工方法不同，营养成分略有差异，含粗蛋白 7%～14%，在所含蛋白质中，过瘤胃蛋白质 30%，粗纤维 6%～16%，粗脂肪 5.7%，粗灰分 1.0%，无氮浸出物 57.45%（其中淀粉 40% 以上），有效能值与小麦麸皮相近，可以代替小麦麸皮作饲料用。

2. 玉米蛋白粉　玉米蛋白粉也叫玉米麸质粉，主要由玉米蛋白质组成，含有少量的淀粉和纤维，是玉米湿磨去胚芽制淀粉后的面筋。

医药工业生产的玉米蛋白粉蛋白质高达 60% 以上，主要为玉米醇溶蛋白、谷蛋白、球蛋白和少量白蛋白。玉米蛋白粉的氨基酸总和高于豆粕和鱼粉，其中含硫氨基酸和亮氨酸含量也比豆粕和鱼粉高，因此玉米蛋白粉可以与豆粕和鱼粉蛋白源相互补充，但玉米蛋白粉氨基酸组成不佳，Ile、Leu、Val、Ala、Pro、Glu 等含量高，而 Lys、Trp 严重不足。玉米蛋白粉的脂肪含量较高，粗纤维含量低，易消化，代谢能与玉米相当或高于玉米，为高能饲料，铁含量较多，维生素中胡萝卜素含量较高，富含色素，是较好的着色剂，特别适宜作家禽饲料原料。

提纯玉米蛋白粉是酿酒工业的副产品，其蛋白质含量较低，粗纤维含量高，营养价值不如医用玉米蛋白粉高，但因含有未知生长因子，添加到日粮后可显著提高动物的生产性能。

（二）玉米加工副产品的利用

1. 玉米皮（糠）在畜禽饲料中的应用　玉米皮用于饲喂猪、鸡、奶牛和肉兔，效果良好，其中在奶牛补充料中可搭配20%干皮渣代替原配方中50%的小麦麸皮。在肉兔精料配方中可搭配28%干皮渣代替原配方中80%的小麦麸皮。在生长育肥猪日粮中添加玉米皮10%～13%。产蛋鸡日粮中不宜多用，添加干皮渣4.8%时，效果较好。

2. 玉米蛋白粉在畜禽饲料中的应用　作为蛋白质饲料资源，被广泛应用于鱼、鸡、猪和牛养殖生产中。玉米蛋白粉蛋白质含量高，氨基酸种类丰富，可以用来替代鱼粉、豆粕等作蛋白质饲料来源。

（1）鸡　玉米蛋白粉用作鸡饲料可节省甲硫氨酸，并且着色效果明显，具有防治鸡软骨症及其他疾病、促进生长的作用，同时也有助于提高鸡蛋蛋白品质。但玉米蛋白粉很细，鸡配合饲料中的用量不宜过大（一般在5%以下），否则会影响鸡的采食量。

（2）猪　玉米蛋白粉对猪的适口性较好，并且易于消化吸收，与豆粕合用还可以起到平衡氨基酸的作用，猪配合饲料中的用量一般在15%左右。此外，玉米蛋白饲料中含有的柠檬酸能抑制猪体内有害细菌的繁殖，降低沙门氏杆菌及其他病原菌在饲料、猪栏及猪体中的生长与繁殖。

（3）反刍动物　玉米蛋白粉可用作奶牛、肉牛的蛋白质饲料原料，但因其密度大，需要配合密度小的饲料原料使用，在精料中的添加量以30%为宜。

另外，在使用玉米蛋白粉的过程中，要注意检测霉菌污染情况，尤其是黄曲霉毒素的含量。

第二节　榨油工业副产品

饼粕类为豆科植物籽实或其他植物籽实榨油后的副产品，主要包括大豆饼粕、油菜籽饼粕、棉籽饼粕、花生饼粕、向日葵饼粕、胡麻饼粕、玉米饼粕、玉米胚芽饼粕等，还有数量较少的芝麻饼粕、麻籽饼粕、红花饼粕和蓖麻饼粕等。

一、概述

1. 压榨法副产品——饼　经过压榨法提取油的副产物为饼块状，称为饼，如大豆饼、油菜籽饼、棉仁饼。这类加工分为两种，一种是机械压力脱油脂，另一种是压榨前经高温处理后再脱油脂。后者的主要特点是加工温度、压力较高，破坏一些抗营养因子，残留油脂较高，可达10%左右，因此饼类的能值较高，但提取工艺中的高温对蛋白质品质影响较大。

2. 浸提法副产品——粕　经浸提法脱油后的副产物通常呈粉状，称为粕，如大豆粕、棉籽粕、油菜籽粕等。粕类的特点是残留油脂低，仅2%左右，浸提前不需要高温处理，对蛋白质品质破坏较小。

常用粕的营养价值见表7-3。

表 7-3 常用粕的营养价值表（干物质基础）

饲料种类	大豆粕	棉籽粕	油菜籽粕	花生仁粕	向日葵仁粕	亚麻仁粕	玉米胚芽粕
饲料编码	5-10-0103	5-10-0119	5-10-0121	5-10-0115	5-10-0242	5-10-0120	4-10-0244
干物质 /%	89.0	90.0	88.0	88.0	88.0	88.0	90.0
消化能 /（MJ/kg，猪）	15.06	9.41	10.59	12.43	11.63	9.92	13.72
代谢能 /（MJ/kg，鸡）	10.58	7.78	7.41	10.88	9.71	7.95	8.66
产奶净能 /（MJ/kg，牛）	7.45	6.53	5.82	7.53	6.40	6.44	6.69
蛋白质 /%	47.9	47.0	38.6	47.8	36.5	34.8	20.8
粗脂肪（EE）/%	1.5	0.5	1.4	1.4	1.0	1.8	2.0
粗纤维（CF）/%	3.3	10.2	11.8	6.2	10.5	8.2	6.5
无氮浸出物（NFE）/%	29.7	26.3	28.9	27.2	34.4	36.6	54.8
粗灰分（Ash）/%	4.9	6.0	7.3	5.4	5.6	6.6	5.9
中性洗涤纤维（NDF）/%	8.8	22.5	20.7	15.5	14.9	21.6	38.2
酸性洗涤纤维（ADF）/%	5.3	15.3	16.8	11.7	13.6	14.4	10.7
淀粉 /%	1.8	1.5	6.1	6.7	6.2	13.0	14.2
钙（Ca）/%	0.34	0.25	0.65	0.27	0.27	0.42	0.06
总磷（P）/%	0.65	1.10	1.02	0.56	1.13	0.95	0.50
有效磷（AP）/%	0.22	0.38	0.35	0.17	0.29	—	0.15
精氨酸（Arg）/%	3.43	5.44	1.83	4.88	3.17	3.59	1.51
赖氨酸（Lys）/%	2.99	2.13	1.30	1.40	1.22	1.16	0.75
甲硫氨酸（Met）/%	0.68	0.65	0.63	0.41	0.72	0.55	0.21
苏氨酸（Thr）/%	1.85	1.43	1.49	1.11	1.25	1.10	0.68
色氨酸（Trp）/%	0.65	0.57	0.43	0.45	0.47	0.70	0.18
铁（Fe）/（mg/kg）	185	263	653	368	226	219	214
铜（Cu）/（mg/kg）	24.0	14.0	7.1	25.1	32.8	25.5	7.7
锰（Mn）/（mg/kg）	38.2	18.7	82.2	38.9	34.5	43.3	23.3
锌（Zn）/（mg/kg）	46.4	55.5	67.5	55.7	82.7	38.7	126.6
硒（Se）/（mg/kg）	0.10	0.15	0.16	0.06	0.06	0.18	0.33
胡萝卜素 /（mg/kg）	0.2	0.2	—	—	—	0.2	2.0
维生素 E/（mg/kg）	3.1	15.0	54.0	3.0	0.7	5.8	80.8
维生素 B_1/（mg/kg）	4.6	7.0	5.2	5.7	4.6	7.5	1.1
维生素 B_2/（mg/kg）	3.0	5.5	3.7	11.0	2.3	3.2	4.0
烟酸 /（mg/kg）	30.7	40.0	160.0	173.0	22.0	33.0	37.7
胆碱 /（mg/kg）	2858	2933	6700	1854	3260	1512	2000
亚油酸 /%	0.51	1.51	0.42	0.24	—	0.36	1.47

资料来源：《中国饲料数据库》，2012 年第 23 版

二、各类饼粕的加工利用

（一）大豆饼粕

大豆饼粕是大豆取油后的副产物，是目前使用最广泛的植物蛋白质饲料，分为压榨法取油后的产物大豆饼和浸提法取油后的产物大豆粕。

1. 营养特点　大豆饼粕蛋白质含量高，为40%～50%，必需氨基酸含量高，赖氨酸含量为2.5%～3.0%，是所有饼粕类中含量最高的，赖氨酸和精氨酸的比例合适，约为100∶130，色氨酸含量为0.6%～0.7%，甲硫氨酸含量为0.5%～0.7%，烟酸、泛酸、胆碱含量丰富，胡萝卜素、核黄素和硫胺素含量少，矿物质中钙少磷多，磷的60%左右为植酸磷。大豆饼粕的加工工艺不同，营养物质含量也不同（表7-4，表7-5）。

表7-4　不同加工工艺的大豆饼粕营养成分含量比较

加工方法	压榨法	浸提法	脱皮浸提
代谢能/（MJ/kg）	11.05	10.29	13.39
粗蛋白/%	41.0	43.2	47.7
粗纤维/%	5.7	5.4	3.4
粗脂肪/%	5.4	1.1	0.9
灰分/%	5.9	6.1	5.8
钙/%	0.32	0.32	0.26
磷/%	0.50	0.62	0.63

资料来源：美国豆粕协会（INFO source）

表7-5　带皮豆粕与去皮豆粕指标比较

指标	带皮豆粕/%	去皮豆粕/%
蛋白质	≥44.0	≥47.5～49
脂肪	≥0.5	≥0.5
纤维	≤7.0	≤3.3～3.5
水分	≤12	≤12

资料来源：美国豆粕协会（INFO source）

此外，大豆饼粕还含有抗胰蛋白酶、尿素酶、血球凝集素、皂角苷、甲状腺肿诱发因子、抗凝固因子等有害物质，因此饲喂生豆粕后有腹泻现象。但大豆饼粕中抗营养因子不耐热，经加热不良作用就可消失。另外，压榨法制油如经过加温处理，饼中抗营养因子可以灭活，但加热过度，会影响蛋白质营养价值。

2. 大豆饼粕的加工

（1）发酵处理　由于豆粕中存在多种抗营养因子，降低了畜禽对豆粕中营养物质的吸收和利用，而通过发酵可将豆粕中的抗营养因子去除，同时增加了益生菌、肽、氨基酸、活性酶、乳酸、维生素、大豆异黄酮等的含量，提高了其营养价值。目前我国豆粕发酵加工处理主要有酶解法和微生物发酵法两种，其中微生物发酵豆粕的技术方法主要包括固态发酵技术和液态发酵技术，常用的微生物有芽孢杆菌、酵母菌、乳酸菌。

相比于普通豆粕，发酵豆粕具有以下优点：①有效去除豆粕中的抗营养因子。豆粕中含有大量的抗营养因子，如胰蛋白酶抑制因子、脲酶、大豆凝血素等，通过微生物发酵技术，可有效去除上述抗营养因子。②提高豆粕的蛋白质含量。豆粕发酵过程中，微生物大量繁殖，可将豆粕培养基中的非蛋白氮等各种物质分解利用，转化为营养价值高的菌体蛋白，增加豆粕中的蛋白质含量。③产生具有特殊功能的营养肽。发酵过程中产生的大豆肽，吸收快，同时还具有促生长、调节免疫、抗菌、抗病毒、催乳、抗氧化、刺激食欲、促进矿物质吸收等活性功能。④富含多种生物活性物质。豆粕发酵过程中产生的益生菌和乳酸，能抑制肠道中有害菌的繁殖，促进动物消化，改善动物小肠机能，减少仔猪等幼畜酸化剂的用量。另外，微生物代谢物中还可产生对动物有直接营养作用的未知生长因子、维生素等，对促进营养物质消化，提高动物免疫机能有积极意义。⑤改善适口性，提高消化率。豆粕发酵后可溶性肽类和游离氨基酸及酸性物质增加，使发酵产物气味醇香，提高动物适口性。另外，微生物代谢产生蛋白酶、淀粉酶、纤维素酶等各种消化酶，可促进豆粕中蛋白质和一些多糖类物质的降解，提高消化率。

（2）加热处理　大豆饼粕含有抗营养因子，经100～110℃的加热处理3～5min，即可去除。注意加热时间不宜太长、温度不能过高，否则会降低蛋白质的饲用价值。

3. 大豆饼粕的利用　大豆饼粕是重要蛋白质来源，因而在畜禽饲养中得到大量应用。在我国家禽饲养中的使用量占到总用量的52%左右，生猪饲料中大约占到总量的29%，在肉牛饲养中占到总量的7%，奶牛饲养占总量的6%左右。

（1）单胃动物　大豆饼粕在单胃动物中应用很普遍，特别是家禽和猪，据调查大约81%的豆粕用于家禽和猪的饲养。大豆饼粕的第一限制性氨基酸为甲硫氨酸，在使用大豆饼粕作为主要蛋白质来源时，要注意添加人工合成的甲硫氨酸。大豆饼粕适当加热并加入甲硫氨酸，适用所有家禽，其中幼雏饲养效果更好。另外，大豆饼粕也是猪的优质蛋白质饲料，但对于仔猪应用时必须经过适当处理，并且人工代乳粉中大豆饼粕的用量不得超过10%，否则易引起下痢。

（2）反刍动物　在奶牛和肉牛的日粮中大豆饼粕是常用的饼粕饲料之一，但考虑到饲养成本，大豆饼粕在反刍动物中应用量不多，而是用其他的饼粕类代替。

（3）水产动物　豆粕中含有的甲硫氨酸和胱氨酸能够充分满足鱼类对氨基酸的特殊需要。因而在水产养殖业中豆粕也得到了广泛应用，并且发挥着越来越重要的作用。

（二）油菜籽饼粕

油菜籽饼粕为油菜籽提取油脂后的副产品。油菜品种分为芥菜型、白菜型、甘蓝型和其他型，不同品种含油量、脂肪酸组成和硫代葡萄糖苷含量不同。油菜籽饼粕主要是螺旋压榨法和预压浸提法两种工艺的副产物，其中以后者副产物油菜籽粕为主。

1. 营养特点　油菜籽饼粕的蛋白质含量可高达34%～38%，其氨基酸构成的特点是赖氨酸含量低，而甲硫氨酸、胱氨酸的含量高，精氨酸含量很低，适合与精氨酸含量高的蛋白质饲料搭配使用，如跟棉籽粕或花生粕搭配使用效果较好。粗纤维含量较高（12%～13%），适口性差，有效能能值低，矿物质中钙、磷含量较高，但磷高于钙，大部分是植酸磷，硒和锰的含量也高，特别是硒的含量是常用植物饲料中最高的。

油菜籽实中含有硫代葡萄糖苷类化合物（芥子碱、单宁等）。该类化合物无毒，但在其本身存在的芥子酶的作用下可水解成异硫氰酸盐、噁唑烷硫酮等，侵害动物的甲状腺，致使甲状腺肿大，影响动物的生长与繁殖。单宁则妨碍蛋白质的消化，降低适口性。芥酸阻挠脂肪代谢，造成心脏脂肪蓄积及生长受到抑制。

2. 油菜籽饼粕的加工　油菜籽饼粕含有芥子苷，在芥子酶催化作用下可水解成有毒物质，必须进行脱毒处理才能用作饲料。油菜籽饼粕的去毒方法有物理方法、化学方法和微生物法。

（1）*物理方法*

1）高温处理：包括干热处理、湿热处理、高温高压处理等方法，常用的是湿热处理。即将油菜籽饼粉碎，然后加水煮沸或通过蒸汽，用100～110℃的温度处理1h，使芥子酶失去活性，但不能去除硫代葡萄糖苷。使用此种方法时要注意加热时间不宜过久，以防降低蛋白质的饲用价值。

2）浸提法：由于硫代葡萄糖苷易溶于水和醇溶剂，可用水或者醇溶剂浸提后除去大部分的芥子苷和单宁。但这种方法的缺点是养分流失很大，降低了油菜籽饼粕的营养价值。

3）土埋处理：本方法主要是利用土壤、油菜籽饼粕、空气和水中的多种微生物在缺氧条件下分解硫苷，同时饼粕中有关的酶也复活进行分解，分解产物被土壤缓慢吸附。方法简单，成本低，硫苷脱毒率可达到90%以上，噁唑烷硫酮脱毒率可达99%以上，蛋白质损失率只有1%左右。具体方法：选择向阳、干燥、地温较高的地方，挖宽0.8m、深0.7～1m、长度按油菜籽饼的数量来确定的1个坑，然后将油菜籽饼粉碎按1∶1的比例加水，浸透泡软后装入坑内，顶部和底部各铺一层草，上面盖土20cm以上，2个月后可取出饲用。

（2）*化学方法*

1）氨水或碱处理法：由于氨与硫代葡萄糖苷结合生成无毒的硫脲，或者小苏打可以破坏硫代葡萄糖苷和芥子苷，因此可以利用氨水或者纯碱粉脱毒。具体做法：每100份油菜籽饼用浓氨水4.7～5份，或纯碱粉3.5份，用水稀释后均匀喷洒到饼粕中，将其覆盖、堆放3～5h，然后放置蒸笼中蒸40～50min，可在阳光下晒干或炒干后储备使用。

2）硫酸亚铁处理法：在碱性条件下，硫酸亚铁中的二价铁能与油菜籽饼粕中的硫代葡萄糖苷及其降解物结合生成无毒的螯合物，达到脱毒目的。

（3）*微生物法*　利用酵母、枯草芽孢杆菌和乳酸菌等微生物降解油菜籽饼粕中的硫代葡萄糖苷来脱毒。这种方法可使油菜籽饼粕中主要的有害物质硫苷得到高效降解，蛋白质发生一定程度的降解，还可积累有益的代谢产物小肽和乳酸。

此外，日粮中添加胱氨酸能够降低油菜籽饼粕中毒物的毒性。甲硫氨酸可将油菜籽饼粕中的腈转化为毒性低的硫氢酸酯，通过尿液排出体外。

3. 油菜籽饼粕的利用　油菜籽饼粕可用于肉牛、奶牛、生猪、鸡及鱼等的饲料中，但由于含有抗营养因子和高含量的粗纤维，因此对其饲用价值影响很大。油菜籽饼粕中存在抗营养物质影响动物对蛋白质的吸收，因此油菜籽饼粕用作饲料前必须进行脱毒处理，并且使用时要加以限制，具体喂量应根据油菜籽饼粕中有害成分含量而定。经过脱毒处理的油菜籽饼粕喂量可以加大，而非“双低”油菜籽生产的油菜籽饼粕喂量要受限制。我国饲料卫生标准规定了油菜籽饼粕中异硫氰酸酯、噁唑烷硫酮的含量，见表7-6。

表 7-6　各种饲料中异硫氰酸酯和噁唑烷硫酮的含量

项目	饲料种类	含量 / (mg/kg)
异硫氰酸酯	油菜籽饼粕	≤4000
	鸡配合饲料	≤500
	生长育肥猪配合饲料	≤500
噁唑烷硫酮	肉仔鸡、生长鸡配合饲料	≤1000
	产蛋鸡配合饲料	≤500

资料来源：GB 13078—2001 饲料卫生标准

（1）禽类　含有较高总硫代葡萄糖苷的油菜籽饼粕在生长鸡日粮中控制在 5%～10%，雏鸡、产蛋鸡不超过 5%，当用量达到 10%，则蛋鸡死亡率增加，产蛋率、蛋重和哈夫单位下降，甲状腺明显增大；褐壳蛋鸡对油菜籽饼粕敏感，用油菜籽饼粕饲喂褐壳蛋鸡所产鸡蛋带鱼腥味。

（2）猪　无毒油菜籽饼粕对不同年龄猪的适口性均较好。一般在妊娠母猪、哺乳母猪饲粮中油菜籽饼粕不超过 3%，生长育肥猪 5%～8%。

（3）牛　牛对无毒油菜籽饼粕的适应性比猪和家禽更强一些，油菜籽饼粕对牛的代谢能值为 10.05MJ/kg，与牛的实际需要量接近，因此在牛饲料中用量较多，其中哺乳犊牛、产奶牛不超 10%，育成牛 10%～15%。

（4）水产养殖　用油菜籽饼粕作鱼饲料，其添加量一般不超过 15%。但用双低油菜籽饼粕作鱼饲料时可将添加量提高到 30% 和 50%。

（三）棉籽饼粕

棉籽饼粕是以棉籽经脱壳、去绒或部分脱壳，再榨油后的副产品，分为棉籽饼粕和棉仁饼粕，其中棉籽在完全脱壳后加工而得到的饼粕为棉仁饼粕，而棉籽不经过脱壳直接加工得到的饼粕为棉籽饼粕。

1. 营养特点　棉籽饼粕的蛋白质含量较高，达 35% 以上，棉仁饼粕的粗蛋白含量可达 40.0%～46.0%，仅次于豆粕的蛋白质含量，而高于油菜籽饼粕的蛋白质含量，但蛋白质品质较差，赖氨酸含量仅有 1.3%～1.5%，只有豆粕的一半，精氨酸含量高，约为 3.5%，赖氨酸与精氨酸之比在 100∶270 以上，远远超出 100∶120 的理想比例。甲硫氨酸含量也较低，为 0.4% 左右。B 族维生素含量较豆粕低，缺乏维生素 A 和维生素 D。粗纤维含量一般在 12% 左右。矿物质中钙少磷多，钙含量 0.2%～0.4%，磷含量 0.9%～1.1%，其中 71% 左右为植酸磷。棉籽饼粕中含有抗营养因子棉酚、环丙烯脂肪酸、单宁和植酸等。

2. 棉籽饼粕的加工

棉籽饼粕因含有游离棉酚，易引起畜禽中毒。游离棉酚含量在 0.05% 以下的棉籽饼粕可直接饲喂，但应严格控制喂量。游离棉酚含量在 0.05% 以上的棉籽饼粕或需要加大棉籽饼粕饲用量时应对棉籽饼粕进行脱毒处理。常用去毒方法如下。

（1）化学处理法　主要有以下几种。

1）草木灰和生石灰脱毒：草木灰、生石灰等可以破坏游离棉酚的结构，达到脱毒的效果。具体操作为取草木灰或生石灰适量加入 100L 清水后搅拌均匀，沉淀后用清水浸泡棉籽饼，饼液比例为 2∶1，浸泡 2h 后再用清水冲洗 3～4 次，即可饲用。

2）硫酸亚铁脱毒：硫酸亚铁中的 Fe^{2+} 与游离棉酚螯合，使游离棉酚中活性基团失活，形成棉酚-铁复合物，被动物排出体外，可防止棉酚被畜禽吸收。具体的操作方法为在棉籽饼粕中按照亚铁离子与游离棉酚 1∶1 的比例添加硫酸亚铁，其中土榨棉籽饼中加硫酸亚铁 1.2%～1.5%，机榨粕中硫酸亚铁添加量为 0.15%～0.20%，再以适量清水浸泡 4～6h，即可饲喂。这种处理方法简便易行，不受环境、设备条件的影响，且氨基酸与蛋白质损失少，适宜农村饲养专业户和饲养生产厂家采用。

3）碳酸氢铵或尿素脱毒：碳酸氢铵或尿素在一定温度和湿度条件下与游离棉酚作用生成希夫碱类化合物，使游离棉酚转变成结合棉酚。具体的操作为用 2% 的碳酸氢铵或 1% 的尿素溶液均匀喷洒在棉籽饼粕中，充分搅拌均匀，饼粉中含水量达 15% 时为宜，然后用塑料薄膜密封 24h，即可饲用。

4）碱处理：烧碱、纯碱等可以破坏游离棉酚的结构，起到脱毒的效果。具体操作为将 15% 的纯碱溶液以 24% 的添加量喷洒于棉籽饼粕上，充分搅拌均匀后用塑料薄膜密封 5h，然后蒸 50min 晾干；也可用浓度为 1% 的氢氧化钠溶液浸泡 3～4h 后沥去溶液，用清水冲洗干净、晾干，在 110℃的高温下蒸煮 3～5min。

（2）*物理处理法*　主要有以下几种方法。

1）热处理：在高温高压条件下，游离棉酚与蛋白质、氨基酸等作用形成结合态棉酚，起到脱毒的效果，如水煮，游离棉酚与赖氨酸结合，但赖氨酸利用率低。

2）萃取：棉酚易溶于极性溶剂，利用这一特点可用有机溶剂提取，常用的有机溶剂有乙醇、丙酮、正丁醇、异丙醇等。具体操作：①在制油工艺中，棉仁轧坯后直接用丙酮浸出，油脂和棉酚同时从料中浸提出来，所得棉籽粕总棉酚含量在 0.05% 以下；②用有机溶剂水溶液浸提，先采用一般浸出制油工艺萃取出物料中的油脂，所得棉粕再用 70% 有机溶剂水溶液萃取提出棉酚。

3）膨化脱毒：利用高温、高压、剪切力的作用，破坏棉籽饼粕细胞使油脂外露，同时使游离棉酚失活。

（3）*生物处理法*　主要为微生物脱毒。经过微生物脱毒处理，棉籽的总脱毒率达到 80% 以上，还可提高棉籽饼粕中蛋白质和氨基酸的含量。常用的微生物有霉菌和酵母菌。该方法不加任何化学制剂，不会破坏其原有的营养成分，也不会产生异味；同时经过微生物处理生成菌体蛋白，含有必需氨基酸，尤其是赖氨酸、甲硫氨酸含量很高，并提高了 B 族维生素含量，真菌发酵后还能产生香味。该方法脱毒率高，投资小，成本低，改善营养和适口性，是值得推广的脱毒新方法。

3. 棉籽饼粕的利用　棉籽饼粕是畜禽的主要蛋白质饲料来源，但因其含有有毒物质——棉酚，所以在一定程度上限制了它的应用。单胃动物易引起中毒，幼畜禽、怀孕母畜更敏感，且可经乳汁使幼畜中毒。国家规定的棉籽饼粕和单胃动物日粮中游离棉酚的含量见表 7-7。

表 7-7　棉籽饼粕和单胃动物日粮中游离棉酚的含量

饲料种类	游离棉酚的含量/（mg/kg）
棉籽饼粕	≤1200
产蛋鸡配合料	≤20
肉仔鸡、生长鸡配合料	≤100
生长育肥猪配合料	≤60

资料来源：GB 13078—2001 饲料卫生标准

（1）单胃动物　单胃动物过量摄取或摄取时间较长，可导致生长迟缓、繁殖性能及生产性能下降，甚至导致死亡，尤其是幼小动物对棉酚的耐受能力更低，因此要限制喂量，最好使用经过脱毒处理的棉籽饼粕。肉用鸡饲料应少用含壳多的棉籽饼粕，以免影响生长；蛋用鸡饲喂棉籽饼粕会造成鸡蛋在贮存期间发生变色反应，即蛋白呈现粉红色，蛋黄呈现绿黄或暗红色及斑点状。游离棉酚含量低于 500mg/kg 的棉籽饼粕，生长鸡日粮中应不超过 20%，产蛋鸡日粮中控制在 5% 以内，肉仔鸡 10%～15%，雏鸡 3%～5%。由于猪对棉酚的耐受性低，建议用量为生长育肥猪 10%～12%、母猪 8%～10%。种畜禽中棉籽饼粕的用量不超过 5%。

（2）反刍动物　反刍家畜在有优质粗料及多汁青料的情况下，棉籽饼粕的用量不受限制，且饲料的成本较豆饼便宜，故在养羊生产中使用相对较为广泛。但反刍动物的种畜应避免使用，以免影响繁殖性能。成年反刍动物棉籽饼粕的用量为不超过精料的 30%，犊牛不超过 20%。

使用棉籽饼粕配制畜禽饲粮时要注意氨基酸平衡，尤其是棉籽饼粕的赖氨酸含量和利用率低，因此要在日粮配合中注意补充赖氨酸。

（四）花生饼粕

花生脱壳后榨油的副产物为花生仁饼粕，取油工艺可分为浸提法、预压浸提法和土法夯榨法，其产物分别为花生粕和花生饼。

1. 营养特点　花生饼粕的蛋白质含量较高，其中花生饼的蛋白质含量约为 44%，花生粕的蛋白质含量约为 47%。氨基酸组成不佳，赖氨酸含量 1.3%～1.5%，仅为豆饼粕的一半左右，精氨酸含量高（4.6%），赖氨酸：精氨酸 =100：380，甲硫氨酸较低，含量为 0.35%～0.50%，但其氨基酸的利用率较棉籽饼粕高。花生饼粕的有效能值在饼粕类饲料中最高，粗纤维的含量为 5.8%，带壳花生饼在 15% 以上，饲用价值较去壳花生饼低。花生饼粕粗脂肪含量一般为 4%～6%，不饱和脂肪酸占 53%～78%，以油酸为主，易发生酸败。矿物质中钙少磷多，钙含量 0.24%～0.29%，磷含量 0.50%～0.70%，B 族维生素含量较低。花生饼粕极易感染黄曲霉，产生黄曲霉毒素，其中以黄曲霉毒素 B_1 的毒性最强。黄曲霉毒素可引起畜禽中毒和人患肝癌。花生仁饼粕中黄曲霉毒素 B_1 含量应低于 0.01mg/kg。

2. 花生饼粕的加工　花生饼粕本身并无毒素，但贮藏不当极易感染黄曲霉菌而产生能够引起畜禽中毒的黄曲霉毒素，包括黄曲霉毒素 B_1、黄曲霉毒素 B_2、黄曲霉毒素 C_1、黄曲霉毒素 C_2、黄曲霉毒素 M_1、黄曲霉毒素 M_2 等，其中黄曲霉毒素 B_1 毒性最强。花生饼粕感染黄曲霉后难以除去，故在贮存和使用时应加以注意。若花生饼粕感染了黄曲霉菌，一定要经过去毒处理方可饲喂畜禽。此外，花生仁饼粕中还含有胰蛋白酶抑制因子，在加工制作花生饼粕时，如用 120℃的温度加热即可对其进行破坏，从而可提高蛋白质和氨基酸的利用率。

花生饼粕黄曲霉毒素常用的去除方法有以下几种。

（1）物理法

1）吸附：日粮中添加吸附剂吸附黄曲霉毒素，阻止其在肠道中被吸收，使其排出体外，减少其在体内蓄积而造成中毒。常用的吸附剂为活性炭、硅铝酸盐类和葡甘聚糖。由美国 FDA 批准的最强霉菌毒素吸附剂脱霉素就是一种硅酸盐矿物衍生物，它的表面积是酵母细胞壁提取甘露寡糖的 42 倍，一旦与霉菌毒素结合，在动物体内便不易分离。

2）水洗法：将污染的花生饼粉碎后置于缸内，加 5～8 倍的清水搅拌，静置，待沉淀后再换水多次，直至浸泡的水呈无色为宜，此法只适用于轻度霉败的饲料。

此外，还有辐射法、烘烤法、挑除法、液体抽提法等，由于条件限制难以规模化实施，无法得到大面积的推广使用。

（2）化学法

1）碱处理法：黄曲霉毒素结构中的内酯环在碱性条件下被打破而形成香豆素钠盐，从而破坏毒素。常用的碱处理方法有氨处理、石灰处理和氢氧化钠处理等。

A. 氨处理：是生产中最常用、较有效的办法。具体操作为将发霉的花生饼密封在熏罐或塑料薄膜袋中，使水分含量达 18% 以上，通过氨气熏蒸 10h，可使黄曲霉毒素含量减少 90%～95%。

B. 石灰处理：使用饱和的石灰水溶液浸泡并冲洗被感染的花生饼，连续 3 次，然后用清水反复冲洗干净。或在霉变的花生饼中添加 5% 的生石灰，去毒率可达 90%～99%。

2）氧化剂法：氧化剂是有效的黄曲霉毒素钝化剂，能迅速降解饲料中的黄曲霉毒素 B_1，并可杀灭许多微生物，同时它可以在短时间内还原成氧气，对环境几乎不造成危害。常用的氧化剂有臭氧，此外还有次氯酸钠，但次氯酸钠处理使花生饼变成黑褐色，出现结块现象，处理时又会产生大量的热，会影响饲料的某些营养成分如维生素和赖氨酸的利用效率。

（3）生物处理法　许多微生物包括细菌、酵母菌、霉菌、放线菌都能去除或降解饲料中的黄曲霉毒素，微生物通过非共价方式形成菌体-黄曲霉毒素复合体来吸附黄曲霉毒素，从而降低其危害，而且无论是活菌体还是死菌体都有较强的吸附效果。其中，枯草杆菌、乳酸菌和醋酸菌等具有较强的降解黄曲霉毒素的能力。通过微生物发酵来去除黄曲霉毒素，由于其过程缓慢及不完全的缺点，到现在为止还不能完全用于饲料脱毒的实践中。

目前有研究利用酶制剂分解毒素分子的功能性基团，把霉菌毒素转化为无毒化合物。该方法安全、高效，对产品无污染，有高度的选择性，不影响饲料的营养成分，但目前生产的酶制剂产品较少，生产中应用不多。

3. 花生饼粕的利用　花生饼粕的适口性极好，有香味，但易感染黄曲霉菌，导致黄曲霉毒素中毒。

（1）禽类　育成期用量为 6%，产蛋期用量为 9%，不得给幼雏使用花生饼粕。

（2）猪　猪饲料用量宜低于 10%，哺乳仔猪最好不用。

（3）牛　花生饼粕对奶牛、肉牛饲用量无较大限制，但考虑到花生饼易感染黄曲霉菌，影响牛奶和牛肉的品质，因而应控制花生饼粕的用量不超过 10%。

（五）亚麻籽饼粕

亚麻籽饼粕是亚麻籽经机械压榨或溶剂提油后的残粕或经细碎、压片的产物，是我国西北地区广为应用的饼粕饲料。亚麻品种按用途可分为三类，即纤用型、油用型和兼用型，我国主要种植的是兼用型。

1. 营养特点　亚麻籽饼粕的粗蛋白含量在 36% 左右，适口性介于大豆饼粕和油菜籽饼粕之间，氨基酸组成不平衡，赖氨酸、甲硫氨酸含量低，富含色氨酸，精氨酸含量高；粗纤维含量高，为 8%～10%，热能值较低；残余脂肪中亚麻酸含量可达 30%～58%；钙、磷含量较高，硒含量丰富，胡萝卜素、维生素 D 含量少，但 B 族维生素含量丰富。

亚麻籽饼粕中的抗营养因子有生氰糖苷、亚麻籽胶、抗维生素 B_6 的物质，可以引起动物中毒。同时，亚麻籽饼粕中还含有亚麻籽胶，单胃动物不能消化利用，因此饲喂量过大影响畜禽的生产性能。

2. 亚麻籽饼粕的加工 生氰糖苷主要存在于亚麻籽的壳和仁中，生氰糖苷本身不呈现毒性，但含有生氰糖苷的植物被动物采食、咀嚼后，植物组织的结构遭到破坏，在适宜的条件下（有水存在，pH=5 左右，温度 40～50℃），生氰糖苷经过与其共存的水解酶的作用，水解产生氢氰酸（HCN）而引起动物中毒。生氰糖苷的主要脱除方法有以下几种。

（1）水煮法脱毒 亚麻籽饼粕在足量的水中，其中的糖苷酶充分发挥效力，使生氰糖苷转化成 HCN 并得以释放，此法对亚麻籽粕的脱毒效果最好。控制水的温度在 80℃，加水量 10 倍，煮 120min。但此方法容易造成部分营养成分的损失和功能性质的变化。

（2）溶剂法 该法主要是利用极性溶剂对生氰糖苷的浸提作用，去除饼粕中的二糖苷。

（3）高压蒸煮法 在一定的温度下酶活性增加，便于生氰糖苷转化成 HCN，并使之释放，另外由于水蒸气的存在可以促进酶反应或提高其传送 HCN 的能力，同时高压作用也能使生氰糖苷及其他抗营养因子的化学结构受到破坏甚至失去毒性，从而起到脱毒的作用。

（4）挤压法 利用高温、高压、短时强烈挤压、剪切处理等，使生氰糖苷及其他抗营养因子的化学结构受到破坏甚至失去毒性，从而起到脱毒的作用。

目前亚麻籽饼粕的各种脱毒方法虽都可显著降低亚麻籽中生氰糖苷含量，但都存在一定的缺点。它们或者脱毒率不够高，或设备尚未完善，或者成本高，大部分加工工艺会影响亚麻籽中的营养成分，降低营养价值。

3. 亚麻籽饼粕的利用

（1）单胃动物 由于单胃动物不能利用亚麻籽饼粕中的亚麻籽胶，因此用量要控制，其中鸡尽量少用或不用亚麻籽饼粕，用量达 5% 时，即造成食欲下降，生长受阻。猪的饲喂量一般为育肥期 8%，母猪适当添加可预防便秘。

（2）反刍动物 各种反刍动物都可以利用亚麻籽饼粕，适口性好，可作为唯一蛋白质来源。

由于亚麻籽饼粕中含抗维生素 B_6 的物质，生产中使用亚麻籽饼粕应添加维生素 B_6。

（六）玉米胚芽饼粕

玉米胚芽饼粕（corn germ meal-so1）是以玉米胚芽为原料，经压榨或浸提取油后的副产品，又称玉米脐子饼。除极个别品种属于蛋白质饲料外，大部分产品属于能量饲料。

1. 营养特点 玉米胚芽饼为玉米湿磨后的胚芽，机榨而得；玉米胚芽粕为玉米湿磨后的胚芽，浸提而得。玉米胚芽粕中粗蛋白含量为 20.8%，粗脂肪 1%～2%，粗纤维 6.5%，氨基酸组成与玉米蛋白质饲料的水平相似；淀粉含量为 14.2%，灰分为 5.9%，矿物质及微量元素含量因加工工艺而异。

挂浆玉米胚芽粕是将玉米淀粉生产过程中产生的玉米浆（主要是少量可溶性糖类和可溶性含氮物质）回喷到玉米胚芽粕上，再经烘干制得。因此，其蛋白质较高，气味偏酸，适口性降低。

2. 玉米胚芽饼粕的利用

（1）单胃动物 由于玉米胚芽饼粕含有较多的纤维物质，因此对于单胃动物，如猪和家禽，饲用量应受到限制。仔猪不建议添加；生长育肥猪为控制背膘，适宜添加量为2%～8%；母猪1%～3%，并应注意其霉菌毒素问题；产蛋鸡不超过5%；肉仔鸡可不加，产蛋鸭不超过4%。

（2）*反刍动物*　玉米胚芽饼粕是反刍动物良好的能量补充饲料。添加量可达10%。

三、贮藏

（一）贮藏特性

常用的饼粕包括大豆饼粕、棉籽饼粕、油菜籽饼粕、亚麻籽饼粕等，其主要特点是富含蛋白质，但由于本身缺乏细胞膜的保护作用，很容易感染虫和菌，如果水分超过标准，相对湿度在75%以上，则易发生霉变，害虫主要是锯谷盗和蛾类等。此外，热榨饼还容易自燃，如果油菜籽饼粕水分低于5%，在运输或日光照射下，达到一定温度时也容易自燃。

（二）贮藏方法

仓库要特别注意防虫、防潮、防霉。入库前，可用国家允许使用的防虫剂灭虫，仓库铺垫也要切实做好，最好用糠作垫底材料。垫糠要干燥压实，厚度不少于20cm，同时要严格控制水分，最好在5%左右，棉籽饼粕、油菜籽饼粕含有毒素，可脱毒之后再贮藏。特别注意花生饼粕的通风、干燥保存，以防被黄曲霉菌污染。

第三节　制糖工业副产品

制糖工业是利用甘蔗或甜菜生产糖及对糖进行精加工的食品加工行业。我国糖消费主要依靠国内生产，糖产区相对集中。甘蔗糖产区以广西、云南和广东等南方地区为主，甜菜糖产区以新疆、黑龙江和内蒙古等北方地区为主。制糖产品除食糖外，还有大量工业副产品，包括甘蔗渣、甜菜渣和蜜糖等。

一、甘蔗渣

甘蔗渣是以热带、亚热带地区广泛栽培的甘蔗（*Saccharum officinarum* L.）为原料经机械压制提取蔗汁后所剩的纤维性废渣，一般产率为11.5%～13.0%。甘蔗渣的化学组成以纤维素、半纤维素和木质素为主，可用作反刍动物的饲料，但是，由于木质化程度高、质地粗糙坚硬、瘤胃降解率很低而限制了甘蔗渣的饲料利用。

（一）甘蔗渣的营养成分

甘蔗渣主要由纤维素、半纤维素和木质素三大部分组成，一般含粗纤维46.5%、木质素20%、粗蛋白1.9%，总消化养分（TDN）在30%左右（表7-8）。直接用甘蔗渣饲喂动物，其适口性和消化率较低，国内只限于用甘蔗渣来喂牛、羊等反刍动物，且用量限制在日粮的20%左右。为改善甘蔗渣的饲料品质，特别是改善纤维素的消化率，有必要采取适当的方法进行加工调制。

表 7-8　甘蔗糖加工副产品的营养成分及营养价值（熊本海和张宏福，2010）

饲料名称	饲料成分/（%，干基）								营养价值	
	水分 /%	CP	EE	CF	NFE	Ash	Ca	P	牛消化能 /（MJ/kg）	TDN/%
甘蔗渣	15.5	1.9	0.9	46.5	48.2	2.5	0.90	0.29	6.23	33.7
甘蔗糖蜜	27.3	4.3	0.7	0	83.6	11.4	1.19	0.11	15.36	83.2

注：CP. 粗蛋白；EE. 粗脂肪；CF. 粗纤维；NFE. 无氮浸出物；Ash. 粗灰分；Ca. 钙；P. 磷；TDN. 总消化养分

（二）甘蔗渣的饲料调制贮藏法

甘蔗渣的预处理加工方法类似于针对农作物秸秆等木质纤维素类粗饲料的加工方法，主要采用物理法、化学法、生物法及综合法等改善其饲用品质。物理法预处理的主要目的是通过改变原料的晶体结构来增加纤维素与酶的接触表面积，从而提高消化率。目前尚未确定一种公认的方法，但实用方法主要有蒸汽爆破法、挤压膨化法、碱化处理法、氨化处理法和生物发酵处理法等。

1. 蒸汽爆破法　蒸汽爆破法是目前国内外研究最多的预处理方法之一，其主要作用在于去除半纤维素。它将原料和水或水蒸气快速加热至 180～210℃，保持 5～10min 后，立即降压，高压蒸汽渗入至纤维内部，以气流的方式从封闭的空隙中释放出来，造成纤维发生一定的机械断裂；同时高温、高压加剧了纤维素内部氢键的破坏和有序结构的变化，游离出新的羟基，提高了纤维素的吸附能力，也促进了半纤维素的自水解及木质素的软化。处理过程常根据需要添加化学试剂，目前最常用的方法是使用酸催化的蒸汽爆破。蒸汽爆破法优点是能耗低，可间歇也可以连续操作，不存在环保或回收问题。

2. 挤压膨化法　挤压膨化法不仅可以达到类似于蒸汽爆破的效果，还不需要消耗蒸汽，有很好的连续生产性。由于在高温、高压下压力突然降低，物料体积迅速膨胀，纤维素晶体结构被破坏，因而易于纤维素的酶解处理，因此，挤压膨化法有着很好的发展前景。在巴西，将甘蔗渣置于间歇反应锅中，在高温（200～220℃）、高压（16～18kg/m^3）的条件下膨化处理 4～6min，可明显改善其消化率。

3. 碱化处理法　碱化处理是利用碱溶液处理蔗渣，使蔗渣细胞壁变松散，纤维素、半纤维素与木质素之间的化学键被打断，使纤维素和半纤维素等易被微生物进攻并利用。目前常用的碱液主要有 $Ca(OH)_2$、NaOH 等，一般用 2%～3% 的碱处理后，甘蔗渣的消化率可提高 20% 左右。

4. 氨化处理法　氨化有液氨氨化法、氨水氨化法和尿素氨化法。氨化处理蔗渣一方面可使木质素和纤维素之间的酯键断裂，纤维素部分水解膨胀，反刍动物瘤胃液易于渗入，从而提高蔗渣的消化率；另一方面氨化作用使氨吸附在秸秆上，氨随蔗渣进入反刍动物的瘤胃，其中微生物利用氨合成微生物菌体蛋白质。同时氨化处理蔗渣还可改善蔗渣的适口性，因而可提高动物对蔗渣的采食量和利用率。上述碱化与氨化处理并用可使甘蔗渣的粗蛋白含量和适口性明显改善，消化率可提高到麦秸的水平。

5. 生物发酵处理法　利用酵母菌、乳酸菌、食用担子菌等有益微生物处理甘蔗渣，使蔗渣部分降解成易于被动物体利用的糖类物质，同时通过微生物的代谢活动生成蛋白质、氨基酸、还原糖等营养物质，使处理后蔗渣的适口性、产品风味和营养价值得以明显改善。

一般在甘蔗渣中接种可利用纤维素类物质的微生物，如木霉、青霉等，对降解蔗渣纤维意义显著，同时若接种酵母菌等具有产单细胞蛋白能力的微生物，可提高蔗渣蛋白质等营养物质含量。研究表明，甘蔗渣的微生物固态发酵饲料生产和食用担子菌接种处理都能提高可溶性还原糖和粗蛋白含量及粗纤维的降解率，但该项技术尚未达到实用阶段。利用乳酸菌接种发酵处理时，要注意甘蔗渣的起始可溶性糖的含量，其起始可溶性糖含量在5%以上时才易获得高品质的发酵饲料。甘蔗渣：麸皮：豆饼（5：3：2）混合原料中加入20%甘蔗糖蜜生产微生物固态发酵饲料，其蛋白质和游离氨基酸含量分别比发酵原料提高了81.4%和83.2%，同时粗纤维的降解率提高了50.6%。

二、甜菜渣

甜菜（*Beta vulgaris* L.）属藜科甜菜属二年生草本植物，栽培种有4个变种，其中之一是作制糖原料的糖用甜菜。甜菜渣是糖用甜菜制糖工业的副产品之一，具有柔软多汁、营养丰富、适口性强、消化率高、价格低廉等优点，是家畜良好的饲料来源。新鲜甜菜渣含水量高，生产期集中，产量大，易腐败变质，而且甜菜碱含量高，易引起家畜中毒，因此需要适当的方法将鲜甜菜渣贮存或干燥处理，以备长期有效饲用。

（一）甜菜渣的营养成分

甜菜渣干燥物中粗蛋白含量为13.3%，粗纤维含量达20%以上，总消化养分（TDN）含量为75%左右，属碳水化合物含量高、适口性好、易消化的能量饲料之一，可作替代能量饲料的一部分。但是，由于鲜甜菜渣的生产周期短，水分含量高，另外含有甜菜碱成分，需要采取适当方法进行加工贮藏和合理饲喂利用。甜菜渣和甜菜糖蜜的饲料成分及营养价值见表7-9。

表7-9　甜菜及甜菜糖蜜加工副产品的营养成分及营养价值（熊本海和张宏福，2010）

饲料名称	水分/%	饲料成分/（%，干基）								营养价值	
		CP	EE	CF	NFE	Ash	Ca	P		牛消化能/（MJ/kg）	TDN/%
鲜甜菜渣	88.7	11.5	0.8	30.0	53.1	4.4	0.92	0.16		13.76	74.6
青贮甜菜渣	89.9	13.5	1.9	30.1	50.5	4.0	0.68	0.09		—	—
干甜菜渣	18.6	13.3	1.2	20.6	60.9	5.8	1.19	0.11		13.76	74.6
甜菜糖蜜	27.6	4.0	0	0	79.1	7.6	—	—		15.36	89.9

注：CP. 粗蛋白；EE. 粗脂肪；CF. 粗纤维；NFE. 无氮浸出物；Ash. 粗灰分；Ca. 钙；P. 磷；TDN. 总消化养分

（二）甜菜渣的饲料调制贮藏法

新鲜甜菜渣在糖厂附近可供直接饲喂利用，但因供应期短，生产期集中，产量大，易腐败变质，需要适当的方法将鲜甜菜渣贮存处理，以备长期食用。常用方法有青贮法或烘干生产干甜菜渣颗粒饲料。

1. 甜菜渣青贮　新鲜甜菜渣含有一定程度的可溶性糖类，经厌氧发酵可以改善甜菜渣的贮藏性和适口性。常用的方法是窖贮，也可以袋贮。可将甜菜渣脱水或与其他饲料原料混合，使含水量降至75%以下调制青贮。一般用10%～20%的干燥饲料与鲜甜菜渣混合调制青贮，排汁少，干物质含量高，适于直接饲喂反刍动物。将麸皮与甜菜渣按照4∶1比例混合，使水分调整至70%左右后调制的甜菜渣青贮，其发酵品质好，氨态氮浓度低，干物质损失率最少。

2. 干甜菜渣或甜菜颗粒加工　新鲜甜菜渣经压榨处理和快速干燥后得到干甜菜渣，再经压粒机可以制成甜菜渣颗粒。干甜菜渣或甜菜渣颗粒与鲜甜菜渣相比，运输方便，利于保存，但在自然干燥过程中营养成分损失较大。干燥甜菜粕可作为水分吸收剂在高水分青贮料中添加，可起到降低渗出液的含量及改善青贮发酵品质的作用。

三、糖蜜

1. 糖蜜的营养成分和特点　糖蜜是制糖工业副产品之一，有甜菜糖蜜、甘蔗糖蜜、柑橘糖蜜和木糖蜜等，在制糖过程中副产品生成量一般占原料加工量的2%～4%。其主要成分是蔗糖、转化糖等糖类，约占50%，还含有多种维生素、氨基酸及一些微量元素。糖蜜含有乳酸菌、酵母等发酵饲料用微生物繁殖的成分，是生产酵母的优选原料。糖蜜有甜味，适口性好，属能量饲料。糖蜜中灰分含量较高，为8%～10%，部分元素会超过动物的需要量，大量盲目饲喂易造成消化管渗透压不平衡而腹泻。甘蔗糖蜜和甜菜糖蜜的饲料成分及营养价值见表7-8和表7-9。

2. 糖蜜的加工和利用　糖蜜作为发酵工业中的碳源，除生产各类发酵制品外，主要是用作饲料和饲料添加剂。糖蜜中有糖分、多种维生素、氨基酸和一些微量元素，具有香甜性和黏性，常作为饲料添加剂，增加饲料的颗粒硬度和适口性，减少饲料粉尘，为家畜提供部分能源和可利用的碳，有利于提高反刍家畜瘤胃微生物的活性。添加糖蜜需要相应的加热、保温和喷雾等设备，也可以将糖蜜直接加入混合饲料中，添加量一般为3%～5%。糖蜜添加到青贮料中能为乳酸菌提供水溶性碳水化合物，可调制出品质好的青贮料，为难以青贮的低糖原料（如豆科牧草）创造了有利的青贮条件。添加量为2%～5%。

第四节　酿造工业副产品

酿造工业副产品是利用微生物或酶的发酵作用将谷物发酵生产酒类、饮料及酱油、醋等调味料的酿造过程中产生的副产物的统称。酿造工业是我国比较重大的工业产业，其副产品有酒糟、酱油糟和醋糟等多种。这些酿造糟类皆可作为能量和蛋白质补充饲料，但因原料、生产工艺、水分含量等不同，营养价值差异很大。

一、啤酒糟

啤酒糟是以大麦为原料，经发酵提取其籽实中部分可溶性碳水化合物酿造啤酒后的工业副产品。啤酒糟含有啤酒酵母，干啤酒糟中粗蛋白含量为22%～26%，粗脂肪含量高，无氮浸出物占40%以上，干啤酒糟可代替日粮中的1/3精料。酒糟的饲料成分及营养价值见表7-10。

表 7-10　酒糟的饲料成分及营养价值（熊本海和张宏福，2010；徐建等，2012）

饲料名称	水分 /%	饲料成分 /（%，干基）							营养价值	
		CP	EE	CF	NFE	Ash	Ca	P	牛消化能 /（MJ/kg）	TDN/%
鲜啤酒糟	74.3	26.8	8.9	16.0	43.6	4.7	0.28	0.54	13.0	70.6
干啤酒糟	8.5	27.1	9.8	16.4	42.3	4.4	0.21	0.50	13.26	71.8
白酒糟	10.7	14.3	3.1	24.2	32.0	10.1	0.27	0.30	—	—
DDGS 饲料	10.8	30.8	11.2	7.41	44.6	5.7	—	—	17.2	86.4

注：CP. 粗蛋白；EE. 粗脂肪；CF. 粗纤维；NFE. 无氮浸出物；Ash. 粗灰分；Ca. 钙；P. 磷；TDN. 总消化养分；DDGS 饲料 . 带可溶物的干酒糟饲料

鲜啤酒糟中含水分 75% 以上时，酒糟容易发霉，饲喂后可能会造成霉菌毒素中毒。鲜酒糟可直接出售给周围农民作饲料，但其含水率高，难运输，易腐败变质，对于量大而集中的大、中型酒厂很难从根本上解决问题。鲜酒糟过多时，根据水分加入干燥吸水原料，使水分含量在 65%～70% 时窖贮（类似青贮）。在国外用生物方法处理酒糟进行单细胞蛋白饲料的生产逐渐引起了人们的重视，即在啤酒厂内利用高性能脱水机将酒糟的水分降低至 65% 左右，添加乳酸菌和糖原料后装入便于装卸、包装、运输和保管的双层单向柔性袋子，并排气密封，在配送中和饲喂前发酵成易消化吸收的饲料。

为了便于长期贮存、运输和销售，在西方发达国家采用酒糟干燥处理工艺，即将鲜酒糟进行固液分离后，酒渣进行干燥，所得产品称为干酒糟；滤液进行蒸发浓缩、干燥，其产品称为干酒糟滤液，将两者混合则称为酒糟可溶物。用生产酒糟可溶物的方法处理酒糟，可彻底解决环境污染问题，产品得率高，饲用价值好，但设备投资和运行费用都很高，在中、小型企业难以推广。

鲜酒糟饲喂效果优于干酒糟，干酒糟的营养价值与麦麸相似，可代替部分蛋白质饲料。鲜啤酒糟因比重、有效能值低，粗纤维含量高，肉鸡、仔猪饲料中不宜使用。在育肥猪饲料中以啤酒糟提供饲料 50% 的蛋白质，增重及饲料效率不受影响，但须补充所缺乏的赖氨酸。啤酒糟过瘤胃蛋白质含量高，适用于反刍动物，可加大饲喂量，达到混合精料的 30%～35%，在肉牛饲料中可取代全部大豆。

二、白酒糟

白酒糟是以高粱、小麦、玉米、谷物等为原料经过蒸馏提取乙醇之后的残留物，是白酒生产的副产物。白酒糟中残存许多未能完全利用的营养物质，酿酒原料中的绝大部分蛋白质、脂肪、钙、磷等营养成分都保留在糟渣和糟液中。此外，还会增加酵母和活性因子等发酵产物。白酒糟量大且集中，如果不及时加以处理，就会腐败变质，不仅浪费了宝贵的资源，还会严重污染周围环境。

不同地区的白酒糟同一营养成分略有差异，其主要原因是受酿酒原料的品种、填充辅料的种类与质量、发酵工艺、生产季节等方面的影响。对四川具有代表性的大、中、小型酒厂的 9 个白酒糟样品的营养成分，按国家标准方法对其进行测定，结果显示，粗蛋白含量 14.3%～21.8%，粗脂肪含量 4.0%～6.9%，粗纤维含量高于 18%，属于粗饲料，因此白酒糟可作为粗饲料使用。

刚出窖的鲜酒糟酸度大（pH 为 4），水分含量高，易腐败变质，不利于保存和运输。随着酒糟产量逐年增加，而饲料工业对饲料原料质量要求的提高，将鲜酒糟作饲料直接饲喂的做法已不现实。为了提高酒糟饲料的质量，更方便地保存、运输，必须对鲜酒糟进行加工。常见的加工方法：鲜酒糟送入干燥设备进行干燥，之后经气流运输冷却后粉碎生产得到酒糟干粉；或干燥经过谷壳分离，分离出稻壳后得到带可溶物的干酒糟；或鲜酒糟不经过干燥，直接加入辅料、水，调节 pH，蒸煮后冷却，接种微生物，进行固态培养，烘干粉碎得到菌体蛋白。

干燥主要采用滚筒式热风直接干燥、蒸汽间接干燥、自然晾晒干燥 3 种方式。蒸汽间接干燥，干燥温度低，营养破坏少，产品色泽好，适口性好，质量相对优于直接热风干燥，但稻壳未能有效分离，致使其粗纤维含量高。自然晾晒干燥，营养物质及各种生物活性物质不易破坏，但受自然气候变化影响大，难以形成工业化大生产。酒糟烘干宜采用二级分段干燥的工艺，即一级干燥酒糟水分从 65% 降至 35% 左右，二级干燥将水分从 35% 降至 12%，这样解决了腐败变质和保存运输等问题。

酒糟蛋白粉，即含有可溶固形物的干酒糟。在以玉米为原料发酵制取乙醇的过程中，其中的淀粉被转化成产品，其他营养成分如蛋白质、脂质、纤维等留在酒糟中。同时由于微生物的作用，酒糟中蛋白质、B 族维生素及氨基酸含量均比原料有所增加，并含有发酵中产生的未知促生长因子。以干物质为基础，干酒糟的粗蛋白含量为 26%～33%，粗脂肪为 8%～12%，营养价值全，已成为国内外饲料企业广泛应用的一种新型蛋白质饲料原料，在畜禽及水产配合饲料中通常用来替代豆粕、鱼粉，添加比例最高可达 30%，并且可以直接饲喂反刍动物。

三、酱油糟

酱油糟是豆粕（黄豆）与面粉经米曲霉菌发酵，浸提出发酵物中的可溶性氨基酸、低肽和呈味物质后的废渣，酱油糟约占酱油生产量的 1/10。据分析，酱油糟渣中含有丰富的营养成分，粗蛋白、粗脂肪含量分别在 20% 和 10% 以上，但含盐量较高，不能长期饲喂或一次饲喂量过多，否则易引起食盐中毒。酱油糟的饲料成分和营养价值见表 7-11。

表 7-11　酱油糟和醋糟的饲料成分及营养价值（熊本海和张宏福，2010）

饲料名称	水分/%	饲料成分/（%，干基）							营养价值	
		CP	EE	CF	NFE	Ash	Ca	P	牛消化能/（MJ/kg）	TDN/%
鲜酱油糟	26.5	22.6	11.6	16.7	26.0	15.0	0.44	0.25	13.1	71.2
干酱油糟	12.0	25.5	18.0	14.5	28.5	11.5	0.21	0.50	15.1	81.8
黄醋糟	6.7	13.0	12.4	31.9	34.6	8.1	0.30	0.07	—	—
黑醋糟	4.0	10.8	13.1	41.2	25.1	9.8	0.31	0.07	—	—

注：CP. 粗蛋白；EE. 粗脂肪；CF. 粗纤维；NFE. 无氮浸出物；Ash. 粗灰分；Ca. 钙；P. 磷；TDN. 总消化养分

鲜酱油糟的水分含量一般为 26.5%，含盐量一般在 5% 以上，短期保存相对比较容易。但过高的含盐量会影响其利用，因此应进行脱盐处理，脱盐处理时的渣水比为 1∶

（1.4～1.6），纤维素酶添加量为360U/kg干酱渣，保温时间为45min，8000MPa压榨2h，压力为70 000MPa精压压榨1h，使酱油糟的盐分由20%降低到5%，水分由60%～80%降低到26%。酱油糟可作为基础培养基用以生产高蛋白质含量和高酶活饲料，如利用酱油糟（含盐量<2%）60g、醋糟35g、麸皮12g、尿素3g混合的固体培养基在自然pH、水分65%、温度30℃、堆积厚度2～2.5cm条件下培养40～42h，培养物的粗蛋白含量可提高10.5%～17.3%，综合酶活可达到12 000U/g左右。在日本，将酱油糟作为豆腐渣和啤酒糟混合青贮的水分调整材料添加，或在颗粒化配合饲料原料中按一定比例添加。

四、醋糟

醋糟是酿醋的主要下脚料，分为黄醋糟和黑醋糟。醋糟的成分和性质主要取决于酿造原料和生产工艺。醋糟中粗纤维含量较高，达到30%以上，还含有粗蛋白和粗脂肪等营养成分（表7-11），多用作反刍动物的饲料。由于鲜醋糟水分含量较高，不便于长期保存和长途运输。将鲜醋糟直接制成干醋糟粉，或者经过一定的加工工艺制成发酵醋糟粉，可长期保存，同时又提高了消化率。

醋糟以直接饲喂或发酵后饲喂方式用作饲料。利用酵母菌对醋糟进行发酵可获得粗蛋白含量为5%～40%的醋糟单细胞蛋白发酵饲料。醋糟经发酵后可在生长育肥猪饲料中使用，在生长前期添加16%，育肥后期添加20%，育肥效果较理想。由于反刍动物具有功能强大的瘤胃，可以直接饲喂醋糟，如在羔羊的精饲料中添加15%～25%的醋糟，可显著提高育肥效果。

第五节　其他工业副产品

一、薯渣

（一）马铃薯渣

马铃薯渣是以鲜薯为原料加工淀粉后的副产品。马铃薯渣中含有纤维素、果胶及少量淀粉和蛋白质等可利用营养成分，无氮浸出物含量丰富，可替代部分能量饲料。马铃薯渣的饲料成分及营养价值见表7-12。

表7-12　马铃薯渣的饲料成分及营养价值（熊本海和张宏福，2010）

饲料名称	水分/%	饲料成分/（%，干基）							营养价值	
		CP	EE	CF	NFE	Ash	Ca	P	牛消化能/（MJ/kg）	TDN/%
鲜马铃薯渣	83.7	6.1	0.6	16.6	74.2	2.5	0.16	0.10	12.7	69.0
干马铃薯渣	13.4	6.4	0.5	15.9	74.9	2.3	0.16	0.10	12.8	69.4

注：CP.粗蛋白；EE.粗脂肪；CF.粗纤维；NFE.无氮浸出物；Ash.粗灰分；Ca.钙；P.磷；TDN.总消化养分

马铃薯渣含水量高达80%，自带菌多达33种，不易贮存和运输，腐败变质后产生恶臭，造成环境污染。可用固态或半固态发酵的方法把鲜马铃薯渣制成蛋白质饲料，生产出的蛋白质饲料中粗蛋白含量显著提高，但其生产工艺复杂，投资高。也可将马铃薯渣脱水、干燥后直接加工成颗粒饲料，但能耗成本过高，增加企业负担。而利用青贮原理进行发酵处理是一个简便易行的加工方法。青贮时，可以接种丝状真菌（*Rhizopus oryzae*）或乳酸菌（*Lactobacillus rhamnosus*），以提高发酵效果。由于鲜马铃薯渣含水量高，青贮时易产生丁酸，影响青贮品质，因此青贮时可将马铃薯渣与玉米秸秆、麦秸、莜麦秸、花生壳、麸皮等混合，使混合后的原料含水量在60%～70%，可以显著提高青贮发酵的效果。马铃薯渣青贮具有较高的营养价值，可以作为反刍动物饲料的能量来源，在作为瘤胃微生物的能量来源方面不亚于蒸汽压片玉米。用马铃薯渣与玉米秸秆混合制作的青贮料饲喂肉牛能提高其瘤胃液中的氨态氮浓度；用混合青贮料替代肉牛饲粮中75%的玉米秸秆黄贮料，对肉牛增重、采食量等指标没有影响；而用混合青贮料部分或全部替代玉米全株青贮对泌乳牛的产奶量没有影响，同时还有提高乳脂率和乳糖的趋势。马铃薯渣与其他粗饲料、精饲料、矿物质、维生素和其他添加剂充分混合生产全混合日粮是一种满足动物营养需要，保证家畜所有采食的日粮都是精粗比例稳定、营养均衡的方法，值得推广应用。

（二）木薯渣

木薯被广泛应用于淀粉和乙醇等工业产品的加工，每加工1t木薯约产生700kg的鲜木薯渣，我国年产量约150万t。

木薯渣中非氮化合物的含量最高，达78.7%，其主要成分是可溶性淀粉化合物（如单糖和淀粉），是很好的碳源，也是一种廉价的能量饲料；木薯渣中含有多种对动物体有益的微量元素，但蛋白质含量极低（表7-13），粗纤维含量较高且难消化。鲜木薯渣含水分高（80%～90%），不易保存，1～2d就变成黄色或黑色，饲喂动物后常引起中毒。另外，鲜木薯渣直接饲喂家畜，因粗纤维含量高，适口性较差，所以木薯渣用作饲料的比例极低，大量的木薯渣被丢弃，造成资源的极大浪费，同时也成为重要的污染源。

表7-13　木薯渣营养成分（艾必燕等，2012a）

饲料名称	DM	CP	CF	Ca	P
木薯渣	90.0	4.42	10.48	0.56	0.04
发酵木薯渣	90.0	12.77	6.51	0.59	0.05

注：DM. 干物质；CP. 粗蛋白；CF. 粗纤维；Ca. 钙；P. 磷

木薯渣脱水干燥后可作为配合饲料的主要原料，但能耗成本较高。目前主要的加工方法是接种复合菌剂发酵处理，所用复合菌剂主要有黑曲霉、绿色木霉、根霉、米曲霉、产朊假丝酵母、啤酒酵母、枯草芽孢杆菌、发酵乳杆菌、植物乳杆菌和类干酪乳杆菌等。经过发酵处理木薯渣粗蛋白含量显著提高，且便于贮存和宜于饲用。加工后的木薯渣广泛应用在畜禽饲养中，效果良好，如在文昌鸡日粮中添加15%的发酵木薯渣粉，增重效果良好；在生长鹅饲料中添加20%的发酵木薯渣不会对其血液生化指标产生不良影响；而育肥肉牛日粮以青贮木薯渣为主，并在配合饲喂2kg/d精料的情况下，平均日增重可达0.591kg，饲养成本显著降低。

（三）红薯渣

我国是红薯种植大国，所产红薯块根 18%～26% 用于淀粉及其后续产品的加工，其副产品红薯渣的粗蛋白含量 5.26%、粗脂肪 0.38%、粗纤维 29.30%、淀粉 44.70%，由此可见红薯渣是一种淀粉含量丰富的能量饲料资源。

目前对红薯渣的加工处理主要采用固态发酵方法，通过接种混合菌株促进纤维素的降解和粗蛋白含量的提高。例如，用康氏木霉和酵母菌混合发酵，可使红薯渣的纤维素降解率达到 50.1%，粗蛋白含量高达 42.4%，使发酵后的薯渣营养品质得到显著改善。除固态发酵处理外，也可采用青贮方法对鲜红薯渣进行加工，方法是将鲜薯渣与吸收剂（如玉米秸秆等）混贮，含水量调整到 60%～70%，贮存于青贮窖或塑料袋内，调制成的红薯渣青贮饲料不仅饲用品质得到显著改善，还可以长期贮存不变质。

二、番茄渣

番茄渣是制番茄酱（汁）后的废弃物，主要由果皮、种子和残余果肉组成，皮籽合计含量达到 70% 左右。干燥番茄渣除含有丰富的粗蛋白和粗脂肪外，还含有可溶性糖、维生素、矿物质及纤维素等营养物质（表 7-14），可作为动物饲料加以利用。

表 7-14　番茄渣的饲料成分及营养价值（熊本海和张宏福，2010）

饲料名称	水分 /%	饲料成分 /（%，干基）							营养价值	
		CP	EE	CF	NFE	Ash	Ca	P	牛消化能 /（MJ/kg）	TDN/%
干番茄渣	8.0	22.5	10.3	26.4	74.2	5.5	0.43	0.60	10.14	58.0
番茄渣青贮	70.5	19.2	11.4	24.9	74.9	4.5	0.50	0.47	11.67	63.9

注：CP. 粗蛋白；EE. 粗脂肪；CF. 粗纤维；NFE. 无氮浸出物；Ash. 粗灰分；Ca. 钙；P. 磷；TDN. 总消化养分

一般鲜番茄渣的水分含量为 80% 以上，加之番茄渣又集中在秋季短期内大量产出，很难天然干燥达到安全贮存水平，易于发霉变质。人工干燥处理可提高番茄渣的保存品质，但为此所需要的设备和燃料投资使饲料成本显著增加。

国内外对番茄渣的青贮调制、干燥饲喂、全混合日粮（TMR）调制和饲喂等方面有很多研究报道，表明番茄渣的单贮、混贮或全混合日粮发酵饲料调制均能达到番茄渣的安全贮藏和利用目的。特别是番茄渣与玉米秸秆、麦秸、麸皮等其他农副产品或与紫花苜蓿干草、芦苇干草等以不同比例的混贮效果较为明显。在鸡的日粮中添加干番茄，可使其对干物质、氮、灰分、能量的利用率增加。奶牛日粮中添加番茄渣青贮饲料，可提高采食量、消化率及产奶量。但是，番茄渣的研究都以干燥粉碎番茄渣为原料进行饲料价值的评价，不能准确反映其营养素的消化利用。从番茄渣青贮中分离的皮籽未粉碎直接测定其干物质消化率，番茄籽的消化率只有 4.9%，全渣的干物质消化率在 30% 左右。因此，使用鲜番茄渣或番茄渣青贮时注意限量饲喂，以免出现可消化营养素的不足。

三、豆渣

豆渣是生产豆奶或豆腐过程中的副产品，是动物的廉价饲料之一，是较优质的蛋白质补充料。研究证明，大豆中有一部分营养成分残留在豆渣中，其粗蛋白含量可达25%～45%，此外，还含有脂肪、碳水化合物、钙、磷、铁等矿物质（表7-15）。鲜豆渣含水多，适口性较好，消化率高，适合鲜喂，与青饲料搭配饲喂效果更好。

表7-15　豆腐渣和豆奶渣的饲料成分及营养价值（熊本海和张宏福，2010）

饲料名称	水分/%	饲料成分/（%，干基）							营养价值	
		CP	EE	CF	NFE	Ash	Ca	P	牛消化能/（MJ/kg）	TDN/%
鲜豆腐渣	79.3	26.1	11.1	15.9	42.5	4.3	0.37	0.34	16.7	90.5
干豆腐渣	8.2	28.6	13.1	16.1	36.4	4.6	—	—	17.3	94.1
脱脂干豆腐渣	8.2	27.0	0.5	11.5	56.6	4.4	—	—	16.2	88.2
干豆奶渣	8.0	43.2	14.2	8.0	29.8	4.8	0.24	0.57	17.3	93.9
干脱脂豆奶渣	7.3	40.7	0.4	12.5	42.5	3.9	—	—	14.5	78.8

注：CP. 粗蛋白；EE. 粗脂肪；CF. 粗纤维；NFE. 无氮浸出物；Ash. 粗灰分；Ca. 钙；P. 磷；TDN. 总消化养分

一般豆腐渣含水量高达80%，豆腐渣易酸败，早期密封发酵是关键。豆腐渣可与其他饲料原料混合调制全混合日粮发酵饲料。豆腐渣中粗蛋白含量稍低于豆饼、豆粕，且质量也相对差一些，因此，应与其他饲料配合饲喂，以满足动物的营养需要。一般来说，日粮中鲜豆腐渣的使用量应控制在饲料总量的20%～25%，干豆腐渣在10%以下。

思考题

1. 简述小麦麸皮的营养特点及其加工利用方式。
2. 影响米糠安全贮藏的因素有哪些？
3. 榨油工业副产品有哪些？都有什么共同特点？
4. 棉籽饼粕常用的脱毒方法有哪些？如何合理利用？
5. 甘蔗渣的加工方法有哪些？
6. 简述薯渣类产品的特点及加工方法。

第八章　低毒牧草饲料的脱毒加工与贮藏

【内容提要】　低毒牧草饲料；致毒因子；低毒牧草加工；低毒饲料加工。

【教学目标】　了解牧草饲料中的致毒因子；掌握低毒牧草的脱毒加工方法；掌握低毒饲料的脱毒加工方法。

第一节　概　　述

一、低毒牧草资源状况

牧草饲料是动物的食物，而动物产品是人类的食物和食品工业的原料，所以牧草饲料是人类的间接食品，与人民生活水平和身体健康息息相关。然而，牧草饲料无疑是多种病原菌、病毒及毒素的重要的传播途径，如黄曲霉毒素。农药、兽药、各种添加剂等环境污染物中，有一部分物质通过牧草饲料危害畜禽，而且这部分物质在畜产品中的残留物对人体有害；有一部分物质虽然有利于促进畜禽生长和减少畜禽疾病，但在畜禽体内的残留物对人体有害。因此，如不逐级控制和减少有毒有害物质对畜禽产品的污染，由畜禽产品引起的公害给人类带来的隐患将是难以估量的。

二、去毒加工的重要性

牧草饲料中毒是指牧草饲料本身含有有毒物质，或因其加工调制、贮存、使用不当，而引起家畜中毒的现象。牧草饲料中毒是舍饲畜禽常见的中毒现象。在大规模集约化饲养的情况下，牧草饲料中毒给畜牧业生产带来极大危害。工业发展与大面积使用农药对环境的污染，更增加了家畜牧草饲料中毒的发生概率，有些牧草饲料中的有毒物质还可通过畜产品间接地危害人类健康。因此，对含有有毒有害物质的饲草饲料进行去毒加工，或进行科学的利用和贮存，化害为利，变废为宝，不但具有重要的经济效益，而且对保护人类健康也有重要的意义。

毒物本身的作用也是相对的，即毒物和无毒物很难划分，它们可以在一定条件下互相转化，都与内因和外因（如毒物的性质、吸收数量、进入机体的途径、速度及年龄、性质和个体特征等）有密切关系。因此，必须尽量了解毒物的性质，掌握发病规律和中毒条件，积极防治畜禽中毒。

三、家畜采食饲料中毒原因

（一）饲草本身含有的有毒有害物质

有些牧草中存在过量的硝酸盐、苷类、生物碱、单宁等化合物，如果不控制在安全水平以下，这些物质都会给畜禽带来毒性危害。例如，牧草或饲料作物由于施氮过多，或遇病虫害、逆境等，易积累硝酸盐，虽然硝酸盐毒性较低，但经还原性细菌转化为亚硝酸盐则对动物的毒性很大。亚硝酸盐是较强的氧化剂，可使动物正常的血红蛋白氧化成高铁血红蛋白，高铁血红蛋白的大量增加使红细胞丧失携氧功能，导致机体组织缺氧。另外，亚硝酸盐在一定条件下可与仲胺或酰胺形成强致癌物 *N*-亚硝基化合物。以下情况尤其要注意，因为它们有利于硝酸盐向亚硝酸盐转化：小火焖煮或潮湿堆放发热；反刍动物采食含硝酸盐过多的饲料。

高粱苗、木薯等植株中含有氰苷，氰苷本身没有毒，但通过植物酶或瘤胃微生物的酶解作用产生氢氰酸，氢氰酸对动物毒性极强。因氢氰根被动物吸收后，迅速阻断氧化过程中的电子传递，使组织细胞不能利用氧，发生细胞内窒息，引起脑、心血管等系统的机能障碍。

我国饲草种植管理还很粗放，很难做到测土施肥，随着饲养规模的扩大和养殖小区的发展，局部地块可能由于粪尿过多而氮含量超标；收割利用时期不很科学、规范，对于容易积累有毒成分的饲草种类或许未能避开含毒高峰期。以上不利因素都会增大有毒物质超标的可能性。

（二）环境污染产生的有毒有害物质

工业、矿业污染物如砷、铅、汞、镉、铬、铜、锌、硒、钼、氰化物、氟化物、3,4-苯并芘、多氯联苯，以及主要来自垃圾焚烧的二噁英等，它们能从多渠道渗透到饲草中。随着我国对食品质量安全的重视和打击力度的加强，已建立了有效的食品质量安全监测体系，迫使一些被污染地区的种植结构从粮食作物向饲料作物转移，饲草污染有毒物质超标的问题已有显现。同时，随着我国工矿业的快速发展，工、矿厂分布越来越广，特别是在一些偏远地区，牧草种植较多而环境管理不够严格，产生污染的可能性增大。另外，一些污染严重的土地，利用牧草进行生态恢复，其收获物也有可能被用作饲草产品的原料。

（三）病害产生的有毒有害物质

饲草在生长过程中感染某种病害，其病原菌会产生对动物有害的物质。例如，黑麦、燕麦、雀麦、鹅观草等禾本科牧草的麦角病，分布遍及世界各洲，在我国发生也很广泛，三北地区的草原牧区屡有报道。麦角菌（*Claviceps purpurea*）中含有麦角素，动物食用混有麦角的饲草产品可引起微血管收缩、神经痉挛等中毒症状，轻者引起流涎、麻痹、昏睡或流产，重者可急性致死。由多种镰刀菌（*Fusarium*）引起的以禾本科植物为主的赤霉病，其病原菌产生单端孢菌毒素（trichothecene）和玉米赤霉毒素（zearalenone），动物采食后会发生胃肠炎、皮肤炎或流产等毒害症状。由豆类丝核菌（*Rhizoctonia leguminicola*）引起的豆科牧草黑霉病，其病原菌产生的真菌毒素流涎胺会使家畜发生流涎症。

（四）内生菌等产生的有毒有害物质

植物内生菌对植物来说本身并非病害，感染内生菌的植株反而具有生长快、抗逆境、抗病害、抗动物危害等优点。但作为饲料，对动物可能会造成危害。例如，高羊茅植株内的内生真菌 *Acremonium coenophialum*，产生麦角生物碱，干扰家畜循环系统，影响其健康和生产能力，主要表现在家畜增重差、产奶少、受胎率下降、不耐热、体温升高等症状。据估计，美国肉牛业由于受羊茅内生真菌侵染，每年损失 60 多亿美元。另外，绵羊食用植物内生菌 *Acremonium lolii* 侵染的多年生黑麦草后，常发生蹒跚病。据估计，新西兰因受绵羊蹒跚病影响，畜牧业每年损失4亿多美元。

（五）加工贮藏不当产生的有毒有害物质

产品加工不规范、贮藏不合格，容易引起发霉变质。霉菌有的是病原菌，有的引起动物过敏，而有的则产生毒性极强的霉菌毒素，如黄曲霉毒素等，对动物和人都有毒害作用。黄曲霉毒素被动物采食后，迅速被胃肠道吸收，在肝脏中的浓度最高，所以肝脏的受害最严重，损害动物的肝脏组织，破坏肝脏功能。肝脏为机体重要的免疫器官和代谢器官，一旦受损会导致机体的免疫系统损害，动物容易感染疾病，发病率上升；全身性出血、消化机能障碍和神经症状。另外，黄曲霉毒素是目前发现的最强致癌物之一，其中黄曲霉毒素 B_1 的致癌作用比二甲基亚硝胺大75倍。

对饲草进行加工处理时，添加剂等使用过量或分布不均等造成添加物浓度过高或形成新的物质而对动物产生毒害作用，如氨化饲草，若产品中含氨过多对动物有毒。对糖含量高的饲草进行氨化，还有可能产生新的有毒物质而危害家畜。

（六）病原微生物

病原微生物如沙门氏菌、李斯特菌、致病性大肠杆菌等，动物采食被浸染的饲草产品，会直接发病，有的还会通过多种途径传染其他动物或人类。

（七）农药残留

对于我国来说，饲草生产还较为粗放，杀虫剂、杀菌剂、除草剂等农药的使用不太普遍，用量也不大，一般不会出现残留危害。但一些农业副产物作为饲草产品的原料，个别指标超出标准的可能性不能完全排除。

（八）有毒植物的混入

有毒有害植物在天然草地广泛分布，据报道，我国共有238种，如小花棘豆、狼毒、乳浆大戟、龙葵、天仙子等，它们分属45科127属。在不同地带的草地上，由于自然条件的不同，其分布和数量不尽相同。在有毒植物生长较多的草地上，如果在草地管理中未能进行有效防除，或在收割、加工时又缺少挑选，当这些有毒有害植物混入比例较大时，其产品会对家畜的健康和生产能力，甚至生命本身造成危害。

（九）其他因素

虫害也会造成饲草产品营养损失或产生毒素，对动物生产和健康造成危害；新技术带来的可能危害也是饲草产品质量安全关注的焦点之一，如转基因饲草产品被用作动物饲料，它们对动物及吃食动物产品的人类和周围环境是否安全的问题；为了提高产品的表观品质或“改善”产品的颜色、气味等，人为添加对动物或人有害的物质。

四、有毒有害杂草的检验方法

饲草产品质量检测是饲草饲料工业生产中的重要环节，是保证饲草产品质量的重要手段，其主要任务是研究饲料产品的物理组成和含量，即采用物理或化学手段对饲草产品的物理性状、营养成分、抗营养因子、有毒有害物质和添加剂等进行定性或定量分析，从而对检测对象进行客观的品质评定。

饲草产品通常采用的检测方法有如下几类。

（一）感官检测法

感官检测法属于经验鉴定，是凭借检验者的感官来检测饲草产品质量的方法。要求检测者平时注意观察各种饲草产品，充分了解和掌握不同饲草产品的基本特征。采用感官检测可实现快速、准确地判别饲草产品的质量优劣。

（二）物理检测法

1）容重法：通过测量容重并与标准容重相比较，可鉴别饲草产品是否含有杂质或掺杂物。

2）筛分法：将原料过各种大小（如10目、20目、30目等）的筛子，观察其粒度和掺杂物的种类及比例等。用这种方法能分辨出用肉眼看不出来的异物。

3）相对密度鉴别法：将饲草产品放入相对密度不同的液体内，根据其沉浮情况来鉴别有无异物混入、异物的种类和大概比例。

（三）显微镜检测法

显微镜检测法现已成为一种独立的检测方法，是利用显微镜观察饲草饲料的外观、组织或细胞形态、色泽、硬度及其不同的染色特性等，并借助化学或其他分析方法来鉴定饲草饲料原料种类及异物的方法。镜检的方法有两种，最常用的是使用体视显微镜，放大倍数在7～40倍，通过观察样品的外部特征进行鉴定。另一种是使用生物显微镜，放大倍数为50～500倍，可通过观察样品的组织结构和细胞形态来进行鉴定。

（四）微生物学检测法

当饲草产品贮藏不当或时间过长，会导致各种细菌或霉菌繁殖，品质也随之降低。为保证饲草产品的质量，就必须进行微生物学检查。利用培养基培养后以肉眼或显微镜观察，可确定微生物的种类和个数。根据检查结果来判断饲草饲料的质量优劣，对于污染严重的饲草饲料严禁饲喂畜禽。

（五）动物实验检测法

采用动物实验法可对牧草饲料质量做出充分鉴定。动物实验方法很多，通常有饲养实验、消化实验、代谢实验、适口性实验及有害程度比较实验等。但动物实验要花费许多劳力、时间和费用，不能普遍使用。

（六）化学分析检测法

1）定性分析：在饲草饲料中加入适当的化学药品，根据所发生的颜色反应，或是否有气体、沉淀产生等来判断其主要成分是什么，是否混有异物。

2）定量分析：用定量分析法来检测牧草饲料原料的化学成分，根据其成分含量与标准做比较来评价其质量，看是否有异物存在，并给牧草饲料配合提供可靠数据。通常需检测的是水分、粗蛋白、粗纤维、粗脂肪、粗灰分、无氮浸出物、钙和磷等常规成分。除常见成分外，对某些原料还要根据其特殊性质进行相应的检测。

（七）近红外光谱法

近红外光谱法（NIRS）是利用近红外漫反射光谱对饲草饲料进行检测，是一种无损检测技术。近红外光谱法不仅能测定饲草饲料中的常规成分，如水分、粗蛋白、粗纤维、粗脂肪和粗灰分，还能测定饲草饲料中的微量成分，如氨基酸、维生素和有毒有害物质。该技术本身在精度上不及化学分析法，其分析的准确性主要受所用仪器、采用的定标方法、饲草饲料品种等因素影响，但不同等级同类饲草之间存在的只是该方法带来的系统误差，因而具有相对可比性。

第二节　饲草饲料中有毒有害成分

一、牧草中主要有毒有害因子

（一）苷类

1. 氢氰酸　氢氰酸是毒性最大、作用最快的常见毒物，在植物中主要是以氰苷（或称产氰糖苷等）形式存在，也以游离形式存在。当植物组织被损害或腐烂时，在反刍家畜瘤胃内，水解后产生氢氰酸（HCN），牧草饲料中的氢氰酸含量达到一定量时，即引起畜禽中毒。氰苷在植物界分布很广，特别以蔷薇科植物为最，其次为禾本科、豆科、忍冬科等。最常发生中毒的植物有高粱的苗、叶及其糠，亚麻子饼、亚麻穗和蕾，杏、桃、李、梅、樱桃、枇杷等的果仁和叶，三叶草、南瓜叶、棉豆、未成熟的竹笋、黑接骨草、紫杉、水麦冬、木薯等植物。能引起中毒的氰苷有亚麻苦苷、甲基亚麻苦苷、野樱苷、黑接骨木苷、水麦冬苷、紫杉菲苷等。

2. 芥子苷　芥子苷又称硫代葡萄糖苷，油菜籽饼的有毒物质为硫代葡萄糖苷和芥酸。硫代葡萄糖苷本身是非活性物质，但在不同的处理条件下，细胞遭到破坏后在酶的作用下裂解生成多种有害物质。其主要成分有噁唑烷硫酮、硫氰酸酯、异硫氰酸酯等。芥子苷广泛存在于十字花科、白花菜科等植物的叶、茎和种子中。含硫代葡萄糖苷的饲料作物可分为两大类：一是白菜、甘蓝、萝卜和芜菁等，二是油菜、芥菜的籽实、角皮、茎叶。

3. 皂苷　皂苷又称皂角苷、皂素，如苜蓿皂苷、大豆皂苷、甜菜皂苷等。由甾体化合物或多环的三萜为苷元与寡糖的羟基组成的苷，是一种无定形粉末或结晶，吸湿性强、易溶于水，其水溶液带有辛辣味，振荡时能产生大量持久性泡沫，对皮肤和黏膜有刺激作用，可引起炎症，能溶解红细胞。皂苷味苦，含有皂苷的牧草饲料多具苦味和辛辣味，适口性差，如果喂量过大，草食家畜易患臌胀病。皂苷广泛存在于植物的叶、茎、根、花和果实中。饲用植物如大豆、花生、莱豆、羽扇豆、豌豆、鹰嘴豆、苜蓿、三叶草、油菜籽饼及甜菜中均含有皂苷。植物中皂苷含量和生长环境温度有关，也和生长季节有关。各种饲用植物如苜蓿、大豆、油菜籽饼、羽扇豆中的皂苷均为三萜皂苷。

4. 龙葵苷　龙葵苷又称马铃薯毒素或茄碱，多存在于茄科植物中，如马铃薯块茎及其茎叶中。一般成熟的块茎内含量为0.004%，而未成熟、青紫、发绿及发芽马铃薯中，龙葵苷含量高达0.5%，绿叶中仅含0.25%，花0.7%，薯皮1.0%，发芽后的芽内可达4.7%。生产中饲喂龙葵苷含量高的马铃薯，常发生中毒现象。

（二）硝酸盐及亚硝酸盐

许多青绿牧草和树叶类饲料等都不同程度地含有硝酸盐。新鲜的十字花科叶菜中NO_3^-

含量高达2000mg/kg。牧草中含有的硝酸盐，对畜禽毒性较低，但转化成亚硝酸盐后毒性增大，而致使畜禽中毒。牧草中的硝酸盐在一定条件下可转变成为亚硝酸盐：饲草饲料经害虫危害、家畜踩踏或在堆放过程中组织结构被破坏的情况下，当外界温度、湿度达到一定范围时，还原性细菌即把硝酸盐变为亚硝酸盐；饲料在小火焖煮或潮湿堆放发热的情况下促使硝酸盐转变为亚硝酸盐；反刍动物食入的牧草饲料搭配不合理，含硝酸盐饲料太多时，也可在瘤胃中被瘤胃微生物转化成亚硝酸盐，而大量蓄积。

土壤养分种类及含量，特别是重施过氮肥的土地，施用过除草剂（2,4-D），干旱，虫害，日照不足，土地缺乏铜、铁、钼、锰等元素等因素，都将影响牧草饲料中硝酸盐及亚硝酸盐的含量。

（三）生物碱

植物中存在一些呈碱性的含氮有机化合物，多以有机盐的形式存在，其中有些具有显著生理效应的称为生物碱。游离的生物碱一般不溶或难溶于水，易溶于有机溶剂，如醇、醚、三氯甲烷（氯仿）等，而其无机盐或小分子有机酸却溶于水。生物碱大都具较强的毒性，如曼陀罗、毒芩、白屈菜等有毒植物所含的乌头碱、毒芹碱；有的生物碱有剧毒，少量即可致死；多数生物碱具有强烈的生物效能，可作为药用，如吗啡是最早使用的一种镇痛剂。生物碱分布于100多个科的2000多种植物中，主要存在于罂粟科、茄科、毛茛科、豆科、夹竹桃科、马钱子科、茜草科、石蒜科、百合科、麻黄科和水松科等植物中。同科植物具有相同的生物碱，近缘植物含有类似的或者是相同的生物碱。同类植物的不同器官（根、茎、叶、花、种子）和不同植物之间，生物碱的含量不同，并随季节的变化和地区不同而异。

（四）单宁

单宁又称鞣质，是广泛存在于各种植物组织中的一种多元酚类化合物。植物单宁的种类繁多，结构和属性差异很大，目前很难给出其准确定义。但通常将其分为可水解单宁和结晶单宁两大类。谷物饲料中高粱的单宁含量较高，据孙采云（1993）报道，中国高粱（3039个样品）的单宁平均含量为0.982%，变幅为0.03%～3.274%，其中南方和干燥地区的高粱品种中单宁含量逐渐增加。高粱单宁主要存在于其种皮和果皮中，且含量与种皮的颜色呈正相关。此外，大麦和谷子中也含有少量单宁。植物单宁含量与土壤肥力有直接关系。

羽扇豆、蚕豆和香豌豆等豆科籽实及红豆草、百脉根、胡枝子和沙打旺等豆科牧草中均有较高的单宁含量。各种植物中的单宁不但含量不同，而且种类也有差异。高粱、红豆草、百脉根和胡枝子中主要以结晶单宁为主，栎树叶、茶树叶和角豆中主要以可水解单宁为主。一般幼嫩枝叶中单宁含量较高，且以可水解单宁为主，成熟果实及落叶中的单宁含量下降，大部分聚合为结晶单宁。即使同是结晶单宁，其组成成分也有很大差异，如百脉根单宁的相对分子质量为6800～7100，飞燕草色素与花青素之比为77∶23；红豆草单宁相对分子质量较大，为17 000～28 100，飞燕草色素与花青素之比为81∶19。

（五）植酸

植酸是植物体内磷和肌醇的主要存在形式，在植物体内，能被水解为磷酸和肌醇。在谷实类、豆类中的总磷中植酸态磷占30%～70%；糠麸类中的比例更高，有的可达80%；青绿饲料、干草、秸秆中不含植酸磷。精饲料中的大部分磷是以植酸磷的形式存在。除反刍动物有条件利用外，单胃动物对植酸磷的利用率很低。植酸不但自身难以被消化吸收利用，而且作为配位体还可与锌、镁等金属离子络合成难溶物质，形成矿物质、微量元素的抗营养物质。不仅如此，植酸态磷经由动物消化道排出体外也构成养殖业对环境的磷源污染。对此问题从20世纪80年代起，许多先进国家从环保的角度通过植酸酶的应用，在提高饲料中植酸磷利用率的同时也减轻了畜禽排污对环境水质的污染。现已知植酸酶通过催化、水解反应，可将磷从植酸中释放出来，而且植酸的水解能去除其对矿物质、蛋白质等的拮抗作用。随着生物技术与发酵工程的迅速发展，植酸酶的开发利用已成为现代研究的热点。

植酸广泛存在于植物体中，其中禾谷类籽粒和油料种子中含量丰富，在块根、块茎、茎和花中基本不含。植酸在禾谷类果实中分布不均匀，主要以特殊的形式存在于种子中；小麦和稻谷的胚乳中没有植酸，而果实的糊粉层及米糠中植酸含量很高，稻谷中80%的植酸存在于米糠中，玉米中90%的植酸集中在胚芽中；双子叶植物种子，包括油籽，植酸遍布于亚细胞内溶物，即所谓“球状体”；大豆中植酸虽与球状体有关，但不存在特殊的部位，豆科植物的植酸分布在整个种子的蛋白质络合物中。

（六）胰蛋白酶抑制因子

在自然界已发现数百种蛋白酶抑制因子，其中对动物营养最重要的是胰蛋白酶抑制因子。胰蛋白酶抑制因子中又以Kunitz胰蛋白酶抑制因子和Bowman-Birk胰蛋白酶抑制因子最为重要。胰蛋白酶抑制因子主要存在于大豆、豌豆、菜豆和蚕豆等豆类籽实及其饼粕中。Birk（1989）报道，Kunitz胰蛋白酶抑制因子主要存在于大豆中，而Bowman-Birk胰蛋白酶抑制因子主要存在于菜豆和豌豆中。大豆中Kunitz和Bowman-Birk胰蛋白酶抑制因子的平均含量分别为1.4%和0.6%。

（七）光过敏物质

光过敏物质是一种对阳光具有特殊作用的红叶质，当家畜大量采食后，光过敏物质被吸收进入血液，在阳光下，白色皮肤的家畜则积聚太阳光能而破坏血管壁，引起皮疹，同时中枢神经系统和消化器官也发生障碍，如荞麦、苜蓿、三叶草等植物中均或多或少地含有一些光过敏物质。

（八）蓖麻素

又称蓖麻蛋白及蓖麻碱等，主要存在于大戟科蓖麻中，如不予处理，饲喂量过大时会导致家畜中毒。

二、饲料中主要有毒有害因子

饲料中有毒有害物质的种类很多，目前知道的有50余种。按其来源划分，可分为天然有毒有害物质、次生有毒有害物质和外源性有毒有害物质；按其性质划分，可分为有机有毒有害物质和无机有毒有害物质。有机有毒有害物质主要包括饲料中天然的有毒有害物质如棉籽饼粕中的棉酚等，次生性的有毒有害物质，病原微生物如沙门氏菌等和有机农药（六六六、DDT）等。无机有毒有害物质主要包括铅、砷、汞、硒、镉、钼等。动物食入有毒有害的饲料，引起动物性产品质量和产量下降，严重者引起动物死亡；并且，残留于动物产品中的有毒有害物质还可通过食物链对人类的身体造成危害。

（一）饲料中有毒有害元素——铅

植物中的铅主要来源于土壤和工业污染。一般情况下，植物饲料中铅的含量都较低，一般在0.2～3mg/kg。工业污染是造成植物饲料含铅量上升的重要原因。饲料中铅的含量依土壤中铅含量的不同而变化，其变化范围较大，豌豆中铅含量为1～12mg/kg，玉米为0.2～0.34mg/kg，从工业区收获的牧草含铅量为0.3～1.5mg/kg。某些矿物饲料及鱼粉中，往往含有较高水平的铅。石粉、磷酸盐等矿物质饲料由于产地不同，铅含量变化较大，可以从每千克矿物质饲料含几毫克到几百毫克。骨粉及肉骨粉也可能含有较高的铅，因为动物的铅主要沉积在骨骼中。海水污染较严重区域的鱼制成的鱼粉中，含有较高水平的铅。而目前中国配合饲料中铅水平一般较低，除非使用铅含量较高的饲料原料。

动物长期摄入铅，在齿额边缘可见到“铅线”，它是深灰或蓝黑色带状或不规则的斑块，多出现于齿龈边缘，在齿龈发炎部位特别明显，铅中毒在临床上以消化障碍和神经机能紊乱为特征，多见于犊牛、羊、成年牛和猪，鸟类也可中毒。它可分为急性和慢性两种，动物急性中毒现象少见，大多为慢性和亚慢性中毒，牛以神经症状为主，羊以消化道症状为主。

在铅污染的土壤中，可通过施用石灰、磷肥等改良剂，降低耕地土壤中铅的活性，减少作物对铅的吸收；控制原料中铅的含量，特别是高铅地区的饲料和高含铅饲料，是减少配合饲料中铅含量的有效方法。对直接接触饲料的容器、导管等镀锡和焊锡中的铅含量应加以限制。

（二）饲料中有毒有害元素——砷

生物体内都含有微量的砷。多数陆生植物的自然含砷量在1.0mg/kg，豆类为0.02～0.56mg/kg，蔬菜类为0.001～0.039mg/kg，木本植物为0.03～0.78mg/kg，海洋植物含砷量很高，如海藻为17.5mg/kg，海带为56.7mg/kg。

大量摄入无机砷致急性中毒，表现为严重的胃肠炎。动物突然表现痛苦，病畜呻吟、流涎、呕吐、腹痛不安、胃肠膨胀、腹泻、粪便恶臭，口腔黏膜潮红、肿胀、齿龈呈黑褐色，有蒜臭样砷化氢气味。表现兴奋不安、反应敏感，随后转为沉郁、衰弱乏力、肌肉震颤、共济失调、呼吸促迫、体温下降、瞳孔放大，经数小时乃至1～2d，由于呼吸或循环衰竭而死亡。许多动物，特别是牛和绵羊，除沉郁和衰竭外，很少表现其他症状，在肠炎症状出现前死亡。如果摇动动物，腹内有液体的声音。病畜于发病后的3～4h死亡，一般先发生阵挛性惊厥和腹泻。

慢性中毒主要表现为消化机能紊乱和神经功能障碍等症状。病畜消瘦、健康不佳、生长不良、发育停滞、被毛粗乱逆反、容易脱落、精神不振、食欲反复无常，发生不能解释的一种消化不良。结膜和可视黏膜常发红，可发生眼睑水肿和结膜炎。颊黏膜出现红斑并伴有溃疡，溃疡可扩展至口鼻部。乳牛的产奶量严重下降，可能发生流产或死产。如果只有局部皮肤损害，则最初可见充血，随后发生坏死和皮肤脱落。患部愈合极慢。四肢乏力，以致麻痹，皮肤感觉减退。在猪和羔羊砷慢性中毒时，临床症状局限于神经系统。

为了预防砷污染，应对含砷的烟尘、废水和废渣进行回收处理。在旱田土壤中大量施用堆肥，可降低可溶性砷的浓度。在土壤中施加各种铁、铝、钙、镁的化合物可使砷生成不溶性物质而加以固定，从而减少植物从土壤中吸收砷。应合理使用含砷农药，尤其注意施用量及收获前的安全间隔期，以减少含砷农药在作物中的残留。为防止配合饲料中砷对动物的危害，应严格控制原料，特别是可能砷含量较高原料中的砷含量。此外，可根据砷与其他元素和基团的作用，减少氧化砷形式的砷，阻碍砷的吸收，增加其排泄过程。动物消化道吸收的主要是五价砷，饲料中添加还原性维生素C，可促使五价砷还原为低价砷，减少其吸收率。在动物体内，三氧化二砷可与硫化氢反应生成毒性较低的硫化砷，故在饲料中添加适量的可吸收的硫化物，是缓和砷中毒的一种方法。此外，增加半胱氨酸的含量也可以与三价砷结合成络合类的砷。利用碘、硒、锌与砷的作用，在砷含量过高的日粮中添加适量的硒、锌、碘有利于促进砷危害的缓解。

（三）饲料中有毒有害元素——汞

植物中都含有微量汞，其自然含量一般为1～100μg/kg。木本植物含汞量较高，其次是粮食作物和叶菜类，块根、块茎类含汞量较低。汞在植物各部位的含量是根＞茎、叶＞籽实。普通土壤中的植物一般不富集汞，但如用含汞废水灌溉农田或作物施用含汞农药，可使作物含汞量增高。尤其是用含汞农药作种子消毒或作物生长期杀菌时，粮食中汞的污染可达相当严重程度。水体的汞含量一般很低，但通过水生生物的富集作用和食物链；可在鱼、虾、贝的体内蓄积。被污染的鱼类是人类食物中汞的主要来源。中国沿海地区也有用鱼、贝类来饲喂鸡、鸭或以鱼粉、粗制鱼肝油饲喂家畜，可由于汞污染引起中毒。

汞对动物的毒性很大，家畜家禽都对汞敏感。反刍动物，特别是犊牛和母牛，易感性最高，犬、猫也比较敏感，猪可发生自然中毒，禽、马的抵抗力较大。动物汞中毒以神经症状为主。幼畜进行性消瘦、厌食、生长阻滞，动作不协调，无目的地行走、失明、空嚼、呆滞、昏睡状态下死亡。有些动物皮肤发痒、啃咬皮肤、擦痒、疹痒等，继而皮肤增生，脱毛和皮屑增多。长期摄入含汞化合物，由于汞由唾液腺排泄，形成汞的硫化物，对黏膜有刺激腐蚀作用，可引起齿龈红肿及出血，口腔黏膜充血、上皮细胞坏死以致形成溃疡。有时齿龈可见到排列成线状的蓝黑色硫化汞细小颗粒沉着，称为汞线。这是机体吸收汞的标志之一。为了控制汞污染，工业上防止汞的挥发和流失，农业上目前已禁止使用含汞农药，反刍动物和貂应尽量避免使用含汞消毒剂或含汞药物。对含汞的废气、废水、废渣应加强管理和控制，严格控制排放标准。对农田进行污水灌溉和施用污泥、废渣时，应加强汞的监测，制定污灌水、污泥和废渣的使用标准，严格执行防止污染的管理制度。对已污染的农田，适当多施有机肥料，以降低汞的活性。施用氮肥时，最好施用硫酸铵肥料，以利于生成硫化汞而固定于土壤中，减少作物中汞的含量。配制动物饲料时，原料的选择要严格执行规定的汞允许量标准。超过允许量的饲料不能饲喂动物。

（四）饲料中有毒有害元素——硒

硒以硒酸盐、亚硒酸盐或有机态硒被植物吸收。被植物吸收的硒主要结合在蛋白质中，并且以硒代甲硫氨酸的形式占优势。硒在植物体内的含量分布是根＞茎＞叶＞籽实。植物体内都含有硒，一般作物（谷类、叶菜类）的含硒量为0.05～0.20mg/kg。在富硒地区生长的作物与牧草，含硒量也相应增高。许多植物，尤其是生长在干燥地区的植物能从土壤中积累硒。专性蓄硒的植物有黄芪属植物及茳草等，可将它们称为硒指示植物，它们在生长时需要硒，含硒高达15 000mg/kg。

配合饲料中硒的含量主要受植物饲料原料硒水平的影响，低硒带生产的饲料原料，致使配合饲料缺硒，高硒带生产的饲料原料致使配合饲料硒含量高。由于中国绝大多数地区都属于贫硒或缺硒地区，因此，配合饲料中添加含硒物质已成为饲料配方的常规考虑。目前硒的添加剂主要有硒酸钠、亚硒酸钠、硒胱氨酸和硒甲硫氨酸等。但有时使用不当或滥用硒添加剂也会造成硒中毒。

家畜摄入过量硒引起的硒中毒，根据摄入硒的量、硒化物的类型及接触的持续时间等的不同，在临床上可分为急性、亚急性和慢性中毒3种类型。急性及亚急性硒中毒引起的死亡，一般可归因于肺水肿及肺出血引起的呼吸机能不全。慢性硒中毒时，虽然病畜可表现软弱、跛行、失明及消瘦，但死亡并非直接由任何代谢性损害所致。慢性中毒症状主要由于每天吃含少量硒的谷物和牧草而致病。每天超过5mg/kg即可患病，产生病变的饲料中硒与指示植物中所含易溶解的硒不同，它们与植物蛋白相结合而较难溶于水。临床症状为马的长鬃和尾毛、牛的尾根部长毛脱落，被毛粗乱，呆滞和缺乏活力、消瘦、食欲下降。天气寒冷时，四肢末端血液循环紊乱。导致四肢下部、蹄脚和尾尖冻伤。蹄冠下部出现环状坏死，严重者裂口很深。马可能蹄壳脱落。牛虽可保留，但常常生长过长和变形。由于指骨关节面糜烂，跛行明显加重。病畜常患贫血。猪表现背部脱毛和蹄壳生长不良。鸡不直接受影响，但蛋的孵化率降低，雏鸡多畸形（无眼、无喙、缺翅或两足异常），生活力低。

高蛋白饲料对硒中毒具有保护作用，如亚麻籽油饼粉含酪蛋白较多，可使中毒减轻，硒的毒性还可因食物中含砷、银、汞、铜、氟等元素而大大降低。猪、鸡饲用高铜饲料可防止硒中毒。已经证实汞、铜、氟在肠道内可与硒形成无毒化合物。砷剂已用于猪、犬、鸡、牛硒中毒的防治。亚砷酸钠和砷酸钠效果相同，可通过用含量0.01%～0.02%对氨基苯砷酸日粮喂猪，预防含硒在10mg/kg以下饲料的毒性作用。在高硒地区可施酸性肥料、含硫化合物，因在酸性条件下硒与硫形成复合物，硫可阻止硒进入动物组织内，因而可起预防硒中毒的作用。

（五）饲料中有毒有害元素——镉

正常情况下，植物性饲料中镉含量都很低，不超过1mg/kg，不会给动物带来危害。但随土壤pH降低，有些植物对镉有选择性吸收和蓄积能力，如苋菜、芜菁、菠菜等对镉有较强的吸收能力。植物不同部位吸收和累积镉的量也存在差异，一般是新陈代谢旺盛的器官蓄积的镉量多，而营养贮存器官的含镉量少。镉在植物各部分的分布基本上是：根＞叶＞茎＞花、果、籽粒。

对动物的危害，肺水肿是急性镉中毒的主要症状，病畜表现为咳嗽、流鼻涕、呼吸困难，并伴有头颈伸展、鼻孔扇动，甚至张口呼吸等。其次，动物呈现流涎、食欲衰退、呕吐、腹痛、腹泻等消化系统症状。慢性镉中毒是因动物长期吸入低浓度的镉或采食被镉污染的饲草或饮水所致。病畜食欲减退、营养不良、消瘦、贫血、发育停滞、皮毛粗乱无光泽、尿中出现低分子蛋白和糖类等。肺的主要变化为慢性肺泡气肿。骨骼的主要变化表现为骨质疏松，脱钙和骨质软化，多发生于肋骨、四肢骨、尾椎骨和骨盆等。肋骨与肋软骨结合部肿胀、疼痛，运步不灵活，常见动物摔倒；尾椎骨排列移位、变软，甚至椎体萎缩，骨盆骨变形，严重者发生难产。

镉阻碍睾丸血液供应，公畜失去生殖能力；镉由于对卵巢有损害作用而使母畜繁殖力下降。妊娠母畜发生慢性中毒时，会影响胎儿的生长发育，甚至导致早产和死胎。

严格控制镉的排放量，切实治理“三废”（废水、废气、废渣），是减少镉中毒的根本措施。已污染的土壤目前尚难彻底治理，有人提出更换表土，但耗资太大，也有人主张种大头菜，因其可富集镉，可集中销毁，但对大面积污染也不适用。现有用基因工程的办法，让镉仅固定于植物根部，不进入茎、叶、籽实，但目前尚处于实验阶段。

（六）饲料中有毒有害元素——钼

一般饲料与牧草中含钼量为1～3mg/kg，因饲料种类及土壤中钼含量的不同而有差异。生长在缺钼土壤中的牧草干物质中含钼量只有0.1mg/kg，而在高钼草地上生长的牧草干物质中含钼量可高达20～100mg/kg。不同作物对钼的吸收和累积能力有很大差异。禾本科作物如玉米、高粱中钼含量很低，而豆科作物的钼含量较高。据现有资料，在所有作物中，叶菜类和块根茎类作物中含钼量很高。

动物对高含量钼的耐受性存在明显的种间差异。牛对钼最敏感，其中以泌乳牛和青年牛最敏感。其次是绵羊，而马和猪有较高的耐受力，家禽和兔的耐受力不如猪，但远高于牛。牛采食高钼饲料8～10d后即可发生钼中毒，表现为持续性严重腹泻，排出充满气泡的稀粪，被毛渐渐褪色，开始于眼周围，红色变为土黄色，黑色变为褐色或灰色；病禽逐渐消瘦，被毛粗乱，竖立，产奶量下降；贫血，关节疼痛；发展缓慢者常有骨质疏松、骨折，念珠状肋骨。由于中毒表现的特点是腹泻严重，故有人称它为钼腹泻病；又由于这种腹泻是因为动物采食生长在含钼量高的泥炭土或腐殖质土上的牧草所引起，故又称为泥炭腹泻。

由于钼与铜存在拮抗作用，故用铜制剂来防治钼中毒是十分有效的方法。可内服硫酸铜，也可将其加入饲料或饮水中。另外，口服硫酸钾、硫酸钠等硫酸盐，可促进钼的排泄，也有较好的防治作用。也可在日粮中适当添加含硫氨基酸。铜的含量，依饲料中钼含量的多少而定。当日粮或牧草中钼含量较高时，即在4～42mg/kg，就要仔细控制饲料中硫酸盐和铜的含量。在应用微量元素添加剂时硫酸盐尽量少用，降低日粮硫酸盐的含量；同时增加铜、铁、锌的含量。经验的调节幅度为每上升1mg/kg的钼，铜的含量上升5～10mg/kg，铁、锌含量上升25～50mg/kg。当日粮中钼含量达到或超过中毒剂量后停止使用。

第三节　低毒牧草的去毒加工

为充分利用牧草资源，对某些低毒牧草采用去毒加工处理和科学的饲喂方法，消除或降低有毒有害物质的含量，以达到安全有效地提高牧草利用率的目的。牧草必须经过去毒加工，脱除毒素，以减少在畜产品中的残留，保证畜产品的安全生产。

一、低毒牧草去毒加工

（一）草木樨

1. 有毒成分及中毒机制　草木樨含香豆素，其具有抑制种子萌发和调节发芽生根的作用。香豆素含量因种类、植株部位、生育期、栽培条件的不同而有差异。草木樨中的白花草木樨香豆素含量为干物质的0.84%～1.22%，黄花草木樨为1.05%～1.40%，细齿草木樨最高只含有0.03%。同一品种不同部位中，花的含量最高，其次是叶与种子，茎与根含量最少。不同生育期，幼嫩时含量少，孕蕾、开花至荚果青绿时最多，枯黄期少。一日内，早晨和傍晚含量少，中午前后含量最多。栽培在少雨、干旱地区，香豆素含量较高，反之含量较低。一般而言，香豆素本身无毒、适口性不佳，它是双香豆素的前体。

草木樨中双香豆素含量较低，营养期为（3.47±0.80）mg/kg，开花期为（2.78±0.8）mg/kg，结实期为（1.85±0.36）mg/kg。一般是在潮湿炎热的条件下，调制干草或草粉及青贮过程中感染霉菌，在霉菌的作用下，香豆素转变为具有毒性的双香豆素。因此鉴定草木樨质量的标准主要是：①草木樨本身所含香豆素的多少，一般在幼嫩时或秋后刈割调制后的干草毒性小；②干草与青贮料是否发霉，若发霉则毒性大。

双香豆素主要具有抗凝血作用，畜体内的凝血因子在肝中合成时，需维生素K参与，而双香豆素的结构与维生素K的结构相似，与维生素K发生竞争性拮抗作用，妨碍了维生素的利用，使肝中凝血酶原和凝血因子合成受阻。由于凝血机制发生了障碍，动物表现为出血不止，甚至由于在去势、去角、手术、分娩时引起严重出血不止而死亡。双香豆素还可通过胎盘对胎儿产生毒害作用。双香豆素进入畜体后，须待血浆中原有的凝血因素耗尽后（1～2周）才能发挥作用，因此草木樨中毒多在采食后2～3周发生。一般认为家畜饲料中含10mg/kg双香豆素，即出现临床病理变化；含量为20～30mg/kg时，凝血时间过长，可引起亚急性中毒以致死亡；含量为50mg/kg时，使家畜发生急性中毒而死亡。草木樨中毒常见于牛、绵羊和马等。

2. 去毒加工及预防

（1）适时刈割　为保证安全饲用及提高适口性，宜在孕蕾前进行刈割。

（2）科学调制　加工调制过程中必须防止草木樨发霉变质，以免香豆素向双香豆素转化。草木樨茎叶在风干过程中，香豆素会大量逸失。据报道，叶片风干10d，香豆素可减少70%～75%。因此，饲喂草木樨时，喂干草比青饲安全。调制草木樨干草时，不要堆放，应将刈割的草木樨薄薄地铺在地上暴晒一段时间，然后阴干。草木樨干草不宜打捆贮藏，若水分含量过高时，有利于双香豆素的合成。干草贮存时防湿防霉。

（3）科学配比　青饲时应与其他青饲料掺混饲喂；反刍动物可占饲粮中粗饲料的60%～80%，喂育肥猪草木樨草粉以占饲粮的15%～20%为宜，对妊娠母畜和小畜，饲喂要少。在外科手术和孕畜产前30d，应停喂草木樨。必要时，可采用添加维生素K的办法，以防中毒。当放牧地上草木樨较多且正在开花期，应改换牧地或割除后，再行放牧。

（4）浸泡法去毒　对双香豆素含量高（50mg/kg以上）的草木樨，用清水浸泡，草粉与水的比例为1∶8，浸泡24h，可除去84%的香豆素和41%的双香豆素。也可用1%的石灰水浸泡4～8h，经清水冲洗后饲喂。

（二）沙打旺

1. 有毒成分及中毒机制　沙打旺为低毒黄芪属植物，含有多种脂肪族硝基化合物。据报道，植株中叶的硝基含量高于茎与花。沙打旺全株在整个生育期中硝基含量为0.12～0.50mg/g（鲜重）或0.55～1.70mg/g（干物质）。脂肪族硝基化合物可引起家畜急性或慢性中毒。也有报道称，沙打旺有毒成分为生物碱毒芹素、葫芦巴碱、腺嘌呤及马豆素等。

植物中以葡萄糖酸酯形式存在的硝基化合物，在家畜消化道中分解成3-硝基丙酸（BNPA）和3-硝基丙醇（BNPOH）。它们可损伤中枢神经系统、肝、肾和肺，抑制多种酶的活性。对动物的最低致死量，按亚硝基（NO_2^-）计，分别为50mg/kg及125mg/kg。中毒的程度因畜禽的敏感性不同而异。牛、羊等反刍动物一般没有毒害作用。例如，牛每1mL的瘤胃液含亚硝基的量不超过1mL的水平时，牛瘤胃液微生物能使脂肪硝基化合物经4h水解为3-硝基丙酸和3-硝基丙醇，再经28h代谢为无毒的物质。在绵羊体内，只经7h即可完成此代谢过程，因此不引起中毒。据有些地区反映（内蒙古），饲喂沙打旺的牛、羊瘤胃带有苦味。

单胃畜禽猪、鸡对沙打旺中的有毒成分较敏感，易发生中毒，当饲料中亚硝基含量达到200mg/kg时，即可引起猪、鸡中毒。

2. 去毒加工

（1）调制成干草或干草粉　沙打旺青饲由于苦味较重，家畜一般不喜食。可调制成干草或干草粉，可提高适口性。

（2）青贮　沙打旺青贮，可减少毒性，提高适口性，反刍动物与单胃动物均喜食。其原因是沙打旺在青贮发酵过程中所产生的有机酸与3-硝基丙酸起酯化作用，减缓毒性。

（3）调制发酵饲料　模仿牛、羊瘤胃的条件，将沙打旺草粉进行发酵去毒，可用于饲喂猪、鸡、兔和鱼。

（4）限制喂量　沙打旺饲喂牛、羊等反刍动物时，应搭配其他饲草，以提高利用率和预防瘤胃产生苦味；沙打旺草粉用于喂猪，占日粮的15%～30%；喂鸡，占日粮的3%～5%；喂兔，占日粮的20%～50%；制成颗粒配合饲料喂鱼效果较好。

（三）小花棘豆

小花棘豆为豆科棘豆属多年生草本植物，又叫醉马草、醉马豆、断肠草、马拌草等。在内蒙古、甘肃、宁夏、青海、西藏、陕西、山西及东北地区均有分布。以内蒙古和陕北毛乌素沙地最多，引起这些地区家畜中毒较为严重。采用去毒加工的方法可使小花棘豆脱毒，扩大牧草来源，有利于该地区畜牧业的发展。

1. 有毒成分及中毒机制　主要是生物碱［臭豆碱、*N*-甲基野靛碱、黄化碱、鹰爪豆碱（司巴丁）、鹰靛叶碱和腺嘌呤］，也有报道是苦马豆素和毒蛋白。

引起中毒的家畜主要是马，其次是山羊，再次为牛和绵羊，猪比较迟钝，中毒较少。中毒一般多为慢性中毒，要采食一定时间后才出现症状，有的秋季采食，冬季才出现病状。例如，马一旦吃上小花棘豆，越吃越爱吃，还能暂时长膘，要吃1～2个月后才出现中毒症状，主要是神经症状。由于小花棘豆耐干旱，因此干旱年份，发生中毒最多。

2. 去毒加工及预防

（1）青贮　小花棘豆与其他禾草、杂类草或作物秸秆进行混合青贮。由于青贮过程中产生大量的有机酸，可与生物碱发生反应，从而减少了小花棘豆的毒性。

（2）搭配、交替饲喂法　在日粮中搭配30%～40%未去毒小花棘豆干草，饲喂家畜15d，再改喂15d其他饲草的日粮，如此交替进行，可避免中毒，且对家畜无不良影响。

（3）盐酸浸泡去毒　将小花棘豆干草（含水量25%以下），浸泡在装有0.2%工业盐酸的水泥池或缸内，草上加重物，浸泡24h捞出，用清水冲洗3次，洗去盐酸，晒干后可连续饲喂。

（4）施用化学除草剂　在放牧场喷2,4-D丁酯等除草剂，清除毒草。

（5）解毒方法　对已中毒的家畜应及早在有葱属或冷蒿的草场放牧。同时灌服乙酸或酸菜水、酸奶子，并喂萝卜等。

（四）山黧豆

能引起中毒的山黧豆有草香豌豆（又叫山棱豆、马牙豆）、永寿山黧豆、扁荚山黧豆、短山黧豆、硬毛山黧豆及我国西北白色大粒农家品种等。

1. 有毒成分及中毒机制　山黎豆的有毒成分为神经山黧豆毒素和骨山黧豆毒素。神经山黧豆毒素（有β-草酰胺丙酸、β-*N*-草酰-L-α,β-二氨基丙酸、β-氰基-L-丙氨酸），主要使人畜神经发生中毒症状，草香豌豆中含量多，未成熟种子中含毒量更大。种子中有毒成分含量为0.1%～0.8%。骨山黧豆毒素（有β-氨基丙腈），能引起动物骨骼畸形和主动脉破裂，主要存在于草香豌豆、矮山黧豆、硬毛山黧豆中。

山黧豆引起中毒的一般为单胃动物，而反刍动物（如绵羊），如在日粮中占50%左右，一般比较安全。

2. 去毒加工及预防

（1）选种、引种低毒品种　例如，国外选育的单吉尔山黧豆，种子中基本不含β-草酰胺丙酸；黑龙江山黧豆、协作山黧豆、扁荚山黧豆等含β-草酰胺丙酸均在0.2%以下。

（2）合理搭配　必须与其他饲料配合饲喂，一般用量不应超过日粮的20%。反刍动物（如绵羊）在日粮中限制在50%以下。

（3）水溶脱毒法　将山黧豆粉碎加水浸泡，比例为1∶3，浸泡24h，中间换2次水，此法可除去β-草酰氨基丙酸90%左右。

（4）加工淀粉或粉条　有些地区用山黧豆种子加工淀粉或粉条，可除去毒素达99%左右，但淀粉浆内含毒素，必须经沉淀后去掉上清液，才可利用。

（5）青贮　山黧豆茎叶可与其他禾草、农作物秸秆及杂类草混合调制成混合青贮饲料。

（五）羽扇豆

1. 有毒成分及中毒机制　羽扇豆全株特别是种子中都含有生物碱，以种子和豆芽中含量最高，达0.30%～1.08%。据报道，羽扇豆的生物碱多达12种以上，其中最毒的有羽扇豆毒碱（又叫金雀儿碱），分布最广，大部分集中在种子里，其次为茎叶。结实期最危险，干燥不能使其破坏，所以，无论种子还是干草，家畜长期大量采食，均可引起中毒。各种家畜均可发病，以绵羊多见，山羊次之，牛、马、猪也能中毒。例如，体重45kg的绵羊，喂0.6kg成熟的羽扇豆荚即可致死。主要症状为中枢神经障碍、运动神经末梢麻痹及肝脏变性和萎缩的疾病，如运动疯狂、停食、口吐白沫、呼吸困难等。

2. 去毒加工及预防

（1）冲洗浸泡　将羽扇豆反复淋雨或置于流水中浸泡24h，直到苦味消失为止，取出晒干或蒸煮后即可利用。

（2）饲喂比例　即使经去毒处理的羽扇豆，也应限制其饲喂量，一般不宜超过日粮的10%～15%。

（3）选育、种植低毒品种　如种植甜羽扇豆等。

（六）箭筈豌豆

1. 有毒成分及中毒机制　据报道，箭筈豌豆含有氢氰酸，以巢菜苷、野豌豆苷的形式存在于种子茎叶中，特别是开花结实期毒性最强。又据报道，对箭筈豌豆12个品种氢氰酸含量进行了测定，最高达77.3mg/kg，最低7.6mg/kg，均超过了卫生部关于粮食中氰化物规定的残留允许量（卫生部关于粮食中氰化物残留允许量为5mg/kg）。中毒动物主要是马，其次为猪、牛、绵羊及鸡等。饲喂时，就算未达到中毒量，而大量饲喂时也易发生臌胀病。

2. 去毒加工及预防

（1）限制喂量　一般不宜超过日粮的 20%，饲喂过程中，注意观察，若发现有消瘦现象，应立即停喂。

（2）浸泡、煮沸或干蒸　干蒸 10min 后，氢氰酸含量即下降为 4.5mg/kg。清水浸泡 72h，可降到 5.8mg/kg。

（3）选种低毒品种　选择毒素含量较低的品种进行种植。

（七）小冠花

1. 有毒成分及中毒机制　小冠花植株含有 3-硝基丙酸和 3-硝基丙酸糖苷，在各生育期中，以盛花期含量为最高，同一植株以花中含量为最高，叶次之，茎最低，随着外界气温升高，含量增加。

小冠花中毒主要发生在猪、鸡等单胃动物，是由于 3-硝基丙酸糖苷在畜体内代谢产生亚硝酸根离子，进入血液后，使低铁血红蛋白氧化成高铁血红蛋白，进而使其丧失携氧功能。此外，3-硝基丙酸及其糖苷也能部分进入畜体内，如脑组织和肌肉，而直接产生毒性作用。

对反刍动物牛、羊等，一般不发生中毒（其原理与沙打旺中毒相似），但瘤胃微生物的解毒能力有一定限度，过量也会发生中毒。

2. 去毒加工及预防　见沙打旺去毒加工。

（八）三叶草

1. 有毒成分及中毒机制　三叶草的有毒成分，各种报道说法不一，有车轴草素、光敏物质、肝毒素、氰苷、百脉根苷、皂素等；也有报道，白三叶含植物胶质甲基酶。

马易中毒，牛、羊等反刍动物和猪也偶尔发生。马突然发病，以神经症状最为显著。牛主要发生瘤胃臌胀，似蹄叶炎，母牛的孕期延长等。

2. 去毒加工及预防

（1）限制饲喂量　不宜连续大量饲喂，采用与其他饲料搭配饲喂或交替饲喂。放牧地应将三叶草与禾本科牧草按 1∶2 混播。

（2）青贮　与其他饲料混合青贮。

（3）调制成干草或干草粉　发现中毒后，应及时更换其他饲料，不用药物治疗，经 6～8d 即可恢复正常。

（九）苜蓿

1. 有毒成分及中毒机制

（1）皂苷　苜蓿根、茎、叶中都有分布，苦味，根中皂苷毒性最大，叶次之，茎最小。反刍动物采食青鲜苜蓿草过量时，在瘤胃中形成大量的持久性泡沫，夹杂在瘤胃内容物中，当泡沫不断增多，阻塞贲门时，致使瘤胃臌胀，严重者使家畜致死。也有人认为，反刍动物瘤胃臌胀病是由于苜蓿含有可溶性蛋白所致。皂苷能抑制单胃动物机体的酶系统，特别是抑制琥珀酸脱氢酶，从而抑制畜禽生长。此外，皂苷还具有溶血作用。

（2）光过敏物质　当家畜大量采食苜蓿并经阳光照射时，随血液循环而达到皮肤无色素部分（如白色被毛的家畜），破坏血管运动神经和血管壁，发生红斑和皮炎为主要特征的疾病，称为光过敏性中毒。易发生此类中毒症状的还有三叶草和荞麦。该病只发生在有白色被毛的家畜，并有阳光照射的条件下，缺少任何一个条件都不发病。

2. 去毒加工及预防

（1）合理搭配　预防措施为放牧苜蓿前先喂一些干草或粗饲料，露水未干前暂缓放牧；放牧地应采用苜蓿与禾本科牧草混播或采用与其他草地进行轮牧。青刈饲喂时与其他饲草搭配饲用，不宜单一、大量饲喂青鲜苜蓿。

（2）调制成干草或草粉　苜蓿干燥后，皂素含量降低。

（3）青贮　青贮过程中产生的有机酸，可使皂苷分解成寡糖和甾体化合物或三萜类，从而降低了苜蓿中皂苷的含量。

（4）添加胆固醇或含胆固醇多的物质　据报道，皂苷可与胆固醇结合为复合体，使苜蓿中的皂苷含量下降。

（5）混种或混合饲喂　与禾本科牧草混种或混合饲喂等。

（十）马铃薯

1. 有毒成分及中毒机制　马铃薯及其茎叶含有龙葵素（马铃薯素、茄碱）、茄啶、腐败素及硝酸盐。未成熟、青紫、发绿及发芽的马铃薯中，龙葵素含量高达0.5%（干物质），绿叶中约含0.25%，花0.7%。贮藏不当腐败的块茎龙葵素含量可达0.58%～1.38%。当龙葵素含量为0.02%以上时，可引起中毒。

龙葵素可引起以胃肠和神经症状为主要特征的疾病。常见于猪、牛和马，特别是阉牛、产奶牛最易发生，而羊和鸡较少发生。

2. 去毒加工与预防

（1）薯块去毒加工　对已发芽、变绿和霉烂的马铃薯，首先要挑选、去除，然后加入适量醋（或稀盐酸）和水充分煮熟。也有报道认为，加入少量石灰水、小苏打和氯化钙能减轻毒素。煮过的水不能饮用。马铃薯粉渣也应煮熟饲喂。马铃薯喂量应少，即使好的马铃薯，一般也不应超过日粮的50%。

（2）茎叶去毒加工　马铃薯青绿茎叶一般与其他饲草（如青刈玉米、高粱及其他禾草）进行混合青贮，也可煮熟后滤去水液再饲喂或晒制加工成干草粉，与其他饲料配合饲喂。

（3）预防措施　母畜在妊娠末期不宜用马铃薯饲喂。

二、低毒青绿牧草去毒加工

（一）含硝酸盐和亚硝酸盐的青绿牧草种类

已知，硝酸盐含量达中毒水平且已发生过中毒的青绿牧草有小白菜、白菜、包心菜、萝卜、菠菜、苋菜、甜菜、灰菜、油菜、燕麦、大麦、黑麦、玉米等的茎叶。

1. 中毒机制　亚硝酸盐使血液中的低铁血红蛋白（$Hb \cdot Fe^{2+}$）氧化成高铁血红蛋白（$MHb \cdot Fe^{3+}$），使红细胞失去携氧的功能，造成家畜全身急性缺氧。高铁血红蛋白在血液中达10%～20%时，则引起黏膜发绀，若达60%以上时，可引起死亡。

2. 去毒加工及预防

（1）青绿牧草应鲜喂　随采随喂，喂多少采多少，若暂时喂不完，应薄层散开，不要堆放。经长期堆放或已发霉腐烂的牧草，不能饲喂。对新鲜牧草切勿乱堆乱踩，严防霜冻，尽量做到快运快用。

（2）充分蒸煮青绿牧草　有些青绿牧草，若需煮熟后喂，应大火快煮（及时开盖），凉后再喂。喂多少，煮多少。

（3）科学饲喂　不要长期单一饲喂富含硝酸盐的青绿牧草，应与其他饲料搭配饲喂。硝酸盐含量高的青绿牧草饲喂反刍动物时，需搭配富含糖类的饲料，以降低瘤胃pH，抑制硝酸盐转化为亚硝酸盐的过程，并促进亚硝酸盐转化为氨，从而防止亚硝酸盐的积累。

（4）合理施肥与选种　在种植青绿牧草时，适量施用钼肥，减少植物体内硝酸盐的积累；临近收获或放牧时，控制氮肥的用量，减少硝酸盐的富集。选育低富集硝酸盐的青绿牧草品种。

（二）含氰苷的青绿牧草

1. 含氰苷青绿牧草种类　最常见的有高粱苗、玉米苗、三叶草、马铃薯幼芽、南瓜蔓、亚麻（叶及穗、蕾）、木薯、亚麻籽饼，桃、李、杏的叶子及其核仁，未成熟的竹笋等。特别是高粱、玉米的再生苗氰苷含量最高。

2. 中毒机制　引起中毒的氰苷有亚麻苦苷、甲基亚麻苦苷、蜀黍苷、杏仁苷、野樱苷等。氰苷本身无毒，当植物组织受损伤（破碎、粉碎）、堆放发霉、枯萎、受霜或雹损害及发育不良等，与植物体内相应的酶接触，即水解出氢氰酸，发生中毒。另外，含氰苷的饲草饲料，在反刍动物瘤胃微生物和单胃畜禽的胃酸作用下，转化成氢氰酸。氢氰酸中毒主要是氰离子抑制细胞色素氧化酶，使血红蛋白携带的氧不能进入组织细胞而缺氧。各种畜禽均可发生氢氰酸中毒，但多见于猪、牛、羊等。

3. 去毒加工及预防

（1）水浸蒸煮和发酵　将含氰苷的饲料在水中浸泡0.5～1d，籽实应浸泡2～3d，可减少氰苷含量，浸泡时应勤换水，浸泡水不能污染水源，含氰苷的饲料在不加盖蒸煮过程中，应勤搅拌，使产生的氢氰酸挥发出去，可除去95%的氰苷。饲料发酵也可使氰苷减少。例如，木薯去皮切成小段，煮熟，放入清水浸泡1～2d，即可饲用，将鲜薯加热30min，氢氰酸也可全部消失；亚麻籽饼用水浸泡后煮熟，煮时将锅盖打开，可使氢氰酸挥发而脱毒。

（2）去除含毒高的部位　如马铃薯幼芽、木薯皮氰苷含量高，应先削去幼芽和薯皮，再采用浸泡、蒸煮等处理，才能饲喂。

（3）控制喂量　要与其他饲料配合饲喂，即使经去毒处理后也应控制喂量，一般不超过日粮的1/8～1/5。应特别注意不要让空腹家畜采食含氰苷的青绿牧草，防止早晨放牧时，路过高粱苗、玉米苗和亚麻地而采食中毒。用木薯块根作饲料时，可占饲粮的15%～30%，在配合饲料中的用量一般以10%为宜。亚麻籽饼粕饲喂单胃动物一般以不超过20%为宜，最好间歇饲喂。

（4）化学或物理去毒　氢氰酸易与氧、硫结合而失去毒性，遇醛或酮可发生反应而失去毒性，因此可试用化学和物理处理方法使其脱毒。

（5）营养调控　木薯的蛋白质含量低，尤其缺乏甲硫氨酸，故木薯用作饲料时，应与蛋白质含量较高的饲料搭配，并添加一些甲硫氨酸。添加硫代硫酸钠、硫酸钠等含硫的化合物，在其体内硫氢酸酶的作用下，可与氰结合，生成硫氢酸盐随尿排出。在含有50%～55%木薯粉的肉鸡饲粮中添加0.25%～0.30%硫代硫酸钠，在含有50%木薯的猪饲料中添加0.2%甲硫氨酸，均可取得良好的饲养效果。

除此之外，还应在青绿牧草品种上下功夫。植物中氰苷的含量因品种不同而差异很大。

因此，可选育低毒品种，新西兰和澳大利亚已选育出低氰苷的白三叶牧草品种。

第四节　低毒饲料的去毒加工

饲料的品质，不仅影响畜产品的数量，还会影响畜产品的质量，同时还关系到养殖业的发展和广大养殖户的经济效益。因此，在努力增加饲料产量的同时，还要注意饲料原料的品质，加强质量管理。低毒饲料的去毒加工是饲料行业中一项重要的工作。

一、油菜籽饼粕

（一）有毒有害成分及中毒机制

1. 硫代葡萄糖苷（芥子苷）　广泛存在于油菜籽及甘蓝、白菜、芥菜等十字花科作物的种子中。此类化合物在一定水分和温度条件下，在芥子酶（硫代葡萄糖苷酶）的作用下，水解成硫氰酸盐（酯）、异硫氰酸盐（酯）、噁唑烷硫酮和腈类等。油菜籽饼的毒素含量因油菜的类型不同而异，一般甘蓝型的噁唑烷硫酮含量较高，芥菜型的异硫氰酸酯含量较高，白菜型两种含量都较低。

噁唑烷硫酮和硫氰酸酯可引起单胃动物甲状腺肿大，并且干扰甲状腺素的生成。异硫氰酸酯和噁唑烷硫酮具有刺激性辛辣气味，影响饲料的适口性。腈的毒性大约是噁唑烷硫酮的8倍，可致使动物肝、肾增大，严重时导致死亡。

2. 芥子碱　有苦辣味，经水解生成硫氰酸化合物。引起甲状腺肿和造成动物心脏脂肪蓄积及抑制生长。

3. 芥酸　含量与含油量呈正相关，芥菜型含量高，甘蓝型次之，白菜型少。以三酰甘油的形式存在于菜籽油中。

4. 植酸　一种螯合物，与铁、锌、磷等结合而不能为动物机体有效利用。特别是锌，其有效率平均只有44.1%。

5. 单宁　影响蛋白质的利用，导致代谢能降低，影响适口性。

油菜籽饼中毒多见于猪、鸡等，反刍动物不太敏感。

（二）去毒加工及预防

1. 结合榨油进行脱毒　可分为前脱毒法、后脱毒法和前后结合脱毒法3种。以前后结合脱毒法成本最低，即通过油菜籽榨油过程中干热钝化、溶解浸出、蒸汽脱溶等步骤脱毒。

2. 坑埋法　挖土坑或土壕（宽1m、深1m、长度视数量而定），坑内铺放塑料薄膜或草帘。将油菜籽饼粉碎，按1∶1加水拌匀，装满压实，上面盖塑料膜或青草，再在上面盖土20cm以上。每立方米可装油菜籽饼500～700kg。埋置两个月左右，脱毒率达90%以上。在埋置过程中，蛋白质有一定损失，平均损失占蛋白质总量的7.93%。

3. 水浸法　按水饼4∶1的比例，将油菜籽饼浸泡在38℃左右的温水中24h，取出后，再用清水冲洗两次，即可饲用。

4. 发酵法　将油菜籽饼、麸皮、糠按1.5∶1.5∶2的比例混合，加入中曲、703菌种（市场上有售）等进行发酵。

5. 碱性脱毒　在碱的作用下，芥子苷水解成硫氰酸酯、硫化氢等，其大部分可随水蒸气溢出。方法：在 100 份饼（粕）中加入浓度为 14.5%～15.5% 的氢氧化钠溶液 24 份，搅拌均匀，焖盖 3～5h，再蒸 40～50min，取出后晒干，脱毒效果为 60% 左右。碱化处理可在油厂进行工业化的过程中集中处理。

6. 添加剂脱毒　使用油菜籽饼粕脱毒添加剂“6107”，每 500g“6107”添加剂可配制 250kg 含 20% 油菜籽饼粕的配合饲料，仔猪、仔鸡、仔鸭宜在 10% 左右。

7. 限量饲喂　一般油菜籽饼占肉猪日粮的 15%～25%，母猪为 10%～15%，生长鸡为 5%～10%。

二、棉籽饼

（一）有毒成分及中毒机制

主要有毒成分为棉酚，是一种复杂的多元酚类化合物。棉酚有两种，一种是在加工中蒸炒的热作用下，与棉籽中蛋白质结合，称为结合棉酚（无毒）；另一种为游离棉酚，虽在棉籽饼中含量较低，但毒性却很大，它是衡量棉籽饼质量的重要因素。除棉酚外，棉籽饼还含有环丙烯类脂肪酸（如棉葵酸、苹婆酸等）、棉紫红素、棉绿素等有毒有害物质，但因含量很少，对畜禽不会产生明显的毒害作用。

棉籽饼中毒主要发生于鸡、猪、犊牛和羔羊，成年牛、羊发病很少。棉酚在畜体内有蓄积作用，中毒多为慢性；短期大量饲喂，也可发生急性中毒。当饲料中蛋白质、维生素和矿物质不足时，特别是维生素 A 和钙、铁缺乏，家畜劳役过重时，均易发生棉籽饼中毒。

（二）去毒加工与预防

游离棉酚含量在 0.05% 以上，需要进行去毒处理。目前，国内外采用的棉籽饼粕脱毒技术有物理、化学、微生物及添加剂多种方法。

1. 硫酸亚铁（$FeSO_4 \cdot 7H_2O$）去毒处理　根据亚铁离子（Fe^{2+}）与游离棉酚螯合，使棉酚失去毒性，可用 0.1%～0.2% 的硫酸亚铁水溶液浸泡方法进行去毒加工。榨油厂采用硫酸亚铁去毒法，在棉籽榨油工艺的蒸料工序中，加入雾化硫酸亚铁溶液达到脱毒目的。具体操作：用 0.1%～0.2% 的硫酸亚铁水溶液浸泡，中间要充分搅拌几次，经 24h 即可饲喂。硫酸亚铁用量，应按游离棉酚含量与铁盐中含铁量的重量比为 1∶1 的比例计算。由于铁占硫酸亚铁的 1/5，因此游离棉酚与硫酸亚铁按重量比 1∶5 的比例加入。但猪日粮中铁的含量不得超过 0.04%，鸡应按 1∶4 的比例加入。

2. 硫酸亚铁＋石灰水脱毒　加石灰水的原因是钙可促进棉酚和铁的螯合物从溶液中析出。按游离棉酚与硫酸亚铁 1∶5 的重量比，加入硫酸亚铁粉末，混匀，然后加入新配制的 0.5% 石灰水上清液，饼水重量比为 1∶（5～7），浸泡 2～4h。为方便贮藏和配料，也可将已加入铁剂的棉籽饼，用 1% 的石灰水拌湿（饼、石灰水比为 1∶1），放置在水泥场面上晒干。该法可使游离棉酚含量高（0.33%）的棉籽饼去毒 85% 左右，可使棉酚含量低（0.05%～0.1%）的去毒 60%～70%。

注意：在应用铁剂作棉酚的去毒剂时，铁在日粮中的浓度不能超过 500mg/kg，以免引起铁过剩。

3. 发酵法　用“703”（市场有售）发酵粉进行低温发酵。50kg 混合饲料（10kg 粉碎的棉籽饼、40kg 其他饲料）加 150g“703”发酵粉，搅拌至用手能握成团，一丢即散为止，然后松松地装入缸内，用塑料薄膜封口，1～4d后有香味即可饲喂。此法不会破坏原有的营养成分，而在脱毒的同时生成菌体蛋白和维生素。

4. 控制饲喂量　育肥猪日喂400g，妊娠猪日喂250g，仔猪日喂150g，鸡喂量不得超过总日粮的20%，并适当搭配青饲料。

5. 增加日粮中蛋白质、维生素和矿物质　一般生长猪在日粮中含蛋白质为15%的情况下，能忍受日粮中最高游离棉酚水平为0.01%；日粮中蛋白质水平为30%时，即使日粮中含0.03%的游离棉酚，猪也不会中毒，这是棉酚与蛋白质结合的缘故。在冬、春季节增加维生素含量高的饲料（如胡萝卜、青贮料、青干草），以及增加日粮中的矿物质（如铁、铝和盐），对预防中毒也有较好的作用。

三、蓖麻籽饼

（一）有毒成分

种子、全株及榨油后的饼（粕）都含有毒物质。

1. 蓖麻毒素　蓖麻毒素是高分子蛋白毒素（毒蛋白），含量占籽重的0.5%～1.5%，占脱脂饼粕的2%～3%。对牛、羊、猪毒性均较强。可引起胃肠道疾病，并损害肝、肾和循环系统等。

2. 蓖麻碱　一种毒性生物碱，存在于茎叶和种子中。榨油后的饼粕中含量为0.3%～0.4%。当饲料中含量超过0.1%时，会导致鸡麻痹中毒死亡。

3. 血球凝集素　一种具有活性的高分子蛋白毒素，可使血红细胞发生凝集作用。但其含量少（为籽实重的0.005%～0.015%），且遇热即变性失去活性，所以热榨后的饼粕一般没有中毒问题。

（二）去毒加工及预防

1. 毒素随榨油方法而异　冷榨取油后的饼粕中毒素含量较高，榨油过程中温度超过100℃，毒蛋白和血球凝集素变性而失去活性。但对蓖麻碱破坏较少。

2. 盐水浸泡　用10%的盐水浸泡蓖麻籽饼6～10h，饼与盐水的比例为1∶6，使毒素溶于盐水，再用清水冲洗，以免盐量过重而引起食盐中毒。

3. 蒸煮法　在100℃以上的高温中蒸煮2h或加压蒸汽处理0.5h。

四、黄曲霉毒素污染的饲料

（一）黄曲霉毒素产生的条件及中毒机制

黄曲霉毒素（AFT）是在高温多湿条件下（最适温度为25～32℃，相对湿度为86%～87%），花生、玉米、大麦、小麦、燕麦、高粱、甘薯、禾谷类籽实及其加工副产品（各种饼粕）、鱼粉饲料发霉，产生的一种毒性物质。饲料中以玉米籽实、棉籽饼、花生饼粕、大豆饼粕、甘薯最易被污染。当饲料中的黄曲霉毒素含量大于1mg/kg时，可使畜禽中毒，人长期食入0.5～1.5mg/kg黄曲霉毒素的食品，易产生肿瘤和肝癌。

黄曲霉毒素中毒因动物种类、年龄、营养状况、个体耐受性、机体防卫功能、接受毒物的数量及时间的不同，其症状也有不同程度的差异。猪、鸡多见，其次为鸭和牛，羊则有较强的耐受性。一般情况下，畜禽年龄越小，敏感性越高；雄性家畜比雌性敏感性高；营养状况越差的畜禽越容易中毒发病；妊娠家畜易发生中毒。

（二）黄曲霉毒素感官检测法

1. 直观法　取供检材料（如玉米籽实等）在紫外线灯下观察，若有亮黄绿色荧光，即为有毒素的籽实。还可将籽实破碎后再观察，若看不到荧光，说明不带有黄曲霉毒素。

2. 植物实验法　在培养皿中放置水芹种子 20 粒，加入供检材料和水，设只加水为对照，在室温向阳处培养 7d，如无黄曲霉毒素，则水芹种子在 3d 时发芽；若黄曲霉毒素为 25μg/mL，则种子发芽率为 0～10%，叶色变白；如黄曲霉毒素 B_1 为 10μg/mL 时，幼苗的叶绿素完全丧失而变白。

3. 预防及去毒加工

（1）安全贮存　各种饲草饲料在贮存和运输过程中，必须在安全含水量以内，在低温、低湿条件下贮运。

（2）清选　黄曲霉毒素主要集中在霉坏粒、破损粒和瘪小粒中，因此挑除霉粒，可大大降低毒素的含量。

（3）脱胚去毒法　如玉米籽实发霉后，毒素主要集中在胚部。脱胚有两种方法：一种是浮选法，将籽粒破碎成 1.5～4.5mm 的碎粒，加水 3～4 倍，搅拌、轻搓，胚部碎片浮起，将其捞出或随水倒掉，如此反复 3～4 次，可使含毒量降低 80% 左右；另一种是碾压法，用碾米机将玉米籽实碾压 2～3 次，胚部和外皮均去掉，而玉米保持成粒。若把玉米用水浸泡 2～3min 后再碾压脱胚效果更好。

（4）碱处理法　分别用 1% 的石灰水、0.5% 的小苏打或氢氧化钠水溶液，浸泡被污染的饲料。碱液与饲料的比例为 2：1，并煮沸 1～2h，可破坏黄曲霉毒素的分子结构，但饲料中蛋白质损失达 6%～30%。

（5）熏蒸法

1）山苍子油熏蒸法：一般按 100kg 籽实饲料用 10mL 山苍子油的比例，将山苍子油盛入瓶中，瓶口用纱布包好，置于饲料堆底部，密封饲料使其自然熏蒸 1 周左右。

2）氨熏蒸法：用塑料薄膜密封带有黄曲霉毒素 B_1 的饲料，然后加氨水密闭一定时间，氨与黄曲霉毒素 B_1 结合后发生脱羟作用、裂解，达到去毒效果。一般对于 0.2mg/kg 以下含毒量较低的饲料采用 0.2%～0.4% 的氨剂量；对于 0.2～0.5mg/kg 含毒量的饲料采用 0.5%～0.7% 氨剂量；对于 0.6mg/kg 以上高含毒量的饲料常用 0.7%～1% 的氨剂量。如果密闭时间延长，剂量可相应降低。

（6）限量饲喂　经去毒加工后的饲料，仍要限量饲喂，一般猪日粮中不宜超过 0.75kg，妊娠母猪、哺乳母猪和仔猪的日喂量应在 0.5kg 以下。鸡最好不喂，牛日喂量在 1.5kg 以下。

思 考 题

1. 牧草中的致毒因子有哪些？
2. 家畜采食饲料过程中可能造成其中毒的因素有哪些？
3. 低毒牧草脱毒加工方法有哪些？
4. 低毒饲料脱毒加工方法有哪些？

第九章　全混合日粮调制加工

【内容提要】　全混合日粮的发展；配合饲料、浓缩饲料及预混料的分类与特点；全混合日粮的制备；全混合日粮的加工机械与设备。

【教学目标】　了解全混合日粮对动物生产的重要意义；掌握全混合日粮的配制技术；熟悉全混合日粮的配制方法；了解全混合日粮的机械配置；了解全混合日粮的检测评价方法。

第一节　概　　述

一、全混合日粮的概念

全混合日粮（total mixed ration，TMR），是根据反刍动物（牛、羊等）的营养需要（包括粗蛋白、粗纤维、矿物质和维生素等），把粗料、精料和各种添加剂进行充分混合而得到的营养平衡的饲料。

TMR 饲喂技术于 20 世纪 60 年代在美国、英国、以色列等国家首先推广应用。起先主要应用于奶牛生产中（图 9-1），根据奶牛不同生长发育及不同泌乳阶段的营养需要和饲养战略，按照营养专家计算提供的配方，用特制的搅拌机将粗饲料、精饲料和各种添加剂按照适当的比例混合成营养相对平衡的日粮。经过不断的发展，目前美国、加拿大、以色列、荷兰、意大利等奶业发达的国家已普遍采用 TMR 饲养技术；亚洲的韩国和日本，TMR 饲养技术推广应用也已经达到全国奶牛头数的 50% 以上。中国自 20 世纪 80 年代将 TMR 饲养技术引入了国内，现在北京、上海、广州等地的一些大型牛场都已使用了 TMR 饲养技术，并取得了良好的效果，它的使用能够保证奶牛摄入均衡的营养，节省大量的人力和物力，并提高奶牛的生产性能，是奶牛养殖业的第二次革命。

图 9-1　奶牛采食全混合日粮

在奶牛利用的基础上，水牛、肉牛、育肥羊的全混合日粮的生产与利用也得到了一定程度的推广，而且出现了商品化、产业化的全混合日粮裹包青贮饲料。

二、全混合日粮的优点

1. 改善牧草饲料适口性，增加采食量　在饲养实践中经常发现，尽管在进行日粮设计时考虑到生产水平和营养需要，但由于干物质采食量不足，畜群的生产性能仍不能正常发挥。在精粗分饲时，粗饲料适口性较差，导致家畜挑食，采食量和营养水平达不到日粮设计要求。传统的混群通槽饲喂，又促使胆大的家畜抢食精饲料造成营养过剩和肥胖，胆小的家畜则营养不足、瘦弱，严重影响畜体健康。TMR 技术将粗饲料切铡成适当长度与精饲料和添加剂充分混合，可改善粗饲料的物理特性，并可掩盖某些原料的不良气味，提高适口性；投料数量充足，家畜一天有充足时间可接触饲料，小量自由采食，时间延长，总采食量增加，并可有效地防止挑食、抢食。同时，由于混料均匀，也可避免偶然发生的微量元素、维生素缺乏或中毒事件。据安宪全等（2002）实验，采用草粕（泡涨）、油菜籽粕（泡涨）和精料充分混合的 TMR 饲喂与采用草粕-油菜籽粕-精料顺序分饲相比，前者每头奶牛的平均采食量比后者多 2.7kg，粗蛋白多 220g，产奶净能多 22.7MJ，日产奶量增加 2.3kg，乳脂率提高 0.02%。

易学武等（2006）以精饲料：粗饲料分别为 50：50、60：40、55：45、50：50、45：55、40：60 的全混合日粮，研究具有南方奶牛日粮类型特征的 TMR 饲养技术，以及不同精粗比对奶牛的采食行为、产奶性能、全肠道养分表观消化率和血清代谢产物的影响，并与精粗分饲进行比较。结果表明，在 TMR 饲养技术下，日粮精粗比的增加，可显著降低奶牛的干物质采食量（$P<0.05$）和极显著降低咀嚼时间（$P<0.01$）；在相同精粗比日粮（50：50）下，不同饲喂方式对奶牛采食行为的影响不显著（$P>0.05$）。

2. 提高饲料利用率，节约饲养成本　TMR 技术可充分利用各种廉价的饲料资源，使原料选择更具灵活性，如粗硬的农作物秸秆、易扬尘的农副产品、含水量高的糟渣类饲料，以及具某种特殊气味的饼粕类和添加剂等。从而可以最大限度地使用低成本饲料配方，节约饲养费用，提高经济效益。张永根等（1999）将供试奶牛分为两组，日粮设计营养水平相近，实验组日粮中蛋白质饲料用油菜籽粕、玉米酒糟、尿素代替了对照组日粮中的大部分豆饼，粗饲料用玉米秸秆代替羊草，采用全混合日粮式饲养，对照组按先粗后精常规饲喂。结果显示，实验组日粮中产奶净能转化成牛奶中能量的效率为 63.4%，对照组为 58.0%；日粮粗蛋白转化成乳蛋白的效率分别为 28.4% 和 26.0%。实验组精饲料成本为 1.43 元 /kg，对照组为 1.49 元 /kg。实验组全期产奶量比对照组提高 7%，每天每头奶牛比对照组增收 2.51 元。

易学武等（2006）研究的产奶性能表明，在全混合日粮饲养技术下，日粮精粗比的增加，可显著提高奶牛的产奶量、4% 标准奶产量、乳糖、乳总固形物、总非脂固形物产量（$P<0.05$）；在相同精粗比日粮下，不同饲喂方式对奶牛的产奶性能影响明显，全混合日粮饲养技术显著提高奶牛的乳脂率、4% 标准奶产量、乳脂产量、乳总糖量和总乳固形物量（$P<0.05$）。

3. 维护瘤胃健康，减少家畜疾病　瘤胃健康是反刍动物健康、高产、稳产的保证，日粮营养平衡则是瘤胃健康的前提。传统的精粗分饲，易造成日粮精粗比例不当，反刍动物粗饲料采食量不足，进入瘤胃快速降解的糖类和淀粉过多，产生脂肪酸的速度快于吸收的速度，致使瘤胃 pH 下降，使正常的瘤胃微生物群落遭到破坏，从而引发一系列的生理问题，轻则减少饲料采食量，降低纤维消化率，并影响生产性能，重则造成消化机能紊乱，进而导致酸中毒和酮血症等一系列疾病。全混合日粮技术可以充分应用现代反刍动物营养学原理，合理配制饲料，均匀混合统一采食。当粗饲料缺乏时，还可通过提高日粮中中性洗涤纤维含量进行弥补，因此易于控制瘤胃发酵，保持 pH 的稳定（最适 pH 为 6.2～6.8），为瘤胃微生物创造良好的生存环境，提高微生物的活性和蛋白质合成率，并最终提高饲料的转化率，维护瘤胃正常的生理机能，减少奶牛消化道疾病和代谢病，并有利于克服繁殖障碍，提高母畜的受胎率和繁殖率。

在王亮亮（2006）传统法饲喂与全混合日粮饲喂相比较的实验中，瘤胃 pH 差异不显著，是由于奶牛的采食量差异显著，因此奶牛采食和反刍时产生的唾液量不同，瘤胃中挥发性脂肪酸的产量不同、瘤胃食糜外流速度不同，这些作用相互抵消使瘤胃 pH 差异不显著。在李德允（2006）全混合日粮饲喂组和传统粗精料分开饲喂组的比较中也得出类似的结论，两组的 pH 都是采食后 3h 急剧下降，维持到 6h 逐渐提高，最终两处理组差异不显著。Bargo 等（2002）在放牧饲养和全混合日粮饲喂方式的比较实验中，瘤胃的 pH 没有显著的差异，反而有降低的趋势。由此可见，全混合日粮饲养方式对瘤胃 pH 的影响差异不显著，这对维持瘤胃内的发酵平衡有重要意义。

4. 提高动物生产性能，增加经济效益　　目前在奶牛养殖业中广泛应用的 TMR 技术，可以使奶牛采食到尽可能满足其营养需要、接近理想的平衡饲料，最大限度地将饲料养分转化为牛奶，从而充分发挥其遗传潜力和生产性能。全混合日粮是当前能达到这一目的的最佳饲养技术。由于全混合日粮可根据奶牛营养需要，通过瘤胃调控技术，合理配制日粮，能在保证瘤胃微生物正常活动、维护瘤胃健康的前提下增加奶牛的干物质采食量，提高饲料营养物质的转化率，因此和传统的饲养方式相比，可有效地提高产奶量和牛奶质量。据马里兰大学研究，奶牛干物质采食量每增 0.45kg，可增产牛奶 0.91～1.14kg。又据报道，饲喂全混合日粮的奶牛，每千克日粮干物质能多产牛奶 5%～8%，即使年产量达 9000kg 的奶牛，仍能增产牛奶 6%～10%。国外研究证明，产奶量在 11 340kg 以上的牛群，所有母牛都可以饲喂单一的全混合日粮。专家认为全混合日粮技术是取得饲养效果最实用的方法，也是使高产奶牛充分发挥其生产潜力的饲养方法。王广银等（2008）对奶牛的饲养实验见表 9-1。

表 9-1　全混合日粮组与精粗分饲饲喂奶牛对比（王广银等，2008）

对比项目	精料 + 粗料分饲组	全混合日粮组
泌乳量/（kg/d）	22.84	23.56
4% 标准乳/（kg/d）	20.16	21.72
乳脂/%	3.22	3.48
乳蛋白/%	2.82	2.95
乳糖/%	3.85	4.01
乳固形物/%	10.02	10.56
乳单价/（元 /kg）	1.92	2.12
日均奶收入/元	43.85	49.94
饲养成本/[元/（头 · d）]	35.27	38.65
收入/[元/（头 · d）]	8.58	11.29

全混合日粮饲养与其他饲喂方式相比具有明显的营养平衡优势。Bargo 等（2002）研究发现，在相同的饲养条件下，全混合日粮饲养奶牛体重的增加量要高于放牧饲养。在 Kolver 等（1998）放牧组和全混合日粮饲喂组相比较的实验中，两组奶牛的平均体重分别是 562kg 和 597kg，体况评分分别是 2.0 和 2.5；假如用体重增加的百分含量来表示营养的摄入量，那么放牧组的奶牛比全混合日粮饲喂组消耗更多的粗蛋白（CP）和中性洗涤纤维（NDF）。

刘庭玉等（2012）为探讨不同配合饲粮饲喂羔羊时对其肉质的影响，选用巴彦淖尔市较为丰富的紫花苜蓿、小麦秸秆、玉米秸秆和番茄渣等饲草资源，配制出羔羊育肥专用饲草型全混合日粮。以传统日粮（优质青干草＋精料）为对照，通过饲喂巴寒 F_1 羔羊，对 2 种全混合日粮影响羔羊屠宰性能和肉质情况进行分析。结果表明：饲喂全混合日粮组日粮均改善了羔羊的屠宰性能，各项屠宰指标显著优于饲喂对照组日粮羔羊（$P<0.05$）；饲喂紫花苜蓿＋番茄渣＋小麦秸秆＋精料全混合日粮的羔羊比对照组沉积了更多的粗脂肪，失水率较低（$P<0.05$）；饲喂紫花苜蓿＋玉米秸秆＋精料全混合日粮组的羔羊其肉质中沉积了更为丰富的必需氨基酸（43.84%）和肉味氨基酸（44.68%）；与饲喂对照组相比，全混合日粮组羔羊肉质具有更好的营养价值，更为鲜嫩多汁（表 9-2，表 9-3）。

表 9-2　不同全混合日粮对羔羊屠宰指标的影响（刘庭玉等，2012）

屠宰指标	紫花苜蓿＋玉米秸秆＋精料	紫花苜蓿＋番茄渣＋小麦秸秆＋精料	优质青干草＋精料
宰前活重 /kg	36.54	37.65	33.37
胴体重 /kg	18.10	18.90	16.20
净肉重 /kg	14.40	15.20	12.50
骨重 /kg	2.60	2.90	2.40
GR/cm	1.20	1.32	1.04
肉骨比 /%	5.54	5.24	5.21
屠宰率 /%	49.53	50.20	48.55
胴体净肉重 /%	79.56	80.42	77.16
净肉率 /%	39.41	40.37	37.46

注：GR 指在 12 ～ 13 肋骨之间，距背脊中线 11cm 处的组织存度

表 9-3　不同全混合日粮对羔羊肉品质的影响（刘庭玉等，2012）

肉质指标	紫花苜蓿＋玉米秸秆＋精料	紫花苜蓿＋番茄渣＋小麦秸秆＋精料	优质青干草＋精料
失水率 /%	7.89	7.64	8.25
熟肉率 /%	58.52	57.38	60.62
脂肪含量 /%	40.41	41.67	39.45
肉色	4.08	4.25	4.20

5. 降低劳动强度，节约劳力和时间　TMR 技术将干草的切铡，与青贮饲料、精饲料、糟渣和添加剂混合，在搅拌机中一次完成，而且能做到均匀一致。同时，饲养人员不需要多次分发不同的饲料，大大降低了劳动强度，节约了劳力和时间，提高了劳动效率。

美、欧的全混合日粮设备规模大，自动化程度高，投资较大，属于集约型供应体系。一个 100 头的奶牛场，使用传统饲养方法时每天用在饲料加工、调制、混合、送喂料的时间约为 4h，需要 10 个人，而应用全混合日粮技术后，只需要 1h、2 个人，劳动效率大大提高，使饲养人员有更多的时间进行牛群观察、粪尿清除、卫生管理、特殊护理、修蹄等工作，从而做到整个牛群的精细饲养，减少疾病发生，降低成本，提高效益。

例如，山西省永济市某奶业有限公司原来全场人均饲养奶牛 12 头，全混合日粮应用后，使饲养员从运料、添料、搅料的人工劳动中解放出来，人均饲养奶牛达到 30 头，年节约费用支出 12 万元。

使用全混合日粮技术，也有一定的缺点：必须具备能够进行彻底混合饲料的搅拌设备和用于称量及分发日粮的专业设备；各组群由于产量有别，因此饲料配方不同，需要分别进行搅拌；奶牛必须进行分群饲喂，频繁分群，增加了奶牛流动，给有关记录和测定带来不便；在转群的过程中会对奶牛造成一定程度的应激而引起产奶量的波动；不利于现在奶牛场中推行的按牛订产计酬的管理办法，需要将这种办法改革为按人按组群订产计酬；需要经常检测日粮营养成分，计算日粮配方。

第二节　配合饲料、浓缩饲料、预混料

全混合日粮由多种饲料原料组成，包括精饲料、粗饲料、矿物质和维生素及饲料添加剂。实践生产中，全混合日粮的组成划分为两大类，一类是粗饲料，包括新鲜饲草、干草、青贮饲料、草颗粒等；另一类是精饲料，由谷实类能量饲料、蛋白质饲料、矿物质和维生素饲料等组成。精饲料可以先行加工调制为配合饲料、浓缩饲料或者预混料。

一、配合饲料

（一）配合饲料的定义

配合饲料是以动物不同生长阶段、不同生理要求、不同生产用途的营养需要及饲料营养价值评定的实验和研究为基础，根据饲料资源的数量和价格情况，将多种原料合理搭配，按规定工艺流程生产的工业产品。发展配合饲料，可以最大限度地发挥动物生产能力，提高饲料报酬，降低饲养成本，使养殖者获得良好的经济效益。

（二）配合饲料的特点

1. 能充分利用各种饲料资源　充分利用当地各种农副产品、牧草和林业资源，以及屠宰、酿造、榨油、制药等种类繁多的下脚料，配合加工成饲料产品，可节约粮食，减缓人畜争粮的矛盾。使用配合饲料能避免由于饲料单一和营养物质不平衡造成的饲料浪费。

2. 营养平衡、饲料转化率高　饲料配合加工过程中，采用了新的科学成果，而且结合当地饲料资源进行科学的配合。所以，在营养上可发挥互补作用，提高饲料报酬，从而达到节省饲料的目的。饲料报酬是畜牧业生产中表示饲料转化率的指标，即表示每生产单位重量畜产品所消耗饲料的数量。常用“饲料 / 增重或产奶（kg）”表示，也就是每增重 1kg 或产 1kg 奶所需饲料的千克数。动物饲喂配合饲料比饲喂养分不全或单一饲料，至少可节省 1/5 的饲料。发展和使用配合饲料是养殖业实现优质、高产、低消耗和高效益的重要条件与措施。

3. 质量均匀　配合饲料把几十种不同组分，均匀地混合在一起，从而保证了活性成分的均匀性、稳定性，有利于提高饲料的质量，可以防止畜禽的营养不足或过剩引起的中毒。

4. 质量标准化　配合饲料是一种工业产品，产品生产受到国家标准的规范，有利于

饲料产业的健康发展，有利于大规模养殖业的发展。

（三）配合饲料分类

1. 按营养成分分类

1）全价配合饲料（又叫全日粮配合饲料）：这种饲料大多用于机械化饲养鸡、猪，以及肉牛、肉羊的后期育肥和饲养贵重毛皮动物等，不需要再添加任何饲料或添加剂。

2）混合饲料（又称初级配合饲料）：把 2 种或 2 种以上的饲料按一定比例进行混合，即为混合饲料。它由能量饲料、蛋白质饲料和矿物质饲料组成，能够满足畜禽对能量、蛋白质、钙、磷和食盐等各种营养物质的需要。

3）精料混合饲料：平衡用混合饲料加适当精饲料配制而成，主要用于饲喂牛、羊、马。使用时，按说明要求规定的比例与粗饲料、多汁饲料混合饲喂。

4）浓缩饲料：又称平衡用混合料。由蛋白质补充料、矿物质和添加剂预混料组成。

5）添加剂预混料：简称预混料。由添加剂和载体组成。

2. 按饲养对象分类

1）牛配合饲料：包括奶牛饲料、犊牛饲料、肉牛饲料、役用牛饲料。

2）羊配合饲料：包括奶山羊饲料、羔羊饲料、基础母羊饲料、种公羊饲料。

3）其他：包括兔、马、鹿等动物饲料。

3. 按饲料形状分类

1）粉料：为大多数配合饲料所采用的料型，生产工艺简单、耗电少、加工成本低、易与青粗饲料搭配，但生产粉尘多、损耗大、容易分级。

2）颗粒饲料：产品均质性好，体积比粉料减少 33%～50%，便于运输，损耗少，加工成本较粉料高。

3）碎粒料：把颗粒料再破碎成 2～4mm 的粒料。

4）压扁饲料：将籽实饲料在 120℃的蒸气下加热，然后压成片状，干燥，再加入各种添加剂。多用于喂牛，适口性好，易咀嚼消化，能量利用率高。

5）膨化漂浮料：将粉状配合饲料、混合饲料通过高温（140～180℃）、高压（$50kg/cm^2$）的瞬间处理，而后采用间歇性的压力变化制得。适用于配制人工乳和鱼、虾饵料。这种饲料可漂浮在水面上，吸水后慢慢下沉，便于鱼类采食，减少了饲料的浪费和水质污染，但成本高。

6）液态饲料：应用几种液体状态的原料，根据其成分含量，加入若干种其他原料加工而成。生产液态饲料可充分利用制糖、粮食加工业、轻工及制药业生产的液体副产物。

二、预混料

（一）预混料的定义

添加剂预混料，简称预混料，是指由一种或多种饲料添加剂与载体或稀释剂按一定比例配制的均匀混合物。添加剂预混料在配合饲料中所占比例很小，但它是构成配合饲料的精华部分，是配合饲料的核心。添加剂预混料是一种饲料半成品，不能直接饲喂畜禽。

预混料可分为单项预混料和复合预混料两种基本类型。单项预混料是由一种或同一种类的多种饲料添加剂和载体组成，如甲硫氨酸预混料、维生素预混料和微量元素预混料等；复合预混料是由不同种类的多种饲料添加剂和载体组成的均匀混合物，如由维生素添加剂、微量元素添加剂、药物添加剂及其他添加剂成分混合在一起的预混料。

（二）预混料的配制

1. 预混料的组成　预混料由饲料添加剂、载体和稀释剂组成。

（1）饲料添加剂　我国国家质量监督检验检疫总局发布的《饲料工业术语》中对饲料添加剂的定义是：为了提高饲料利用率，保证或改善饲料品质，促进饲养动物生产，保障饲养动物健康而掺入饲料中少量的营养性或非营养性物质。

（2）载体　载体是一种能够承载或吸附微量活性添加成分的微粒。载体表面有开口、小洞或皱褶，便于承受和运载微粒物质，载体多采用中性物质，不与微粒成分发生物理、化学作用。某些成分被载体所承载后，其本身的若干物理特性发生改变或不再表现出来。常用的载体有两类，即有机载体和无机载体。有机载体如小麦麸皮、次粉、玉米粉、脱脂米糠和稻壳粉等，多用于维生素添加剂或药物添加剂；无机载体主要有石粉、膨润土、蛭石和沸石粉等，多用于微量元素预混料的生产。

（3）稀释剂　稀释剂是指混合于一组或多组微量活性组分中的物质。主要作用是将活性微量组分的浓度降低，并把它们的颗粒彼此分开，减少活性成分之间的相互反应，以增加活性成分的稳定性，如石粉、贝壳粉、高岭土和豆粕粉。

生产中，载体、稀释剂大多是相互混用的，但是从预混料工艺的角度出发来区别它们，对它们的要求也略有不同。

2. 设计预混料配方时应注意的问题

（1）设计配方应有明确的目的　确定使用对象，明确用途，如是增重还是泌乳。应根据具体目的设计配方，尽量避免一方多用。

（2）添加剂的选择　所选添加剂必须是国家饲料添加剂管理条例允许添加的，应该有显著的生产效果和经济效益。应考虑添加剂的效价、有效期、禁用、用量及用法与配伍禁忌等具体规定。

（3）确定合理的用量　有些高剂量的添加剂对提高动物生产性能有十分显著的作用，但是可能会有残留、污染环境等问题，要避免使用，如高铜添加剂。添加剂的用量应该是缺多少补多少，用量要合理。

3. 微量元素预混料配方的设计

（1）一般方法和步骤

1）根据动物种类的饲养标准查出各种微量元素的需要量作为添加量，主要包括 Cu、Fe、Mn、Zn、I、Se 等。

2）根据使用原料的计算值或实际测定值计算出基础饲料中各种微量元素的含量。

3）计算各种微量元素应添加的量。

4）选择微量元素原料，将应添加的各微量元素换算为微量元素纯原料量，再将纯原料量换算为商品原料量。

5）根据微量元素预混料在配合饲料中的配合率计算载体的用量，然后列出预混料的配方。

（2）微量元素预混料配方设计示例　为体重 500kg，日产奶 25kg 的奶牛设计微量元素预混料配方。

1）根据奶牛的饲养标准，查出体重 500kg，日产奶 25kg 的奶牛各微量元素的需要量，即添加量，见表 9-4。

表 9-4 体重 500kg，日产奶 25kg 奶牛微量元素的需要量（玉柱和贾玉山，2010）（单位：mg/kg 日粮）

微量元素	铁（Fe）	钴（Co）	铜（Cu）	锰（Mn）	锌（Zn）	碘（I）	硒（Se）
含量	50	0.1	10	40	40	0.60	0.30

2）根据饲料原料的微量元素含量值计算出基础饲料中微量元素含量，见表 9-5。

表 9-5 奶牛基础饲料中微量元素的需要量（玉柱和贾玉山，2010） （单位：mg/kg 日粮）

微量元素	铁（Fe）	钴（Co）	铜（Cu）	锰（Mn）	锌（Zn）	碘（I）	硒（Se）
含量	125	0.04	7.5	25	16.5	0.32	0.05

3）计算各微量元素应添加的量，即需要量减去基础饲料中含量，见表 9-6，其中铁已过量，不需要再添加。

表 9-6 体重 500kg，日产奶 25kg 奶牛微量元素应添加的量（玉柱和贾玉山，2010）（单位：mg/kg 日粮）

微量元素	铁（Fe）	钴（Co）	铜（Cu）	锰（Mn）	锌（Zn）	碘（I）	硒（Se）
含量	0	0.06	2.5	15	23.5	0.28	0.25

4）根据微量元素原料中微量元素含量、可利用性、价格和特性等选择适宜的微量元素原料。

5）计算出所需微量元素商品原料的用量，见表 9-7。

表 9-7 按微量元素应添加量换算商品原料用量（玉柱和贾玉山，2010）（单位：mg/kg 日粮）

微量元素	Co	Cu	Mn	Zn	I	Se
选用商品原料	硫酸钴	硫酸铜	硫酸锰	硫酸锌	碘化钾	亚硒酸钠
商品原料中微量元素含量 /%	21.0	25.5	32.5	22.7	73.6	30.0
商品纯度 /%	95	96	95	99	99	98
元素应添加量换算为纯原料用量（元素应添加量 ÷ 元素含量）	0.286	9.80	46.15	103.50	0.38	0.83
纯原料用量换算为原料用量（纯原料用量 ÷ 商品纯度）	0.301	10.21	48.58	104.57	0.38	0.85

6）根据微量元素预混料在配合饲料中的配合比例计算出载体的用量，列出配方，见表 9-8。本例微量元素预混料占配合饲料的 0.1%。载体用量（%）=100%−微量元素商品原料（%）。

表 9-8　体重 500kg，日产奶 25kg 奶牛微量元素预混料的配方及每吨用量（玉柱和贾玉山，2010）

商品原料	配合率 /%	每吨预混合料中用量 /kg	商品原料	配合率 /%	每吨预混合料中用量 /kg
硫酸钴	0.0301	0.30	碘化钾	0.038	0.38
硫酸铜	1.021	10.21	亚硒酸钠	0.085	0.85
硫酸锰	4.858	48.58	载体（小麦麸）	83.5109	835.11
硫酸锌	10.457	104.57	合计	100.0	1000.0

注：实际生产中也可把饲养标准中微量元素的需要量作为添加量，而不考虑基础饲料中的含量

4. 维生素预混料配方的设计

（1）根据动物的饲养标准查出各种维生素的需要量　根据饲养标准，考虑基础饲料、生产水平、环境条件等具体情况，确定维生素适宜的添加量。

（2）换算　综合考虑生物效价、稳定性、价格，选择适宜的维生素原料，把各种维生素的添加量换算为商品原料的用量。

（3）列出配方　根据维生素预混合添加剂在配合饲料中的配合率计算出载体的用量，列出配方。

（三）预混料生产及应用

生产预混料要求混合机性能好，混合均匀度高，变异系数（CV）要小于 8%，衡器称量精度高，有专门保存维生素原料的库房或设备，有产品企业标准。添加油脂的作用是减少粉尘，有利于物料相互黏在一起。向混合机装料的次序：载体→常量物质→微量物质→常量物质→载体。混合机卸料采用大开门一次性卸料。预混料除包装外必须附有产品标签，内容包括品名、主要成分保证值、药物名称、生产日期、适用动物及使用说明等。微量元素预混料和维生素预混料最好分别生产，分别包装，使用时再混合。复合预混料生产量应控制在 1 个月内使用完的范围内。

预混料可用于生产浓缩饲料，也可以直接用于生产全价配合饲料，但不能直接饲喂畜禽。微量元素预混料在全价配合饲料中的用量通常为 0.2%～0.5%，市场上也有 1% 的小包装产品，在浓缩饲料中的用量为 1%～2%。微量元素预混料容易结块，要注意防潮。维生素预混料在全价配合饲料中的用量通常为 0.02%～0.05%，在浓缩饲料中的用量为 0.1%～0.2%。大部分维生素对光、热及氧不稳定，维生素预混料应在低温、干燥和避光环境中密封保存。复合预混料产品规格主要有 1%、2% 和 4% 等剂型，其中 4% 剂型是含有钙、磷的补充饲料。由于预混料使用量小，使用时要逐级扩大，混合均匀。例如，表 9-9 和表 9-10 是某品牌两种犊牛预混料的成分与推荐用量。

表 9-9　某品牌两种犊牛预混料成分

营养素	预混料 1	预混料 2	营养素	预混料 1	预混料 2
维生素 A /（IU/kg）	1 350 000	270 000	维生素 B_6 /（mg/kg）	450	90
维生素 D /（IU/kg）	300 000	60 000	维生素 B_{12} /（mg/kg）	3.45	0.69
维生素 E /（mg/kg）	6 000	1 200	烟酰胺 /（mg/kg）	3 000	600
维生素 K /（mg/kg）	300	60	D-泛酸 /（mg/kg）	1 500	300
维生素 B_1 /（mg/kg）	300	60	叶酸 /（mg/kg）	150	30
维生素 B_2 /（mg/kg）	750	150	生物素 /（mg/kg）	22.5	4.5

续表

营养素	预混料 1	预混料 2	营养素	预混料 1	预混料 2
胆碱/(mg/kg)	30 000	6 000	碘/(mg/kg)	100	20
铁/(mg/kg)	6 000	1 200	硒/(mg/kg)	50	10
铜/(mg/kg)	2 500	500	镁/(mg/kg)	2 500	500
锰/(mg/kg)	5 000	1 000	钙/%	0	13
锌/(mg/kg)	6 000	1 200	磷/%	0	5.4
钴/(mg/kg)	20	4			

表 9-10　某品牌两种犊牛预混料推荐配方（%）

组分	配方①	配方②	配方③	配方④	组分	配方①	配方②	配方③	配方④
玉米	49	49	47	47	磷酸氢钙	1.5	0	1.5	0
麸皮 / 米糠	20	20	10	10	盐	1	0	1	0
豆粕	26	26	15	15	石粉	1.5	0	1.5	0
棉粕	0	0	3	3	预混料 1	1	0	1	0
乙醇干糟	0	0	20	20	预混料 2	0	5	0	5

三、浓缩饲料

（一）浓缩饲料的定义

浓缩饲料又称为平衡用配合料，由添加剂预混料、常量矿物质、蛋白质饲料构成，通常为全价饲料中除去能量饲料的剩余部分，是配合饲料的中间产品。浓缩饲料一般占全价配合饲料的 10%～40%。

配制浓缩饲料不加入能量饲料可减少购销环节，降低运输成本。使用浓缩饲料能够充分利用饲养者当地的能量饲料资源，以降低养殖成本。浓缩饲料除能量外，还可以满足畜禽各种营养的需要。农村小型饲料加工厂、饲养户按说明加入能量饲料后即可用于饲喂动物。对于以分散、户养的养殖户，大力发展浓缩饲料，可降低饲料成本，保证饲料质量。

（二）浓缩饲料的配制

1. 浓缩饲料配方设计的基本原则

（1）明确产品使用区域常用的饲料资源　设计浓缩饲料配方前必须明确产品使用区域常用的能量饲料种类、蛋白质饲料资源情况。对于反刍动物还要了解粗饲料、青饲料种类和饲喂量情况，做到产品设计的“有的放矢”。

（2）以饲养标准为依据　根据饲养标准设计，主要考虑微量元素、维生素、钙、磷、食盐、粗蛋白和第一限制性氨基酸等指标，添加能量饲料后即能满足或接近饲养标准。

（3）使用方便　在全价配合饲料中使用的比例最好为整数比例，便于使用，一般以 20%～40% 为宜。条件允许的情况下，尽可能使用优质蛋白质饲料，养殖户补充自己拥有的杂粕，以降低成本。

（4）设计反刍动物浓缩饲料配方的注意事项　不必考虑有效磷和必需氨基酸的问题；可用尿素等非蛋白氮饲料补充部分粗蛋白；除维生素 A、维生素 D、维生素 E 外，可以不考虑添加其他维生素，但应特别注意微量元素钴的补充，钴可用于维生素 B_{12} 的合成。

2. 浓缩饲料配方设计及计算　先明确浓缩饲料销售使用区域内最常用的能量饲料种类，如北方多为玉米、高粱、麸皮等，南方多为稻谷、薯干、米糠等。然后，根据饲养对象，查饲养标准和原料的营养成分，拟定配合饲料配方，再把配方中的能量饲料抽去，剩下的即为浓缩饲料配方的组分。这些组分之和就是浓缩饲料在配合饲料中所占的比例。

（三）浓缩饲料的生产及应用

1. 浓缩饲料的生产

（1）加工工艺　浓缩饲料在配合饲料构成中占10%～40%，因此，对浓缩饲料的加工机械与加工工艺的要求较高。加工工艺如下。

豆粕、菜粕等 → 粉碎 → 卧式混合机 → 混合 → 浓缩饲料 → 包装
添加剂 + 载体 → 预混合 ↑ （进入卧式混合机）
鱼粉、氨基酸、矿物质（磷酸氢钙、石粉、食盐）↑ （进入卧式混合机）

（2）对原料的要求

1）蛋白质饲料的含水量在10%以下，最多不得超过12%。

2）原料的粒度要求在1.5mm以下，并具有良好的流动性，无污染，不含铁屑、砂等杂质。

（3）对混合工艺与机械的要求　为了混合均匀，物料投放次序应为：蛋白质饲料→氨基酸→矿物质饲料→添加剂预混料。混合机械应该为混合均匀度较高的卧式混合机。

（4）对产品质量的要求　产品含水量以6%～8%为宜，且贮存期不超过3个月，粗蛋白含量不少于30%，粗纤维含量以不大于8%为宜。对于蛋白质水平要求较高的幼畜、幼禽，浓缩饲料所占比例应大些；反之，则小些。就我国目前生产条件而言，一般以在配合饲料中占10%～40%为宜。

（5）对产品标签的要求　凡生产销售的浓缩饲料，必须随产品附有产品标签。标签内容包括品名、主要营养成分含量保证值、药物添加的说明、生产日期和产品使用说明。

2. 浓缩饲料的应用　浓缩饲料是一种中间产品，不能直接饲喂动物，必须与能量饲料合理搭配制成全价配合饲料后才能饲喂动物。浓缩饲料的适用对象主要是养殖户和小型养殖场。使用浓缩饲料时，必须仔细阅读产品说明，按推荐的能量饲料配合比例配合成全价配合饲料。如果所推荐的能量饲料种类与养殖户现有的能量饲料种类不相符时，养殖户必须计算浓缩饲料和能量饲料配合的比例，计算方法可参照下节内容。表9-11和表9-12为陕西地方标准中，奶牛浓缩饲料的营养成分与维生素、矿物质含量要求。

表9-11　奶牛浓缩饲料主要营养成分指标

种类	粗蛋白/%	粗脂肪/%	粗纤维/%	粗灰分/%	钙/%	总磷/%	食盐/%
犊牛浓缩饲料	≥26.0	≥2.5	≤10.0	≤16.0	1.2～3.0	≤0.5	0.4～2.4
育成牛浓缩饲料	≥28.0	≥2.0	≤17.0	≤16.5	1.5～3.3	≤1.0	1.2～3.2
干奶前期奶牛浓缩饲料	≥16.0	≥2.0	≤17.0	≤16.5	1.2～3.0	≤1.0	1.2～3.2
干奶后期奶牛浓缩饲料	≥26.0	≥2.5	≤17.0	≤16.5	1.0～2.8	≤1.0	1.0～3.0
泌乳奶牛浓缩饲料	≥28.0	≥2.5	≤17.0	≤16.5	1.5～3.0	≤0.7	1.2～4.0

注：干奶后期奶牛浓缩饲料在使用阴离子盐时，可参考干奶前期奶牛浓缩饲料钙的指标

表 9-12　奶牛浓缩饲料中主要维生素、矿物质含量

	维生素 A/（IU/kg）	维生素 D_3/（IU/kg）	维生素 E/（IU/kg）	烟酸/（mg/kg）	铁/（mg/kg）	铜/（mg/kg）	锰/（mg/kg）	锌/（mg/kg）
犊牛浓缩饲料	15 000	1 400	130	—	180	30	150	170
育成牛浓缩饲料	12 000	1 027	53	—	133	40	150	300
干奶前期奶牛浓缩饲料	11 700	1 027	67	—	75	65	75	300
干奶后期奶牛浓缩饲料	13 000	1 027	70	—	100	65	100	330
泌乳奶牛浓缩饲料	11 700	1 027	53	240	100	65	100	330

第三节　全混合日粮设计

根据不同生长发育及生产阶段畜群的营养需求和饲养战略，按照营养专家计算提供的配方，将粗料、精料、矿物质、维生素和其他添加剂用特制的搅拌机进行科学的混合，供畜群自由采食，能够提供足够营养以满足畜体需要的日粮。

一、全混合日粮设计原则

1. 必须保证产品的安全性　饲料的安全性是第一位的。饲料的安全性是指动物食后无中毒和疾病的发生，不会对人类产生潜在危害。做安全评价必须包括“三致”，即致畸、致癌、致突变。被病畜禽及农药、工业废水等污染的饲料和严重霉变的饲料均不可利用。

2. 必须以饲养标准、饲料营养成分和饲料价值为依据　饲养标准中规定了对不同种类、性别、年龄、体重、生产用途及不同生产性能的动物，在正常生理状态下，应供给的各种营养物质的需要量，即营养指标。设计饲料配方时，先要根据饲养动物有针对性地选择饲养标准，然后依据饲养标准提供的各项主要营养指标为参数，选择相应的饲料原料。凡是设计合理的饲料配方，无论使用的饲料原料有多少种，都是以饲养标准所提供的营养指标为依据，所以能表现出良好的饲喂效果。

再完善的饲养标准也只能反映动物对各种营养物质需要的近似值，其内容和数值都是针对某种特定动物而言，并且具有特定的环境等因素。所以，使用饲养标准时要灵活变通，根据本场的饲养管理条件、饲料资源及质量情况、畜禽健康状况等，予以适量的调整。

设计饲料配方时，对饲料原料营养成分含量及营养价值必须做出正确评估和决定，尽量对饲料原料的重要指标实际测定，以提供准确数据。借鉴饲料原料营养成分及饲料营养价值表时，要考虑收获时期、产地、品种、加工方法等因素，还要注意原料的规格、等级和品质特性。采用实测值时要处理好饲料配方设计值与配合饲料保证值的关系。保证值由平均值、变异系数和达不到保证值的概率确定。

3. 营养全面和平衡　配合饲料不是各种原料的简单组合，而是一种有比例的、复杂的营养配合。这种营养配合愈接近饲养对象的营养需要，愈能发挥其综合效应。为此，设计

饲料配方时不仅要考虑各营养物质的含量，还要考虑各营养素的全价性和平衡性。营养物质的含量应符合饲养标准；营养素的全价性即各营养物质（如能量与蛋白质，氨基酸与维生素，氨基酸与矿物质等）之间及同类营养物质（如氨基酸与氨基酸，维生素与维生素）之间的相对平衡，否则就会影响饲粮的营养性。

4. 适口性好，适度控制粗纤维含量　原料适口性好，或经过加工处理后，产品适口性好，必须保证所配饲料能够被动物采食进去。要考虑动物的消化生理特点，以草食为主的牛、羊等需大量采食青、粗饲料，以达到牛、羊的饱腹感。否则，虽然营养物质已满足需求，但是采食的粗饲料不够多、体积小，牛、羊缺乏饱腹感仍然处于焦躁不安状态，使生产水平降低。

5. 必须具较高的经济效益　饲料配方成本很大程度决定产品的经济效益，作为一种商品，设计配方时，必须考虑其合理的经济效益。不能单纯追求动物的高产性能，必须考虑动物生产成本是否为最低或收益是否为最大，而且要考虑动物产品的市场状况和经济环境。制订饲料配方应尽量选择资源充足、价格低廉而且营养丰富的原料，尽量减少粮食比例，增加农副产品及优质青、粗饲料的比例，充分利用当地饲料资源，巧用饲料，尽量少从外地调入饲料原料，以降低成本。

6. 重视借鉴典型配方，但不可生搬硬套　典型饲料配方实用性强，可视畜查方，照方配料，一不用计算原料配比多少，二不用核算营养指标余缺，为养殖户提供了方便。典型饲料配方最大的优点是原料选择一般比较合理，尤其更适用于本地区的饲料来源，原料的配合比例均在较适宜的范围之内，参照选择原料可避免盲目性。但是，典型饲料配方是在特定的饲养方式和饲养管理条件下产生的，要求原料的来源比较稳定，质量比较有保障。因此，配方中所列营养值和饲喂效果对不同情况的饲养户来说肯定具有一定的差异，借鉴时不宜生搬硬套，应根据各自的实际情况和所用原料的实际营养成分含量对典型配方提示的营养值进行复核、调整后方可使用。

二、全混合日粮设计依据

（一）饲养标准

根据大量重复的科学实验与生产验证的结果，对种类、性别、年龄、体重、生产用途和生产水平不同的一类动物，规定出对这类动物每天的能量、蛋白质、矿物质、维生素等营养成分供给量，称为饲养标准。应用时，要选用与当地条件、水平相近似的饲养标准，并要根据实际饲养要求、条件、水平，酌情做适当的调整。表 9-13～表 9-15 为奶牛不同阶段营养需要推荐量。

表 9-13　断奶至 6 月龄犊牛能量及蛋白质推荐需要量（中国）

活重/kg	日增重/g	干物质采食量/kg	泌乳净能/（MJ/d）	粗蛋白/g
70	0	1.22	10.09	63
	400	1.85	13.56	168
	600	2.21	15.65	215
	800	3.61	18.08	262

续表

活重/kg	日增重/g	干物质采食量/kg	泌乳净能/（MJ/d）	粗蛋白 /g
80	0	1.35	11.01	70
	400	1.98	14.57	174
	600	2.34	16.70	222
	800	2.79	17.91	268
90	0	1.45	11.93	76
	600	2.48	17.75	226
	800	2.93	20.34	272
100	0	1.62	12.81	82
	600	2.66	18.79	258
	800	3.11	21.39	311

表 9-14　不同月龄青年牛营养需要量

营养水平	7 月龄至配种前	配种至产犊	产犊后
干物质采食量/kg	7～11	12～13	15～20
泌乳净能/（MJ/d）	15～17	18～21	—
粗蛋白/%	14～16	13～14	15～17
中性洗涤纤维（最低值）/%	30～33	30～33	30～33
非纤维碳水化合物/%	34～38	30～34	38～42
钙/%	0.41	0.9～1.1	0.8～1.0
磷/%	0.25～0.30	0.3～0.35	0.35～0.4
镁/%	0.08～0.11	0.4～0.45	0.3～0.4
氯/%	0.10～0.12	0.3	0.3～0.4
钾/%	0.48	＜1.3	1.5～2.0
钠/%	0.08	0.07	0.4～0.6
硫/%	0.2	0.2	0.25～0.3
硒/%	0.3	0.3	0.3
维生素 A/（IU/d）	24 000	100 000	150 000
维生素 D/（IU/d）	9 000～14 000	30 000	45 000
维生素 E/（IU/d）	250～350	1 800	1 000

表 9-15　成年母牛营养需要量

营养水平	干奶前期	干奶后期	泌乳前期	泌乳中期	泌乳后期
干物质采食量/kg	13～14	10～11	23.6～25	22～23	19～21
泌乳净能/（MJ/kg）	5.80	6.28	7.00～7.40	6.70～7.00	6.30～6.70
粗脂肪/%	1.70～4.80	3	4.20～6.45	4.20～6.20	2.60～5.50
粗蛋白/%	11～14	15	16～18	14～16	13～15
瘤胃可降解蛋白/%	70	60	62～66	62～66	62～66
非降解蛋白/%	25	40	34～38	34～38	34～38
中性洗涤纤维/%	48～68	35	35～45	41～50	43～55

续表

营养水平	干奶前期	干奶后期	泌乳前期	泌乳中期	泌乳后期
酸性洗涤纤维/%	23～40	24	19～27	22～30	25～35
粗饲料提供的中性洗涤纤维/%	30	30	19	19	19
钙/%	0.48～0.88	0.7	0.75～1.27	0.85～1.20	0.70～1.13
磷/%	0.15～0.57	0.3	0.35～0.46	0.34～0.44	0.41～0.50
镁/%	0.16	0.2	0.28～0.34	0.25～0.31	0.22～0.28
硫/%	0.16	0.2	0.23～0.24	0.21～0.23	0.2～0.21
维生素 A/(IU/d)	100 000	100 000	100 000	50 000	50 000
维生素 D/(IU/d)	30 000	30 000	20 000	20 000	20 000
维生素 E/(IU/d)	600	1 000	600	400	400

（二）动物饲料营养成分及营养价值表

有关科研单位对我国饲料原料的营养成分及营养价值进行了分析和研究，发表了《中国饲料营养成分及营养价值表》。有些地区进行了饲料资源调查工作，形成了该地区的《饲料营养成分及营养价值表》。这些表中的数据是根据化验分析、饲养实验及大量计算得来的。它客观地表示了每一种饲料的营养成分和营养价值。在使用时首先应立足使用本地饲料营养成分及营养价值表，若本地没有，可参考邻近地区的资料。表 9-16 为不同来源玉米酒糟营养成分的平均值及范围。

表 9-16　不同来源的玉米酒糟营养成分的平均值及范围（*n*=27）

营养成分	平均值	范围	营养成分	平均值	范围
干物质/%	89.3	87.3～92.4	铜/(mg/kg)	6	3～10
粗蛋白/%	31.0	28.7～32.9	铁/(mg/kg)	133	77～239
粗脂肪/%	10.6	8.8～12.4	精氨酸/%	1.31	1.01～1.48
纤维素/%	7.2	5.4～10.4	组氨酸/%	0.84	0.71～0.98
灰分/%	6.1	3.0～9.8	异亮氨酸/%	1.17	1.01～1.31
酸性洗涤纤维/%	13.6	8.0～18.1	亮氨酸/%	3.58	2.91～3.96
钙/%	0.08	0.02～0.12	赖氨酸/%	0.89	0.61～1.06
磷/%	0.75	0.42～0.99	甲硫氨酸/%	0.65	0.54～0.76
钾/%	0.96	0.45～1.27	胱氨酸/%	0.68	0.61～0.76
镁/%	0.29	0.14～0.38	苯丙氨酸/%	1.51	1.36～1.72
硫/%	0.62	0.34～1.05	苏氨酸/%	1.15	1.01～1.28
钠/%	0.15	0.04～0.52	色氨酸/%	0.25	0.18～0.28
锌/(mg/kg)	62	38～105	缬氨酸/%	1.58	1.31～1.80
锰/(mg/kg)	19	9～27			

三、全混合日粮设计方法

日粮是指动物一昼夜所采食的饲料量。按日粮中各种成分的比例配制而成的大量饲料称为饲粮。日粮设计不是对逐个动物进行的，而是在一个动物群中根据体重、年龄、生理状况及生产性能等选择具有代表性的个体，以它为标准进行配合。然后在使用过程中对其他个体的喂量进行灵活掌握。

（一）全混合日粮配方设计的基本步骤

1. 明确产品设计目标　目标明确是配方设计的基础，需要确定的目标包括：产品收益、动物生产水平、市场占有率、对环境的影响。这些目标有时是矛盾的，不可兼得，需要权衡处理确定。

2. 确定动物饲养水平　以动物饲养标准为依据，综合考虑设计目标、当地的实际情况，确定动物饲养水平，即各营养物质需要补充的量。

3. 选择适宜的饲料原料　重视利用当地饲料原料，原料的可比价值高、价格适宜；原料的来源要有保障，供应量充足，营养成分含量稳定；原料的适口性要好，色泽、质地相近。

4. 配方计算　用配方软件或用手工进行计算。用配方软件计算常常会遇到无解的情况，需要随时调整控制指标或改变计算方法，如改用优化法。

5. 配方质量评价　日粮配方计算出后，不能马上大规模生产，必须经过配方质量评价程序确定后方能生产。首先，按计算出的配方比例配制出小样，对颜色、气味、容重和原料相互混合状态等指标进行仔细地观测，这些指标不应该与市场上销售或者生产中使用的产品有显著的差别。若有，则应该做调整；若无，则可以小批量生产。通过分析产品营养成分含量、做饲养实验和配方微调，最后确定最佳配方。产品的实际饲养效果是评价配方质量的最好尺度，有条件的企业都应该以此为配方质量的最终评价手段。随着社会的进步，配方产品的安全性、最终的环境和生态效应也将作为衡量配方质量的指标。

无论采用手工计算，还是采用配方软件计算配方，都应收集到以下基础资料：①动物饲养标准；②饲料营养成分及营养价值表；③饲料原料的价格，饲料原料的限用量；④动物的采食量。

（二）配合方法

1. 方形法　方形法又称交叉法、对角线法或图解法。

（1）两种饲料配合　①查饲养标准，得知某养分要求。查饲料成分表，得知两种原料的养分含量。②画一个方形图，在图中央写上所要配制日粮的养分需要含量。方形图左边上下角分别是两种原料的养分含量。画四角形的对角线并标箭头，顺箭头的方向以大数减小数计算。③计算出的各差数分别除这两差数之和，就得两种饲料原料混合的百分比。

（2）两种以上饲料配合　先根据饲料类别，将多种原料分成混合能量饲料组、混合蛋白质饲料组和混合矿物质饲料组。根据原料饲料价值、饲喂效果、价格等确定每一组中各个原料所占比例。把能量饲料和蛋白质饲料进行交叉配合。

2. 联立方程法　利用数学上联立方程求解法来计算饲料配方。先根据原料所含养分的浓度和营养需要，列出相应的方程式，然后计算各原料所占的比例。

3. 试差法　试差法，又称为凑数法或加减法，是早期较普遍采用的方法之一。所谓试差法是根据产品设计方案、有关标准与法规、饲料资源等先粗略地拟定一个配方，计算其各种营养成分含量，将所得结果与标准对照，按多退少补的原则，反复核算，逐一调整，直到所规定的营养指标全部符合或接近标准为止。此法道理简单，容易掌握，但计算烦琐而难筛选出最佳配方，初学者往往要花费很多时间。

4. 线性规划法　线性规划法简称LP法，是最早采用运筹学有关数学原理来进行饲料配方优化设计的一种方法。该法将饲料配方中的有关因素和限制条件转化为线性数学函数、求解一定约束条件下的目标值（最小值或最大值）。电脑优化设计饲料配方最常用的数学模型是线性规划法，可使用多种原料，同时计算满足能量、蛋白质、钙和磷、氨基酸等多种营养指标的全混合日粮配方，并且是最低成本的配方。而采用手工计算饲料配方，由于计算能力的局限性，要同时快速、准确地完成较复杂的计算是不可能的。但是，将行列式解二元、三元、四元线性方程组的数学原理，应用于动物饲料配方的计算过程，设计出一套较完整的计算步骤，可较好地弥补常规手工计算方法的某些不足之处。

线性规划的原理起源于经济学领域。因配方设计问题与线性规划法解决问题的特征相吻合，所以线性规划成为优化饲料配方的一项常用手段。

5. 目标规划法　利用目标规划法优化饲料配方，一般将希望达到的各项营养指标值和有限制的原料用量值等设定为目标，特别是可以将某配方希望最终实现的成本也设定为一目标，共同组成目标规划模型中的目标集。其次，对于目标集中的每一项目标依据其实现与否的重要程度和目标之间的内在联系，分别赋予不同的优先等级，同一优先等级下的目标还可进一步排队而给予不同的权重因子。优化等级或权重因子值越高，表示该目标越重要。指令计算机在配方的筛选或优化时按优先等级或权重因子分层次、有先后之分进行，低一级目标的实现或达成以满足高一级目标为前提，使目标实现值尽量与预先设定值接近或完全满足。表9-17～表9-22为不同牛群配方举例。

表 9-17　断奶至 6 月龄日粮配方（鲜重）

日粮配方	1	2	3	4
苜蓿干草（开花中期）/kg	2.2	—	1.7	—
苜蓿青草/kg	—	—	—	1.1
干草/kg	—	1.6	—	—
玉米青贮/kg	—	—	0.9	1.1
玉米/kg	1.4	1.5	1.0	0.9
44% 粗蛋白浓缩料/kg	0.27	0.64	0.36	0.64
磷酸氢钙/g	14	—	14	9
碳酸钙/g	—	40	—	18
微量元素添加剂/g	9	9	9	9
总喂量/（kg/d）	3.9	3.7	4.0	3.7

表 9-18　7 月龄至配种前育成牛日粮配方与营养成分含量

日粮配方				营养成分	含量/%
原料	含量/%	原料	含量/%		
玉米	26	苜蓿	20	泌乳净能/（MJ/kg）	5.87
豆粕	5	全株玉米青贮	15	奶牛能量单位（NND）	1.87
棉籽粕	3	羊草	15	粗蛋白	15.86
油菜籽粕	6	磷酸氢钙	1	中性洗涤纤维	40.63

续表

日粮配方				营养成分	含量/%
原料	含量/%	原料	含量/%		
小麦麸	4	石粉	0.5	酸性洗涤纤维	24.42
食盐	0.5	预混料	0.5	钙	0.67
玉米 DDGS	5			磷	0.38

表 9-19　配种到产犊青年牛日粮配方与营养成分含量

日粮配方				营养成分	含量/%
原料	含量/%	原料	含量/%		
玉米	27	苜蓿	10	泌乳净能/(MJ/kg)	6.01
豆粕	7	全株玉米青贮	20	奶牛能量单位（NND）	1.92
棉籽粕	4	羊草	20	粗蛋白	15.73
油菜籽粕	3	磷酸氢钙	1	中性洗涤纤维	36.54
小麦麸	5	石粉	0.5	酸性洗涤纤维	21.56
食盐	0.3	预混料	0.5	钙	0.62
玉米 DDGS	3			磷	0.38

表 9-20　泌乳前期奶牛日粮配方与营养成分含量

日粮配方				营养成分	含量/%
原料	含量/%	原料	含量/%		
玉米	26	苜蓿	10	泌乳净能/(MJ/kg)	7.26
麸皮	5	大豆皮	2	奶牛能量单位（NND）	2.28
棉籽粕	3	全株玉米青贮	25	粗蛋白	17.4
豆粕	6	羊草	10	中性洗涤纤维	30.2
玉米 DDGS	4	食盐	0.5	酸性洗涤纤维	21.4
过瘤胃脂肪	1	甜菜籽	2	钙	0.85
膨化大豆	2	预混料	0.5	磷	0.45
全棉籽	2				

表 9-21　泌乳中后期奶牛日粮配方与营养成分含量

日粮配方				营养成分	含量/%
原料	含量/%	原料	含量/%		
玉米	24	全株玉米青贮	20	泌乳净能/(MJ/kg)	6.31
麸皮	5	苜蓿	15	奶牛能量单位（NND）	2.01
棉籽饼	6	羊草	15	粗蛋白	16.82
玉米 DDGS	5	苏打	1	中性洗涤纤维	35.18
豆粕	5	碳酸氢钙	1	酸性洗涤纤维	22.1
油菜籽粕	4	石粉	0.5	钙	0.76
食盐	0.5	泌乳牛预混料	0.5	磷	0.44

表 9-22　干奶牛日粮配方与营养成分含量

日粮配方				营养成分	含量/%
原料	含量/%	原料	含量/%		
玉米	24	全株玉米青贮	15	泌乳净能/（MJ/kg）	5.65
豆粕	5	苜蓿	10	奶牛能量单位（NND）	1.80
棉籽粕	4	羊草	30	粗蛋白	14.63
油菜籽粕	2	磷酸氢钙	0.5	中性洗涤纤维	40.43
麸皮	5	石粉	0.3	酸性洗涤纤维	24.43
玉米 DDGS	3	预混料	0.5	钙	0.68
食盐	0.5			磷	0.42

四、饲草等粗饲料在全混合日粮中的应用

据统计，从世界平均水平看，由饲草转化的畜产品约为 55%，其中美国约为 74%，德国和法国为 60%，澳大利亚为 90%，新西兰为 100%。全世界秸秆年产量约 29 亿 t，是最丰富的饲料资源。牧草和秸秆的利用对促进畜牧业，尤其是草食家畜的发展具有重要的意义。

从营养生理和兽医临床观点出发，反刍家畜日粮中必须要有一定数量的粗饲料，以刺激消化道充分发育。从畜牧学的观点出发，日粮中粗纤维可以影响瘤胃发酵类型，其含量高时乙酸占优势，这对泌乳奶牛尤为重要。优质的禾本科牧草和豆科牧草均可作为饲料原料在牛、羊配合饲料中应用，示例见表 9-23 及表 9-24。

表 9-23　饲草在奶牛配合日粮中的应用（%）（曹致中，2005）

日粮成分	日粮 1 号	日粮 2 号	日粮 3 号	日粮 4 号
禾本科干草	0.0	10.00	20.00	30.00
苜蓿	25.00	16.67	8.33	0.0
燕麦	25.00	25.00	25.00	25.00
中级小麦	16.00	10.00	5.00	0.0
玉米	10.00	6.66	3.33	0.0
豆饼粉	2.75	6.75	10.75	14.75
亚麻籽饼	5.00	5.00	5.00	5.00
石灰	0.50	1.00	1.50	2.00
微量元素	0.25	0.25	0.25	0.25
硫酸盐	0.20	0.20	0.20	0.20
维生素 A 添加剂	0.03	0.03	0.03	0.03
维生素 D 添加剂	0.02	0.02	0.02	0.02
营养成分含量				
ADF	21.9	22.09	23.9	24.9
可消化纤维	12.2	12.4	12.5	12.5
消化能	70.4	70.2	70.1	70.0
总氮	15.1	14.9	15.0	14.9
总钙	0.94	0.91	0.89	0.86
总磷	0.42	0.38	0.37	0.36

注：日粮配方适合于年产奶 8000kg 的奶牛

表 9-24　抗灾保畜羊日粮配方及营养浓度（任秀珍，2003）

组分	比例/%	营养指标	浓度
玉米面	16.1	消化能/（MJ/kg）	10.31
沙打旺草粉	81.0	可消化粗蛋白/（g/kg）	76.13
添加剂预混料	1.0	钙/（g/kg）	16.28
食盐	0.3	磷/（g/kg）	3.82
抗冷应激剂	0.1		
防霉剂	1.5		

第四节　全混合日粮加工

不同时期、不同阶段的日粮中，各种原料的营养成分会有所变化，所以使用全混合日粮的牧场，必须定期检测饲料原料中的营养成分，及时调整日粮配方，以满足不同生理阶段的动物对各种营养物质的需要。

一、原料预处理

为了提高动物利用效率，保证全混合日粮搅拌车混合均匀，需对精饲料进行清选、粉碎、混合等预处理。

（一）精饲料原料预处理

1. 原料接收　饲料生产中，一般将原料分为两大类，即主原料和副原料。主原料是指谷物类，副原料指除谷物以外的其他原料，其接收工艺一般采用如下方式。

粒状原料→下料坑→提升→初清→磁选→提升→立筒仓→提升→待粉碎仓

初清↓大杂　磁选↓铁杂

粉状原料→下料坑→提升→初清→磁选→分配器→配料仓

初清↓大杂　磁选↓铁杂

对于小型的生产厂（场），主原料和副原料共用一条接收线；中型生产厂（场）可设置主原料、副原料各一条接收线；对于大型生产厂（场）可设置三条接收线，分别用于玉米、粉状料和饼粕料。

另外，对于液体原料（如糖蜜和油脂）的接收，采用的工艺一般如下。

液料→运输罐车→接收泵→储存罐→输出泵→车间

2. 原料清理　原料的清理一般要经过三道清理设备。第一道是带吸风的进料地坑栅筛，主要用来清理原料中麻袋绳等杂质；第二道为筛选设备，用以筛除大杂；第三道为磁选设备，清除原料中的磁性杂质。清理工段中设备的产量，依所处工艺中位置而定，一般主原料、副原料清理设备的生产能力与所在进料线的产量相同，可取车间生产能力的2～3倍。

3. 粉碎　粉碎工段的工艺主要分为一次粉碎工艺和二次粉碎工艺两类。一次粉碎工艺的优点是工艺设备简单、操作方便、投资少，但缺点是粉碎粒度的均匀性差、电耗高。二次粉碎工艺的优点是单产电耗低、粉碎粒度均匀。在实际工艺设计中，一般而言，对于10t/h 以下的生产厂（场），宜采用一次粉碎工艺，二次粉碎工艺适用于 10t/h 以上的生产厂（场）。在选用粉碎工艺时，还应注意以下几点：①待粉碎仓的容量应保证锤片式粉碎机连续工作 2～4h 以上，每台粉碎机至少有一个供料仓。当工艺中采用一台粉碎机时，应至少采用两个待粉碎仓。以供调换原料用。②对于一般综合性饲料厂，粉碎机的产量可取生产能力的 1～1.2 倍。当进行微粉碎时，其产量要专门考虑。③物料进粉碎机之前应经过磁选，以避免铁杂质破坏粉碎设备。④粉碎后的物料输送，如采用机械输送，要进行辅助吸风。

4. 配料与混合　　现代饲料生产厂（场）的配料工艺，多采用多仓数秤的工艺形式，一般分为大、小两台秤。小秤的称量为大秤的 1/4。配料仓的容量因工艺设计思想不同可能有差异，但一般不少于配料秤连续生产 4h 所需的容量。配料仓的个数随生产规模的不同而有所变化。一般而言，对于小型生产厂（场）配料仓的个数为 8～10 个，对于大中型生产厂（场），配料仓的个数为 16～22 个。

混合机的型式主要为卧式双轴桨叶式、卧式单轴螺带式、立式和锥形行走式。作业方式主要为分批间歇式，其生产能力要等于或略大于生产厂（场）的生产能力，并与配料秤相匹配。混合机下应设置缓冲斗，容积应能存放混合机一批的饲料量。

混合成品的水平输送要选用刮板输送机，以防止物料分级和减少交叉污染。

（二）粗饲料原料预处理

为了减轻全混合日粮搅拌车的负荷，提高混合质量，需对粗饲料原料进行适当的预处理。

1. 原料贮藏　　干草贮藏应该有基本的棚架，避免因雨、雪等引起养分流失、发霉变质的损失。青贮饲料应定期检查，防止因覆盖层破损而导致霉变。在春、夏、秋三季，青贮饲料的取料面应避免覆盖塑料，因塑料覆盖会提高取料面的温度，加速腐败（图 9-2）。对发霉变质的粗饲料，应该予以去除。需要注意的是，即使看不到明显霉变的粗饲料，如果贮藏条件不良，可能已经有大量霉菌增殖，霉菌毒素积累。

图 9-2　塑料覆盖加速玉米青贮饲料腐败

2. 原料散开或切短　　粗饲料为纤维性原料，粗长的粗饲料在全混合日粮搅拌车内作业时，增加了搅拌轴的阻力，而且长物料不便于同精饲料混合。

图 9-3　散开草捆

青贮饲料在贮藏时一般已经切短，不再需要原料预处理。对整株青贮的青贮草捆或者大型高密度干草捆，需要预先人工或机械将草捆散开或切短（图 9-3）。苜蓿等新鲜饲草，为了便于同其他原料混合，也可以进行预先切短处理。

二、原料添加

1. 原料添加顺序　全混合日粮搅拌时，添加原料的基本原则是先干后湿、先长后短、先轻后重。一般情况下，最早加入的是干草，糟渣、青草、块根、块茎类通常最后加入。

作业量小时，可以人工添加。当作业量大时，为了保证混合效果，需要及时加料，可选择专用机械或者兼用的铲车加料（图 9-4）。

随时检测全混合日粮的水分含量，不盲目加水，全混合日粮适宜的含水量在 45%～50%。

2. 原料添加量的控制　根据动物营养需要，设计好配方。按照动物生产性能，如奶牛的产奶量，估算动物的采食量，计算出日粮的生产量，然后再以配方计算各种原料的数量。注意，每个日粮组分误差控制在 ±2%。各计重系统要定期进行校正，保证称料系统的稳定性、准确性。

图 9-4　添加原料

为了减少各车次日粮之间的差异，确保日粮的平衡，需要对原料的干物质含量进行经常、准确的测定。特别是水分含量波动较大的饲料，如青贮饲料，每周最少检测一次。其他需要经常检测的营养指标包括粗蛋白、可降解蛋白、非蛋白氮、中性洗涤纤维、酸性洗涤纤维、粗灰分、脂肪、钙、磷、钾、钠、镁、氯、硫等。有条件时，对干物质、纤维素、蛋白质的消化率也进行相应的评定，计算出总可消化养分、有效纤维、净能等。根据检测结果，适当调整日粮配方。

三、搅拌

1. 搅拌时间　搅拌是获取理想全混合日粮的关键环节，搅拌时间与全混合日粮的均匀性和饲料颗粒长度直接相关，一般情况下，加入最后一种原料后，应继续搅拌 3～8min，总混合时间掌握在 20～30min（表 9-25）。

表 9-25　不同全混合日粮原料混合时间

组分及类别	苜蓿	干草	玉米	豆粕	添加剂	切割	青贮	混合	分配
时间 /min	4	4	2	2	1	5～7	3	4～8	4

2. 搅拌质量　对于全混合日粮搅拌质量的评价，可借鉴中国农业大学的分级筛法。使用时，双手扶筛，在操作平台上左右滑动，左右往复位移合计 10 次，为一个重复，每次移动距离大于 20cm/s。然后把筛体水平旋转 90°，再左右往复位移合计 10 次，每次重复都要旋转 90°，要求做 4 个重复。之后称量各层筛子上面饲料的重量，与推荐值（表 9-26）比较即可得出结果。

表 9-26　全混合日粮颗粒长度与量比关系推荐表（李胜利，2010）

筛层	筛孔直径/mm	玉米青贮/%	干草/%	高产牛/%	干奶牛/%	后备牛/%
上层	≥19	3～8	10～20	10～15	45～50	55～55
中上层	8.0～1.9	45～65	45～75	20～40	15～20	15～20
中下层	1.2～8.0	30～40	20～30	25～45	20～25	20～25
下层	<1.2	<5	<5	20～25	7～10	4～7

也可利用宾州筛，参考各种饲料的理论推荐比例。

如果原料混合不均匀，粗饲料过长，动物容易挑食精料。例如，奶牛饲养中，个别牛可能因采食过多精料而出现牛体健康问题。混合不足的原因：搅拌时间过短，搅拌刀片过度磨损，加料顺序不正确，粗饲料比例过高，原料添加量过多。

如果混合过度，粗饲料过短，饲料成分发生分离，颗粒度降低，日粮有效纤维比例减少，也会对动物健康造成影响，从而影响生产性能的发挥。例如，奶牛采食后反刍时间减少，唾液量减少，可能会导致个别奶牛出现酸中毒、产奶量和乳脂率降低及真胃移位。混合过度的原因为粗饲料比例低，粗饲料水分含量低，混合时间过长。在全混合日粮中，粗饲料的比例不能低于 40%。

第五节　全混合日粮加工机械与设备

全混合日粮的生产与加工，需要配套有计量系统、搅拌车、装料车、运输车辆等专用或者兼用机械设备。

一、计量系统

一般搅拌车配套有计量系统。对于部分干草、青贮饲料、新鲜饲草等原料，其含水量变化幅度较大，可以配置专门的计量系统。计量系统有电子台秤或者地磅。

1. 电子台秤　电子台秤是利用电子应变元件受力形变原理输出微小的模拟电信号，通过信号电缆传送给称重显示仪表，进行称重操作和显示称量结果的称重器具。电子台秤（图 9-5）称重准确，精确度高，反应速度快，使用方便，称重数据显示直观醒目，避免了因为人为的视觉误差引起的各种误差。合理利用称重软件可以实现称重数据计算机管理，进而实现科学计量。

电子台秤的基本参数如下。

规格：60kg/20g，150kg/50g，300kg/100g，600kg/200g。

精度（分度值）：1/3000FS。

键盘：16 键双重防水。

去皮：去皮重量等于最大秤量。

超重报警：超过最大秤量的 0.15% 时，软件会自动报警。

工作电源：交流 220V（-15%～10%）、50Hz，直流配用 6V、4A · h 可充电电池。

功耗：工作状态数码管全屏显示（5W、节能状态 ＜1W）。

使用环境：温度 -10～40℃，相对湿度 10%～80%。

秤盘尺寸：300mm × 400mm，450mm × 600mm，600mm × 800mm。

2. 地磅　地磅是设置在地面上的大型称重设备。多为采用电子装置的静态称重设备。按安装方式分为地上衡、地中衡两种；按称重方式分为静态称重与动态称重两种；按信号传送方式分为模拟与数字两种；按秤台结构分为全钢与钢混两种。

地磅（图 9-6）标准配置主要由承重和传力机构（秤体）、高精度称重传感器、称重显示仪表三大主件组成，选配打印机、大屏幕显示器、称重管理软件以完成更高层次的数据管理及传输的需要。

图 9-5　电子计数台秤

图 9-6　地磅称量干草

（1）承重和传力机构　将物体的重量传递给称重传感器的机械平台，常见有全钢结构及钢混结构两种。

（2）高精度称重传感器　称重传感器是地磅的核心部件，起着将重量值转换成对应的可测电信号的作用，它的优劣性直接关系到整台衡器的品质。

（3）称重显示仪表　称重显示仪表，又名称重显示器、称重显示控制器，用于测量传感器传输的电信号，再通过专用软件处理显示重量读数，并可将数据进一步传递至打印机、大屏幕显示器、电脑管理系统。

二、搅拌车

全混合日粮的核心机具是全混合日粮搅拌车。全混合日粮搅拌车主要结构包括搅拌系统、出料系统和称重计量系统。根据搅龙的搅拌方式，可分为卧式和立式；根据动力源，分为自走式（图 9-7）、牵引式和固定式。

图 9-7　自走立式搅拌车

1. 搅拌系统

（1）*卧式搅拌系统*　　卧式全混合日粮搅拌车的搅拌系统一般由水平且平行布置的1～3个上搅龙和1个下搅龙组成，旋向彼此相反（图 9-8）。根据需要还可配备自动取料装置（抓手）。工作原理是将各种粗饲料、精饲料及饲料添加剂，以合理的顺序投放在全混合日粮搅拌车混料箱内，在上搅龙和下搅龙推动下，形成物料循环挤压、翻转、对流、扩散等运动，同时下搅龙上刀片的3个轴向120°均匀分布的切割刀会对物料进行进一步的剪切和揉搓，从而达到搅拌、搅细的目的。搅拌均匀后，打开排料门，下搅龙将搅拌好的物料通过排料口均匀地输送到搅拌室外，获得全混合日粮。

图 9-8　卧式搅拌车工作过程

卧式搅拌车的特点是搅拌时间短，由于箱体较窄、较短，可节约空间，也易于装料。但是维护停机时间长，搅拌时会对箱体边角、底部、搅龙有压力而容易磨损。适合密度比较大、较松散、含水率相对较低的饲料混合。

（2）*立式搅拌系统*　　立式全混合日粮搅拌车（图 9-9）主要由料箱和1～3个垂直布置的立式螺旋钻搅龙组成。搅龙的螺旋叶片焊接在螺旋套筒上，螺旋套筒中安装了传动轴来传递动力，带动螺旋套筒旋转。螺旋叶片上安装了动刀，料箱壁面上安装了可拆卸的定刀，动刀和定刀的相对运动形成剪切面，实现对饲料原料的剪切、揉搓、搅拌。

图 9-9　立式搅拌车

立式全混合日粮搅拌车对箱体压力小、磨损小，相对卧式全混合日粮搅拌车可节省10%动力，使用成本低，可以迅速打开并切碎大型草捆，使用寿命较长。圆锥形料箱无死角，卸料时排料干净，不留余料，但是混合时间较长。适宜含水率相对较高、黏附性好的物料混合。卧式和立式全混合日粮搅拌车的比较见表 9-27。

表 9-27　卧式与立式全混合日粮搅拌车的比较

项目	卧式搅拌车	立式搅拌车
内部结构	1～4 根平行布置的水平搅龙	1～3 根垂直布置的立式螺旋钻搅龙
	动刀与定刀间隙小	定刀与动刀间隙大，通过阻力切割
工作原理	既有水平搅拌又有垂直搅拌	只能垂直搅拌
	具备较强的揉搓功能	揉搓功能较弱
使用维护	适用于小型草捆（<500kg/ 捆）	大型、小型草捆皆适宜
	从上面或后部加料	只能从上面加料
	需要预先切割长草、防止缠绕搅龙	不需要预切割长草
	机箱内剩料难清理	机箱内不易产生剩料
	自走式或牵引式机械长度要求拐弯半径大	机械长度要求拐弯半径小
	可通过据后视保护网观察搅拌情况	需要登上扶梯观察切割搅拌情况

图 9-10　搅拌车排料过程

2. 出料系统　出料系统一般由液压油缸、固定支座、连动支座、滑动放料挡板等组成。出料滑动挡板装在液压缸往复运动轴上，开启出料滑动挡板时可放料，关闭后可挡料，出料口通常在料箱的侧机便于饲料运送车或人工卸料。出料口处安装了高强度磁板可除去搅拌好的全混合日粮中的铁屑等杂物。图 9-10 为牵引式全混合日粮搅拌车正在出料。

3. 称重计量系统　称重计量系统可计量每次工作的数据，是精确的装载和投喂的依据。由 4 支桥式称重传感器和称重显示控制仪组成。该系统由 220V 电源通过 4 个方位的桥式称重传感器将信号输送到称重显示仪上，完成饲料的配比和计量。简单的称重只显示单次加料的重量和总重量。编程的称重系统可记录每一个配方的种类、配方中饲料的名称、重量及加料的顺序、饲喂动物头数等。

除了专用的搅拌车以外，全混合日粮的生产中，还需要配置有对精饲料原料粉碎、混合的机械，原料运输机械，装料机械，送料机械等，这些机械和设备可以与其他生产、管理工作兼用。图 9-11～图 9-16 为部分全混合日粮生产与利用的配套机械设备。

图 9-11　草捆叉车装料

图 9-12　青贮饲料取饲机械

图 9-13　装料传送带

图 9-14　原料运输车辆

图 9-15　草捆搬运机械设备

图 9-16　全混合日粮饲喂机械

思　考　题

1. 试述全混合日粮的概念。
2. 试述全混合日粮的优势。
3. 什么是配合饲料、浓缩饲料、预混饲料？
4. 简述全混合日粮设计的原则。
5. 简述全混合日粮设计的步骤。
6. 简述全混合日粮的配制方法。
7. 全混合日粮原料如何处理？
8. 全混合日粮生产注意事项有哪些？
9. 简述全混合日粮机械的配置。
10. 如何评价全混合日粮的质量？

第十章　饲草饲料成型加工

【内容提要】 饲草饲料的成型加工；成型饲草饲料的种类及原料；饲草饲料的成型加工工艺；饲草饲料的成型加工机械设备；成型饲草饲料的贮藏。

【教学目标】 了解饲草成型加工的重要性和意义；掌握草颗粒、草块（饼）、砖形饲料、膨化饲料的加工工艺；了解成型牧草饲料的加工机械；掌握成型牧草饲料贮藏、品质检验与利用的相关知识。

第一节　饲草饲料成型加工的重要性及意义

随着畜牧业日益发展，国内外市场对优质牧草产品的需求呈不断上升趋势，能够长期贮藏、长途运输及产业化生产的饲草产品有了广阔的市场，牧草成型加工技术得到了长足的发展，饲草固型化的现代饲草饲料加工工艺逐渐被接受并广泛应用于饲草生产中。通过大量的饲养实验和生产实践证明，成型加工技术可以有效提高饲草的饲用价值、改善适口性、提高饲草养分的消化率和利用率。

一、成型饲草饲料的定义

成型饲草饲料是指将干草粉、草段、秸秆、秕壳等原料或粉状的配合饲料、混合饲料加工成颗粒状、块状、饼状及片状等固型化的饲草饲料。当前，国内外成型饲料发展较快，其中多以颗粒和块状饲草饲料的加工调制为主，如苜蓿草颗粒已作为主要的苜蓿成型饲料得到广泛推广和应用。发展成型饲草饲料，可以提高饲草饲料报酬，改善适口性、节约牧草资源，便于长期贮藏和长途运输。

成型饲料在西方工业发达国家应用广泛，已经有50多年的生产历史，商品化程度高，美国2011年出口饲草产品（草颗粒、草块、草捆）达500多万吨。近年来，我国也不断加大优质饲草生产和加工工业的投入，深入研究和重点开发复合型秸秆颗粒饲料和草块的加工技术工艺，并在奶牛、绵羊和山羊的饲养实践中开展研究工作，获得了较好的饲喂效果。

二、成型饲草饲料的特点

成型饲草饲料要求的生产工艺条件和生产成本较高，但由于它可以提高饲用价值、改善适口性、节约饲料、便于贮藏运输，因此得到了广泛的应用和发展。成型饲料与粉状、散状饲料相比，具有如下明显优点。

1. 保持各组成成分的匀质性　粉状、散状饲料在贮运和饲喂过程中，常常因各组分的密度、容重和颗粒大小等不同而发生自动离析分级现象，导致混合均匀度下降，影响饲养效果。固型化后各营养成分被匀质固定，可避免畜禽挑食、择食及贮运过程中的成分离析分级，保证了畜禽日粮的全价性，从而提高了饲料报酬；饲料成型后不易起尘，减少了环境污染和损耗。特别是对于牧草，成型加工对保持牧草匀质性的效果更加明显；对于水产养殖，成型饲料还可以减少水质污染。

2. 提高饲料消化率和适口性　在饲草饲料成型加工过程中，由于水分、压力和热力的综合作用，淀粉糊化、蛋白质变性、纤维素和脂肪结构形式有所变化，不仅增加饲草的芳香味，改善适口性，还可减慢饲料的通过速度，延长消化过程，从而提高饲草饲料的消化率。另外，经高温蒸汽杀菌减少了牧草饲料腐败的可能性；有的原料含有某些有害物质或抗营养因子，如豆科籽实中的蛋白酶抑制因子（包括胰蛋白酶抑制因子和胰凝乳蛋白酶抑制因子）和植物凝集素等，在成型加工过程中由于高温的作用可被破坏降解。

3. 便于动物进食，提高采食量　畜禽、鱼虾进食颗粒饲料的速度明显高于粉料，因而缩短了进食时间，减少进食动作的能量消耗。特别是牧草和秸秆饲料经加工成型后，对反刍动物的饲养效果非常明显，其采食量明显提高，饲草饲料利用率增加，一般可节约饲草饲料6%～8%。

4. 提高家畜生产性能　与粉料相比，用颗粒料饲喂蛋鸡可提高产蛋率15%～20%，饲喂肉鸡体重增加10%～15%，喂猪平均日增重提高10%～14%。鱼虾养殖业应用配合成型饲料更为普遍，主要有颗粒饲料、碎粒状和膨化颗粒饲料等，用颗粒饲料喂鱼，饲料系数在2.5以下，用粉粒则达到4.0。用颗粒饲料喂羊，主要用于快速育肥和放牧补饲，可采食量增加，增重加快，产毛量高，此外，对放牧牛、羊，利用非蛋白氮盐砖，以补充放牧牛、羊对蛋白质、矿物质及其他微量成分的需要。

5. 减少运输成本，提高贮藏稳定性　一般来说，饲草饲料经成型加工后具有一定的形状、大小、硬度和光滑的表面，其体积比粉状、散状饲料减少33%～50%，对于秸秆类粗饲料，其体积缩小为原来的10%～14%，可减少仓容，利于贮藏、包装和运输，并减少贮运过程中的饲草饲料损失及节约费用；而且其吸湿性较小，能够提高贮藏的稳定性；饲喂方便，便于机械化饲养管理。

许多国家将草粉作为重要的蛋白质、维生素饲料来源，但草粉在贮存过程中易在水分和热的作用下分解，装在3层纸袋中贮存9个月，胡萝卜素将损失65%，蛋白质损失1.6%～15.7%；青草粉的容重很小，为0.18～0.2t/m^3，增加了贮运费用。若将草粉压制为成型饲料，并在压粒时添加抗氧化剂，这种情况就会得到显著改善，草颗粒贮存9个月后胡萝卜素损失仅为6.6%，蛋白质损失0.35%，容重提高到0.55～0.65t/m^3。由此可见，草粉加工为成型饲草饲料，减少了饲草贮运过程中的营养损失。

由于上述特点，成型饲草饲料得到广泛应用，成型饲草饲料工业也迅速发展。但成型饲草饲料除了上面所述的优点之外，与其他饲草饲料相比还存在一些缺点，一是成型饲草饲料的加工需要较多的投资及相应的加工机械，生产成本较高。二是在压制颗粒饲料时，如使用蒸汽、机械加压、摩擦发热，可导致部分不耐热的氨基酸和维生素被分解破坏。

三、成型饲草饲料的种类

（一）草颗粒

草颗粒是指将草粉与其他原料进行配合后，经制粒机压缩成的颗粒状产品（图10-1）。草粉制粒有两种情况：一是将草粉压成颗粒，以便贮运；二是将草粉作为基础料，根据草

图 10-1　草颗粒

食动物的不同特性和饲养标准，添加精料和其他辅料，配制全价配合饲料，再经制粒机压制成草颗粒饲料，如苜蓿草粉60%～70%，麸皮4%～5%，玉米18%～20%，矿物质添加剂3%，尿素1%。这种草颗粒饲料营养比较全面、适口性好、牲畜采食时间短、浪费少，便于贮藏运输；便于于牧区抗灾保畜中使用。饲料制粒机均采用强制压粒法，成品呈圆柱状或角柱状，又称硬颗粒饲料，也有采用螺旋压出式，而制成软质颗粒饲料和膨化颗粒饲料。我国自1930年首次引入颗粒饲料生产工艺后，制粒已成为饲料加工中最为普遍的工艺之一。目前，颗粒饲料是成型饲料产品中所占比例最大的一种类型。

（二）草块（饼）

为了饲喂方便，减少草粉或散干草、碎干草在运输过程中的损失，生产中常将其压制成高密度的草块（饼）。草块能更多地保留牧草的自然形态，符合反刍动物及草食家畜的生理特点。在压制过程中，可以加入饲料级黏结剂、抗氧化剂，使草块（饼）密度更大、更耐贮藏，这样可以减少与外界环境的接触面积，使营养物质氧化减缓，营养损失减少。

草块的加工分为田间压块、固定压块和烘干压块3种类型。田间压块由专门的干草收获机械——田间压块机完成，能在田间直接捡拾干草，并制成密实的、不易飞扬的块状产品，产品的密度为700～850kg/m^3，草块大小为30mm×30mm×（50～100）mm（图10-2）。田间压块要求干草水分含量必须达到10%～12%，而且至少90%为豆科牧草。固定压块是由固定压块机强迫粉碎的干草通过挤压钢模，形成32mm×32mm×（37～50）mm的草块，密度为600～1000kg/m^3。烘干压块由移动式烘干压饼机完成，由运输车运来干草，并切成20～50mm长的草段，由传送带将其输入干燥滚筒，使水分由75%～80%降至12%～15%，干燥后的草段直接进入压饼机，压成直径为55～65mm、厚约10mm、密度为300～450kg/m^{3}的草块。草块的压制过程中可根据饲喂家畜的需要，加入尿素、矿物质及其他添加剂。

图 10-2　饲草草块

（三）砖形饲料

1. 饲料舔砖　饲料舔砖是根据实际生产需要，将牛、羊等草食家畜所需的营养物质经科学的配方和生产加工工艺，加工成块状，放在有水源的地方或食槽边供牛、羊等家畜舔食的一种块状饲料，常被人们戏称为“牛、羊的巧克力”。它将用于牛、羊补饲的蛋白质饲料、尿素、矿物质和精料等，混入适量的草粉和秸秆粉，在保护剂的作用下，进行多级混合，压制成砖块状营养添加剂饲料，是饲料消化吸收的催化剂和营养添加剂，可使草食家畜能够在饲料资源低劣的条件下较好地利用纤维性饲料。

牛、羊等草食家畜类舔砖在欧美等国家的研究和应用已有几十年的历史，并正在不断完善和发展。据报道，美国、加拿大、澳大利亚等国家的舔砖产品种类已经由简单的"糖蜜尿素舔砖"发展到适用于不同畜类品种、不同用途和不同饲养模式的系列产品。舔砖的生产工艺也由简单的加工技术发展成为由电子计算机控制的专用生产线。从20世纪80年代起，在联合国粮食及农业组织（Food and Agriculture Organization of the United Nations，FAO）的帮助下，亚、非等一些地区也开始研究推广将糖蜜尿素舔砖作为反刍动物廉价的补充饲料，并取得了良好的效果。

生产舔砖的主要作用如下。

1）在放牧和舍饲过程中，特别是在冬季和早春气候寒冷、牧草枯黄、秸秆老化的季节里给牛、羊等草食家畜补充矿质元素、非蛋白氮、可溶性糖蜜等营养物质，以提高采食量和饲料利用率，促进生长，提高经济效益。

2）可以防止家畜异食。近年来，随着"白色污染"对环境危害的日趋加剧，家畜因无机盐及微量元素的缺乏等因素致使消化紊乱而发生异食癖，常将塑料、尼龙和橡胶类制品误食胃内，引起消化器官疾病，甚至导致死亡，给畜牧业的发展造成严重的经济损失。通过舔食矿物质舔砖与常规饲养相结合的方法，使家畜获得必需的营养成分，可有效地防止家畜异食。

3）可以充分利用工农业副产品如麦麸、饼粕及作物的残留物等，既提高了产品的利用率，又可解决冷季饲料不足。

目前对舔砖命名还没有统一的标准，舔砖的种类很多，叫法也各异，一般根据舔砖所含成分占其比例的多少来命名。以矿质元素为主的舔砖叫复合矿物舔砖，以尿素为主的叫尿素营养舔砖，以糖蜜为主的叫糖蜜营养舔砖，以糖蜜和尿素为主的叫糖蜜尿素营养舔砖。在我国现有的营养舔砖中，大多含有尿素、糖蜜和矿质元素等成分，一般叫复合营养舔砖。

无论是哪种类型的舔砖，归纳起来都具有以下主要性能特点：①饲用安全可靠，不会因食入过量而出现中毒现象；②质地坚硬，不易潮解，便于贮存与运输；③使用方便，省时省工；④材料来源广泛，成本低廉，易于推广。

2. 化学块状饲料与浇注块状饲料　化学块状饲料是近年来国内外研制的一种新型补充饲料，即在饲料中加入能产生发热反应的成分，最终导致块状饲料脱水或凝固。浇注块状饲料是将混合饲料倒入容器内进行固化或硬化，其优点是不用机械设备及动力，成本较低。例如，用氧化钙、磷酸和糖蜜提供凝固所必要的热量，同时还加入氧化镁，使块状饲料具有一定的硬度。

3. 配合块状饲料　以粗饲料为主，并添加其他成分进行配合，经均匀混合后，压制成配合饲料块。

（四）膨化饲料

饲料膨化技术是20世纪末期发展起来的饲料加工技术，膨化技术已在水产、猪和反刍动物饲料中广泛应用。膨化饲料是指饲料原料处于高温（110～200℃）、高压（2～10MPa）及高剪切力、高水分（10%～20%甚至30%）的环境中，通过连续混合、调质、升温、增压、熟化、挤出模孔和骤然降压后形成的一种膨松多孔的饲料。饲料经膨化后，形成"爆米花"的状态，不但外形等物理状态有所改变，而且内部有机物分子结构也有改变，使淀粉更易消化，蛋白质更易利用。与普通全价颗粒饲料相比，饲料膨化技术有其独特的优点。

（1）改善饲料的适口性　饲料原料经膨化处理后，香味增加，适口性提高，能刺激动物食欲。

（2）提高饲料的消化率　饲料经膨化处理后，使部分蛋白质、脂肪等有机物的长链结构变为短链结构，使饲料更易消化。

（3）可提高饲料品质　膨化过程使蛋白质发生变性，钝化了许多抗营养因子，同时改变了蛋白质的三级结构，缩短了蛋白质在肠道中的水解时间，对于反刍动物来讲，膨化生成瘤胃不可降解蛋白，即过瘤胃蛋白质，可避免动物产生氨中毒，提高蛋白质的利用率。膨化处理将原料分子中囊化油脂释放出来，提高了脂肪的热能值，膨化还将脂肪与淀粉或蛋白质一起形成复合产物——脂蛋白或脂多糖，降低了游离脂肪酸含量，同时钝化了脂酶，抑制了油脂的降解，减少了产品贮存与运输过程中油脂成分的酸败和哈败。膨化提高了淀粉的糊化度，生成改性淀粉，具有很强的吸水性和黏接功能，从而可向产品中添加更多的液体成分（如油脂、糖蜜等）。同时因为糊化淀粉具有比普通淀粉强得多的黏接功能，膨化生产过程中淀粉添加量可大大减少，这为其他原料的选择提供了更多的余地，配方中可选择更多种廉价原料替代那些昂贵的原料，可以大量地提高低质原料效价，降低成本，而不会影响产品的品质。

（4）提高了饲料的卫生品质　饲料膨化减少了原料中细菌、霉菌和真菌的含量，为动物体提供无菌化、熟化饲料，从而降低动物体患病风险，减少各种药物成分的添加量。

四、成型饲草饲料的原料

进行成型加工的原料一般应因地制宜，就地取材，充分利用当地各种饲料资源，同时根据不同畜禽的营养需要，合理配合，以提高饲料效率，扩大饲料来源，降低生产成本。

（一）常规饲料原料

以玉米、小麦、饼粕、麸皮和米糠等常规原料制成颗粒配合饲料。一般要求每千克含碳水化合物和脂肪的能量8.3～12.54MJ，蛋白质15%～20%，矿物质钙、磷等2%～3%。单胃动物要求纤维素不超过5%。另外，还要加入维生素、氨基酸、微量元素等添加剂。

（二）青粗饲料资源

1. 以优质草粉为主要原料的颗粒饲料　根据草食动物的不同特性和营养需要，制订出不同的饲养标准及相应最佳配方，为减少草粉中胡萝卜素和其他营养成分的损失，降低贮运费用，商品草粉多为颗粒状，如干草粉60%～70%、麸皮4%～5%、玉米18%～20%、矿质元素3%、尿素1%和盐1%。

2. 以青绿豆科牧草为主要原料的颗粒饲料　因豆科牧草在晒制过程中，叶片、嫩枝等营养丰富的部分易脱落，造成严重损失。所以为了提高豆科牧草产品的质量，应适时刈割，稍加晾晒，使含水量降至40%～50%时，添加2%～3%矿物质及其他微量成分，压制成接近全价的无粮型颗粒饲料。例如，内蒙古农业大学生态环境学院已研究出利用含水量为40%～60%的青鲜豆科牧草（苜蓿、沙打旺等）加工成颗粒饲料，其中含粗蛋白17%～18%、胡萝卜素80～90mg/kg。这种方法较大幅度地减少了豆科牧草贮运过程中营养物质损失，是充分利用豆科牧草、解决蛋白质饲料缺乏及节约饲料用粮的有效途径。

3. 甜菜渣颗粒饲料 甜菜渣颗粒饲料通称“甜菜颗粒粕”。随着我国制糖工业的发展，甜菜颗粒粕的生产发展较快，已成为主要出口商品。甜菜榨糖后的废丝，含水量高达90%左右，经干燥制粒后，水分降低至14%左右，便于贮藏和运输。

4. 以农副产品为主要原料的颗粒饲料 利用秸秆、皮壳等农副产品为主要原料，配合一部分秸秆及添加剂加工成颗粒饲料。原料来源广泛，如玉米秸秆、豆秸、稻草、花生秧（壳）、红薯秧、苜蓿草、油菜秸等，制成颗粒后，密度高、容量大，利于长途运输，实现了农作物秸秆异地消化利用，使秸秆增值、农民增收，农牧业发展得以保护生态环境。例如，山东、江苏的秸秆颗粒可以卖到重庆山区，以弥补冬、春季节饲草不足。秸秆颗粒饲料实现了草业史上的一次革命，成为一种商品走入千家万户，为养殖业可持续发展提供充足的饲草保证；为“闭牧舍饲”和“抗灾保畜”提供主要的饲草饲料来源，减少精饲料用量，降低了养殖成本。

五、饲草饲料成型加工的生产现状与前景

牧草产品在国际、国内均具有非常广阔的市场。据估计，2011年美国牧草产品产值达到177.5亿美元，其中紫花苜蓿达到106.4亿美元，在美国已成为仅次于小麦、玉米和水稻的第四大农作物，年产值达上百亿美元，被誉为“黄金作物”。目前美国、加拿大和澳大利亚是主要饲草产品出口国，日本、韩国、中国和东南亚地区是主要进口国。

1. 国外市场 日本是世界上草产品进口量最大的国家，始终保持着对牧草产品的旺盛需求，虽然日本国内的养殖业规模不断缩小，但生产效益却在大幅度提高，并且由于国内牧草生产规模逐渐减小，日本对进口牧草产品的需求更大，每年仅苜蓿干草的需要量就达460多万吨。美国和加拿大是日本饲草产品主要贸易国，美国出口的牧草产品主要包括苜蓿、猫尾草、燕麦、苏丹草、狗牙根、多年生黑麦草和苇状羊茅等，其牧草产品出口时一般采用40英尺① 集装箱运输，每个集装箱可装20～28t。加拿大曾经用散装船运过裸装苜蓿块，这样可以节省大量运费，虽然裸装苜蓿块在频繁搬动过程中会加速草块的破损，但由于节约了运费，加拿大对日本和韩国的出口量有所增加。韩国是牧草产品第二大消费国，每年需进口200多万吨，中国台湾是太平洋周边地区的第三大市场，岛内80%的奶牛牧草需要进口，东南亚一些国家和地区对苜蓿草产品的需求量也非常巨大。大多数富裕的伊斯兰国家农业资源贫乏，也是当今世界的主要消费市场。

2. 国内市场 我国的畜牧业特别是草食畜牧业已发展到相当大的规模，传统的“秸秆+精料”的粗放型饲喂模式已难以为继，近年来频发的畜产品质量安全事件更为草食畜牧业的传统饲养方式敲响了警钟。养殖业者和决策部门已经认识到牧草对于草食畜牧业可持续发展的极端重要性。例如，自奶业中的“三聚氰胺”事件发生以来，国家政策及奶业市场不断推动着奶牛业的转型，许多大型养殖企业，特别是奶牛养殖场开始注重用苜蓿饲喂奶牛，以提高奶产品产量和质量，从而拉动了苜蓿等主要草产品价格的快速回升，导致近两年我国牧草产业逐步趋向回升的势头，对苜蓿的需求量快速增加，苜蓿进口量迅速提高，2012年1～10月苜蓿草块进口量达36.9万t。随着奶业市场和其他畜产品市场的不断规范，我国对草产品的需求会快速增加，而国内由于土地资源的稀缺，用于牧草生产的土地极其有限，因

① 1英尺≈0.305m

而国内草产品供不应求的状况日趋凸显。

当前我国牧草生产“两带一区”正在形成，即以内蒙古西部、甘肃、宁夏、陕西为核心的苜蓿生产带，以辽宁、吉林、内蒙古东部为核心的苜蓿生产带，以及以河北、山东和山西为核心的苜蓿生产区。在牧草加工方面，目前已基本形成了东北、华北和西北草产品加工优势产业带，青藏高原和南方草产品加工优势区。随着牧草产业的进一步发展，未来将在海河低平原、黄河沿岸、黄河三角洲、苏北沿海平原和淮北平原区的盐碱地、滩涂地等区域形成规模化、集约化和产业化的牧草生产。但是，我国当前的牧草产品流通量低，牧草产品加工较为粗糙，大部分草产品的规格和质量均无法满足国际市场的需求，因此应加大投入，促进饲草产品加工技术的更新，提高草产品的质量。

第二节　牧草饲料成型加工工艺

一、颗粒饲料的加工

（一）颗粒饲料的质量要求

生产颗粒饲料，要求产品形状均匀、硬度适宜、表面光滑、碎粒与碎块不大于5%，产品含水量低于12%。

颗粒大小取决于两方面的因素：一是饲养动物的采食行为及年龄，如仔猪更喜欢小颗粒饲料，一般1～7日龄鸡颗粒饲料的直径为1.0～2.0mm，7～30日龄为2.2mm，30日龄以上为3mm左右，成禽4～6mm，绵羊、犊牛6～8mm，大家畜10～18mm，兔5～6mm，鱼、虾4～12mm；二是制粒机的生产效率，采用模孔直径大和较薄的环模生产颗粒饲料效率高，能耗小，但颗粒直径较大。

颗粒饲料按制粒时原料含水量的多少，可分为硬颗粒和软颗粒。硬颗粒在制粒过程中需加水（或加蒸汽），原料含水量一般为17%～18%，其密度为1.38g/cm^{3}左右，成品经冷却后即可包装贮运；软颗粒原料含水量在30%以上，其密度为1.0g/cm^{3}左右，一般边加工边饲喂，经干燥后的软颗粒即可贮运。

（二）原料处理

1. 原料接收与贮存　原料有粉料、粒料、青料、秆料、稀料、饼粕料、液体料等多种形态。接收方式包括原料的输送、筛选、磁选、计量、干燥及贮存。不同形态的原料采用不同的接收方式和不同的设备。

（1）主原料　主原料接收主要包括机械式输送和气流输送两种形式。主原料的接收能力一般取决于主原料进厂的运输方式、工厂的生产规模与制度。主原料进厂有汽车、货车、轮船等运输方式，工厂接收能力要与之相适应。

一般情况下，工厂的生产规模决定原料贮存仓的容量。以汽车进料的中小型饲料加工厂，原料以贮存1周为宜；以火车和轮船进料的大型饲料加工厂，一般原料贮存期以1个月为宜。为了能长期保管，原料的含水率不能超过14%，而且每个贮料仓要有料温记录和警报装置。为防止原料温度过高，发热霉变，还必须有倒仓装置，必要时进行倒仓，以减少损失。

（2）副原料 粉状副原料可采用房式仓库堆放贮存，或利用立筒仓贮存。目前国内现有的饲料加工厂，基本都采用房式仓库堆放。对于罐装原料（如油脂、糖蜜等），可原罐存放或直接运到生产车间待用。

2. 原料清理 为了保证安全贮藏和便于进行粉碎加工，原料必须经过清理。其清理工作主要是利用筛选设备去掉大杂质，利用磁选设备去掉各种铁磁性金属。

（三）原料粉碎

在饲料加工厂中，原料的粉碎是一个关键性的程序，它关系着配合饲料的质量、产量、电耗和成本。粉碎工序的电力配备一般占全厂总动力的30%～40%。

1. 粉碎的作用和粒度要求 经过粉碎的原料，便于均匀混合，有利于畜禽的消化和吸收，可以提高饲料的转化率。国内外实验研究表明，通过控制粉碎粒度于适合的范围，可以大大提高饲料的利用率，减少动物粪便的排泄，降低饲养的综合成本，但粒度过细，组织出现角质化和溃疡的危险性就会增加。美国堪萨斯大学的研究表明，对猪玉米型饲粮来说，当平均粒度在400～1200μm时，粒度每降低100μm，饲料效率提高1.0%～1.5%，但由于饲料粉碎越细成本越高，建议生长育肥猪饲料最佳颗粒大小为700μm。表10-1和10-2分别列出了国际饲料最佳粉碎粒度研究结果和中国饲料产品标准对粉碎粒度的规定。

表10-1 国际饲料最佳粉碎粒度研究结果

实验动物	饲养阶段	推荐最佳粉碎粒度	研究者
仔猪		≤600μm（谷物）	Behnke et al.，1999
仔猪	断奶0～14d	300μm	Healy et al.，1994
	断奶14～35d	500μm	Healy et al.，1994
生长育肥猪		500～600μm（谷物）	Behnke et al.，1999
母猪		500～600μm（谷物）	Wondra et al.，1995
生长猪	15～30kg	320 μm（配合料）	王卫国等，2000
肉鸡		700～900μm（谷物）	Nir et al.，1994
		900μm	Dongglass et al.，1990
肉牛		1～1.5cm（稻草、玉米秸秆）	
		2～7cm（麦秸、干草）	
鱼		≤0.5mm（配合料）	NRC，1993

表10-2 中国饲料产品标准对粉碎粒度的规定

饲养动物	粉碎粒度	标准号
仔猪、生长育肥猪、后备猪、妊娠猪、泌乳母猪、种公猪	99%通过2.80mm编制筛，但不得有整粒谷物，1.40mm编制筛筛上物不得大于15%	GB/T 5916—2004 LS/T 3401—1992
肉鸡前期、产蛋鸡后备前期	99%通过2.80mm编制筛，但不得有整粒谷物，1.40mm编制筛筛上物不得大于15%	GB/T 5916—2004
肉鸡中后期、产蛋期	99%通过3.35mm编制筛，但不得有整粒谷物，1.70mm编制筛筛上物不得大于15%	GB/T 5916—2004
产蛋鸡产蛋期	全部通过4.00mm编制筛，但不得有整粒谷物，2.00mm编制筛筛上物不得大于15%	GB/T 5916—2004

续表

饲养动物	粉碎粒度	标准号
猪、蛋鸡、肉鸡	全部通过 8 目分析筛，16 目分析筛上物不大于 10%	GB 8833—1988
奶牛	全部通过 8 目分析筛，16 目分析筛上物不大于 20%	LS/T 3409—1996
奶牛（一级）	99% 通过 2.80mm 编制筛，但不得有整粒谷物，1.40mm 编制筛筛上物不得大于 15%	LS/T 3405—1992
生长鸭（0～8 周）、肉鸭	全部通过 6 目分析筛，12 目分析筛上物不大于 20%	LS/T 3410—1996
生长鸭（9 周～开产）产蛋鸭、种鸭	全部通过 4 目分析筛，8 目分析筛上物不大于 15%	LS/T 3410—1996
中国对虾	0.425mm 编制筛筛上物不大于 3% 0.250mm 编制筛筛上物不大于 20%	SC/T 2002—2002

2. 饲料粉碎的工艺流程 饲料粉碎的工艺流程，根据质量和品种的要求而定，一般分为 3 种。

（1）*一次粉碎* 一次粉碎即粉碎机采用较小直径的筛孔，原料经粉碎后，不经筛分就直接作为粉碎成品送入配料仓。其优点是可以节省设备，操作简单。

（2）*循环粉碎* 循环粉碎即采用较大的筛孔，使原料经粉碎后，进入平筛筛分，将粒度较大的送回粉碎机再粉碎。大型饲料厂采用此种方式较为经济，优点是产量高，耗电少。

（3）*粉碎与配料互为先后* 在饲料生产过程中，有先粉碎后配料和先配料后粉碎两种方法。先粉碎后配料是将各种原料先分别粉碎，然后进行配料，其优点是省动力，可提高粉碎机生产能力，缺点是需要的粉碎仓较多；先配料后粉碎是将各种原料按要求的比例调配好以后，一起进行粉碎，其优点是在粉碎的过程中，同时起到混合作用，并可节省粉碎仓，缺点是影响粉碎机的产量，并使有些物料粉碎过细而消耗过多的动力。

（四）配料计量

配料计量是成型饲料加工的重要环节，采用特定的计量装置，按照料学饲养配方的要求，对不同品种的原料进行准确称量的过程。完成配料计量的主要设备有重量式配料秤和容积式配料计量器。

1. 重量式配料秤 重量式配料秤是按照物料的质量，进行分批或连续的配料计量，其计量精度和自动化程度均较高，对不同的原料具有较好的适应性，但其结构复杂，造价高，对管理维护要求高，重量式配料秤主要适用于大型饲料加工厂。采用全自动化程序控制，只需输入各成分质量和批数，配料程序即可自动连续进行，直至完成预定的批数为止。

2. 容积式配料计量器 容积式配料计量器是按照物料容积比例大小，进行连续和分批配料。容积式配料计量器结构简单，操作维修方便，有利于生产过程的连续，但受到物料特性（容重、颗粒大小、水分、流动性等）、料仓的结构形式和料仓充满程度的变化等诸因素的影响，致使其计量准确度差，且每改变一次配方，就要调试一次。容积式配料计量器适用于小型饲料加工厂。

（五）混合

混合是按一定要求把密度和浓度大小不一的物料配合在一起并混合均匀。它是生产成型饲料过程中，将配合好的物料搅拌均匀的一道重要工序，通过这一工序，使所生产的成型饲料均匀，任意一部分均符合饲料配方所规定的成分比例。目前，饲料加工厂的混合工序有两种形式，一种是连续混合，另一种是分批混合。

1. 连续混合　连续混合是将各种饲料分别连续计量，同时送入连续混合机，不间断地进行混合，这种搅拌机也起着输送作用。

2. 分批混合　分批混合是将一定量的各种原料，按配方比例计量，然后送入混合机，混合一次即生产出一批饲料。现在大多数饲料厂采用这种方式，其特点是混合均匀度好，便于控制和检查饲料质量。

（六）制粒

1. 饲料的调质　饲料调质是颗粒压制的准备工作。调质能软化饲料，减少压模和压辊的磨损，提高饲料通过压模的速率，降低颗粒机的工作压力。调质过程中，热和水的作用可使饲料中的淀粉糊化，从而提高饲料的消化利用率。经过调质后的饲料不但流动性好，而且还能增加饲料的黏结力，有利于颗粒成型。

调质器是生产颗粒饲料最常用的调制设备，以搅龙为主体，可控制颗粒机的流量，保证进料均匀。

2. 蒸汽的添加　在颗粒饲料压制过程中，充足而均衡地供应蒸汽可以增加糖蜜和油脂的流动性，促使淀粉部分糊化、破裂，使粉料容易黏结，从而提高成型颗粒的硬度。压粒的适宜温度为80～85℃，这一温度对饲料营养成分影响不大，因为饲料通过压模孔的时间只有7～8s。

3. 糖蜜的添加　在配合饲料中添加糖蜜，称为糖蜜化。可以提高饲料的营养价值及适口性，在颗粒饲料的压制中，糖蜜还起着黏结剂的作用。糖蜜可在制粒前与粉状饲料混合，也可以直接喷入调质器。

4. 脂肪的喷涂　颗粒饲料表面上涂上脂肪，不仅能提高饲料发热量、抗水性和适口性，减少车间灰尘，还可减少运输和生产过程中的损失。在饲料中添加1%的脂肪，会使颗粒变软，提高产量，降低电耗，脂肪添加量一般应限制在1%～2%。

（七）成品

成品是各种物料通过一系列加工，最终达到饲喂要求的成型产品。成品的包装有散装和袋装两种。目前饲料厂多采用袋装形式，只有针对大型养殖企业采用装载能力为4～5t饲料罐车，节约包装成本。

（八）典型饲草颗粒饲料举例

1. 秸秆发酵颗粒饲料　秸秆发酵颗粒饲料加工是将秸秆粉碎或揉搓丝化之后，根据一定的配方，与其他农副产品及饲料添加剂混合搭配，再制成颗粒状的混合饲料。秸秆发酵颗粒饲料加工可将维生素、微量元素、非蛋白氮、添加剂等成分添加进饲料中，达到营养元素的平衡。加工工艺流程如下。

1）选料：大多数农作物秸秆都可作为颗粒饲料的原料，所选秸秆要确保无腐烂、无石块等杂质。

2）铡短、粉碎：先将秸秆铡至3～5cm长短，再粉碎至玉米粒大小，也可用铡切粉碎机一次性处理，将碎粒摊晾，散去热气、水分。

3）掺拌发酵剂：按比例将发酵菌剂洒放到粉碎后的秸秆中，反复翻拌，混合均匀。

4）掺水：以100kg混合料加85～100kg温水的比例，逐渐将温水加入混合料中，边加边翻拌，使混合料完全湿润。加水至用手将料握成团不散且不滴水为好。应特别注意，水分过少则发酵不透，过多则料中氧气少，不利于菌种繁殖，并易引起厌氧丁酸发酵，降低饲料的品质。

5）装添容器发酵：将拌好的原料装入水泥池、陶瓷缸、塑料袋等容器，踩实或压实，然后密封发酵。

6）造粒：密封发酵一天以上，即可把原料取出用于造粒。羊用颗粒料直径4～6mm，牛用颗粒料直径6～8mm。

7）散热、晾干、装袋、储存，放在阴凉干燥处以备使用。

秸秆发酵颗粒饲料加工生产中，应注意：①在秸秆发酵颗粒饲料成型工艺中，一般要在制粒之前，增加快速发酵工序，之后按不同配比要求进行挤压颗粒生产；②防霉变，不使用霉烂有毒的秸秆，发酵好的饲料要及时烘干晾晒，如果颗粒饲料长期保存，需加保鲜剂（防腐剂），并注意防潮；③根据牛、羊、猪等牲畜不同营养需求，结合用户饲养要求配比饲料。

2. 苜蓿草颗粒 紫花苜蓿因粗蛋白含量高，中性洗涤纤维和酸性洗涤纤维含量适宜，以及维生素、微量元素丰富，被誉为“牧草之王”，在苜蓿草颗粒生产中，一般不添加其他原料。

（1）苜蓿草粉制粒 苜蓿草粉制粒比常规配合饲料制粒困难，原因是苜蓿草粉的纤维素含量高、容重小及缺乏油脂。另外，苜蓿草粉制粒时，应加入蒸汽和水进行调质。用于生产草颗粒的原料紫花苜蓿草粉含水量为12%～14%，刚挤出的苜蓿草颗粒温度可达到75～90℃，含水量16%～18%，不便贮运，需要进行冷却，干燥冷却后其含水量可降低至13%以下，当温度低于24℃时即可进行包装。

由于苜蓿草粉纤维素含量高，草粉流动性差，压粒的生产效率仅为配合饲料压粒的1/3左右，主要工作部件（压模、压辊、切刀等）的寿命只有制作常规配合饲料压粒机的1/4左右，苜蓿草粉制粒的功耗也较高。

（2）苜蓿草颗粒加工的工艺特点

1）苜蓿草粉容重小，易产生粉尘：草粉输送装置宜采用风送，输送器的直径相对谷物类饲料加工机械要大。草粉流动性差，在料仓中易结拱，多采用破拱装置。

2）苜蓿草粉的纤维素含量高，草粉间摩擦系数大：在制粒过程中原料与压模孔间的阻力较大，因此颗粒机的压模孔径要适当。一般苜蓿草颗粒压制时的模孔直径为6～8mm。压模与压辊的间隙大时，原料厚度增大，会减轻挤压区内对原料的压力，使压辊打滑，降低产量，甚至不出颗粒；间隙过小，会增加磨损。一般苜蓿草颗粒压制时，压模与压辊的间隙为0.5mm左右。

二、干草块（饼）的加工

干草块（饼）是将牧草切短或揉碎，而后经特定机械压制而成的高密度块状饲料。加工干草块（饼）的原料主要有豆科、禾本科牧草、农作物秸秆及各种经济作物的副产物。与颗粒饲料相比，干草块（或干草饼）的外形尺寸要大，通常尺寸为截面30mm×30mm的方形断面草块或直径8～30mm的圆柱形草块。因此，干草块（饼）能更多地保留牧草的自然形态，符合反刍动物及草食家畜的生理特点。干草块（或干草饼）的密度一般为500～900kg/m^3，堆积容重为400～700kg/m^3，其容积是自然状态下牧草或秸秆的10%～12.5%，而且防潮、防火，可减少牧草在贮运过程中的营养损失。因此，干草块（饼）有利于牧草和秸秆的包装、贮存和运输，能够促进饲草产品的商品化流通。但是，干草块（饼）也存在着功耗大、加工成本高等缺点，这在一定程度上制约了干草块（饼）的推广应用。

成型加工工艺对干草块（饼）的质量、加工成本、贮藏及运输性能等均有直接影响。目前，干草块（饼）的成型加工的基本工艺包括原料的机械处理、原料的化学预处理、添加营养补充料、调质和成型冷却5个方面。

1. 原料机械处理　在进行成型加工之前，为了便于压块成型和提高压块效率，原料必须先经过适当的机械处理，切成适宜的长度。根据反刍动物的消化生理特点，其所采食饲草的适宜纤维长度为20～30mm。因此，一般要求压块机所压制的粗饲料块截面尺寸在30mm左右。为了获得较适宜的草块纤维长度，压制草块的原料不可切得太碎或太长，若原料切得太碎，其长度小于模孔直径时，则草块的纤维长度、坚实度和成型率都会急剧下降。相反，若原料切得太长，也会使物料在压制过程中产生更多的破裂，减少所要求的纤维长度，同时会增加压块过程中的能量损耗。一般压块粗饲料长度与草块截面尺寸之比以（1.5～3）: 1为宜。切碎处理的机械一般选用铡草机或揉碎机，揉碎机处理可将秸秆等粗饲料原料沿纵向揉搓、剪切成长8～10cm的细丝状秸秆碎片，有利于后续的压块处理。

2. 原料化学预处理　为了进一步提高干草块（饼）的适口性和消化率，改善其营养品质，在压制草块之前，有必要对原料进行适当的化学预处理，特别是对秸秆等低质粗饲料，化学预处理显得尤为重要，它不仅能提高秸秆饲料的营养品质和利用率，还能改善秸秆的压块性能。目前，生产中最常用且效果较好的化学预处理技术是碱化处理和氨化处理。为提高其处理效率和处理效果，通常需采用特制的化学反应罐进行。

3. 添加营养补充料　一般的干草块（饼）通常由单一饲草压制而成，但是单一饲草往往营养不平衡，如秸秆饲料养分含量低，特别是含氮量严重不足。因此，为了提高干草块（饼）的营养价值，需要将禾本科牧草或秸秆饲料与豆科牧草按一定比例混合压制草块（饼），这样能明显改善草块（饼）的营养品质和压块性能。若压制草块（饼）的基础原料是秸秆饲料，则首先需要补充一定的氮源，氮源中除了一部分非蛋白氮外，应有适当比例的蛋白质补充料和过瘤胃蛋白质，以利于不同饲料间产生正的组合效应。此外，科学合理地进行秸秆草块的配方设计，补充适宜比例的青绿饲料、能量饲料、矿物质饲料、微量元素和维生素添加剂等均是必要的措施，甚至还可以添加某些起代谢调节作用的非营养性添加剂和糖蜜等黏结剂，以便调制出营养均衡的秸秆草块饲料，还可以改善秸秆压块的成型效果和压制效率。但是精料补充料和添加剂的使用，会明显提高秸秆草块的成本，同时也会增加混合均匀的难度。

4. 调质　调质过程通常包括加水、搅拌和导入蒸汽熟化等工艺，对秸秆饲料的压块尤为重要，直接影响粗饲料压块时的能量损耗、压块效率和草块质量。调质工艺通常在调质器中进行，调质过程中，必须添加一定比例的水，使饲草含水量达到适宜的水平。饲草含水量过低会使压块时功耗变大，难成型，草块坚实度低。相反，若饲草含水量过高，因水的不可压缩性和润滑作用，草块的密度和坚实度也将下降，以至不能成型，且含水量过高会引起草块干燥和贮存困难。研究表明，饲草适宜压制草块的含水量为：豆科牧草12%～18%，禾本科牧草18%～25%、秸秆20%～24%。值得注意的是，即便饲草原料本身的含水量已达到上述要求，也必须加入少量的水，以改善物料的压块性能。

压块前对饲草的充分搅拌是十分重要的工艺环节，它关系到草块质量的稳定性和均匀性。在调质器中，高压蒸汽的作用有助于液体向固相饲草的渗透，可使饲草充分软化和熟化，黏结力增强，有效降低压制过程中的能量损耗，并减少压模磨损，从而改善秸秆饲料的压块性能，提高秸秆的成型率和压块效率。

5. 成型冷却 调质好的饲草需采用特制的压块机压制成型，成型草块的外形尺寸一般为截面 30mm×30mm 的长方块或直径 8～30mm 的圆柱形草块。目前，国内外用于秸秆草块生产的压块机种类很多，根据其工作原理和结构的不同，可分为柱塞式、环模式、平模式和缠绕式等，其中以环模式压块机摄取物料的性能较好，是目前生产上使用较多的一类压块机。

刚压制出机的草块，其湿度略高于压制前的物料，温度达 45～60℃。因此，需要做冷却和干燥处理，以确保草块具有良好的贮存特性。草块的冷却不单是冷却其表面，而是一个正确控制草块内部温度和湿度的过程，通常可在立式或卧式冷却器中进行。草块成品的水分应控制在 14% 以下，可采用烘干或自然干燥的方法，前者干燥效果较好，但成本较高；后者的干燥效果较差，且需较长的干燥时间，如在室内阴干 48～96h，此时草块的含水量可降至 12%～15%。若需长期贮存，则草块的含水量还应进一步降低至 12% 以下。

三、饲料舔砖的加工

（一）生产工艺

饲料舔砖是指用于牛、羊补饲的蛋白质饲料、尿素、矿物质和精饲料等，混入适量的草粉或秸秆粉，在保护剂、黏结剂的作用下进行多级混合，压制成砖块状营养添加剂饲料，供牛、羊舔食。根据补饲重点和原料组成的不同，饲料舔砖的生产工艺也不同，主要有凝结法和压制法两种。

1. 凝结法 凝结法也称浇注法，它是借助于配方中的糖蜜、金属氧化物和磷酸之间所产生的凝聚反应，使混合物在反应过程中经搅拌逐渐变稠，最后形成硬块。它主要用于补充能量和蛋白质为主的饲料舔砖的生产，侧重解决牛、羊春乏期或干旱期的乏弱、营养不良及死亡问题。

制作方法一般分两步。第一步是将糖蜜、磷酸盐、矿物质、尿素、水等按比例加入反应罐内混匀，必要时可加入一些凝固剂（如氧化镁），再混合均匀。物料混合时会发生放热反应，因此一般在反应罐外加有夹套通入水对反应的混合物进行冷却，使块状物料获得较好的外观和形状。第二步是把混合液灌注到一定形状的容器内，一般是瓦楞纸板箱或多层纸袋中，在室温下经 4h 左右，物料开始由稠变硬，继续静置 20～24h 后，即形成硬块，最后倒出容器包装即可。

凝结法制块的质量主要受固体原料的粒度、液态原料的稠度、混合液搅拌的时间及注入容器后的静置时间和温度等因素的影响，不同的配方应采用不同的工艺参数。

2. 压制法 压制法是采用压制设备压制成块，主要用于以非蛋白氮、矿质元素和维生素为主的饲料舔砖制作。压制法的加工过程是先将原料按比例加入混合机内，同时加入糖蜜和油脂，必要时可加入黏结剂和支撑剂，使产品的整块性和硬度符合质量要求。然后在调制器中通入蒸汽进行水热处理使物料软化，增强可塑性，随后分批定量进入挤压成型机，将物料挤压成块，最后出机包装。

压制法制作的舔砖特点：①硬度高，质地好，易控制舔食量；②生产制作快，节省空间和人力，容易成型并可直接进入成品库；③生产环节少，易于工厂化生产，压制成型的舔砖其物料较干，不潮解不松散，不需要干燥环节。其不足之处：成型的时间长，质地松散，生产效率不高，计量不准确。

压制法制作的产品质量稳定，利于工厂化的规模生产，但工艺设备投资大，生产成本也较高，主要侧重于高生产性能反刍家畜各种营养素的补充和平衡；而凝结法工艺简单，生产方便，生产费用也较低，但生产周期较长，不适合大规模的生产。在我国，制作舔砖以浇注法较为多见，压制法较少。但生产舔砖的生产技术和工艺及生产设备均比较落后，无论是压制法还是浇注法生产的舔砖，质量与国外产品相差甚远。部分国产舔砖，由于质量不过关，质地松散，遇潮、遇水后极易溃散，一块块脱落，浪费多，在生产中很难推广应用。有的为了防水、防潮，在使用时用绳子将舔砖吊起来，这样造成牛、羊舔食的不便，达不到牛、羊舔食的目的；有的舔砖由于质地松散，牛、羊因舔食过量而造成某种物质中毒。

（二）工艺流程

无论是浇注法还是压制法，生产制作时，基本上都是采用以下工艺。

1. 原料选择　生产舔砖常用的原料有糖蜜、尿素、食盐、玉米粉、农副产品（如麦麸）、固化剂（如水泥）、膨润土、骨粉、矿物质和维生素预混料等，各原料组分在舔砖中作用如下。

（1）*尿素*　尿素作为非蛋白氮之所以能代替反刍动物部分蛋白质饲料，是因为瘤胃微生物能将尿素等含氮化合物作为氮源，利用饲料中的碳水化合物分解后产生的挥发性脂肪酸等有机酸为能量来源，在瘤胃中合成菌体蛋白。在低蛋白质日粮的情况下反刍动物依靠尿素再循环节约氮元素的消耗，保证瘤胃内适宜氨的浓度，以利于微生物合成蛋白质。

（2）*糖蜜*　糖蜜是蔗糖或甜菜糖生产过程中的剩余糖浆。作为动物饲料中常见的原料，其主要成分包括天然蔗糖、葡萄糖和果糖，一般含糖量（以蔗糖计）为40%～46%，其干物质含总能为12.45MJ/kg，粗蛋白含量为3.0%～4.5%。此外，还含有丰富的维生素、无机盐和其他高能量的非糖物质，是一种颇具特色的高能量的饲料原料，可以增加饲料的营养价值及改善动物的生长性能。在舔砖生产中应用糖蜜可以优化瘤胃微生物菌群的生长和营养代谢，刺激瘤胃对饲料的消化能力，并通过脂肪酸、纤维素、丙酸和菌体蛋白等增强消化的产品对乳腺的影响来调节产奶的数量及质量。

（3）*膨润土*　膨润土又名斑脱岩、白陶土、观音土或高岭土等，是一种黏土型矿物质，属蒙脱石族矿物。主要成分为硅铝酸盐，其焙烧物中SiO_2占50%～75%，Al_2O_3占15%～25%；其次为铁、镁、钙、钠、钾和钛等，同时也含有动物生命所必需的一些微量元素，如锌、铜、锰、钴、碘和硒等。由于膨润土具有吸附性、微粒性、吸水性、离子交换能力强和胶黏性等，在饲料工业中可用作添加剂载体、矿物质添加剂、解毒剂、稀释剂和黏合剂等。

（4）*麸皮*　麸皮是小麦面粉的加工副产物，小麦麸皮中含有丰富的蛋白质、碳水化合物、矿物质和维生素等营养物质，除了可给家畜提供一定的能量外，还可应用于制作尿素糖蜜营养舔砖，主要是作为糖蜜的吸水剂。研究发现，麦麸越粗舔砖的结构越好，作为舔砖一种结构物质起到支撑舔砖的作用，有利于保持适当的结构和外形，对舔砖硬度的控制有一定影响，但应注意其比例，过大会使硬度降低。此外，麦麸还是一种良好的过瘤胃蛋白质来源。

（5）水泥和生石灰　水泥或生石灰作为凝固剂或黏合剂，加入舔砖的配料中，可增加舔砖的硬度。水泥及其副产品（如水泥窑灰）占日粮干物质的百分比不超过3%时，对动物无不利影响。生石灰可使舔砖内部产生过量的热，使舔砖存放2～3d后出现裂纹，而且使舔砖具有吸水性。

（6）矿物质　矿物质是用来平衡日粮及瘤胃发酵产物，一般以各种动物缺乏的量进行适宜添加。例如，放牧家畜日粮中缺乏钠，可在舔砖中添加价格低廉的食盐；钙、磷缺乏则添加过磷酸钙、碳酸钙等。

（7）其他添加剂　向糖蜜尿素舔砖中添加少量瘤胃长链脂肪酸和钙盐可提高粗纤维的利用率。此外，也有将一些化学试剂或药物添加到糖蜜尿素舔砖中，用以控制寄生虫和调控瘤胃发酵等。

2. 配方设计　在生产制作舔砖时，舔砖的选料及配方的确定应遵从以下原则。

1）根据饲喂对象、饲料供给、营养状况、生产水平、繁殖性能及发病情况等确定选料及配方。

2）充分考虑适口性、消化利用率、效果、来源和成本等多种因素。

3）充分考虑矿质元素间的拮抗和协同作用。

4）除提供营养物质外，某些原料还起到黏结剂、凝固剂、抗氧化剂、调味剂和舔食量控制剂的作用。

5）根据饲喂对象对舔砖的日平均舔食量和舔砖的化验结果，最终调整各原料的配合比例。

根据饲喂动物的不同，我国科研人员研制出相应的具有代表性的舔砖配方，以下举两例仅供参考。

（1）牛用饲料舔砖配方　孟庆祥等（2002）通过原料实验和牛、羊舔食量实验，研究了舔块原料配比、黏结剂种类和调质等对压制法生产舔砖质量的影响，以及舔砖硬度与牛、羊舔食量的关系而筛选出了比较理想的复合矿物舔砖配方（表10-3）。

表10-3　复合矿物舔砖配方（%）

配方	食盐	糖蜜	尿素	饼粕类	谷实类	膨润土	矿物质
配方1	22	6	12	10	10	7	33
配方2	22	6	12	15	5	7	33

（2）羊用饲料舔砖配方　张力等（2000）根据绵羊舔食量实验，取得较好效果的尿素糖蜜营养舔砖配方（表10-4）。

表10-4　绵羊尿素糖蜜营养舔砖配方（%）（张力等，2000）

配方	尿素	糖蜜	食盐	小麦麸皮	矿物质	水泥	膨润土
配方1	13	26	10	30	16	0	5
配方2	13	26	10	30	17	4	0
配方3	13	26	10	30	13	8	0

3. 混合、成型 先将糖蜜、尿素和食盐充分混合溶解，再拌入矿质元素，水泥用水润湿与石灰充分混合，再与麦麸一块与所有原料混拌均匀，拌好的物料呈泥状。

模具四周先垫好塑料膜，然后按要求称取泥状原料，注入模具内，再用液压机压制成型或手工用锤子或木棒夯实，脱离模具晾干。

（三）舔砖生产需注意的几个问题

1. 舔砖成分 舔砖成分的构成由于使用目的和地区差异，其原料构成也不同。在生产舔砖时，必须要在充分了解各地牛、羊等家畜基础饲料的种类和营养成分含量的基础上，科学设计舔砖配方，以达到平衡饲粮养分、提高采食量和饲料利用率、促进生长和降低成本的目的。

2. 微量元素应按需添加 由于很多动物机体内各种微量元素的含量处于相对平衡的状态之中，补充时务必考虑各种微量元素之间的关系。应针对不同地区不同动物的缺乏情况，按需补给，防止一种元素过多而引起另一种元素的相对缺乏。

3. 固化剂与舔砖硬度 牛、羊等草食性畜的舔食量与舔砖的硬度有较大的关系，要注意合适的舔砖硬度，保证舔食量在安全范围内，过硬和过软都将起不到舔食的作用。对硬度的评定主要是靠主观评定，一般分为“很硬”“硬”“较硬”“较软”和“软”5类，这种评定方法主要靠经验，不够科学。有条件的可采用硬度仪，以所能承受的压力表示硬度，理想的硬度应是“硬”和“较硬”，抗压碎强度以490～588kPa为宜。硬度的大小不仅与舔砖生产时的压力有关，还与舔砖的配料有关，如糖蜜浓度、黏结剂、固化剂的种类和比例及各种原料的配比等，其中麦麸所占比例影响最大，其次是糖蜜。

四、膨化饲料的生产

膨化加工技术是集物料的输送、混合、高温、高压和剪切等作用于一体的一种加工技术。这种加工技术具有作用时间短、营养成分损失小等特点，因此在饲料加工业中应用越来越广泛。

膨化加工技术从膨化工艺来分，可分为干法膨化和湿法膨化两种。干法膨化相对湿法膨化而言省去了饲料的调质工艺，从设备上减少了调质器及其附属蒸汽锅炉和管道，因此设备简单、投资少，但对饲料的熟化程度、密度等质量参数不如湿法膨化效果好，而且各物理参数的定量关系存在一定的局限性。

我国牧草资源相当丰富，将牧草加工成膨化饲料，既可以有效地解决牧草的存贮运输问题，又可以提高附加值；还可作为其他饲料的添加剂，提高饲料报酬和经济效益。

（一）膨化原理

膨化是指将牧草饲料加水调质后输入挤压腔，依靠饲草与腔壁及挤压部件之间的相互挤压、摩擦和剪切等作用，产生热量和压力，当牧草被挤出喷嘴时，压力骤然下降，牧草体积膨大的工艺过程。

饲草在挤压膨化过程中，在调质的高温高压蒸汽作用下，将产生110℃的高温，引起牧草饲料细胞间及细胞壁内部分氢键断裂而吸水，纤维素、半纤维素发生高温水解。当牧草饲料挤出喷嘴后突然减压，形成高速喷射流，此时由于喷射方向和速度的改变产生很大的内摩擦力，加上高温水蒸气突然散发而产生的胀力，会导致饲草撕碎乃至细胞游离、细胞壁疏松、表面积增大。

（二）膨化工艺流程

1. 清选　采用手工筛选、磁选等方法去除牧草饲料中的铁屑、砂石和泥块等杂质，防止对输送设备的叶片、挤压螺杆和压力环造成磨损或断裂，影响膨化质量。

2. 粉碎　饲料在膨化前需经粉碎机粉碎成一定的粒度，一般情况下，其粉碎粒度为3mm左右，以利于调质均匀，提高膨化产量和质量。

3. 调质　将粉碎后的物料放入调质机中，根据不同种物料控制不同的蒸汽添加量。如果蒸汽量添加量过多，物料的含水量增加，熟化程度变高，使物料变得蓬松，不易膨化；相反，如果蒸汽添加过少，物料含水量过低、密度过大，也不利于膨化。因此，调质是膨化前不可或缺的一环。调质后物料的含水量要求是这一环节的主要参数，而蒸汽添加量又是决定含水量的重要因素。

4. 挤压膨化　将调质好的牧草饲料由料斗输入膨化机的挤压腔，在螺杆的机械推动和高温、高压的混合作用下，完成挤压膨化加工。加工时，挤压腔的温度应控制在110℃左右，挤压腔压力以控制在1.5～2.0MPa为宜。

5. 干燥与冷却　从喷嘴出来的膨化物料，通过干燥工艺将膨化过程多余的水分去除，干燥方式有人工干燥和自然干燥两种，考虑到饲料营养成分的受热损失，干燥温度应控制在85℃左右，当干燥至规定含水率后，将其冷却到常温。

6. 真空喷涂　喷涂维生素、酶制剂和油脂等热敏性添加剂，使其在真空状态下快速进入膨化颗粒内部，不会发生氧化损失，可延长保质期。

（三）影响膨化牧草饲料质量的因素

影响膨化牧草饲料质量的因素很多，原料的物理特性及其组分、膨化工艺等都会对其产生影响，下面对这些影响因素做具体分析。

1. 原料的物理特性　影响膨化饲料质量的饲草物理特性主要表现为密度、粒度、含水量和含杂率等几个因素。

（1）密度　密度是指经粉碎机粉碎后颗粒的实际密度，是指物料的实际密度，不同于颗粒的容重。颗粒的容重是指一定体积颗粒的重量，这个一定体积除了颗粒以外还包含颗粒之间的孔隙。一般来说，密度大的物料，物料细胞内部的气孔空隙就小，纤维素含量高，不利于膨化。反之，密度小的物料，细胞内部的气孔空隙较大，能更好地吸收水分和热量，容易膨胀。

（2）粒度　粒度小则物料表面积大，有利于热量和水分的吸收，物料熟化度增加，密度减少，膨化质量提高，但粒度过小，电耗增加。

（3）含水量　原料中含水量的高低与膨化产品的质量、加工稳定性及在膨化腔内的受压状态紧密相关。含水量低时，能耗大，膨化不充分，反之亦然，只有在含水量适宜时，才能获得较好的膨化效果。另外，在水分相近时，蒸汽调质比冷水调质效果要好而且电耗也低。

（4）含杂率　金属杂质及砂石等各种坚硬的杂物和绳索等，都会严重地磨损挤压螺杆和机器筒体，因此要求含杂率越低越好。

2. 原料组分　物料的各组分如淀粉、纤维素、蛋白质、脂肪等也会对膨化质量产生相应的影响。

（1）淀粉　淀粉对膨化的影响受温度的制约，温度适宜时，淀粉含量高，易于膨化，质量也比较好。

（2）纤维素　一般认为纤维素具有一定的聚合力，能起到黏合剂的作用。但纤维素含量过高，需要较大的挤压力，会影响挤压螺杆和机器筒体的寿命，从而影响膨化饲料的质量。

（3）蛋白质　蛋白质具有热塑性和黏结性，它会在挤压、摩擦作用受热后，可塑性增大，因此蛋白质含量高的饲料有利于膨化。

（4）脂肪　脂肪具有润滑作用，能使物料流动性增大，摩擦阻力减小，有利于膨化；但脂肪含量太高容易产生滑壁空转现象，不能使物料完全膨化。

生产高能量牧草饲料时，可采用添加脂肪的方法来解决，但添加脂肪的顺序不当，会直接影响颗粒密度，直至影响膨化质量，所以一般添加脂肪应放在调质器的后1/3左右，如果在调质器的前端加入，它将包裹住淀粉使淀粉的膨化受到阻碍。另外，脂肪的喷涂类型也对饲料含油量影响很大，而最终影响密度。常压添加是将脂肪简单浸润到牧草饲料颗粒表面的过程，脂肪的添加量一般控制在2%～15%，真空添加可将脂肪添加到颗粒饲料的中心区。

3. 膨化工艺　膨化饲料的生产工艺及配套设备、各工艺设备技术参数如进料量、螺杆转速和压力等都会对膨化饲料的质量产生影响，只有合理的工艺、先进的设备及最优的参数配置，才能生产出高质量的膨化牧草饲料。

第三节　饲草饲料成型加工的机械设备

牧草生产机械作为草业产业化的重要载体和手段，在草产业建设中具有十分重要的地位。牧草机械化作业除了能提高饲草产量和质量，对提高饲草转化率和促进草产业发展等方面都有着明显的作用和效果。近几年来，随着草产业的不断壮大，我国加大了对牧草机械化研究和推广的扶持力度，为饲草产业的发展提供了强有力的支撑。

但与草产业机械化发达国家相比，我国牧草机械化总体水平还很低，处于起步阶段。草产品加工企业一次性投入大，其中一个原因是草产品加工设备基本依赖进口，国外设备价格一般高出国产同类设备1～3倍。例如，设计加工能力5万t以上的企业投资均超过千万元，其中加工设备就占到总投资的80%以上，导致加工设备水平高、生产规模大的企业少。加工机械需要进口产品，但适合产业化要求的加工设备几乎都是大中型成套设备，单套价格也在50万元以上，其余小型设备只适合农户的小规模生产，产品档次也比较低。

为了保障牧草机械的稳定增长，国家不断加大对科学研究、技术推广经费的投入。尤其是近10年来，国家对草业科研、教育、推广的经费逐年增加，建立了比较完善的农牧业机械化技术体系、科研机构和规模庞大的技术推广队伍，各科研院所和企业加强科研创新能力，不断研究开发新产品，提高了产品的技术水平，大量国产饲草加工机械投入市场，促进了饲草加工业的空前发展。本节就目前国内饲草生产过程中使用的主要机械进行简要阐述。

一、粉碎机

粉碎是成型加工过程中最重要的工序之一。粉碎工序直接影响成型饲料的质量、产量、电耗和成本。因此，粉碎机在农牧业生产上和铡草机具有同样的普遍性和重要性。粉碎方式有多种，其中常用的主要有击碎、磨碎、压碎、锯切碎 4 种方法。

击碎是利用安装在粉碎室内许多高速旋转的锤片对饲料撞击而破碎饲料。这种方法适用于硬而脆的谷物饲料，优点是生产率高，适应性好，产生的粉末较少；缺点是能耗较高。利用此种原理工作的有锤片式粉碎机和齿爪式粉碎机，在饲料粉碎中应用最广。

磨碎是利用两个磨盘刻有齿槽的坚硬表面，对饲料进行切削和摩擦而碎裂饲草饲料。磨碎仅可用于加工干燥而不含油的饲草，它可以磨成各种粒度的成品，但成品含有大量粉末，料温也较高。其优点是钢磨的制造成本低，所需配套动力也较小，缺点是加工成品中含铁量较高，因此在实际生产中已较少采用。

压碎是利用两个表面光滑的压辊，以相同的表面线速度相对转动，被加工的饲草在压力作用下而被压碎。但由于该方法不能充分地压碎饲料，因此应用较少。

锯切碎是利用两个表面带有钩齿而线速不同的磨辊，将饲草锯切碎。适宜粉碎谷物饲料，并可以获得不同粒度的成品，产生的粉末也较少。但不能用于粉碎含油的和含水量大于 18% 的饲料，这会使齿沟堵塞，饲料发热。利用此种方法工作的有辊式粉碎机和对辊式粉碎机。

目前各地生产上常用的粉碎机，往往是几种粉碎方法同时使用。常见的有锤片式、爪式和对辊式三种。

1. 锤片式粉碎机　锤片式粉碎机利用高速旋转的锤片击碎饲草。按其结构，可分为切向进料式和轴向进料式。前者是由喂料、粉碎和集料 3 部分构成。喂料部分包括喂料斗和挡板；粉碎室包括转盘、锤片、齿板和筛片等部分；集料部分包括风机、输料管和集粉筒等。锤片式粉碎机的特点是生产率高、适应性广、粉碎粒度好，既能粉碎谷物精饲料，又能粉碎青饲料、粗饲料和秸秆饲料，但动力消耗较大。

2. 爪式粉碎机　爪式粉碎机利用固定在转子上的齿爪将饲料击碎。这种粉碎机具有结构紧凑、体积小、质量轻等特点，适用于含纤维较少的精饲料。该机是由进料、粉碎及出料 3 部分构成。进料部分包括喂料斗、进料控制插门和喂入管；粉碎部分包括动齿盘、定齿盘和环筛等，动齿盘和定齿盘安有相间排列的齿爪；出料部分为机体下部的出料管。作业时，饲草由喂料斗经插门流入粉碎室，受到齿爪的打击、碰撞、剪切及搓擦等作用，将原料逐渐粉碎成细粉。同时由于高速旋转的动齿盘形成气流，使细粉通过筛圈吹出。

3. 对辊式粉碎机　对辊式粉碎机是由一对回转方向相反、转速不等的带有刀盘的齿辊进行粉碎，主要用于粉碎饼粕饲料。

不同种类的原料采用不同的粉碎机械，粉碎效果也不尽相同，粉碎机作业效率受多重因素的影响，主要包括以下几方面。

1. 饲料的种类　粉碎饲料的种类不同，作业效率也不同，一般谷物饲料偏高，而粗饲料较低。例如，筛孔直径为 1.2mm，在饲料含水率小于 15% 的情况下，不同饲料的粉碎量［kg/（kW·h）］为：玉米和高粱 45～60，谷壳 17～22，甘薯藤 12～16，玉米秸秆 8～12，高粱秸秆 7～12，豆秸秆 6～10。

2. 饲料含水率　饲料含水率越高，粉碎的生产率和粉碎量越低，一般要求饲草饲料粉碎时含水率为 15%。

3. 主轴的转速　每一型号的粉碎机，粉碎某一类饲料时，都有一个适宜的转速，在此转速作业耗电少，生产率最高，如锤片式粉碎机的线速度为 70～90m/s。

4. 喂入量要适当　喂入量过大易造成堵塞；喂入量过小，动力不能充分发挥，效率低。所以，喂入量一定要均匀、适当、不间断。

二、压粒机

饲草粉碎后，添加精料和其他营养成分，配制成全价饲料，经压料机压制成颗粒饲料。颗粒饲料具有营养全面、适口性好、牲畜采食量大、采食速度快、饲料利用率高等优点。压粒是颗粒饲料生产最重要的步骤之一。目前生产上压粒机主要有两种，即平模压粒机和环模压粒机。

1. 平模压粒机　平模压粒机由螺旋送料器、变速箱、搅拌器和压粒器等组成。螺旋送料器主要用手动控制喂料量，其转速可调。搅拌器位于送料器下方，在其侧壁上开有小孔，以便把蒸汽导入，使粉状饲料加热、熟化，然后送入压粒器。压粒器内装有2～4个压辊和一个多孔平模板，工作时平模板以210r/min的速度旋转。熟化后饲料落入压粒器内，即被匀料刮板铺平在平模板上，因受压辊的挤压作用，穿过模板上圆孔，形成圆柱形，再被平板下面的切刀切成10～20mm的颗粒。

2. 环模压粒机　环模压粒机是应用最广的机型，它是由螺旋送料器、搅拌室和传动机构等组成。螺旋送料器用于控制进入压粒机的粉料量，其供料数量能随压粒负荷进行调节，一般多采用无级变速，调节范围为0～150r/min。搅拌室的侧壁开有蒸汽导入孔，粉料进到搅拌室后，与高压过饱和蒸汽相混合，有时还加入一些油脂和糖蜜或其他添加剂。搅拌完的饲料进入压粒器内，压粒器由环模和压辊组成，作业时环模转动，带动压辊旋转，于是压辊不断将粉料挤入环模的模孔中，压实成圆柱形，从孔内挤出后随环模旋转，与切刀相遇后被切成颗粒。孔径大小根据饲喂牲畜的需要而定。

三、压块设备

压块机是饲草压制成型的关键设备。最早的压块设备出现在20世纪20年代的欧洲，50年代压块设备已经得到了普遍使用，开始主要用于精饲料压制，随后，发展成为粗饲料和农作物秸秆的压块。经过多年开发研制，已经发展成为适合不同物料的多种形式。按其工作原理主要有3种形式，即挤压式、柱塞压缩式和缠绕式。挤压式压块机种类很多，有窝眼成型挤压、齿轮圆柱挤压、平模挤压、环模挤压等。经多年使用淘汰，到目前为止，挤压式压制机保留的主要有平模挤压和环模挤压两种类型，而这两种形式的压块机都是只适用于粒度很小的物料。柱塞式压块机按其压模形式又分为闭式和开式两种形式，柱塞式压块机既适合于较长物料的压制成型又适合于短物料碎粒的压制成型。柱塞式压块机在国内外已经广泛地使用在粗饲料压块和废弃物秸秆压块成型上，按其驱动方式又分为液压柱塞往复式和曲柄滑块式两种。

近年来，国外对柱塞式压块机进行了许多研究和改进，已经出现了一些新的结构形式，瑞士生产的SPM压块机就增加了预压机构，使压块机的生产率得到了较大地提高；匈牙利生产的KP56/56型压块机除采用曲柄滑块机构压块外，还采用了大量液压回路调节，使压块机的压制密度达到1.1g/cm^3，同时采用了压模冷却装置，便于饼块稳定成型。现代压块机为了满足不同的需要，扩大压块机的使用范围，都设计有相应的手工和自动调节装置，如压模夹紧机构调节一般为手工调节，以适应不同物料，压模筒的冷却调节一般由热反馈元件进行调节。自动化程度较高的加工厂，已经完成了物料切碎、烘干、压块成型的成套机械连续作业，同时采用了计算机进行温度控制。我国对压块机的研制是 20 世纪 80 年代才发展起来，柱塞式压块机研制的单位不多，其中有呼和浩特畜牧机械研究所的 93YB-60 型柱塞往复式饲草压饼机，随着我国畜牧业的发展，对机械化认识的不断普及，压块机械研究会有更快的发展。

目前，生产中多采用自走式或半固定式的高密度捡拾压捆机和草块机来生产草块，以下举例介绍几种生产上常见的压块设备。

200HD（Model 200HD Cuber）型小草块机（图 10-3）和 WBSCS168 型移动式小草块机（图 10-4）均是美国沃润贝尔格公司（Warren & Baerg Manufacturing）生产的用来加工高密度小草块的压块设备。200HD 的头部是它的核心部件，其设计强度合理，结构简洁。生产能力为每小时可以加工 8～10t 草块，在压块机顶部安装了可以调节水分的喷洒装置，该装置能够保证在很小的水量下使草块成型。WBSCS168 型移动式小草块机是一种新型的移动式、适合小规模加工的小草块加工设备。该设备能够完全移动，操作者可以将其放置在不同地区进行加工，不必在建厂和电气设备方面过多投资，其核心部件是该公司特有的压块机头，生产率较大。

图 10-3　200HD 型小草块机

图 10-4　WBSCS168 型移动式小草块机

我国目前有辽宁雄风农牧机械有限公司生产的 KY80 型牧草秸秆压块机，江苏牧羊集团生产的牧羊大力神压块机，江苏正昌集团生产的 SYKH510 型压块机和中国农业大学研制的 9YK-3000 型饲草秸秆大截面压块设备等。

牧羊大力神系列压块机（图 10-5）是由牧羊集团研制的一种加工小草块的压块设备，该设备采用独特的双马达分步骤传动结构，传动力大，传动平稳。喂料机构采用变频调速喂料。设备配备喷洒装置，可以添加糖蜜、水等液体。使用范围广，对物料的粉碎粒度要求低，能够压制纤维高、密度小的牧草、秸秆等。

9YK-3000 型饲草秸秆大截面压块设备（图 10-6）是由中国农业大学自行开发设计的，该设备可将含水率在 13%～18% 的饲草和农作物秸秆，长度为 3～10cm 的草段，压制成密度为 0.4～0.8t/m^3 的大截面薄草片，再集成草块。兼顾了搬运贮藏的要求，饲喂时不需要用水浸泡或破碎，可直接分片饲喂，节省了饲喂前的二次加工成本，既可加工饲草，也可以用于玉米秸秆压块，提高了设备利用率。采用切碎加揉搓和强制均匀喂入机构，草块成型后的稳定性好，可采用带式包装，既降低了成本又减少了包装品的污染，便于包装和贮运；活塞与连杆之间采用了万向连接机构，灵活性好，降低了关键部件的磨损程度，延长了使用寿命。

图 10-5　牧羊大力神系列压块机

图 10-6　9YK-3000 型饲草秸秆大截面压块设备

四、田间烘干压块成套设备

田间烘干压块成套设备包括割草、捡拾装载、运输和烘干压块机等，以烘干草块机为主要机具。这种成套机械可烘干压制不经调制的青草为高能草块。

田间烘干压块的主要优点是，能使草的养分损失减少到最低限度，获得高质量的草块。在田间自然干燥调制干草的过程中，养分损失一般为 35%～40%，而田间烘干压块不需要进行干草调制，避免了气候条件对收获作业的影响，而且对草的品种和含水量没有特殊要求，因而地区适应性广，特别适于饲草含水率高、多雨、空气湿度大的地区。虽然有上述许多优点，但烘干压块燃料费用较高，推广应用中有一定的局限性。

田间烘干压块机主要由料仓、烘干系统、压块机、草块冷却运输装置等部分构成。配套机具为拖拉机、割草机和带捡拾切碎器的装载车组成的供草机组，以及草块拖车和油罐小车等。其作业半径为 2000m，当 2000m 半径的牧草收完后，即转移地段。

1. 料仓　料仓长 1.3m，宽 2.5m，高 2.8m，容量为 $14m^3$。料仓装有自动计量装置和电子称重系统。供草机组把长度为 10～15mm 的切碎青草装入料仓后，通过自控装置把碎草喂入烘干系统。

2. 烘干系统　包括烘干滚筒、发动机、发电机及有关附属设备。烘干滚筒长 6m，直径 2.2m，脱水能力为 2800kg/h，烘干效率为 740kg/h（干物质）。热风由供热能力 2928.8～10 460MJ/h 的燃烧器供给，燃烧器的供热能力为无级调节。发动机功率为 52.92kW，发电机功率为 10kW。青草通过该烘干系统后，湿度必须降至 12%。当青草的初始湿度为 80%，740kg/h（干物质）的生产率烘干到要求的湿度时，其燃油消耗为 220kg/h。

3. 压块机　压块机包括一台柱塞式压块机及其有关的控制装置。压缩室的直径为 65mm，生产率为 1000kg/h（草块）。压块机有一套电子控制装置，以保证物料在状态不太稳定的情况下压块机仍能正常工作。

4. 草块冷却输送装置　草块从压缩系统排出后输送到冷却输送器上，冷却输送器长 5.5m，它的功能一方面是输送草块，另一方面可使草块自然降温。冷却输送器的输送高度为 3.5m，可把草块装入低于 3.2m 的拖车上。配套机具和压块机可由一人操作，一个班次

（10h）可生产草块 7t，草的密度为 600kg/m^3。

五、膨化设备

目前用于生产膨化饲料的主要设备为螺杆式挤压膨化机，其种类和型号很多，按螺杆数目来分，可分为单螺杆式挤压膨化机、双螺杆式挤压膨化机和多螺杆式挤压膨化机，以单螺杆式挤压膨化机、双螺杆式挤压膨化机应用最为广泛；按螺杆的配置来分，可分为等距螺杆和变距螺杆两种；按螺杆的直径来分，可分为等径螺杆和变径螺杆两种。螺杆式挤压膨化机的结构主要由进料装置、挤压腔体、检测与控制系统及动力传动装置等部分组成，其中挤压腔体是膨化机的关键组件，由挤压螺杆、筒体和喷头 3 部分组成。

1. 单螺杆式挤压膨化机　它主要由进料装置、调质器、螺杆挤压腔体、成型模板与切刀、参数检测与控制系统及驱动动力等部分组成。

螺杆式挤压膨化机是将输送、换热、搅拌、加压、揉和及剪切等作用集于一体，在一台设备上完成诸如调质、蒸煮、灭菌和糊化成型等一系列连续操作过程的机具。

含有一定量淀粉比例（20% 以上）的粉粒状原料由旋转式加料器均匀地送入调质器，在调质室内进行调湿和升温，经搅拌混合使物料各组分的温度和湿度均匀一致。调质后的物料送入螺杆挤压腔内，挤压腔内的螺杆通常被制成变径（齿根直径）和变螺距的几何形状，使挤压腔空间容积沿物料前进方面逐渐变小。在稳定的螺杆转速下，物料所受到的挤压力逐步增大，且压缩比可达 4～10，同时物料在腔内的移动过程中还伴随着强烈的剪切、揉和与摩擦作用，有时根据需要还可通过机筒夹套内流过的水蒸气对物料进行间壁加热，这样共同作用的结果使物料温度急骤升高（110～200℃），物料中的淀粉随即产生糊化，整个物料变成溶化的塑性胶状体。在挤出模板之前，物料中所含水分的温度虽然很高，但在相应较大的压强下水分一般并未转变成水蒸气，直到物料从模孔溢出的瞬间，压强骤然降至一个大气压，水分迅速变成过热蒸汽而增大体积，使物料体积也迅速膨胀，水蒸气进一步蒸发遗散的结果使物料水分含量降低，同时由于温度也很快下降，糊化淀粉随即凝结，水蒸气的遗散使凝结的胶体状物料中留下许多微孔。连续挤出的柱状或片状膨化产品经旋转切刀切断后送入冷却、干燥和喷涂等后处理工段。

2. 双螺杆式挤压膨化机　近年来，在膨化颗粒饲料生产中，双螺杆式挤压膨化机的使用也日益增多。双螺杆式挤压膨化机的挤压腔内安装着一对联动的螺杆，它可以分为几种类型。按两螺杆的相对旋转方向分为同向旋转型和逆向旋转型。按运动过程两螺杆的啮合程度可分为全啮合型、部分啮合型和无啮合型。另外，还可按照螺杆的结构、螺杆的安装方式等进行分类。在各种类型的双螺杆式挤压膨化机中，同向旋转全啮合型膨化机有良好的混合效果、较高的单机产量及螺杆表面的自清能力而被广泛地采用。这种双螺杆式挤压膨化机在运转中，物料被相互啮合的螺杆齿廓分隔成一些小腔室，各小室的物料在螺杆的推动作用下均匀地做正位移运动，这也使各小室内物料的温度和所受的剪切力比较容易控制。

与单螺杆式挤压膨化机比较，双螺杆式挤压膨化机具有以下一些主要操作特性：①通过螺杆的物料流量稳定，一般不会出现断流或波涌现象，生产过程稳定可靠。②双螺杆式挤压膨化机运动过程中机械转化的热量通常可以提供挤压膨化所需热量的大部分，少量的补充热量来自加热夹套。而单螺杆式挤压膨化机往往需要在调质阶段预加部分热量。③物料沿螺杆长度方向被分隔在若干小腔室内，又因螺杆转速较低，物料在机内滞留的时间分布范围比较窄，这使物料温度比较容易控制，能量利用充分，产量和质量均很稳定。④一对螺杆的啮合和均匀地挤压推送物料有利于螺杆表面物料的自行消除。这样，工作完毕后腔内物料残留极少，维持了物料输送的稳定性，若要改变配方生产另一种膨化饲料时，通常不必卸机清理。⑤与相同驱动功率的单螺杆式挤压膨化机相比，双螺杆式挤压膨化机生产率较大，适于加工物料湿度的范围较宽。

双螺杆式挤压膨化机的结构较复杂，机械加工精度要求高，因而，当选用这种机型时，用于生产设备的投资要大得多。但综合考虑饲料加工成本和产品效益，在很多情况下又是合理的。目前，国内已能生产多种型号的螺杆式挤压膨化机，可适合于不同饲料产品的加工要求。

六、舔砖生产设备

舔砖生产成套设备由粉料提升机，糖蜜加热、加压系统，搅拌机，贮料仓及成型机组成。工作时粉碎的物料由提升机送入浆式搅拌机搅拌，然后将加有尿素、食盐等物质的糖蜜加热混合，经加压以雾状喷入搅拌机内进行二次搅拌，最后将混合均匀的物料送入贮料仓，定量地添加到液压机的模具中压制成型。液压机根据所用动力不同分为手动式和电动式两种，选用时可根据其工作压力和舔砖的硬度做出选择。浇注法所用设备为搅拌机，将物料搅拌均匀，它通过严格控制黏结剂和固化剂的添加比例来控制舔砖的硬度。

生产过程中所用的模具则根据生产舔砖的形状而定，方形的可以用制砖模具，圆形的可采用无缝钢管或尼龙管。

第四节　成型饲草饲料的贮藏

成型饲草饲料的贮藏是饲草生产中极其重要的环节之一，良好保存可以保证优质饲草的全年供应。在贮运过程中，由于外部环境的差异，容易吸湿、变质，影响饲用价值，甚至发生霉烂、发热，引起火灾事故。因此在流通和贮藏过程中必须加强管理，以减少蛋白质、维生素等营养物质的损失并避免火灾等事故的发生。

一、安全贮藏的水分

成型饲草饲料含水量直接决定其能否安全贮藏。一般来说，成型饲草饲料的安全贮藏含水量应为11%～15%。南方地区因其气候比较湿润，所以对成型饲草饲料安全贮藏含水量的要求也较高，应控制在11%～12%；北方地区相对于南方气候较为干燥，一般成型饲草饲料的含水量控制在13%～15%就可以达到安全贮藏的目的。

二、安全贮藏的方法

添加防腐剂是保证成型饲草饲料安全贮藏的重要措施。常用的防腐剂主要包括丙酸、丙酸钙、丙酸钠、甲醛、克霉灵、焦亚硫酸钠、山道奎等。防腐剂应在成型饲草饲料的加工过程中进行添加，其中防腐效果最好的是丙酸钙，而且较为安全。丙酸钙能抑制菌体细胞内酶的活性，通过使菌体蛋白变性而达到防霉防腐的目的。实验表明，将浓度为1%左右的丙酸钙添加到含水量为19.92%～21.36%兔的颗粒饲料中，在平均温度为25.73～31.84℃、平均相对湿度为68%～72%的条件下，贮存90d，没有发霉现象，且开口与封口保存，差异不明显。生产实践中，还应注重筛选来源广、价格低廉、效果好的防霉剂。例如，利用氧化钙（CaO）作为防霉剂，不仅来源广、成本低，而且可作为畜禽的钙源。实验表明，在利用新鲜豆科牧草加工颗粒饲料时，加入 1.0%～1.2% 的氧化钙，此时原料的 pH 为 7.23～7.46，然后将颗粒饲料干燥（晾干或晒干）到含水量为 15%～21.5% 时，在平均温度为 22.6℃、平均相对湿度为 34%～54% 的条件下，贮存 30d，结果显示无论在晒干、阴干还是在贮藏过程中，均无发霉现象，而未添加氧化钙的颗粒饲料在阴干 72h 即开始出现霉点。

三、贮藏期间的管理

成型饲草饲料在贮藏期间要加强管理，以防吸湿结块、微生物和害虫侵染、发热变质等影响产品质量，造成不必要的经济损失。

1. 保持通风、注意防潮　贮藏成型饲草饲料最好在干燥、低温、低湿的条件下进行贮藏，仓库内应保持干燥、凉爽、避光、通风，注意防潮，以避免仓内温度、湿度过高而造成结块、发热变质。

2. 注意防除鼠虫害　防除贮藏库内的老鼠和害虫，是确保安全贮藏极为重要的管理措施之一。在贮藏期间，要采用检疫防治、清洁卫生防治、物理机械防治及化学药物防治等措施，消灭存在的鼠虫害隐患，减少由于鼠虫害造成的损失浪费。其中常用的化学药剂有磷化氢、氧化锌等。此外，使用中药山苍子（或山苍子油）和花椒等防治害虫和防止饲料霉变，具有来源广、成本低、无污染、使用安全和效果好等优点。

3. 加强安全防火措施　成型饲料含水量低，在贮藏库内应严禁烟火，设立消防栓。同时应定期检查仓库内有无火灾隐患，把由于火灾造成的损失降低到最低限度。

第五节　成型饲草饲料的品质检测与利用

成型饲草饲料加工后，在流通与饲用过程中，都涉及贮藏和品质检测环节，经检验分析合格的才可以饲喂给牲畜。

一、成型饲草饲料的品质检测

颗粒饲料的品质测定，目前尚无统一标准。一般认为颗粒饲料质量应包括如下几个方面：表面状况（色泽、光洁度等）、粉化率（指成品中所含的细屑比例）、硬度、含水率、容重等。鱼、虾用的颗粒饲料还要测定沉降性、漂浮性和水中稳定性（或保形性）及糊化（胶化）程度等。

1. 表面状况　表面基本光滑，色泽均匀，无发霉变质及异味。

2. 混合均匀度　要求原料混合均匀，经测试其均匀度变异系数应小于 10%。

3. 含粉率　要求通过净孔边长 2mm 的标准编织筛的筛下物不超过 5%。测定方法为取试样 500g，放入净孔边长 2mm 的标准编织筛内，用统一型号的电动摇筛机连续筛 2min 或借用测定面粉粗细度的电动筛（或手工筛 1min）。筛完后将筛上物称重。按下式计算。

$$\text{含水率（\%）} = \frac{\text{试样质量} - \text{筛上物质量}}{\text{试样重量}} \times 100$$

4. 粉化率　颗粒饲料在贮运过程中，往往产生粉末，饲喂家畜（禽）时易损失，喂鱼、虾时会污染水质。因此要求一级品的粉化率不超过 9%，二级品的粉化率不超过 14%。

测定方法为根据颗粒直径选用规定的标准筛，用手工将原始样品进行筛选，以筛上物作为试样。然后用 5FY-4 型颗粒饲料粉化率测定仪（回转箱）进行测定，取试样 500g 放入回转箱中，扣紧箱盖使之密封良好，启动回转箱，转动 10min 后（即累计 500r），再按含粉率测定方法，计算出粉化率。测定粉化率时，配用的标准编织筛大小见表 10-5。

表 10-5 颗粒直径与配用标准编织筛大小

颗粒饲料 /mm	筛净孔边长 /mm	筛孔系数	颗粒饲料 /mm	筛净孔边长 /mm	筛孔系数
8.0	5.60	0.70	4.5	3.20	0.71
6.0	4.00	0.67	4.0	2.80	0.70
5.0	3.55	0.71			

5. 硬度 颗粒硬度不仅影响耐久性，还影响适口性。测定硬度一般采用片剂硬度计，测定方法为取冷却后的颗粒 30～100 粒，分别测定直径方向上的压碎力，然后取其平均值和标准差。此外，还可以用 Stokes 硬度计和 Pfizer 硬度计等测定。

6. 含水量 测定颗粒含水量时，通常取 3 个有代表性的样品（质量 100～200g），放入干燥的器皿中，在 105℃ 烘箱中烘干 2h，冷却后称量恒重，求出含水量。

7. 水中稳定性 鱼、虾用颗粒饵料，应具有低溶性和悬浮的特点，因此在水中应有一定的稳定性。

（1）*浸泡时间法* 在风干样品中称取 50g 完整颗粒，投入盛有 25℃清水或 2.0% 食盐水（对虾饲料）的烧杯中，在杯的中部放置 8 目网筛孔，记录自投入水中至颗粒溃散从网筛片上开始落下的时间。

（2）*浸泡计算失重率法* 在样品中称取 2 份 20 粒完整颗粒，1 份置于 105℃烘干 2～3h，冷却称重，计算含水量。另 1 份放入盛 25℃清水或 2.0% 食盐水的烧杯中。自颗粒投入杯中时开始计时，30min 后（对虾饲料 60min），用镊子将颗粒镊出（长度大于浸入时 50% 的皆可镊出，尽量保持镊力一致和出水速度一致），晾干，于 105℃烘干 4h，冷却后称重，用下式计算。

$$\text{失重率}=\left[1-\frac{W_1}{W_0\times(1-a)}\right]\times 100\%$$

式中，W_0 为浸泡前颗粒质量（g）；W_1 为浸泡后颗粒质量（g）；a 为该样品含水率（%）。

此法具有如下特点。

1）浸泡一定时间后，能承受镊子夹出水面，表示其内部尚具有一定的黏结力，能承受住一定程度水波的冲击和对虾的环抱，测出的颗粒溃散程度比较接近实际。

2）用额定时间测定失重率，较易确定不同颗粒饲料水中稳定性的差异。

3）颗粒饲料要求一定的耐水时间，但也不宜过长。限定浸泡时间，既不用长时间地进行观察，又能满足鱼、虾对颗粒饲料耐水时间的要求。

二、成型饲草饲料的利用

成型饲草饲料因为其适口性好、营养全面等优点，所以对各种动物具有良好的饲养效果，但一般认为对肉用畜禽、鱼、虾等产肉动物的饲养效果更明显，这里仅以颗粒饲料为例进行阐述。

1. 饲喂反刍动物

（1）喂牛　用颗粒饲料饲喂奶牛，可以提高牛奶的产量和品质，降低饲料成本；饲喂小公牛，不仅育肥效果好，而且牛肉具有持水性大和细嫩等优点。据苏联媒体报道，用含秸秆 35% 的颗粒饲料培育犊牛和 6～18 月龄的乳牛，可明显提高日增重和泌乳量。加拿大 Sainsbury 等报道，分别用含大麦秸秆的粒状、粉状和切短的饲料作基础日粮，饲喂怀孕杂种牛，颗粒饲料增重最快。

（2）喂羊　用颗粒饲料喂羊，能增加采食量，促进生长发育，增重快，产毛量高。用颗粒饲料饲喂育肥去势羊、种羊、怀孕母羊，效果均较好；如饲喂育肥羊，平均日增重达 115g/ 只。用颗粒饲料饲喂绵羊采食率可提高 20%～30%，剪毛量每只可增加 0.9kg，用含有多种成分的颗粒饲料饲喂种羊、怀孕母羊等效果较好。中国北方地区，成型饲料主要作为冬初季节补饲之用，以补充放牧羊群对蛋白质、矿物质及其他微量成分的需要。目前常采用以下两种方式。

1）补饲颗粒饲料：内蒙古自治区赤峰市、乌兰察布市等地，利用秸秆为主要原料，配合部分精料（18% 左右），再添加尿素、矿物质等加工颗粒饲料补饲羊只，实验证明，对羊只的保膘、增加毛的长度、产毛量和提高哺乳母羊的泌乳量等均有明显的作用，其经济效益也高于对照组。

2）利用非蛋白氮盐砖：一般非蛋白氮盐砖作为草食家畜舔食用。

2. 饲喂禽类　目前许多国家肉用家禽类的饲料大部分已颗粒化，饲料利用率显著提高，颗粒饲料对肉鸡的影响见表 10-6。通过对 1～4 周龄的雏鸡饲喂实验表明，颗粒饲料组采食量增加 13%～14%，体重增加 17%～18%，对照组只增加 12%；据美国肉鸡饲养者的经验，每 100kg 颗粒饲料可比同数量的粉料多生产 2kg 鸡肉，并可缩短饲养时间 2d。中国应用颗粒饲料饲养肉鸡、肉鸭也较多，且效果良好。例如，上海市饲料科学研究所用颗粒饲料饲喂肉鸡，增重率提高 12%，可提高饲料报酬 10%；北京市畜牧兽医研究所用颗粒饲料喂肉鸭，与粉料相比，具有增重快、饲料消耗低、经济效益高及提高瘦肉率等优点。

表 10-6　颗粒饲料对肉鸡的影响（%）

与粉料比较提高	进食量	增重	饲料利用率
1	5.92	9.05	2.07
4	14.74	25.00	8.88
2	6.72	9.34	2.53
2	4.42	6.79	4.35
平均	9.68	10.84	8.03

3. 饲喂鱼、虾　渔业应用颗粒饲料比较普遍，主要有微粒状、碎粒状、粉团状、硬颗粒、软颗粒和膨化颗粒等。

微粒状饲料通常由制药用的振动造粒机制成，主要作为鱼苗的开口饵料。碎粒状饲料是将已制成的颗粒饲料再粉碎过筛而成的一定规格的碎粒，用于喂鱼苗和雏鸡。粉团状饲料是将配合饲料加融合剂（如α-淀粉），均匀拌成面团状饲料，通常作为鳗鱼饲料。硬颗粒饲料适于饲喂多种鱼类如青鱼、草鱼、鲤鱼、鲂鱼等。软硬颗粒饲料适合于多种鱼类，尤以草鱼、鲂鱼、鲤鱼应用较多。膨化颗粒饲料具有较好的漂浮性，适合于中上层鱼类，如草鱼、鲂鱼等。

近年来，中国沿海地区对虾养殖发展较快，以螺蛳等鲜活水产资源为原料的饵料供不应求，所以许多地区研制出各种颗粒饵料，既不影响对虾的正常生长及经济效益，又节省劳力，保持生态平衡，有利于水质管理。此外，颗粒（配合）饲料还广泛应用于养兔及其他经济动物，如水貂等。

思考题

1. 简述成型饲草饲料的特点与种类。
2. 简述颗粒饲料的加工工艺。
3. 简述膨化加工的原理、方法及其特点。
4. 简述饲料舔砖的原料组成及其各自的作用。
5. 膨化饲料的工艺流程及影响其质量的因素有哪些？
6. 简述压块设备的种类，并列举当前生产常用国内设备种类。
7. 成型牧草饲料的贮藏措施有哪些？
8. 成型牧草饲料品质检验方法有哪些？

第十一章　草产品深加工利用

【内容提要】　草产品深加工是牧草多功能性的体现。通过本章学习了解草产品的类型和草产品加工利用现状。

【教学目标】　掌握以牧草为原料的叶蛋白、膳食纤维、功能食品、食品原料、工业原料等的制备和利用方法。

第一节　概　　述

随着社会的发展和生活水平的提高，牧草由单纯饲喂家畜的作用转变为具有多种功能的草资源。草产品的深加工最大限度地拓展了牧草的利用方式。草产品深加工需要满足不同生产领域的要求，草产品种类由少变多，加工方式由简单加工逐渐转变为精细加工。草产品深加工不仅产生高的经济效益，而且拓展了草业的内涵。

一、目前国内外的草产品深加工种类及其在日常生活中的作用

草产品的深加工用途多种多样。我国草原地域辽阔，牧草资源丰富，共计8000余种，分属260余科，其中具有开发价值的纤维植物、淀粉植物、油料作物、食用植物、药用植物和蜜源植物等有3000余种。这些宝贵资源，除发展畜牧业外，还可以提供开发天然食品、药材、造纸等多种工业原料。因此，合理开发利用草原经济植物资源，发展特色的商品经济，是经济建设不可忽视的重要课题。

草原上食用植物非常丰富，如蒙古韭、沙葱、秧草、发菜、蕨麻、白沙蒿籽等。目前，主要涉及的食用草产品有苜蓿芽菜、食用叶蛋白、膳食纤维、功能食品等。美国早在20世纪50年代就开始在以苜蓿为主的食用草产品方面的研究和推广。1960年，美国开始了芽菜的工业化生产；1999年，美国的芽菜产业已经达到了25亿美元。我国从20世纪90年代开始涉及食用草产品的开发、目前处于起步阶段。早在20世纪60年代，美国、英国、澳大利亚、俄罗斯等国就开始从栽培牧草中提取蛋白质、纤维素、叶绿素、不饱和脂肪酸、β-胡萝卜素等有效物质的技术研究和综合利用，并已经开始工厂化生产叶蛋白和纤维素等。随着人民生活水平的提高，纯天然和品质较高的植物提取物需求量不断增大，草产品深加工前连牧草种植业，后接饲料业、食品业、工业原料业、保健及医药业等，能够取得较高的经济效益。草产品以深加工的工厂为中心，把农田种植、草场管护和产品市场连成一体，形成产业链，草产品深加工是草业经济生产水平提高的标志，必将把草业经济推进到一个新水平。

草原上分布有大量纤维植物、淀粉植物、油料植物、蜜源植物、能源植物等，利用先进的工业设备可以提取高品质的纤维、淀粉、不饱和脂肪酸、乳酸、酶制剂、天然色素等。通过深加工获得这些草产品，成为工业生产的主要原料。牧草是重要的生物质来源，生物能

源开发利用标志着世界已进入可再生能源时代。生物柴油是利用生物酶将植物油或其他油脂分解后得到的液体燃料，燃料乙醇是植物发酵产生的乙醇，广义来说，牧草作为生物质能原料也属于草产品的深加工范畴。虽然生物能源的开发利用处于起步阶段，生物能源在整个能源结构中所占的比例还很小，但是发展潜力不可估量。能源牧草的资源非常丰富，包括苜蓿（*Medicago sativa*）、苏丹草（*Sorghum sudanense*）、甜高粱（*Sorghum bicolor*）、木薯（*Manihot esculenta* var.*variegata*）、稷（*Panicum* spp.）、芒（*Miscanthus* spp.）、大米草（*Spartina* spp.）等。

草制工艺品也叫草编，是利用各种柔韧草本植物如蔺草、茅草、龙须草、麦秆等为原料，经手工编织而成的工艺品。草制工艺品原料生长地域广泛，易得易做，是国内外市场的畅销品，编织用的原料多种多样，来源广泛。草产品是上好的编织原料，草编是我国传统工艺品之一，可编织成各类垫子、筐篓、草帘、草袋、蒲包等工艺品和日用品。著名的草编有浙江金丝草编、山东与河南的麦草编、广东黄草编、湖南龙须草编、台湾草席等，其中以浙江金丝草草编和山东麦草编质量最高。浙江是中国草编工艺的传统重点产区之一，其产品从19世纪40年代起就已远销国外。浙江草编有帽子、提袋、地毯、草杂件四大类，其中草杂件类又细分为糖果盒、首饰盒、面包盒、茶垫、靠垫、餐垫、门帘、壁挂、信插、花盆套、拖鞋、草扇、草席、草墙纸等。适宜草编的草类，草茎光滑，节少，质细而柔软，有较强的拉力和耐折性。采割来的草料先要挑选，梳理整齐，进行初加工后，方可编制。草制产品内销可满足城乡消费者的需求，外销可为国家换来外汇，是很有发展前途的手工业。

从发达国家牧草产业化发展的历程看，在实现牧草商品化的过程中，草产品加工是整个产业链条的中心环节，是牧草从千家万户分散利用走向社会化生产，从农业产品转为商品的重要步骤。因此，草产品加工为牧草的商品化创造了条件。目前我国的草产品加工以草捆、草块、草颗粒、草粉等初级产品为主，草产品深加工主要以叶蛋白、膳食纤维、色素等功能性食品、食品添加物为主。

饲草的药用植物非常丰富。许多珍贵药材和药食同源的草类植物都来自天然草原和优质牧草，如冬虫夏草、柴胡、甘草、蒙古黄芪、赤芍、黄芩等。据统计，我国草原上的野生药用植物约200种以上，我国草原大宗药品主要集中在豆科、麻黄科、龙胆科、毛茛科、唇形科、伞形科、远志科、菊科及百合科等，这些著名的药物大多以其粗壮的地下部分为入药对象，如甘草、蒙古黄芪、赤芍、黄芩、防风、狭叶柴胡、远志等。早在公元前6世纪，中国人就用苜蓿来治疗肾结石、血流不畅和肿胀；印度人则用其来治疗消化不良和关节炎，这些草产品经过深加工后生产的药物和保健品可以带来巨大的经济效益。

草产品深加工的种类可以概略划分为饲草饲料加工、食品原料、工业原料、农药原料、医药原料、生物质能源、草制工艺品和草坪产品等八大类。

目前，无论国内还是国际市场对草产品的需求都十分旺盛，草产品加工作为草产业的重要组成部分，形成了一定规模的产品和市场。牧草通过加工形成的各种草产品，大多具有一定的形态、形状或规格，适于作为商品进入流通领域。种植牧草生产出的初级草产品经过草产品加工实现市场销售。

二、草产品加工的技术、水平、种类

草产品加工可以实现牧草的专业化、规模化、社会化生产，符合产业化对生产过程的组织经营要求，从而形成了草产品加工业这一独立产业。草产品深加工技术涉及当代的高新技术，其发展前景难以估量。目前我国蛋白质饲料缺口在2000万t以上，针对解决我国人、畜所需蛋白质的短缺问题，叶蛋白技术开发十分重要。牧草天然色素的提取、膳食纤维素等的加工及牧草保健食品的开发都关系到人类的食品卫生，势必引起人们的高度关注，并将成为企业经济发展的新途径。草产品深加工包含以下几个主要的技术环节。

（1）*草产品加工厂的规模及产品方向*　草产品加工厂的规模一般由牧草的种植面积和草产品的销路来决定。当然，其他因素如企业发展战略等也可影响加工厂的规模。草产品的方向也决定着加工设备的选择，是生产草块还是草颗粒或草粉，很大程度上由市场来决定。当不能确定市场的需求量，如果条件允许，可以几种产品的加工线同时进行，但各条线的规模可相应减小；或者上一种产品的加工线并预留其他产品生产线，同时观察市场的发展。

（2）*草产品加工工艺的选择*　草产品加工工艺应该在合理的基础上尽量简约。牧草的物理特性决定了这一要求，因为牧草的流动性不好，工艺越复杂、环节越多则发生堵塞的概率越大。同时简约的工艺投资相对能减少，能耗及运行管理成本也能有所下降。

（3）*草产品加工设备的选择*　由于草产品中粗纤维等含量较高，因此其加工难度比生产其他饲料要高，这就对加工设备提出了更高的要求。加工设备在技术上要先进，产品质量性能要好，操作方便，整个车间的工作环境要控制好噪声，粉尘应符合环保要求，生产线的自动化控制要稳定可靠。另外，产品的售后服务非常重要。

草产业是多学科的知识型产业，我国草产业链尚未形成。目前，我国尚未制定相应的发展规划、缺乏宏观指导，影响草产业的科学布局和有序发展。草产品从种植、收获到加工等过程都有很高的技术要求。目前，我国草产品收获、加工设备基本依赖进口，生产成本和维修成本相对较高。

第二节　叶蛋白的提取与加工

一、叶蛋白概述

（一）叶蛋白的概念

叶蛋白，又称叶蛋白浓缩物（leaf protein concentration，LPC），是将新鲜牧草或其他青绿植物切碎压榨后，从其汁液中提取的粗蛋白产品。其中苜蓿是最重要的提取叶蛋白的原料植物。植物叶蛋白属“功能性蛋白”，主要由叶绿体内基质蛋白和细胞内溶解性良好的细胞质蛋白等组成，可分为固态蛋白和可溶性蛋白。

（二）叶蛋白的价值

1. 叶蛋白的营养价值　植物叶蛋白来源广泛，营养丰富，不含动物性胆固醇，具有防病治病、防衰抗老、强身健体等特点，被FAO认为是一种高质量的食品，是一种具有高开发价值的新型蛋白质能源。研究表明，叶蛋白制品含蛋白质50%～65%，可利用的碳水化合物5%～20%，粗纤维0.5%～1.5%，脂肪7%～25%，灰分0.5%～1.5%，总能量平均为439kcal/100g。叶蛋白含有18种氨基酸，其中8种是人体必需氨基酸，且组成比例平衡。它与日常食品的营养比较见表 11-1。

表 11-1　叶蛋白与日常食品的营养比较　（单位：mg/100g）

食品名称	粗蛋白	维生素 A	叶酸	维生素 C	Fe	Ca	Mn	Mo	Zn
叶蛋白	5.1×10^4	55	0.30	30.0	80.0	3.140	118	0.78	1.26
牛肉	1.7×10^4	0.02	0.02	0.3	3.0	10	20	0.05	1.5
鸡肉	2.1×10^4	0	0	0	1.0	14	19	0.35	0
鳕鱼	1.7×10^4	0	0	0	0.9	45	30	0.1	0.74
小米	1.1×10^4	0	0	1.2	4.0	30	167	0.3	1.7
大米	8×10^3	0	0	0	1.0	50	10	0.4	0.4
面粉	9.5×10^3	0	0	0	1.2	16	20	0.2	1.7
全脂奶	3.5×10^3	0.03	0	0.1	0.1	130	11	0.07	0.75
奶酪	3.5×10^3	0	0	0	0.3	174	14	0.1	0.9
鸡蛋	1.4×10^4	0.3	0	1.0	2.8	55	11	0.16	1.0
菠菜	2.3×10^3	3.0	0.9	0	4.0	81	50	0.9	5.2

由表 11-1 可知，叶蛋白中的蛋白质含量远高于鸡蛋、牛肉等食品，而且富含维生素 A、维生素 C、Fe、Ca 等营养物质。

2. 叶蛋白饲用价值　青绿饲料纤维素含量高，适宜饲喂草食家畜，而猪、禽等单胃动物对青绿饲料蛋白质的利用率较低，而且青绿饲料容积大，降低了日粮的能量浓度，从而降低了高产猪、禽的生产性能。如果将青绿饲料中的叶蛋白提取出来，作为猪、禽的高蛋白饲料，而把剩余的草渣作为反刍动物的饲料，就能做到青绿饲料的充分利用。

3. 叶蛋白食用价值　叶蛋白的另一价值就是作为人类的食品，叶蛋白被誉为当今世界上最好、最具有食用价值的保健品，正逐渐受到人们的普遍欢迎。叶蛋白中蛋白质含量很高，且各类氨基酸含量接近动物蛋白，与蛋白质标准相当，是一种很好的食品蛋白质添加剂。

4. 叶蛋白的其他价值　叶蛋白除了用于饲料和食品以外，还可用于化妆品、洗涤用品等日用化工用品之中，也可用于生产叶绿素、叶黄素、胡萝卜素、维生素 E 和维生素 K、食用纤维素和某些活性酶等。而且叶蛋白的应用领域还在不断拓宽（如医用等），发展前景十分广阔。

（三）叶蛋白的需求和发展潜力

当前世界各国普遍存在的突出问题之一就是蛋白质资源的严重缺乏，因此开发蛋白质资源，已成为亟待解决的一个重要课题。因青绿饲料来源广，富含蛋白质且质量高。种植优质牧草或青绿饲料，能获得相当于种植大豆 2 倍以上的蛋白质产量和 3 倍以上的可消化能。故绿色植物是生产叶蛋白最巨大的资源宝库，也是获取叶蛋白最廉价的途径之一。

叶蛋白是从绿色植物的新鲜茎叶直接提取出来的蛋白质制品，是一种无毒无害的天然高级营养产品，其产品的蛋白质含量为50%～80%，含氨基酸，是优良的蛋白质饲料。国内外大量动物饲喂实验结果表明，叶蛋白完全可以替代豆粕和鱼粉（据悉：最近鱼粉货源紧张，价格翻倍，短期内难以缓解）。此外，叶蛋白的制品中叶黄素的含量高达1000～1300mg/kg。而叶黄素是禽、肉、皮、蛋黄的天然着色剂，在养禽业生产中意义重大。在国际市场上，叶蛋白中叶黄素的价值比叶蛋白中蛋白质的价值高出50%。叶蛋白制品中还含有糖、脂肪、多种维生素、胡萝卜素及铁、镁、钙、锌、铜等矿质元素，这些营养成分具有防病、治病、强身、健体、防衰老等多种生理功能，是优良的食品添加剂。叶蛋白进入人们的膳食结构后，将会降低高胆固醇对身体的危害，符合食物结构回归大自然的发展趋势。无论对于饲料，还是对于食品或药品都有极其广阔的市场与效益空间，是一个极具开发价值的新兴产业。

二、叶蛋白加工工艺

（一）原料的选择

1. 原料应具备的条件

（1）*蛋白质含量高*　原料应该在蛋白质含量最高时及时刈割。适宜刈割期豆科牧草为现蕾期，禾本科牧草一般为抽穗期。

（2）*叶量丰富*　植物叶片是生产蛋白质的主要原料，故叶片含量丰富与否与叶蛋白产量有直接关系。除此之外，生育期是重要的影响因素，还要确定叶蛋白植物的最佳收获时间、收获次数及种植密度等，以确保最佳的叶片含量。

（3）*无毒*　叶蛋白植物应不含有毒成分及胶质、黏性物质等。

（4）*单位面积叶蛋白含量高*　单位面积叶蛋白含量高的植物一般有以下几个特征：①植物生长速度快；②可多次刈割；③再生性强。

2. 原料种类　叶蛋白原料种类主要可分为以下三类。

1）牧草和饲料作物：主要是豆科牧草，如紫花苜蓿、红三叶和白三叶等。

2）树叶：榆树叶、桑树叶、合欢叶和枣树叶等。

3）农副产品叶片：芦笋叶和甘薯藤叶等。

（二）叶蛋白的提取

1. 原理　天然蛋白质大多数存在于植物体内，对其分离应依据人们的利用目的及提取蛋白质的含量和品质加以考虑。

天然蛋白质一般在溶液中呈稳定的亲水胶体状态。其特点是：①水化作用，即蛋白质分子表面附有能有效防止蛋白质分子沉淀析出的水化膜；②电荷排斥作用，水化膜外还有电荷层（具阴、阳离子），能有效地防止蛋白质分子的凝集，故溶液蛋白质颗粒（溶质）呈溶解状态；③欲提取植物组织中的蛋白质必须利用溶解度的差异进行分离纯化（如盐析、有机溶剂分级沉淀法、疏水层析、结晶、加热、离心分离等法），利用分子大小和形状差异进行分离纯化（分子筛层析法），还可利用电荷性质的差异分离纯化（离子交换法）。只要创造上述影响因素，即可使蛋白质从植物叶片中分离并沉淀出来。

植物叶蛋白提取一般遵循如下基本原则：尽可能提高样品蛋白的溶解度，抽提最大量的总蛋白，减少蛋白质的损失；减少对蛋白质的人为修饰；破坏蛋白质与其他生物大分子的相互作用，并使蛋白质处于完全变性状态。

根据该原则，植物叶蛋白制备过程中一般需要有4种试剂。①离液剂：尿素和硫脲等。②表面活性剂：又称去垢剂，早期常用NP-40、Tritonx-100等非离子型去垢剂，离子型去垢剂有SDS、胆酸钠、LiDS等，还有像CHAPS（含它的蛋白溶液可以冻存）与Zwittergent等双性离子去垢剂。③还原剂：DTT、DTE、TBP、Tris-base等。④蛋白酶抑制剂及核酸酶：EDTA、PMSF、蛋白酶抑制剂混合物（protease inhibitor cocktail）等，如为了去除缓冲液中存在的痕量重金属离子，可在其中加入0.1～5mmol/L EDTA，同时使金属蛋白酶失活。

2. 提取方法

（1）粉碎、打浆、压榨　叶蛋白属于功能性蛋白，主要由叶绿体蛋白和细胞质蛋白组成，其中35%～45%为难溶性的结构蛋白，55%～65%为溶解良好的基质蛋白。因此必须通过粉碎、打浆来破坏细胞结构，把蛋白质充分提取出来。打浆研磨时不一定要研磨得特别细，过细反而不利于叶蛋白的生产。普通粉碎打浆机一般需要打3遍，有时为了打浆容易，能够提取更多的叶蛋白，在第二遍和第三遍时适当加入一些水。然后通过压榨机将打浆后的浆状物挤压出汁液，并滤去杂质。

（2）叶蛋白的凝聚　蛋白质的凝聚是整个蛋白质提取过程中最关键的一步，凝聚的方法有加热凝聚法、乳酸发酵法、酸化加热或碱化加热凝聚法、盐析法、凝聚剂沉淀法和综合法等。本章依据加工工艺的不同主要讲述以下几种方法。

1）加热凝聚法：汁液过滤后一般采用蒸汽加热或直接加热的办法使蛋白质凝聚。这种凝聚物结成大的颗粒，很容易分离过滤，加热越突然，凝聚颗粒越大，凝聚越紧实，霉变的危险越小。为了充分提取出叶蛋白，可分次加热，先加热到60～70℃，快速冷却至40℃，滤出凝聚物（为叶绿体蛋白，在口感、色、香、味等方面达不到食用蛋白的要求，只能作为饲料蛋白），然后再加热至80～90℃，并持续2～4min，滤出凝聚物（主要是细胞质蛋白，可作为食用蛋白）。

2）乳酸发酵法：乳酸发酵法是利用乳酸发酵酸液作为蛋白质沉淀剂使叶蛋白凝聚的方法。乳酸发酵酸的酸效应使叶蛋白在等电点凝聚（pH 3～4），发酵酸有较大的缓冲容量和较高的电导率，使它具有较大的叶蛋白凝聚量。此外，发酵酸是乳酸菌发酵的产物，酸液中含有大量的乳酸菌和其他微生物及生物活性大分子如酶、菌肽、菌素等，这些物质对叶蛋白有一定的凝聚作用。也可能菌体本身就是一个蛋白质体，在叶蛋白凝聚中起核的作用，使叶蛋白凝聚成较大的团块，下沉时无“拖尾”现象。将发酵酸加入提取液中后，立刻可见叶蛋白凝聚物出现，并很快沉降出现清晰的界面，约60min后叶蛋白凝聚物沉降到容器底部。此方法的最大优点就是不需要加热，节约能源，在蛋白质凝聚前不需加强酸或强碱，减少环境污染。缺点是蛋白质凝聚时间较长，酶解作用延长，造成一定的营养损失，规模生产的话还需配备发酵设备。

3）酸化加热或碱化加热凝聚法：碱凝聚是指在压榨后的汁液中加入一定量的碱（NaOH或NH_4OH），使汁液的pH达到8～8.5，然后立即加热使之凝聚。酸凝聚是指在汁液中加入一定量的酸（HCl或乳酸），使pH达到4.0～6.0，然后加热使叶蛋白凝聚出来。此法的优点是能得到较多的凝聚物，缺点是凝聚物质地柔软不易分离。

4）盐析法：盐析法是一种在高盐浓度下，提取汁液中各种物质在不同浓度的盐溶液中沉淀出，以达到分离纯化蛋白质的方法。此方法在常温下进行，具有成本低又可保持蛋白质的生物活性，而且操作简便、安全的特点。常用盐析剂是（$(NH_4)_2SO_4$），配制成不同的离子强度，就可以得到混合物中的不同组分。

5）凝聚剂沉淀法：添加合适的凝聚剂能与汁液中的蛋白质有效地结合。Bray 等用聚丙烯酰胺-Al_5O 可高效地提取紫花苜蓿和黑麦草汁液中的白色叶蛋白。

在提取叶蛋白的实际生产中，不仅要考虑产品质量和提取效率，还要考虑成本、原料等因素。尽量取长补短，提高效率。如以生产饲料为目的，采用加热法比较可行；但要生产生化制品，则宜采用结晶和重结晶层析的方法。

（3）叶蛋白的分离　最简单的方法是采用细纱网或滤布过滤，使叶蛋白凝聚物分离。工业化生产可采用离心机或压滤机压制成含水量为 50%～60% 的叶蛋白湿饼。

（4）叶蛋白的干燥　分离出来的叶蛋白粗产品含水量在 50%～60%，在常温下易发霉变质，必须干燥后可保存。常采用的干燥方法有晾干、热风干燥（烘干）、真空干燥、喷雾干燥和冷冻干燥，其中晾干、热风干燥、真空干燥生产出来的产品质量较差，但成本低，适用于饲料和低档叶蛋白产品的生产；喷雾干燥法可生产出品质较好的叶蛋白产品，是目前叶蛋白生产厂家普遍使用的干燥方法；冷冻干燥可生产出高品质的叶蛋白产品，但成本高，适宜于叶蛋白研究及生产高档叶蛋白产品。

（5）叶蛋白的贮存　为了便于叶蛋白的保存，在打浆过程中还应加入一些防腐剂（如 NaCl、$NaHCO_3$ 等）来抑制外来菌的侵入，以免胡萝卜素及不饱和脂肪酸发生氧化，出现一种鱼腥味。

第三节　膳食纤维的加工

一、概述

随着生活水平的提高，人们对高热量、高脂肪食品和精细食品的摄入量大大增加，而膳食纤维的摄取量相对减少，使人体丧失膳食营养平衡，致使高血脂、肥胖症、胆结石、脂肪肝、糖尿病及肠癌等现代“文明病”的发生概率大大提高。近年来，国内外营养学家一致认为，膳食纤维（dietary fiber，DF）具有平衡人体营养和调节人体生理功能的功效，与蛋白质、脂肪、碳水化合物、水、维生素、矿物质并列为“七大营养素”。

膳食纤维是一类复杂混合物的总称。1972 年，Trowell 发现膳食纤维的摄入与心脏病、肠道疾病的发生存在密切关系，随后将那些不能被人体内源酶所消化的植物成分界定为膳食纤维。1976 年，Trowell 对膳食纤维做出更为明确的定义，将那些“不被人体消化吸收的多糖类碳水化合物和木质素”统称为膳食纤维。依照上述定义，膳食纤维是一类植物细胞壁物质，包括纤维素、半纤维素、果胶和木质素等成分。随着分析手段的进步和对膳食纤维生理功能研究的不断深入，膳食纤维的诸多功能被人们所认识和关注。2001 年，美国谷物化学家协会（American Association of Cereal Chemists，AACC）理事会对膳食纤维的定义进行了修订，指出膳食纤维包括细胞壁多糖、木质素及与之键合的不能被人体消化酶水解的物质。由于膳食纤维所包含的组分复杂，加之随着现代科技和食品工业的高速发展，出现了很多具有类似膳食纤维功能的食品成分，如抗性淀粉、低聚寡糖及菊糖等，均不符合当前膳食纤维定义的范畴，使膳食纤维的定义具有局限性。

2004年，食品法典委员会在第26届营养与特殊膳食食品委员会报告中将膳食纤维定义为小肠内不能消化吸收、聚合度不小于3（或10）的碳水化合物聚合物。通常认为，膳食纤维是指不能被人体胃肠道消化酶消化，但能被大肠内的某些微生物部分酵解和利用的碳水化合物及其相类似物质的总和，包括细胞壁多糖、低聚糖、木质素及与之键合的相关物质。

膳食纤维按其溶解性可分为水溶性膳食纤维（soluble dietary fiber，SDF）和水不溶性膳食纤维（insoluble dietary fiber，IDF）。水溶性膳食纤维主要是指细胞壁内的储存物质和分泌物，如果胶、树胶、葡聚糖、瓜儿豆胶、羧甲基纤维素等；水不溶性膳食纤维主要是指细胞壁的组成部分，如纤维素、半纤维素、木质素、壳聚糖、抗性淀粉和植物蜡等。新鲜苜蓿绿叶经粉碎、榨汁和过滤后分离出的叶渣，含有70%以上的总膳食纤维（占干基质），其中含有10.70%的水溶性纤维、17.64%的半水溶性纤维、36.22%纤维素和9.24%的木质素。在营养期刈割的苜蓿中可溶性纤维含量为5.6%，高于大麦纤维3%的含量，是一种极好的膳食纤维源。车前草中含有丰富的水溶性膳食纤维，经检测达24.63%（占干重）。从车前草中提取出SDF，可强化其他一些SDF缺乏的膳食纤维产品，使其SDF、IDF比例合理化，功能得到增强。

二、膳食纤维的营养功能

（一）膳食纤维的理化特性

1. 持水性　膳食纤维的化学结构中含有很多亲水基团，因此具有很强的吸水膨胀能力。

2. 结合和交换离子　膳食纤维化学结构中包含一些羧基、醛基及羟基类侧链基团，呈现弱酸性阳离子交换树脂的作用，可与钙、镁、锌等阳离子结合，使钠离子与钾离子交换，特别是与有机离子进行可逆的交换。

3. 发酵特性　膳食纤维能被肠内微生物不同程度地发酵分解，不同来源的膳食纤维被分解的程度也不同，这与其持水性、多糖结构等有关。

4. 吸附螯合有机化合物　膳食纤维表面带有很多活性基团，可以吸附螯合胆汁酸、胆固醇、变异原等有机分子，其中对胆汁酸的吸附能力以木质素较强，纤维素弱些。

（二）膳食纤维的生理作用

膳食纤维虽然不能被人体消化吸收，但膳食纤维在体内具有重要的生理作用，是维持人体健康必不可少的一类营养素。由于膳食纤维在预防人体胃肠道疾病和维护胃肠道健康方面功能突出，因而有“肠道清洁夫”的美誉。

1）膳食纤维的吸水溶胀性能有利于增加食糜的体积，刺激胃肠道的蠕动，并软化粪便，防止便秘，促进排便和增加便次，起到一种导泄的作用，减少粪便在肠道中的停滞时间及粪便中有害物质与肠道的接触，保持肠道清洁，从而减少和预防胃肠道疾病。

2）膳食纤维能够抑制胆固醇的吸收，预防高血压和高脂血症。

3）膳食纤维能够延缓和减少重金属等有害物质的吸收，减少和预防有害化学物质对人体的毒害作用。

4）膳食纤维可以改善肠道菌群，维持体内的微生态平衡，有利于某些营养素的合成。

5）水溶性膳食纤维具有很强的吸水溶胀性能，吸水后膨胀，体积和重量增加 10～15 倍，既能增加人的饱腹感，又能减少食物中脂肪的吸收，降低膳食中脂肪的热比值，相对控制和降低膳食的总能量，避免热能过剩而导致体内脂肪的过度积累，既可解决饱腹而不挨饿的问题，又可达到控制体重减肥的目的。

6）膳食纤维能够延缓葡萄糖的吸收，推迟可消化性糖类如淀粉等的消化，避免进餐后血糖急剧上升，膳食纤维增强对胰岛素的敏感性，改善血液中胰岛素的调节作用，提高人体耐糖的程度，有利于糖尿病的治疗和康复。

三、分离制备

牧草膳食纤维的分离制备包括浸泡漂洗、脱除草味、二次漂洗、漂白脱色、脱水干燥、功能活化和粉碎过筛等步骤。膳食纤维的分离制备提取方法可分为粗分离法、化学分离法、生物法、化学试剂和酶结合分离法及膜分离法。

1. 粗分离法　气流分级是粗分离法中常采用的措施。这类方法所得的产品不纯净，但它可以改变原料中各成分的相对含量，如可减少植酸、淀粉含量，增加膳食纤维等含量，此方法适合于原料的预处理。顾林和周冬震（1999）对麦麸采用添加植酸酶和加热蒸煮等措施预处理，使膳食纤维含量显著增加，为下一步的分离打下基础。

2. 化学分离法　化学分离法是指将粗产品或原料干燥，磨碎后，采用化学试剂提取而制备各种膳食纤维的方法。以碱法应用较普遍，其大概工艺流程是原料经过干燥、磨碎、过筛处理后，加入氢氧化钠、氢氧化钙，随后过滤，所得残渣即水不溶性膳食纤维，将所得滤液的 pH 调至 4.0～4.5，离心，其沉淀物为蛋白质，将所得上清液的 pH 调至 6.0～7.0，并用乙醇沉淀，沉淀物即水溶性膳食纤维。姜亚东等（2006）采用化学法提取营养期苜蓿的水溶性纤维得率为 4.87%。除碱法外还有酸法、絮凝剂法等，与碱法不同之处是加入盐酸或一些絮凝剂来提取膳食纤维。总的来说化学法提取的膳食纤维纯度高，色泽较深，口感不佳，得率较低。

3. 生物法　生物法主要包括酶法和发酵法。酶法反应条件温和，专一性强，制得的膳食纤维具有色泽浅、易漂白、无异味、纯度较高等优点。林旭辉等（2006）和林文庭（2006）分别采用复合酶与分步酶解提取出品质优良的膳食纤维。发酵法是利用微生物发酵，消耗原料中的碳源、氮源，以消除原料中的植酸，减少蛋白质、淀粉等成分制取膳食纤维。袁惠君等（2001）用米根霉和白地霉发酵处理薯渣后，膳食纤维得率、持水力和膨胀力都明显增加。发酵法研制的膳食纤维之所以具有这些良好的物理特性，原因可能是发酵法条件温和，膳食纤维经过发酵改性后，其中的水溶性膳食纤维含量增高。发酵法生产过程简便，成本低廉，产品纯度和色泽好，易于实现工业化。

4. 化学试剂和酶结合分离法　采用化学分离方法制备的膳食纤维还含有少量的蛋白质和淀粉，要制备高纯度的膳食纤维，必须结合酶处理。其工艺流程为原料干燥、磨碎、碱处理、酶解、保温、灭酶、离心、干燥，即得出纯度较高的膳食纤维。冯畅敏等（2007）用酶-碱结合工艺提取苜蓿纤维，得率和品质都明显优于化学法。

5. 膜分离法　利用高科技的膜分离技术，将分子质量不同的膳食纤维分离提取。该法能通过改变膜的分子截留量来制备不同分子质量的膳食纤维，既提高了浓缩效率，最大限度地保留了具有生物活性、分子质量较小的多糖，又避免了化学分离法的有机残留，是分离水溶性膳食纤维很有前途的方法。在膜分离过程中，不同溶液产生相变可在常温无须加热的条件下对一些共沸物或近沸物进行分离，尤其对一些热敏性物质或挥发性物质的分离效果较好。微滤、超滤、纳滤和反渗透等膜分离技术由于其省能、高效、简单、造价低、易于操作等优点，可代替传统的分离技术，为开发功能性食品提供了非常有效的加工方法。

四、漂白

生产的膳食纤维颜色较深并有异味，若将其添加到食品中，会影响商品的外观和风味，难以被消费者接受，从而影响其在食品中的利用和普及，需要对膳食纤维进行脱色。膳食纤维漂白脱色是影响其理化性质及吸附性能的关键步骤，尤其是牧草叶渣纤维的脱色处理要比其他纤维（如大豆纤维、蔗渣纤维）的脱色难度更大些，在脱色剂的选择用量和时间上应慎重把握，否则会影响脱色效果。工业上常用的纤维脱色剂是次氯酸盐、过氧化氢等，它们均能对膳食纤维进行氧化脱色。次氯酸盐在脱色反应中有氯的存在使膳食纤维产品带有氯味，故在膳食纤维脱色中不宜应用。过氧化氢是一种强氧化剂，脱色作用是靠过氧化氢的离解产生的过氧化氢离子使样品中的呈色基团发生变化而脱色。脱色效果受温度、时间、pH 等许多因素影响。

五、改性

由于水溶性膳食纤维较水不溶性膳食纤维在生理功能方面更能发挥其代谢作用，因此膳食纤维的溶解性是影响其生理功能的重要因素。而许多膳食纤维中水溶性膳食纤维所占比例很小，根据膳食纤维的天然特性，利用现代高新技术进行多功能转化，以改变天然膳食纤维中部分组成聚合物的化学结构与相对含量，就可以给膳食纤维新增或强化部分原先没有或很微弱的功能特性而生产出高品质膳食纤维。常用的膳食纤维改性方法有化学方法（主要有酸法、碱法）和物理方法（主要有超微粉碎技术、挤压蒸煮技术、瞬时高压）等。也有综合应用以上手段同时处理，以获得较高含量和品质的水溶性膳食纤维。由于化学方法是采用化学试剂，控制适当的 pH、温度和反应时间，使糖苷键断裂产生新的还原性末端，使纤维类大分子的聚合度下降，部分转化成非消化性的可溶性多糖。因为存在反应时间长、副反应较多、工艺过程复杂、温度较高、对设备的要求较高，并在中和过程中引入大量阴、阳离子造成在食品中应用困难等不利因素，所以在实际生产中使用较少。

超微粉碎技术是利用各种特殊的粉碎设备，对物料进行碾磨、冲击、剪切等，将粒径在 3mm 以上的物料粉碎至粒径为 10～25μm 以下的微细颗粒，从而使产品具有界面活性，呈现出特殊功能的过程。与传统的粉碎、破碎、碾碎等加工技术相比，超微粉碎产品的粒度更加微小。超微粒粉碎设备按其作用原理可分为气流式和机械式两大类。气流式粉碎设备是利用转子线速度所产生的超高速气流，将产品加速到超高速气流中，转子上设置若干交错排列的、能产生变速涡流的小室，形成高频振动，使产品的运动方向和速度瞬间产生剧烈变化，促使产品颗粒间急促撞击、摩擦，从而达到粉碎的目的。与普通机械式超微粉碎相比，气流粉碎可将产品粉碎得很细，粒度分布范围很窄，即粒度更均匀。又因为气体在喷嘴处膨胀可降温，粉碎过程不产生热量，所以粉碎温度上升小。这一特性对于低熔点和热敏性物料的超微粉碎特别重要。其缺点是能耗大，一般认为要高出其他粉碎方法数倍。机械式粉碎设备又分为球磨机、冲击式微粉碎机、胶体磨和超声波粉碎机 4 类。高频超声波是由超声波发生器和换能器产生的。超声波在待处理的物料中引起超声空化效应，由于超声波传播时产生疏密区，而负压可在介质中产生许多空腔，这些空腔随振动的高频压力变化而膨胀、爆炸，真空腔爆炸时能将物料震碎。同时由于超声波在液体中传播时产生剧烈的扰动作用，使颗粒产生很大的速度，从而相互碰撞或与容器碰撞而击碎液体中的固体颗粒或生物组织。超声粉碎后颗粒在 4μm 以下，而且粒度分布均匀。

六、膳食纤维的测定

膳食纤维的不同测定方法因其测定原理不同结果差异较大。自 20 世纪 60 年代初以来，分析化学家建立起大量的检测方法，这些方法的主要目的是模拟消化过程用酶除去食物中可消化部分，获得不被消化的部分。

1. 洗涤剂法　也称非酶重量法，由于所用溶剂和提取条件的不同，洗涤剂法中又有多种具体方法，包括粗纤维（CF）法、酸性洗涤剂纤维（ADF）法和中性洗涤剂纤维（NDF）法。CF 法检测木质素和纤维素；ADF 法检测木质素、纤维素和酸不溶性半纤维素；NDF 法检测木质素、纤维素和中性洗涤剂不溶性半纤维素。

2. 酶-化学法　首先对食物样品进行酶消解和分离，分离出的膳食纤维用酸水解，使纤维分解为葡萄糖、糖醛酸等单糖，这些物质再用不同的化学方法检测。

七、膳食纤维在食品中的应用

膳食纤维在食品中的应用比较广泛。在面包、饼干、蛋糕、罗汉饼、馒头和面条等食品中，膳食纤维用量一般为面粉量的 5%～10%。因膳食纤维吸水性较强，故配料时应适当增加水量。添加膳食纤维后，提高了此类食品的保水性，增加了食品的柔软性和疏松性，防止贮藏期变硬，强化了面团筋力，且产品的加工工艺、外观、弹性及色泽等不受影响。生产饮料时，水不溶性膳食纤维用量小于 1%，粒度在 200 目以上，以防生成沉淀。而水溶性膳食纤维用量可适当提高，每 100g 饮料中含 2.5～3.8g 膳食纤维。膳食纤维主要用于液体、固体和碳酸饮料等，无异味，口感润滑。

国外正在研究开发多种牧草膳食纤维，添加于饮料、面点、糖果、汤料、膨化食品和保健食品中，添加量为 3%～30%。国际市场上，膳食纤维价格因原料种类、加工工艺、产品品质不同而有较大差异，苜蓿纤维等豆科植物纤维售价较高。若经活化、微粉碎等高技术加工处理，价格会更高。目前，我国添加用膳食纤维需求量每年约 10 000t，生产量仅有 1000 余吨，满足率仅为 10%。

现已开发的纤维品种包括谷物纤维、豆类纤维、果蔬纤维、微生物纤维及合成半合成纤维等 30 余种，其中实际应用的仅有小麦纤维、燕麦纤维、玉米纤维、豌豆纤维、橘皮纤维、甜菜纤维、米糠纤维、葡聚糖及植物胶等 10 余种。其中有的制成胶囊直接食用，有的作为食品的一种原料或添加剂生产时添入面包、饼干、糕点、膨化食品及饮料中制成高膳食纤维食品。

因膳食纤维无活性，故可作为一种无热量的取代物而取代其他有机化合物如脂类、糖类等。另外，纤维素作为食品配料有许多特性，它对食品色泽、风味、持油和持水量均有影响。它可作为稳定剂、结构改良剂；对于酱类及调味品而言，添加纤维素能增加稠度；还可延长食品货架期及作为冷冻或解冻稳定剂。

目前应用的纤维产品主要有变性纤维产品（如羧甲基纤维素，CMC）和粉末纤维。羧甲基纤维素是一种可溶于冷水的白色粉末，已广泛应用于食品工业中。粉末纤维是纯净的纤维素，含有99%的纤维。在美国，粉末纤维是已被获准应用的食品配料，也被FAO和世界卫生组织（World Health Organization，WHO）获准作为纯净的食品添加剂而得到应用。但因其具有与普通膳食纤维不同的作用，在食品加工中的功能还未被人们充分认识。虽然目前食品中应用粉末纤维的有关资料不多，但其作为一种食物配料或添加剂，在保健和功能两个方面的优势已在实际中得到证实。

1991年，英国卫生部门提出了膳食纤维参数值，认为每人每日应摄入12～24g。目前，我国的食品卫生法规中虽然还未强调人们对膳食纤维的摄食标准，但对膳食纤维的研究工作已逐渐展开。而苜蓿提取叶蛋白后的草渣其基本成分是纤维，主要包括纤维素、半纤维素和木质素。在提取苜蓿叶蛋白后，对其草渣的合理开发利用，也已成为一个亟待解决的重要课题。

八、牧草膳食纤维发展趋势

国外研究和生产的膳食纤维只有少数几种被实践证明生理功能较好，因此迫切需要寻找新的膳食纤维资源。牧草是提取膳食纤维的重要原料之一，生产牧草膳食纤维既可提高牧草的综合利用率，增加经济价值，又为牧草的加工开辟新途径，将带动整个牧草产业的发展。我国对牧草膳食纤维的制取技术、应用和生产尚处于起步阶段。

1. 发掘牧草膳食纤维资源　牧草种类繁多，资源广阔，除了加大苜蓿膳食纤维的开发利用外，还应进一步开展对其他资源的调查与开发利用。建立相应的数据库，对合理整合、利用膳食纤维资源具有现实意义。

2. 加大牧草膳食纤维的分离提取、活化技术和工业化研究　膳食纤维开发的关键是提取方法，应加大研究牧草的提取方法，增加其可溶性纤维的含量，应用高新技术，通过合适的功能活化方法，改变膳食纤维的化学组成和空间结构，生产出高活性的牧草膳食纤维，最终使生产方法简便，成本低廉，能够进行规模化生产，提高牧草膳食纤维开发利用的经济价值与社会价值。

3. 加大对牧草膳食纤维的结构、生理功能和作用机制的研究　目前对牧草膳食纤维的功能研究较少，由于膳食纤维来源不同其功能和机制也有明显的不同，加强牧草膳食纤维对各项功能的影响研究，揭示膳食纤维的理化性质与生理作用的关系，为其开发利用打下良好的基础。

4. 加强牧草在不同领域应用研究　目前膳食纤维主要作为食品的添加原料，制成各种主副食、风味及功能食品。应该确定牧草膳食纤维在食品、饮料中的适宜添加量和每日的摄取量。膳食纤维的保健作用开发生产符合国际市场标准的膳食纤维保健食品研究。并根据其理化性质进一步拓展应用领域，如制成环保的包装和装饰材料等，另外还有很多用途需要我们进一步的开发和利用。

第四节　其他深加工产品

一、食品添加物的生产利用

（一）淀粉

淀粉是植物体贮藏碳水化合物的主要形式，淀粉植物种类很多，我国有将近500多种，可以分为两类：一类是人工栽培的淀粉植物，包括禾谷类植物、豆类植物和薯类植物；另一类是野生的淀粉植物，以山毛榉科、禾本科、蓼科、百合科、天南星科、旋花科等的种类较多，而且淀粉的含量也较丰富，其次是蕨类、豆科、防己科、睡莲科、桔梗科、菱科、檀香科、银杏科等，这些科的淀粉植物种类虽然比较少，但其中不少种类的淀粉含量却很高。

野生淀粉植物经过采收、清理后，可直接利用或作为工业原料，加工制成各种工业产品。但被用作食物时，必须注意有些种类淀粉含有有毒物质，要先将其淀粉经过谨慎检定，查明确实无毒后，方可供作食用。

各种淀粉植物的含淀粉部位不同，主要为果实、种子及根、块根、鳞茎或根茎，还有少数是在髓心或皮层。

淀粉是人类的主要食品、热能的来源，每天吃的主食主要成分便是淀粉。由淀粉制造的食品如糕点、粉丝、粉皮等食用量都很大。淀粉除供食用外，在工业上的用途也很广。造纸、纺织、发酵、医药、铸造、冶金等工业都需要大量淀粉作原料。例如，造纸工业用淀粉为胶料，以增加纸张的强度，改善纸张的性质，制造纸板、纸袋等也使用淀粉和淀粉制品为胶黏剂。

棉、麻、毛、人造丝等纺织工业，使用淀粉和淀粉制品作胶料，以增加纱的强度。印染泥中也含有淀粉。若干织物完成后需再上浆一次，以改善外观，改变性质。

发酵工业以淀粉为主要原料，制成各种乙醇、含乙醇饮料和其他有机物，如丙酮、丁醇、乳酸、柠檬酸、葡萄糖酸、甘油、味精等。

医药工业中配制片剂、丸剂和粉剂药品需要高质量的淀粉作填料。

铸造工业用淀粉作为砂心胶黏剂。冶金工业中以淀粉作浮选矿砂的沉淀剂。石油工业钻井中使用淀粉增加钻泥的蓄水性。化妆品工业、陶瓷工业、干电池制造业、炸药制造业等都需要大量淀粉。

淀粉还可制造糖浆、淀粉糖和葡萄糖。糖浆的主要用途为制造各种糖果和糕点等食品，淀粉糖主要用于皮革、发酵工业，葡萄糖主要用于医药工业。此外，经加工制成如山梨醇、柠檬酸、葡萄糖酸等若干有机物，在工业上用途也很广。

（二）植物油脂

我国虽然油脂植物资源丰富，但资源分散，需要进一步开发利用和深度加工。植物油脂的用途主要有食用和工业用两大方面。

就食用而言，植物油脂远远优异于动物油脂，许多植物都含有不饱和脂肪酸和甘油酯成分，可预防和治疗心血管病。因此，植物油脂有可能取代大部分动物油脂。根据各国习惯及营养学家的意见，比较理想的食用植物油是向日葵油、大豆油、玉米胚油、橄榄油、花生油、核桃油、茶油等。上述油脂是以含油酸或亚油酸为主的脂肪油。椰子油在东南亚各国有食用习惯，因其以月桂酸等饱和脂肪酸为主，把它作为工业用油似乎更为理想。油菜籽仍是我国的主要食用油料，现在种植的品种一般含3%～4%芥酸，这种高芥酸的油脂不是优良食用油，现致力于培育无芥酸油菜，并已取得成功。

植物油脂中含亚油酸或花生四烯酸，是特别理想的油脂，因为它在人体内不仅能阻止血栓的形成，而且对人类的脂类代谢有特别重要的作用。植物油中亚油酸含量高，迄今尚未找到理想的含花生四烯酸高的可利用植物油资源。

月见草种子油含有γ-亚油酸，此酸占总脂肪酸的6.9%，以小剂量服用即能产生显著的抗血栓形成效果，并有降血脂，减少胆固醇和动脉粥样硬化作用。

（三）增味剂

许多植物能够用于调配食品香精，并使食物增香。植物作为风味调料经过精制提炼后，即为食品香料或增味剂。不但能增进食欲，有利消化吸收，而且对增加食品的花色品种和提高食品质量具有很重要的作用。增味剂根据来源和制造方法等的不同，通常分为天然香料、天然等同香料和人造香料3类。天然香料是用纯粹物理方法从天然芳香原料植物或动物中分离得到的物质，其安全性高。天然香料的产品类型包括精油、酊剂、浸膏、净油和香辛料油树脂等。

（四）增味植物

天然增味植物在生活中较常见。

1. 薄荷　薄荷（*Mentha arvensis*）属唇形科多年生草本，全株具有浓烈的清凉香味。薄荷种类多，适应性很强。薄荷叶片可以作为蔬菜，凉拌、炒菜都可以，茎、叶干燥后可以泡茶饮用。薄荷全草入药，为祛风、芳香兴奋剂。茎、叶可提取薄荷油，多用于食品工业上作矫味剂。采用水蒸气蒸馏法从鲜薄荷的茎叶中蒸馏得薄荷油。经冷冻法可以从薄荷油中提取出45%～55%的薄荷脑，其脱脑油称薄荷素油。天然薄荷脑为无色柱状结晶，沸点216℃，闪点93℃，在水中可溶解0.05%，能溶于乙醇、丙二醇、甘油和液体石蜡，暴露于大气中会升华。薄荷脑清凉，使人精神振奋，是一种用途广、用量大的香料。

2. 小茴香　小茴香（*Foenlculum vulgare*）为伞形科多年生草本植物。小茴香原产于地中海地区，我国南北各地广泛栽培。性喜温暖较耐寒。小茴香的茎、叶采割是在生长季节多次进行的，采收果实一般在9～10月进行。果实可提取芳香油，干果含芳香油3%～4%，为食品调味的香料，常用于配制酒、糖果、牙膏及香水、香精等。果实也可供药用；此外，茎叶可蒸馏出小茴香油，嫩叶幼茎可作蔬菜供食用。

3. 葱和蒜　葱和蒜都属百合科葱属（*Allium*）多年生草本，有显著的葱蒜味，地下有鳞茎或根茎，鳞茎有膜质或纤维状外皮。

大蒜（*Allium sativum*）营养丰富，是日常生活中常用的香辛蔬菜。大蒜的香辣味能引起消化器官兴奋，刺激胃肠，促进食欲，它还能在烹调菜肴、鱼、肉时去除膻腥味，增加香味。大蒜在我国已有2000多年的种植历史，目前我国大蒜的种植面积和总产量均占世界第一。大蒜中的风味物质主要是蒜素和大蒜精油。蒜素为蒜氨酸的水解生成物，具有强烈的辛辣味。蒜素具有广谱抗菌作用，能够预防和治疗高脂血症和血栓形成。

在鲜蒜的贮藏中，普遍采用喷洒化学抑制剂法、冷藏法、气调法及辐射处理等方法来推迟大蒜抽芽和品质劣变。在加工方面除常见的制作糖蒜、卤水腌制外，已开发出蒜酱、蒜泥酱、蒜精、大蒜油软胶囊等产品。

与此同时，还有丰富的野蒜资源。常见野生葱属植物有小根蒜、宽叶韭等。

百合科葱属植物野韭（*Allium ramosum*）、蒙古葱（*Allium mongolicum*）、山葱（*Allium senescens*）等的鳞茎和嫩叶均有辛辣味，可供食用。

4. 孜然 孜然是孜然芹植物的种子。孜然芹（*Cuminum cyminum*）属伞形科孜然芹属一年生或二年生草本。将果实研末作风味调味剂，也可入药。孜然芹果实含挥发油3%～7%，脂肪酸中主要为岩芹酸、苎烯油酸、亚油酸等。孜然具有独特的薄荷、水果状香味。还带适口的苦味，咀嚼时有收敛作用。孜然性平和可以入药，主治消化不良和胃寒腹痛。

孜然的口味独特，主要是在烤肉前洒上少许调味，也是欧洲国家炖牛、羊肉必不可少的调味料。孜然芹果实干燥后加工成粉状，即可用于肉制品调料。孜然在肉制品加工中的作用主要起调味、增香、解腥膻及提高风味的作用。

5. 鱼腥草 鱼腥草学名蕺菜（*Houttuynia cordata*），三白草科多年生宿根草本。地下茎多节，每节除轮生根外，还着生芽，芽萌发后出土形成地上茎叶。地下茎是主要食用部分。全草有腥气，地上茎高30～80cm，紫色，在茎节处着生叶和芽。叶互生，宽卵形，基部心形，全缘，叶面无毛。地上茎顶端着生穗状花序，蒴果顶端开裂，种子球形。

鱼腥草喜温暖湿润的环境，一般田间持水量在75%～80%以上才能生长，对空气相对湿度适应范围较广，常野生于阴湿的水边洼地。鱼腥草在我国分布很广，贵州、云南等地食用面广，常作栽培，与多种蔬菜和粮食作物间作套种。

鱼腥草含有0.49mg/kg的挥发油，主要成分是甲基正壬酮［$CH_3CO(CH_2)_8CH_3$］、月桂油烯（$C_{10}H_{16}$）、羊脂酸［$C_{19}H_{19}COOH$］及月桂酸和发泡性的蕺菜碱。鱼腥草不仅是人们喜食的野生蔬菜，而且具有良好的药用价值，具有散热毒、消痛肿，治疗疮痔脱肛的功效。可作肺炎、肺结核患者的辅助药膳。

6. 胡卢巴 胡卢巴（*Trigonella foenum-graecum*）全株及种子均含芳香油，干燥茎叶可作为食品调味料，也是制作咖喱粉的原料之一。加工时用种子制取胡卢巴浸膏，用有机溶剂浸提。也可将种子粉碎后，用水蒸气蒸馏法提取芳香油。民间将胡卢巴在开花前收获，晒干，碾碎后卷在面中烙饼或蒸花卷食用。胡卢巴油又称香豆酊，其香气浓郁，似川芎和芸香香气，主要用于调配香烟。在化妆品种中可用于男性加香用品。

7. 缬草 缬草（*Valeriana officinalis*）属败酱科缬草属多年生草本。缬草根状茎和肉质根含芳香油，具有特殊香气。我国主产区主要采用水蒸气蒸馏，得油率为0.6%～2%。缬草油主要用于化妆品、香水，还用于调配香烟、酒等食品。

8. 百里香 百里香（*Thymus mongolicus*）为唇形科百里香属半灌木或草木。百里香全株含芳香油0.15%～0.5%，在民间全株用作香包的填充物及防腐剂。五肋百里香（*Thymus quinquecostatus*）耐旱，适应性强，常栽培用于提取芳香油。提取时用直接蒸汽蒸馏法或水上蒸馏法。采收时间以盛花期全草为佳。五肋百里香油可提取芳樟醇，用作调配日用化妆品的香精。

9. 茵陈蒿 茵陈蒿（*Artemisia capillaries*）属菊科蒿属多年生草本。茎叶含芳香油0.2%～0.3%。提取时，宜在开花盛期割取，趁鲜加工蒸馏。主要成分为乙位蒎烯和茵陈烃，供配制各种清凉剂、喷雾香水用。

二、医药原料的生产利用

药用植物是指具有防治疾病功效或有医疗用途的野生和人工栽培的草本类植物种或品种，草类是中药的主要部分和中医治疗疾病的重要物质基础，也是制药工业的重要原料。中草药同时也是草产品的重要组成部分，是人类社会生存发展不可缺少的自然资源之一。

我国地域辽阔，地形复杂，气候多变，环境独特。因此，从东到西，由北至南，各地均蕴藏着极为丰富的中草药资源，素有“世界药用植物宝库”之称，现在已知的有 11 146 种之多，其中又以草本类占绝大多数。这些药用植物，有的分布范围广，遍及沟边山坡及草原；有的则蕴藏量大，可采量与开发利用价值高，具有得天独厚的资源优势。根据调查显示，我国的中草药资源具有明显的地区性特点，在种类上由东北向西南逐渐增多。但许多常用的、名贵、医疗用途广和利用价值大的种类，在我国的不同地区均有分布。按照我国自然地理、气候特点及中草药植物种类的自然分布和生产利用等，将我国中草药资源划分为 8 个分布区。这里仅就各区的大宗和重要草本类药用植物种类简介如下。

（一）东北区

主要有人参、细辛、升麻、白头翁、五味子、防风、甘草、芍药、北苍术、兴安薄荷、龙胆、紫草、党参、知母、天麻、黄芪、地榆、车前草、桔梗、黄芩、苦参等。

（二）华北区

主要有党参、甘草、防风、地黄、香附、柴胡、地榆、黄精、牛膝、远志、龙胆、知母、百里香、半夏、金银花、黄芩、白芍、苍术、马兜铃等。

（三）华中区

主要有地黄、牛膝、菊花、茯苓、贝母、泽泻、麦冬、黄精、黄连、玉竹、前胡、天冬、白芷、三七、射干、红花、防风、菖蒲、睡莲、丹参、玄参、百部、何首乌、藿香、山药、百合、白术等。

（四）西南区

主要有川芎、贝母、麦冬、黄连、何首乌、草乌、芍药、丹参、泽泻、天麻、当归、黄芪、三七、秦艽、党参、桔梗、黄芩、金银花、木香、羌活、石斛、白芷等。

（五）华南区

主要有高良姜、姜黄、莪术、砂仁、草果、豆蔻、巴戟天、白花蛇舌草、何首乌、藿香、鸡血藤、广防己、三七等。

（六）内蒙古区

主要有甘草、麻黄、肉苁蓉、蒙古黄芪、防风、远志、柴胡、银柴胡、黄芩、地榆、龙胆、知母、黄精、锁阳、草乌等。

（七）西北区

主要有甘肃当归、黄芪、大黄、新疆紫草、阿魏、伊犁贝母、锁阳、龙胆、苁蓉、羌活、雪莲花、天山党参、甘草、麻黄、红景天、金莲花、红花等。

（八）青藏区

主要有冬虫夏草、贝母、羌活、大黄、雪莲、大花龙胆、绵参、胡黄连、党参、多种红景天等。

我国药用植物种类多、资源丰富、蕴藏量大、用途广。药用植物包括多方面、多层次的深开发与综合利用，如在保健品、饮料、调味剂、化妆品、驱避剂、酿酒、微量元素制品和营养补充剂，以及饲料添加剂等多方面的开发利用。

我国是发现和应用药用植物最早、最完善的国家，有着悠久的历史。据考证几乎自有文字以来，就有利用药用植物的记载。只是古代不叫药用植物，而是把记载药用的书籍称为《本草学》，其中虽然包括部分动物和矿物类中药，但均以植物药为主体。例如，我国现存最早的一部本草专著《神农本草经》（约公元前 2 世纪），就是我国古代劳动人民在长期的自然斗争、生产斗争实践中得到的药物知识的总结。全书共记载药物 365 种，其中植物药 200 多种，据所述药物的功效，大多确实可靠，运用至今。之后，历代医药学家不断发掘、整理和补充，编著出版了各代具有代表性的诸多本草著作。据统计，仅现存的本草书籍，就有 400 多种，不愧是一个伟大的药学宝库，更是我国古代文化的珍贵遗产。明代李时珍所著《本草纲目》是古代中药学之集大成著。新中国成立以来，特别是近二三十年，随着现代科学技术的突飞猛进，对植物学研究增加了许多新的内容和方法，也促使药用植物的开发利用研究达到了更高的水平，从而获得了更多更好的成果。

三、工业原料的生产利用

（一）造纸纤维

植物纤维造纸是我国古代科技的四大发明之一，公元 105 年，东汉的蔡伦就以树皮、麻头等制成了纸浆和纸张。现代，造纸工业已成为国民经济的一个重要组成部分，造纸工业的原料也大大丰富了，尤其是草类原料种类繁多，资源丰富，已得到广泛应用。

植物纤维存在于植物的各部，如根、茎、叶、果实及种子中，其中以茎中的纤维最为重要。在草本植物的韧皮部中有许多韧皮纤维，常成束存在，如大麻、亚麻、苎麻等。在木本植物的树干中，树皮的内层有韧皮纤维，如构树皮、山棉皮等；树干的木质部有木纤维，如杨树、柳树、榆树等。

用于造纸的纤维植物原料较多，主要有以下几类。

1）芨芨草（*Achnatherum splendens*），禾本科芨芨草属多年生牧草。产于黑龙江、吉林、辽宁、内蒙古、河北、陕西、甘肃、宁夏等地。芨芨草秆叶坚韧，长而光滑，是优良的纸浆原料，用于制造高级文化用纸。

2）小叶章（*Deyeuxia angustifolia*），禾本科野青茅属多年生草本植物。产于东北三省。是一种极好的造纸原料，其纤维类似于竹类，比芦苇优良，用小叶章制成的水泥袋纸物理性能很好。大叶章（*Deyeuxia langsdorffii*），与小叶章为同属植物。分布于东北、内蒙古、河北、山西、河南、陕西、甘肃、宁夏、青海等地。茎秆纤维可作高级文化用纸原料。

3）龙须草（*Eulaliopsis binata*），禾本科拟金茅属多年生草本植物。分布于西南、福建、台湾、广东、广西、西北等地。全草柔软，民间常用于制作蓑衣、草鞋、绳索等。龙须草草长无节，纤维素含量高（58%），纤维柔软细长，木质素含量低，韧性，属于上等禾草类纤维植物。龙须草具有易蒸煮，易漂白，成纸强度高等特点，是造凸版纸、胶复写纸、地图纸及打字纸等高级纸张的原料，也可用于生产书写纸、新闻纸、白皮纸、皱纹卫生纸。

4）芒（*Miscanthus sinensis*），禾本科芒属多年生草本植物。广布于我国南北各地，日本也有。芒秆是工业上重要的造纸原料，可制打字纸、印刷纸。另外，也可用于防沙、绿篱、放牧。秆穗可作扫帚，秆皮可编草鞋或编席。

5）罗布麻（*Apocynum venetum*），夹竹桃科罗布麻属多年生宿根草本植物。在我国广泛分布。是较好的造纸原料，适于作牛皮包装纸的原料。

6）狼毒（*Stellera chamaejasme*），瑞香科狼毒属多年生草本植物，是天然草地常见的毒杂草。根茎纤维含量高，可用于造纸。

7）马蔺（*Iris lactea*），鸢尾科鸢尾属多年生草本植物。产于东北、华北、西北、华东。茎叶含纤维50%，秋季割取茎叶，用于造纸。

8）宽叶香蒲（*Typha latifolia*），香蒲科香蒲属多年生草本植物。广布于全国各地。全草为良好的造纸原料，纤维含量35%～60%。

9）蓝花棘豆（*Oxytropis coerulea*），豆科棘豆属多年生草本植物。分布于山西、河北、内蒙古等地。根与茎纤维含量在30%～36%，可作制取纸浆的原料。

（二）植物油脂

油脂是油和脂的总称，油脂是重要的工业原料，也是人们日常生活中不可缺少的物质。油脂植物广泛存在于植物界，一般种子中含油量最高。油脂属于各种脂肪酸甘油酯的混合物，加水分解得到脂肪酸和甘油，用于化妆品工业。用于制取化妆品和肥皂的有椰子油、棕榈油、棉籽油、糠油等。对油脂植物的加工，一般采用压榨法、水代法和浸出法。制出油后，需要经过精制加工去除杂质。

植物油脂在工业上的应用十分广泛，主要用于油漆和涂料、表面活性剂、增塑剂、润滑剂等工业产品的制造。在医药上一些植物油作为药物的溶剂以制成不同剂型。在皮革、油墨、蜡烛、润发油等生产过程中，植物油仍然被广泛应用。

油漆包括清漆和其他保护性涂料，能在物体或器件表面形成干性膜，起到保护作用。用作油漆或涂料的植物油主要是干性油，如桐油、乌桕油、紫苏油、脱水蓖麻油等。由于植物干性油具有柔软、黏合等特点，仍然是许多油漆的主要原料，尚不能完全被石油产品替代。

肥皂是使用历史最久的表面活性剂。阴离子表面活性剂如脂肪醇磺酸盐等是牙膏、洗发香波等日用品不可缺少的发泡原料。它对皮肤刺激小，有高泡沫和良好的去污能力。我国樟科植物的脂肪油含月桂酸较高，可以代替椰子油作为合成脂肪醇磺酸钠的原料。阳离子表面活性剂如脂肪胺的氯化物，工业上大量用作纺织品柔软剂、石油设备的防蚀剂，还可以作为杀菌、杀毒及抗静电之用。非离子表面活性剂如脂肪酸和脂肪醇与环氧乙烷的反应产物，它是近年来发展最快而用量大的产品。广泛用作印染助剂、洗净剂和食品乳化剂。

以植物油为原料生产的增塑剂有各种壬酸酯、月桂酸酯、肉豆蔻酸酯、棕榈酸酯、硬脂酸酯、油酸酯、蓖麻酸酯、癸二酸酯等。油酸可用于医药、食用、日化、润滑等方面。

以植物油脂为基础的润滑剂，占有相当数量，其中以棕榈油、蓖麻油和棉籽油用量较大。

油脂植物资源多种多样，来源广泛。

1）苦瓜（*Momordica charantia*），葫芦科苦瓜属一年生攀缘草本植物。原产于印度，我国南北各地均有栽培。种子脂肪酸中硬脂酸含量 34.9%。

2）牛膝（*Achyranthes bidentata*），苋科牛膝属多年生草本植物。我国各地均产。种子脂肪酸组成中油酸含量 48.7%。

3）续随子（*Euphorbia lathyris*），大戟科大戟属二年生草本植物。原产于欧洲，我国栽培已久。脂肪酸中油酸含量 59.2%～81.3%。种子油有毒，不可食，可用于制造肥皂、软皂及润滑油。

4）胡麻（*Sesamum indicum*），胡麻科胡麻属一年生草本植物。我国各地均有栽培。种子脂肪酸中油酸含量 37.7%～42.7%。种子油具有香味，是高级食用油。

5）稻（*Oryza sativa*），禾本科稻属一年生草本植物。我国各地有栽培。米糠脂肪酸中油酸含量 48.3%～49.7%。

6）油莎草（*Cyperus esculentus* L. var. *sativus*），莎草科莎草属多年生草本植物。原产于地中海地区，我国部分省份有栽培。块茎脂肪酸中油酸含量 64.9%。

7）黑莎草（*Gahnia tristis*），莎草科黑莎草属多年生草本植物。产于福建、广东、广西、湖南。果实脂肪酸中油酸含量 48.5%。

8）黏山药（*Dioscorea hemsleyi*），薯蓣科薯蓣属草质缠绕藤本植物。产于云南、贵州、四川、广西。种子脂肪酸中油酸含量 51%。

9）连翘（*Forsythia suspense*），木樨科连翘属灌木植物。分布于东北、河北、山东、河南、山西、湖北、江苏等地。种子含油 25.2%。可用于制作香皂、化妆品。

10）月见草（*Oenothera biennis*），为柳叶菜科月见草属草本植物。主产于辽宁、吉林、黑龙江等地。月见草种子含油率较高，为 22.6%～30.1%，用于化妆品。主要用于高级营养品。月见草花具有茉莉、橙花、晚香玉、白兰花的香气，含有芳香樟及其衍生物，可制芳香油浸膏，用于调和香精。

其他一些常见的栽培植物如南瓜，种子脂肪酸中油酸含量 40%～50%，向日葵 29.3%～60%，燕麦 49%～59%。

（三）鞣料植物

鞣料植物资源是指体内富含鞣质的一类植物。鞣质，又称单宁，是一种多元酚的衍生物，存在于树皮、木材、果实、根皮、叶中。鞣质的提取物商业上称栲胶，是由多种不同物质组成的复杂混合物，单宁是其主要成分。栲胶用途广泛，主要用作制革工业的鞣皮剂，此外还可用作锅炉除垢防垢剂、泥浆减水剂、污水处理剂、胶黏剂、涂剂、染料、电池电极添加剂、气体脱硫、医药制品及食品保鲜方面。

我国鞣料植物很多，其中用于植物鞣剂生产的草本有拳蓼、地榆、酸模、薯蓣等。随着栲胶工业的发展，对鞣质含量高而且质量好的草本植物越来越重视，并且草本原料具有采收方便、资源再生速度快且产量高的特点。

在采收鞣料植物时，应注意采收的部位和季节，采收部位和季节不同，鞣质含量有很大的差异。植物原料粉碎后，一般采用浸提罐组或连续浸提器，用热水以逆流的方法进行浸提。浸提液经蒸发、净化处理后浓缩成膏状或固体状标准品。

鞣料植物资源丰富，鞣质含量差异较大。

1）拳蓼（*Polygonum bistorta*），蓼科蓼属多年生草本植物，根状茎肥厚。产于吉林、辽宁、内蒙古、河北、山东、山西、河南、江苏、浙江、陕西、新疆等地。根状茎含单宁15%～25%，纯度53.59%，可提取栲胶。含有的淀粉及糖可作酿酒原料，也可入药，有清热解毒、散结消肿之效。同属中另一种叉分蓼（*Polygonum divaricatum*）鞣质含量15%～28.5%。

2）虎杖（*Reynoutria japonica*），又名阴阳莲、活血龙，蓼科蓼属多年生草本植物。我国西北、华中、华南、西南、华东均有。根、茎、叶均含鞣质，叶中含量17%，根25%～28.5%。根茎在提取单宁后可作造纸原料。而且其还是重要的中药材和药物原料，中药中称活血龙，具有活血散淤、消炎止痛、祛风解毒的药效，可主治各种炎症及妇女闭经、便秘等症；外用可治烧烫伤、跌打损伤、痈疮肿毒；全草又可作兽药，主治牛胃膨胀及黄蜂胃等。全草或根茎水煮液可杀虫。

3）皱叶酸模（*Rumex crispus*），蓼科酸模属多年生草本植物，具粗大直根。产于黑龙江、吉林、辽宁、河北、陕西、内蒙古、青海、四川等地。根及叶均含鞣质，可提取栲胶，根含鞣质15.7%～38.8%，叶含鞣质17.3%～36.7%。根中含大黄素、大黄根酸等成分，可入药，俗名土大黄。根可用于酿酒。嫩叶可食用，也可作绿肥。种子可榨油。同属中可提取栲胶的还有巴天酸模（*Rumex patientia*）、酸模（*Rumex acetosa*）等。

4）波叶大黄（*Rheum franzenbachii*），蓼科大黄属多年生草本植物。分布于内蒙古、河北、山西、陕西等地。根含鞣质30%，纯度67%，可提制栲胶。入药有健胃缓泻的功效。

5）地榆（*Sanguisorba officinalis*），根、茎、叶均含鞣质，可提制栲胶，根中鞣质含量11.5%～14.58%，纯度36.7%～51.8%；叶中含量10.1%～16.32%，纯度25.95%～50.03%；果实含量21.67%。此外，根还含有三萜皂苷，茎叶含槲皮素和山萘酚苷-熊果酸等，可供药用。蔷薇科鞣料植物丰富，常见的种类有龙牙草（*Agrimonia pilosa*）、合叶子（*Filipendula palmate*）、水杨梅（*Geum aleppicum*）、鹅绒委陵菜（*Potentilla anserine*）（鞣质含量15.25%）、委陵菜（*Potentilla chinensis*）等。

6）粗根老鹳草（*Geranium dahuricum*），牻牛儿苗科老鹳草属多年生草本植物，具多数肥厚的纺锤状根。分布于东北、内蒙古、河北、甘肃、新疆等地。根、茎、叶均含鞣质，可提取栲胶。同属中的毛蕊老鹳草（*Geranium eriostemon*）、朝鲜老鹳草（*Geranium koreanum*）、鼠掌老鹳草（*Geranium sibiricum*）也可提取栲胶。

7）牻牛儿苗（*Erodium stephanianum*），牻牛儿苗科牻牛儿苗属多年生草本植物。产于东北、华北、西北、西南和长江流域。地上部分鞣质含量14.46%。

8）薯莨（*Dioscorea cirrhosa*），薯蓣科薯蓣属多年生缠绕藤本植物，块根肉质。分布于湖南、湖北、江西、浙江、福建、四川、云南等地。块根含鞣质，可提取栲胶，鞣质含量14%～31%，纯度54%～74%。块根淀粉可作酿酒原料。根可止血、止痢。

9）柳兰（*Epilobium angustifolium*），柳叶菜科柳叶菜属多年生草本植物。产于东北、华北、西北及西南。根含鞣质12.9%，全草含鞣质10.65%。

10）狭叶荨麻（*Urtica angustifolia*），荨麻科荨麻属多年生草本植物。产于山西、河北、内蒙古、辽宁、吉林、黑龙江。茎叶含鞣质14.0%。

11）展枝唐松草（*Thalictrum squarrosum*），毛茛科唐松草属多年生草本植物。产于陕西北部、山西、河北北部、内蒙古东北。叶含鞣质11.51%。

12）土三七（*Sedum aizoon*），景天科景天属多年生肉质草本植物。产于西北、华北至长江流域。根含鞣质9.14%。

13）落新妇（*Astilbe chinensis*），虎耳草科红升麻属多年生草本植物。产于东北至长江中下游。根茎及叶含鞣质 10.42%。虎耳草科鞣料植物还有山荷叶（*Astilboides tabularis*）、羽叶鬼灯擎（*Rodgersia pinnata*）等种。

四、农药原料的生产利用

利用资源植物开发农药是农药发展史中最古老、最原始的途径。中国是使用杀虫植物最早的国家，在 2000 多年前的《周礼》中就有利用莽草杀虫的记载：“剪氏掌除蠹物，以攻萦攻之，以莽草熏之。”近代，1959 年出版的《中国土农药志》记载了分布在 86 个科中的 220 种植物农药。《中国有毒植物志》中记载的 1300 多种植物中有许多种类可作为植物性农药。

植物农药与化学合成农药相比具有许多优点：植物农药容易降解，在自然界中无积累，对植物不产生药害，对环境较为安全，植物性杀虫剂不对天敌产生直接的杀伤作用，对非标靶生物比较安全，对人类直接食用的蔬菜、水果和茶叶等作物非常适合。

目前，由于化学农药在使用中产生残留、抗性及害虫再猖獗，威胁到人类健康，引起人们的高度重视。为了保护生态平衡，以及更好地推行农业可持续发展战略，21 世纪农药发展的一个重要方向将是：研究开发具有毒性低、影响小，在大气、土壤、水体、作物中易于分解，无残留、环境相容性好、活性高、安全性好的绿色生物农药。因此，研究和开发植物农药符合这一历史发展趋势，具有十分重要的现实意义。

植物农药常用剂型有浸剂、煎剂、粉剂和油剂。浸剂可分为冷浸与热浸两种。冷浸是将植物切碎后放入有盖容器内，加入适量的水，在室温下放置 3d，每天振荡数次，用纱布将溶液过滤，将残渣用力压榨，使汁液压出，得到滤液。热浸是将粗药粉放入有盖容器内，加少量的冷水湿润后，静置 15min，加入沸水盖严，静置半小时，过滤即得。

煎剂是将原料切碎称重，按所需浓度加水煮沸 15～20min，放冷，过滤，加水补至原液量。粉剂是将原料切碎晒干，磨成粉。油剂与冷浸法区别在于所用溶剂为煤油。

在生物农药的制备中，常常将多种原料混合，如将白鲜皮、槟榔等中药按配比混合后制备水煮液，再加入制备好的过氧乙酸糖的酯，即得到能防治灰霉病的新型农药。以党参、绞股蓝与无花果叶的混合物为基础，可以制得防止棉花枯萎病、黄萎病的农药。

农药按用途可分为杀虫剂、杀螨剂、杀菌剂、除草剂、植物生长调节剂等，在此介绍杀虫剂、杀菌剂及杀螨剂。

1. 杀虫剂　杀虫植物资源可分为含有毒素的植物和含有昆虫激素的植物两类。

（1）含有毒素的植物　主要有以下几种。

1）水蓼（*Polygonum hydropiper*），又名辣蓼，蓼科蓼属一年生植物。分布于东北、华北、河南、陕西及长江以南地区。叶含甲氧蒽醌，茎叶可防治多种害虫，如蚜虫、地老虎、菜毛虫、菜虫、叶跳虫、金花虫、螟虫、稻花虫、卷叶虫、黄条跳甲等。

2）无叶假木贼（*Anabasis aphylla*），藜科假木贼属多年生半灌木植物。分布于新疆、甘肃，生于干旱的荒漠、山地及沙丘地上。一年生枝含毒藜碱，对昆虫有触杀、胃毒及熏杀作用，可防治蚜虫、菜青虫、棉叶跳虫、蓟马、甘蓝蚜虫、菜蛾、苜蓿盲椿象等。

3）打破碗碗花（*Anemone hupehensis*），毛茛科银莲花属多年生草本。分布于西南等地。全株均可杀虫，可防治棉蚜、稻螟、稻苍虫、红蜘蛛等。毛茛科中可作农药的还有乌头（*Aconitum carmichaeli*）、白头翁毛茛（*Ranunculus japonicus*）、铁线莲（*Clematis chinensis*）等。

4）白屈菜（*Chelidonium majus*），罂粟科白屈菜属植物。分布于华北、东北、山东、四川及新疆等地。全株可杀虫，可用于防治地蚕、蝶类害虫等。罂粟科中可作为农药的还有博落回（*Macleaya cordata*）。

5）锈毛鱼藤（*Derris ferruginea*），蝶形花科鱼藤属攀缘灌木植物。分布于云南、广东、广西等地，我国南方广为栽培，是一种很有效的杀虫剂，有效成分鱼藤酮以根部含量最高，对人畜毒性较低，对昆虫有强烈的触杀和胃毒作用，用于防治蚜虫和多种咀嚼式口器害虫，主要用于果树、蔬菜、烟草、茶树、桑树、棉花等作物。

6）雷公藤（*Tripterygium wilfordii*），卫矛科雷公藤属藤本植物。分布于长江以南各地至西南。全株含雷公藤碱而具有强烈的触杀和胃毒作用，根中有效成分含量最高，用于防治菜青虫、铁甲虫、菜毛虫等。

7）洋金花（*Datura metel*），茄科曼陀罗属植物。原产于印度，江苏、浙江、福建、广东、湖北等地栽培或逸为野生。地上部分具有杀虫作用，尤其是花毒性最强，主要防治对象为蚜虫、玉米螟、稻螟、红蜘蛛等。

8）除虫菊（*Pyrethrum cinerariifolium*），菊科匹菊属多年生草本植物。全国各地均有栽培。含除虫素菊Ⅰ、除虫素菊Ⅱ等有效成分，以花的杀虫效果最好，对昆虫有触杀作用，可防治蔬菜、果树、茶、烟草上的多种害虫。

9）白藓皮（*Dictamnus dasycarpus*），芸香科藓皮属多年生草本植物。产于江苏、安徽、河北、黑龙江、吉林、甘肃、新疆等地。水煮液可防治蚜虫等害虫。

（2）含有昆虫激素的植物　主要有以下几种。

1）露水草（*Cyanotis arachnoidea*），鸭跖草科蓝耳草属多年生草本植物。主要产于云南。蜕皮激素含量可达全草干重的1.2%，根部含量更高，可达干重的2.9%，其中主要成分为昆虫体内活性最强的β-蜕皮激素，是含β-蜕皮激素最高的植物之一。露水草在民间用于治疗关节炎，而且栽培容易，是荒地综合利用的一种有发展前途的经济植物。

2）水竹叶（*Murdannia triquetra*），鸭跖草科水竹叶属植物。产于河南、山东以南各地。含有蜕皮激素。

3）杯苋属（*Cyathula*）、牡荆属（*Vitex*）、野芝麻属（*Lamium*）、飞蓬属（*Erigeron*）植物中均含有蜕皮激素。

4）白三叶（*Trifolium repens*），蝶形花科三叶草属多年生草本植物。原产于欧洲，我国引种作为牧草、绿肥植物。植物体内含有保幼激素。

5）荆芥（*Nepeta cataria*），唇形科荆芥属多年生草本植物。产于西北、西南、华中等地。含有保幼激素。

6）滨菊（*Leucanthemum vulgare*）、飞蓬（*Erigeron*）中均含有保幼激素。

7）碧冬茄（*Petunia hybrida*），茄科碧冬茄属一年生或多年生草本植物。原产于南美，我国栽培。茎叶中含有两种杀棉铃虫幼虫，并使成虫生长发育紊乱的化学物质。

2. 杀菌剂　杀菌剂是指对植物真菌或细菌病害具有防治作用的植物。

1）百部（*Stemona japonica*），百部科百部属多年生攀缘性草本植物。分布于江苏、浙江、安徽、福建、江西、山东、河南等地。水煮液对小麦秆锈病菌的夏孢子发芽有显著抑制效果，粉剂对棉角斑病、棉炭疽病、棉立枯病抑制效果明显，对蚕豆根腐病抑制效果显著。对多种昆虫具有强烈的触杀作用。

2）蕺菜（*Houttuynia cordata*），三白草科蕺菜属多年生草本植物。分布于四川、云南、贵州、湖南、广东、江苏、浙江、安徽、湖北等地，为常见种。水煮液对蚕豆根腐病的防治效果显著，对小麦秆锈病菌的夏孢子发芽抑制效果明显。

3）水蓼（*Polygonum hydropiper*），水煮液对小麦叶锈病、条锈病有一定防治效果，水浸液对轮纹斑病菌孢子、棉炭疽病、小麦秆锈病有一定的抑制作用，抑制叶锈病菌的夏孢子发芽效果显著。

4）大黄（*Rheum officinale*），蓼科大黄属多年生草本植物。分布于四川、湖北、陕西等地，为常见种。水煮液、水浸液对小麦叶锈病的抑制效果明显，对马铃薯晚疫病菌的孢子发芽、小麦秆锈病菌的夏孢子发芽的抑制效果显著。大黄粉剂对棉角斑病、棉立枯病抑制效果显著，对棉炭疽病抑制效果明显。

5）酸模（*Rumex acetosa*），蓼科酸模属多年生草本植物。我国北方常见。水浸液对小麦叶锈病防治效果显著，对条锈病有明显防治效果。抑制马铃薯晚疫病菌的孢子发芽效果显著。同属中另一种植物皱叶酸模（*Rumex crispus*）也有相同用途。

6）商陆（*Phytolacca esculenta*），商陆科商陆属多年生草本植物。分布很广，几遍全国。粉剂抑制棉花角斑病及稻热病的效果显著，对棉炭疽病有明显防治作用。水浸液对小麦秆锈病的防治效果明显。与甘草、连翘等原料制成 MH11-4 可湿性粉剂用于防治烟草花叶病。

7）淫羊藿（*Epimedium sagittatum*），小檗科淫羊藿属多年生常绿草本植物。分布于浙江、安徽、江西、湖北、四川及福建等地。水浸液对小麦秆锈病及叶锈病菌的夏孢子发芽、马铃薯晚疫病菌的孢子发芽、棉花黄枯萎病菌的孢子发芽抑制效果显著。

8）泽漆。水浸液对马铃薯晚疫病的抑制效果显著。对甘薯黑斑病菌的孢子发芽抑制效果显著。

9）大戟（*Euphorbia helioscopia*），大戟科大戟属多年生草本植物。广布于我国东北至广东各地。水煮液、水浸液对小麦秆锈病菌的夏孢子发芽抑制效果显著，水浸液对小麦叶锈病菌的夏孢子发芽、棉花黄萎病菌的孢子发芽、棉花枯萎病菌的孢子发芽抑制效果明显。

10）马鞭草（*Verbena officinalis*），马鞭草科马鞭草属多年生草本植物。分布几遍全国。水浸液对小麦秆锈病菌的夏孢子发芽及小麦叶锈病菌的夏孢子发芽抑制效果显著。

11）益母草（*Leonurus artemisia*），唇形科益母草属草本植物。分布遍及全国。水浸液对小麦秆锈病菌的夏孢子发芽抑制效果显著，对小麦叶锈病菌的孢子发芽抑制效果明显，水浸液对小麦叶锈病、马铃薯晚疫病防治效果明显。

12）白曼陀罗（*Datura metel*），茄科曼陀罗属一年生草本植物。分布于河北、河南、江苏、浙江、福建等地。水浸液对小麦秆锈病菌的夏孢子发芽、小麦叶锈病菌的夏孢子发芽抑制效果显著，对小麦秆锈病、马铃薯晚疫病防治效果明显。

13）黄花蒿（*Artemisia annua*），菊科蒿属一年生草本植物。分布几遍全国。水浸液对马铃薯晚疫病菌的孢子发芽、甘薯黑斑病菌内生孢子的抑制效果显著。水煮液对小麦秆锈病菌的夏孢子发芽抑制效果显著。水浸液还可杀红蜘蛛、蚜虫等。同属中另一种艾蒿（*Artemisia argyi*）可防治红蜘蛛、棉蚜、菜青虫。水浸液对棉炭疽病有抑制效果，对小麦叶锈病、小麦秆锈病及马铃薯晚疫病有一定防治效果。干粉水煮液对小麦秆锈病菌的夏孢子发芽抑制效果显著。

14）天名精（*Carpesium abrotanoides*），菊科天名精属多年生草本植物。水浸液对甘薯黑斑病孢子发芽抑制效果显著，对小麦叶锈病的防治效果显著，对小麦秆锈病的防治效果明显。水浸液对棉花黄萎病及枯萎病菌的孢子发芽抑制效果显著。

15）除虫菊（*Pyrethrum cinerariifolium*）。水浸液对小麦秆锈病菌及叶锈病菌的夏孢子发芽抑制效果显著，对小麦秆锈病防治效果明显。

16）菖蒲（*Acorus calamus*）。水浸液对小麦秆锈病有一定防治效果，对小麦叶锈病防治效果显著，对马铃薯晚疫病防治效果明显。

17）黎芦（*Veratrum nigrum*），百合科黎芦属多年生草本植物。分布于河北、陕西、山西、东北等地。粉剂对棉立枯病的抑制效果显著。还可防治蓟马、蚜虫、菜青虫等。

18）射干（*Belamcanda chinensis*），鸢尾科射干属丛生草本植物。广布于全国。水浸液对小麦秆锈病菌的夏孢子发芽、小麦叶锈病菌的夏孢子发芽抑制效果显著，对小麦秆锈病有一定防治效果，对小麦叶锈病防治效果显著，对马铃薯晚疫病防治效果明显。

19）蛇床（*Cnidium monnieri*），伞形科蛇床属二年生草本植物。分布于山西、内蒙古、东北、河南、河北、江苏等地，较普遍。水浸液对小麦叶锈病菌的夏孢子发芽、甘薯黑斑病菌的孢子发芽抑制效果显著。对棉角斑病抑制效果为75%～100%。

3. 杀螨剂　螨类属于蛛形纲蜱螨亚纲的一类微型节肢动物，如真螨目的瘿螨总科，俗称壁虱。瘿螨引起植物产生虫瘿、毛毡、疱瘿、丛生，还能引起器官变色，属于病原。叶螨类，属于蛛形纲螨亚纲螨目叶螨总科，俗称红蜘蛛，黄蜘蛛。一般在植物的叶片上摄食，直接破坏叶片组织，故名叶螨。红蜘蛛危害很普遍，无论草本还是木本都受其为害。有许多植物可以作为生物杀螨剂。

1）锈毛鱼藤。鱼藤根可直接加工成粉剂，提取物可加工成粉剂、溶液、乳油等剂型，可防治螨。

2）菖蒲（*Acorus calamus*），全株有杀虫作用，可防治红蜘蛛、棉蚜、稻螟虫等。

3）泽漆（*Euphorbia helioscopia*），大戟科大戟属。分布于除新疆、西藏和内蒙古以外的其他各地。茎、叶均有杀虫作用，可防治红蜘蛛、小麦吸菜虫、黏虫、麦蚜虫等。

4）地榆（*Sanguisorba officinalis*），蔷薇科地榆属多年生草本植物。分布于华北、华中至华南各地。鲜地榆根叶水浸液可防治红蜘蛛及棉蚜。

5）齿果酸模（*Rumex dentatus*），蓼科酸模属多年生或一年生草本植物。全国各地均有分布，北部最为常见。水浸液可防治红蜘蛛、棉蚜、菜青虫。

6）百部（*Stemona japonica*）。10倍水浸液对红蜘蛛的杀虫率为94.7%。

7）商陆（*Phytolacca esculenta*）。10倍水浸液对红蜘蛛的杀虫率为66.6%～100%。

8）野菊（*Chrysanthemum indicum*）、苍耳（*Xanthium strumarium*）、半夏（*Pinellia ternata*）均可防治红蜘蛛。其葱或蒜的浸泡液喷洒受害植物可防治螨类。

思考题

1. 简述草产品开发利用对草业发展的作用。
2. 草产品深加工的种类有哪些?
3. 叶蛋白提取工艺要点是什么?
4. 什么是膳食纤维? 膳食纤维与常规粗纤维有什么不同?
5. 简述淀粉植物的种类和用途。
6. 试述药食兼用野生草本植物综合开发利用的价值与前景。
7. 草类造纸纤维的植物资源有哪些?
8. 植物农药可分为几类? 各举出一些代表植物。
9. 鞣料植物资源中主要含有什么成分? 在工业中有什么用途?

第十二章　非饲用草产品加工利用

【内容提要】　非饲用草产品的食用加工；工艺品的加工；工业用原料加工；医药用加工。

【教学目标】　了解非饲用草产品的种类；掌握苜蓿芽菜、苜蓿茶等食用草产品的加工方法；了解工艺用草产品的原料、分类与加工工艺；了解可生产纤维、淀粉、油料、蜂蜜、能源、乳酸、酶制剂等的工业原料用草产品；了解可用作医药用品的天然草原药用植物、有毒有害或基因工程药物等牧草。

第一节　概　　述

牧草是世界上最重要和分布最广泛的植物资源之一，随着人类对草地生态系统功能认识的不断深入，牧草的概念和内涵有了极大的延伸。牧草已不仅仅局限于用作饲草来饲喂家畜，还可用于生态环境治理；而草坪草可用于城市美化等。非饲用草产品的开发利用对牧草概念的延伸和草业生产领域的拓展起到了积极作用。

一、非饲用草产品的种类

非饲用草产品是指除饲用草产品之外的各种草产品的总称。大多数牧草都可以开发用于不同目的的草产品。非饲用草产品按照其加工利用方式的不同，可以分为食用草产品、草制工艺品、工业原料用草产品及医药用草产品等。

（一）食用草产品

食品应满足人们味觉嗜好的需求，特别是随着人民生活水平的提高，人们对食品的要求更加严格，不仅追求营养和保健，更追求饮食的享受。人们希望食品更清新、更爽口、更方便，要求食品具有更好的感官享受。食品的感官评价包括颜色、形状、状态、气味和口味等。

牧草种类繁多，营养价值全面。其中苜蓿的维生素含量全面而丰富，为其他牧草所不可比拟。苜蓿叶片中富含叶黄素、叶绿素、胡萝卜素、维生素 E、B 族维生素等，脂溶性维生素含量丰富，特别是维生素 K 的含量甚高，有凝血作用和抗坏血病的功效，可增强人体的免疫力，可以从苜蓿叶片中提取胡萝卜素和浓缩叶绿素等产品。苜蓿叶蛋白总能为 20.4～23.9kJ/g，胡萝卜素含量为 500～1200mg/kg，叶黄素为 1000～1800mg/kg，碳水化合物为 5%～10%，不饱和脂肪酸为 3%～7%。苜蓿富含大量高品质的完全蛋白质和人体必需的氨基酸、维生素及钙和磷等，动物实验证明其可促进骨骼和体格发育。苜蓿嫩苗可制作苜蓿罐头和脱水蔬菜等，西方国家将苜蓿芽菜作蔬菜食用。苜蓿还可以补充人体对微量元素的需要，可以利用苜蓿叶片通过苜蓿叶蛋白加工产品获得生物活性钙；苜蓿的磷元素对于青少年的智力发育有益；苜蓿中锌元素的含量也很高，可以开发制作富锌芽菜；苜蓿芽中含有较多的硒元素，并可以通过人工加硒的方法，进一步提高硒的含量。至于我国民间，以新鲜苜蓿蔬菜制作各种风味食品的方法和技术，形形色色，不胜枚举。

另一类食品是功能性食品，含有人体需要的营养物质，具有特定的人体功能调节作用。目前已确认的功能活性物质主要包括以下11类。

1）活性多糖，如膳食纤维、抗肿瘤多糖、调节免疫功能的多糖、调节血糖水平的多糖等。

2）功能性甜味料，如功能性单糖、功能性低聚糖及多元糖醇等。

3）功能性油脂，如ω-3多不饱和脂肪酸、必需脂肪酸、复合脂质等。

4）氨基酸、肽与蛋白质，如牛磺酸、酪蛋白磷肽、高F值低聚肽（一类由3～7个氨基酸组成的，其支链氨基酸含量高于芳香族氨基酸含量的低聚肽）、乳铁蛋白、金属硫蛋白及免疫球蛋白等。

5）维生素，如维生素A、维生素D、维生素E、维生素C及B族维生素等。

6）矿质元素，包括常量矿质元素与向量活性元素等。

7）微生态调节剂，主要是乳酸菌类，尤其是双歧杆菌。

8）自由基清除剂，包括酶类与非酶类清除剂。

9）醇、酮、酚与酸类，如黄酮类化合物、廿八醇、谷维素、茶多酚、L-肉碱及潘氨酸等。

10）低能量或无能量基料，包括油脂替代品与强力甜味剂等。

11）其他基料，如褪黑素、皂苷、叶绿素等。

激素主要调节人和动物的生长发育、生殖、代谢，维持体内环境的统一并适应外界环境的变化。天然植物中也存在许多对人和动物机体具有激素相似调节或优于激素作用的物质。人工合成或半合成激素类生长促进剂一度在畜牧业上广泛应用，但因残留而对人体健康有不利影响，目前在许多国家已被禁止或限制使用。

根据来源可以将激素类物质分为从动植物体组织和微生物中提取的天然激素类物质和人工合成或半合成的激素和类激素化合物。根据激素类物质的化学结构和功能可以分为四大类，即类固醇（肾上腺皮质素、性激素等）；氨基酸衍生物（甲状腺素、肾上腺髓质素、松果体激素等）；肽与蛋白质（丘脑下部激素、垂体激素、甲状旁腺素、胃肠激素等）；脂肪酸衍生物（前列腺素等）。在天然牧草中对动物生长发育和生殖有显著影响的激素类物质主要是性激素类、甲状腺素类、生长激素和肾上腺素类似物等。植物中所含性激素主要为异黄酮衍生物、香豆素和萜烯等植物雌激素，这些植物雌激素在植物体内多以糖苷形式存在。草木樨、三叶草等豆科牧草及猫尾草、黑麦草、鸭茅等禾本科牧草中含有大量的植物雌激素。天然植物中存在的许多物质对动物机体具有与激素相似的调节作用，这类物质可以称为激素样物质。有时，植物中的激素样物质对动物的作用要优于激素的作用，这主要是由于天然植物中化学物质的多样性和它们的复合作用。

（二）工业原料用草产品

用于工业原料的草产品分散于我国不同工业门类。按照我国工业部门的划分，可以将工业原料用草产品按我国传统工业部门的划分进行分类，包括食品工业添加物及原料、造纸工业原料、染料工业原料、化妆品工业原料、生物能源和其他工业原料等。

（三）医药用草产品

据统计，我国草原上的野生药用植物有200种以上，药用植物资源十分丰富。而目前，已鉴定并确认的有毒植物约132科1383种，常见的引起家畜中毒的有毒植物约300种。对这些“弃之为废，用之为宝”的天然草原上药用植物及有毒有害植物进行加工利用，充分开发其利用潜力，将会给社会带来巨大的财富。此外，采用转基因等新技术从草地植物中提取基因工程药物及利用草地植物资源开发生物农药是一个新的思路和研究方向，也是一笔潜力巨大的社会财富。

（四）草制工艺品

草制工艺品主要是手工艺编织品，包括茶垫、坐垫、门踏垫、草编储物箱、日用家居工艺品等，草柳竹藤编织品是国内外市场的畅销产品。在农村，编织用的原料充足，玉米皮、白柳条、稻草、蒲草、藤条、竹条等均可编织成各种坐垫、靠垫、纸篓、茶垫、地毯、小篮、蒲包等工艺品和日用品。

干燥花是将植物材料经过脱水、保色和定型处理而具有持久观赏性的植物制品。它着力体现花卉的自然风貌和韵味，具有独特的魅力。干燥花并不纯粹是指干燥后的植物花朵，而是泛指用植物材料，如花、叶、茎、果实、种子和根等器官，以化学或物理方法进行干燥、保色和定型处理而得到的花材。为增强干燥花的装饰效果，在加工过程中还经常运用漂白和染色等技术手段。干燥花都是由植物材料加工制作而成，不仅具有植物的自然风韵，而且保持了植物固有的色彩和形态，如深波叶补血草、麦秆菊、千日红（*Gomphrena globosa* L.）、美女樱、三色堇、飞燕草［*Consolida ajacis*（L.）Schur.］等；也有一些干燥花，尽管无法体现植物原有的艳丽色彩，但仍能显现出其质朴的色泽和自然形态，如月季、紫罗兰（*Matthiola incana* R. Br.）、小苍兰（*Freesia refracta* Klatt.）等。即使是那些经漂白、染色处理的干燥花及创作花，也保留了植物的自然形态。

二、发展概况与前景

我国经济植物资源丰富，目前，这些资源除少部分已开采过度，破坏严重外，大部分尚未开发利用，仍处于自生自灭状态，如能做到生态效益、牧用效益和开发利用三结合，必将产生更大的生态、经济和社会效益。因此，从实际出发，合理开发利用草原经济植物资源，发展各具特色的商品经济，是经济建设中不可忽视的重要课题。

非饲用牧草的利用有着悠久的历史。早在公元前1000年，阿拉伯人就发现饲喂苜蓿的马匹长得很健壮，跑得也很轻快，他们最终认定是这种草起的作用，将这种草命名为Alfalfa。苜蓿的英文Alfalfa来源于两个阿拉伯单词Allah和Falf，意思是食品之父。目前，国内外关于食用草产品的研究与应用，均有不同程度的发展，并取得了一定的成果。

矿物质和维生素是人和动物正常健康生长所必需的物质。人和动物缺乏矿物质和维生素的原因，除了矿物质和维生素在体内的吸收受阻，破坏分解增强及特殊生理需要量增高外，主要是因为人和动物所摄食的矿物质和维生素的含量不足或效价不高。因此，适当补充矿物质和维生素非常重要。许多牧草矿物质和维生素含量丰富，是很好的矿物质和维生素的重要来源。随着对矿物质和维生素及其衍生物应用范围的开拓，天然矿物质和维生素类产品成为一类有良好市场前景的产品。同时，各类维生素在食品、饲料、化妆品等工业上的广泛应用已占维生素产量的30%～85%。1991年国际维生素总销售额35～45亿美元，其中美国市场占一半以上，约25亿美元。据估计，世界维生素和含维生素营养品的年增长率6%～7%。豆科牧草品质优良、富含蛋白质，紫花苜蓿粗蛋白含量一般在20%以上，各种氨基酸含量较为平衡，还含有人和动物所需的多种维生素、矿质元素和微量元素，可以开发作为人们的蛋白质补充食品和风味食品。功能性食品的出现，标志着作为食品中的关键组分开始从重点要求大量的传统营养素开始转向重点要求微量的功能性基料，现代食品工程高新技术的应用，将推动传统食品工业向高新产品产业转化，高新技术的应用使草产品深加工展现出十分诱人的前景。

20 世纪 80 年代以来，美国、英国、澳大利亚、俄罗斯等国家十分重视从栽培牧草中提取蛋白质、纤维素、叶绿素、不饱和脂肪酸、β-胡萝卜素等有效物质的技术研究和产品开发，对苜蓿等进行多层次加工和综合利用，已工厂化生产出叶蛋白、纤维素等，并以此为基料，用于饲料业、食品业和医药业中，取得了较高的经济效益。据估算，苜蓿直接用作饲料，利用率只有 20%～30%；若用于深加工，利用率可达 65%～80%，相当于每加工 1 万 t 鲜苜蓿，可生产叶蛋白 300t，膳食纤维 240t，干草饼 2000t，苜蓿绿素油 0.3t，总价值近 900 万元，是原料售价的 7 倍。欧盟利用特殊的榨汁、逐级提纯和分离技术设备，1t 鲜苜蓿提取 3kg 以上的高品质蛋白质，按当地价格计算，售价高出原料价格 6 倍以上。澳大利亚西部某生物工程公司从苜蓿中萃提的 β-胡萝卜素价格为 900～1000 美元 /kg，叶绿素为 300～500 美元 /kg。在我国农业部主办的草产业博览会上，国外叶蛋白、膳食纤维胶囊等苜蓿产品引起了参观者的极大关注。

目前我国的草产品，以草捆、草块、草颗粒、草粉等初级产品为主，技术含量低。以苜蓿为例，我国目前苜蓿种植面积约为 133 万 hm^2，产加销一体化程度低，还没有形成市场竞争力强的品牌产品，也无精加工产品，急待使资源优势变为商品优势。牧草深加工技术涉及当代的高新技术，其发展前景难以估量。据专家测算，目前我国蛋白质饲料年缺口在 2000 万 t 以上，叶蛋白技术的开发对于解决我国人、畜所需蛋白质的短缺问题十分重要。牧草天然色素提取、膳食纤维素加工及牧草保健品开发都直接关系到食品卫生和人们的身心健康，并将为新世纪企业家开辟经济发展的新途径。

第二节　食 用 加 工

随着人们对健康、天然、绿色食品需求的不断增加，许多含有高营养价值的优质牧草越来越受到重视，并被广泛应用于食品中。用于食用草产品中的营养素主要包括维生素、矿物质和蛋白质等。

一、牧草用作食用的营养价值

维生素（vitamin）是维持人和动物机体正常生命活动不可缺少的一大类小分子有机化合物，它对人体生理机能和动物生产性能有着极其重要的作用。维生素种类很多，目前已知的有 20 多种，其中 10 余种与人体健康和发育有关。有些维生素是辅酶或辅酶的一部分。通常按溶解性把维生素分为脂溶性和水溶性两大类。随着对维生素及其衍生物应用范围的开拓，维生素类产品将成为一类有良好市场前景的产品。据报道，除应用维生素防病治病、康复保健外，发达国家在食品、饲料、化妆品等工业上的广泛应用已占维生素产量的 30%～85%。机体对维生素的需要量很小，但由于体内不能合成这类化合物，或合成的量不能满足机体的需要，因此必须从食物中摄取。大多数维生素必须在植物体内合成，所以植物是动物获得维生素的主要来源。

植物中的矿物质含量变化幅度较大，各组织中的分布也并不均一。总的来说，植物中矿物质的共同特点是含钾和镁丰富，其中豆科牧草矿物质含量最为丰富。豆科籽实是钾、磷等矿物质的优质来源，铁、镁、锌、锰等矿物质含量也很高。谷类作物中磷比较丰富，镁和锰的含量也较高，但钙的含量不高。与钾含量相比，植物中钠的含量很低。尽管植物果实中矿物质的含量似乎不高，但其组织含水量一般在 80%～95%，若以干物质计，它们的矿物质含量仍是非常高的，因此植物食品是膳食中矿物质的主要来源之一。

常量矿质元素，是指在体内含量较多的钙、磷、镁、钠、钾、氯和硫等 7 种元素，占机体总灰分的 60%～80%。这些常量元素往往成对出现，在机体中发挥着极为重要的生理功能，诸如骨组织的形成、神经冲动的传导、肌肉收缩的调节、酶的激活、体液的平衡和渗透压的维持等多种生理、生化过程都离不开常量矿质元素的参与和调节。机体在新陈代谢过程中要消耗一定的常量矿质元素，必须及时给予补充，尽管这些矿质元素广泛存在于食物中，一般不易造成缺乏，但在某些特定环境或针对某些特殊人群，额外补充相应的常量矿质元素具有重要的现实意义。

现已有 15 种微量元素被认为是机体所必需的，它们包括铁、锌、铜、锰、钴、钼、硒、铬、碘、氟、锡、硅、钒、镍和锡。必需微量元素虽然在体内含量甚微，但它们往往在生命过程中对生理、生化作用具有重要意义。它们参与了机体 50%～70% 酶的组分，构成体内重要的载体和电子传递系统，参与某些激素和维生素的合成。微量元素显然与某些原因不明的疾病（如肿瘤和地方病）相关。

由于植物中富含有机酸，矿物质多以有机酸盐的形式存在。大豆中的磷多以植酸的形式存在，它常与钙、镁等相结合，干扰它们的吸收利用，因而生物利用率低于动物性食品。然而，谷物经发酵之后，植酸被植酸酶所水解，使矿物质的生物有效性提高。在谷类植物中，矿物质主要存在于籽粒的外层如麸皮和谷糠中，胚乳部分含量较低。例如，全麦面粉的矿物质含量可达 1.5%，而胚乳部分仅占 0.3%。谷类植物中的铁、镁等元素的生物有效性较低，其中铁以三价铁复合物存在，必须经还原成为亚铁离子后才能被人和动物吸收利用。

蛋白质是生命的重要物质基础，人体所需要的蛋白质只能从食物蛋白质中转化而来，蛋白质是衡量食品营养水平的主要标志。全世界能提供蛋白质的食品，植物蛋白占蛋白质总产量的 70% 以上，而动物蛋白不足 30%。在植物蛋白中，除谷类种子外，油料种子包含的蛋白质所占比例最大，约占 13%。实践证明，用同样面积的土地生产出来的植物蛋白与动物蛋白相比更经济合算。例如，1hm^2 土地用于种草喂牛，从牛肉中可以得到 26kg 蛋白质，而种植小麦可得 82kg 蛋白质，种植大豆可以得到 227kg 蛋白质。因此，开发植物蛋白资源，特别是对于发展中国家，具有非常重要的经济意义。

人们对优质牧草在食品中的应用做了大量探索，发现其有采收期长、营养丰富、纤维含量适中、蛋白质及氨基酸等含量高、植酸及其他抗营养因子少、适口性好等优点。可以直接将其幼嫩的叶、茎或花等可食部分经过清洗简单处理后加工在挂面、酸奶中，或者做成芽菜、袋装菜等食品。苜蓿等优质豆科牧草作为蔬菜食用的历史非常悠久，在《本草纲目》中就有其作为菜部的记载，其营养丰富，是一种高蛋白植物，富含各种氨基酸及胡萝卜素等。矿质元素全面而丰富，如苜蓿富含铁元素，常食能改善人群铁营养状况；富含钙元素和磷元素，可促进骨骼和体格发育，该现象已在动物实验中得到了证明；锌元素含量也很高，苜蓿芽中还含有较多的硒元素。苜蓿中维生素种类全面且含量丰富，如维生素 A、维生素 D、维生素 K，特别是维生素 K 含量较高，有凝血作用和抗坏血病的功效（表 12-1，表 12-2）。

表 12-1　苜蓿主要营养成分

营养成分	鲜草	干草	营养成分	鲜草	干草
蛋白质 /%	19.300	17.300	碘 /（mg/kg）	—	121.250
脂肪 /%	3.000	2.100	视黄醇（维生素 A_1）/（mg/kg）	198.850	61.070
总糖 /%	5.000	3.000	维生素 D/（IU/kg）	160.930	1289.680
纤维素 /%	23.200	—	维生素 E/（mg/kg）	596.560	156.970
半纤维素 /%	8.600	—	硫胺素（维生素 B_1）/（mg/kg）	6.390	3.530
钙 /%	1.720	1.640	核黄素（维生素 B_2）/（mg/kg）	16.090	14.770
铁 /%	0.033	0.240	烟酸（维生素 PP）/（mg/kg）	44.310	40.120
锌 /（mg/kg）	17.630	16.980			

表 12-2　鸡蛋与苜蓿中必需氨基酸含量的比较　　（单位：g/100g 蛋白）

必需氨基酸	鸡蛋	苜蓿	必需氨基酸	鸡蛋	苜蓿
精氨酸	6.700	4.600	苏氨酸	5.000	5.200
组氨酸	2.400	2.300	色氨酸	1.600	1.200
异亮氨酸	6.900	5.200	缬氨酸	7.400	4.600
亮氨酸	9.400	7.500	甲硫氨酸	3.300	1.200
赖氨酸	6.000	6.400	半胱氨酸	2.300	2.300
苯丙氨酸	5.800	4.600	酪氨酸	4.100	2.900

二、天然草原食用植物

草原上的食用植物非常丰富，初步统计仅内蒙古草原就有 100 余种，年产量 1000 万 kg，总产值可达上亿元。

素有“人参果”之称的蕨麻是一种在草原上普遍生长的多年生草本植物，它的块根可作食品。蕨麻在春季 4 月可以收挖一个月，此时块根细长瘦小，质松，淀粉不多，称线头蕨麻。秋季收挖要比春季长一个多月，块根圆形肥大，颗粒饱满，称僵蚕蕨麻。蕨麻味香甜，富有营养，含糖 63%，蛋白质 15%，脂肪 1.1%，以及钙、铁等，多用作八宝饭、糕点和煮粥的配料。人们很爱吃，尤以维吾尔族和藏族人民最喜食用，已成为他们欢度佳节不可缺少的副食品，由此蕨麻名传四方。

蒿籽又叫籽蒿或白沙蒿，一般株高 1m 左右，具有非常发达的根系和耐干旱、风沙、瘠薄等优点。8 月开花，10 月结果，密密的种子缀满全身，异香扑鼻。其种子加工后可制作植物型食品添加剂，提取的蒿籽胶可广泛用于食品保鲜、水产养殖、石油开发等领域。有关专家指出，对蒿籽的开发利用不仅能使食品添加剂工业尽快摆脱化学性公害，而且可以促进沙漠治理。蒿籽在我国东北及西北沙漠地带均有分布，其蕴藏量为 15 亿 kg 以上，如以 10% 的采集量计算，加工后可创造 4 亿～7 亿元的产值，产品应用后的“二次效益”更是无法估算。

蒙古族食用草原经济植物更是源远流长，他们直接利用做风味菜肴的首推植物为蒙古韭和沙芥。前者用来做馅，更多的是腌渍食用；后者人称“沙生萝卜”，蒙古族早有腌渍食用的传统习惯，现已成为草原旅游区别具一格的特产风味。

三、人工食用草产品

人工食用草产品目前主要是指以紫花苜蓿为原料来生产的草产品。食用草产品的种类很多，如苜蓿芽菜、苜蓿茶、苜蓿营养挂面、苜蓿酸奶、叶蛋白、膳食纤维等。

（一）苜蓿芽菜的生产加工

从医学和营养学的角度来看，用植物种子生产芽菜的历史十分悠久。早在5000多年前，中国的医学家就已经了解了芽菜，并且用来治疗很多身体不适。西方早在《圣经》中就出现了对芽菜的描述，但全面认识芽菜的营养价值则是近几个世纪。

17世纪中叶以前，英国船员在2～3年的航海过程中有许多人被坏血病（缺乏维生素C）夺去了性命。1772～1775年，船长詹姆士·库克让船员吃富含维生素C的莱檬、柠檬及各种各样的芽菜，再加上其他的新鲜蔬菜，彻底解决了困扰水手的这一难题。1940年，英军对可以制作芽菜的植物种子进行了一次大调查，将可以食用的带入战场。第一次世界大战期间，英军在修筑战壕时，按照军队的需要留出了发豆芽所需的地方，以预防坏血病。

第二次世界大战期间，美国康奈尔大学营养学教授Clive M. McKay撰写的一篇短文激发了许多人对芽菜的兴趣。短文的开头颇为生动：“一种神奇的蔬菜！它可以生长在任何气候下，其营养价值可以与牛肉相媲美，维生素C的含量和土豆不相上下，且一年四季皆可种植，三五天便可收获，不需要土壤和阳光，生产过程中没有浪费，烹调方便快捷而且耗油少。”目前，美国国家癌症研究所和美国国家健康研究所推荐每天所需的5种蔬菜和水果中就包括芽菜。

1. 苜蓿芽菜的营养价值　苜蓿芽菜是苜蓿种子发芽后产生的。苜蓿芽菜的生产需要3～7d，在芽长到2.6～3.8cm时即可食用。1kg苜蓿种子可以生产10～14倍的苜蓿芽菜，苜蓿芽菜的营养价值见表12-3。

表12-3　每100g苜蓿芽菜养分含量

项目	维生素A（RE）	维生素C/mg	维生素B_1/mg	维生素B_2/mg	维生素PP/mg	维生素B_6/mg	叶酸/mg	热量/kJ	蛋白质/g
养分含量	16.000	8.200	0.076	0.126	0.481	0.034	36.000	121.000	3.990
占每日推荐摄取量/%	21.000	27.300	6.000	7.000	2.000	2.000	18.000	1.000	6.000

1）富含大量高品质的完全蛋白质和所有人体必需的氨基酸及平衡的维生素，如维生素C、维生素B_1、维生素B_2、维生素B_3、维生素B_6、维生素B_{12}、维生素D、维生素E、维生素F、维生素K。其中，维生素A的含量很高，比苜蓿种子高出5倍多，维生素A对于光泽的皮肤和健康的头发必不可少。维生素K的含量也很高（其他植物中很稀少），维生素K可以防止出血和预防高血压。苜蓿种子生成苜蓿芽后，其维生素C和酶的含量比种子提高40倍以上，酶在体内有助于消化，而且有助于增强机体活力。苜蓿芽的粗蛋白含量高达

3.99%。

2）富含矿质元素，包括钙、铁、钾、锌和其他微量元素。

3）低热量、低脂肪和低盐食品。

4）含有丰富的膳食纤维，可促进消化道蠕动，维护正常消化功能。

5）富含胡萝卜素、叶绿素、叶酸和植物激素。

2. 促健康因子　除了含有丰富的营养物质之外，苜蓿芽还具有很多促健康因子。

（1）含有丰富的抗氧化因子　各种蔬菜的抗氧化能力有所不同，以鲜重为基础，以过氧化氢基为对照，大蒜的抗氧化能力最高，为19.4；羽衣甘蓝为17.7，菠菜为12.6；球芽甘蓝、苜蓿芽、椰菜、甜菜、红柿子椒、洋葱、玉米和茄子为3.9～9.8；花椰菜、土豆、红薯、卷心菜、散叶莴苣、青豆、胡萝卜、南瓜、卷心莴苣、芹菜和黄瓜为0.5～3.8。

（2）含丰富的刀豆氨酸　刀豆氨酸是苜蓿芽中的一种氨基酸类似物，可以抑制胰腺癌、结肠癌和白血病的发生。

（3）含丰富的植物雌激素　所含植物雌激素的作用类似于人类的雌激素（如异黄酮），但没有任何副作用，可以促进骨组织的形成和增加骨密度，防止骨质疏松症，而且在预防癌症和心脏病方面有很大的作用，还有助于控制更年期的潮热、月经前的不适症状和乳房的纤维囊病。

（4）含食物源皂角苷　皂角苷可以降低胆固醇和有害的低密度脂蛋白的含量。皂角苷还可以刺激免疫系统提高T淋巴细胞和干扰素的活力。苜蓿芽的皂角苷含量比种子高4.5倍。苜蓿芽也含有大量抗氧化剂，阻止DNA遭到破坏。

（5）是一种天然的利尿剂　苜蓿芽对于治疗泌尿系统感染和前列腺紊乱很有疗效。苜蓿芽可以分解体内毒素，尤其是肝脏内的毒素。苜蓿芽中有的还包括抗菌因子，有的还具有促进脑下垂体腺分泌的功能。

值得一提的是，从营养学的角度来看，苜蓿芽所含的营养成分种类多却不充足，它不是糖类、蛋白质与维生素的充分来源。例如，每100g的苜蓿芽，其所含的维生素A仅占每日建议摄取量的2%，换句话说，如果要从苜蓿芽中摄取足够的维生素A，每天要吃5kg的苜蓿芽。另外，每百克苜蓿芽所含的维生素C，也仅占每日建议摄取量的27.3%。

此外，必须注意的是，并非所有的人都适合吃苜蓿芽。苜蓿芽中的刀豆胺酸会使人类产生自体免疫性的疾病，所以患有红斑狼疮的病患应避免食用苜蓿芽，以免病情恶化。

3. 芽菜的生产工艺　苜蓿芽菜的加工工艺如下（图12-1）。

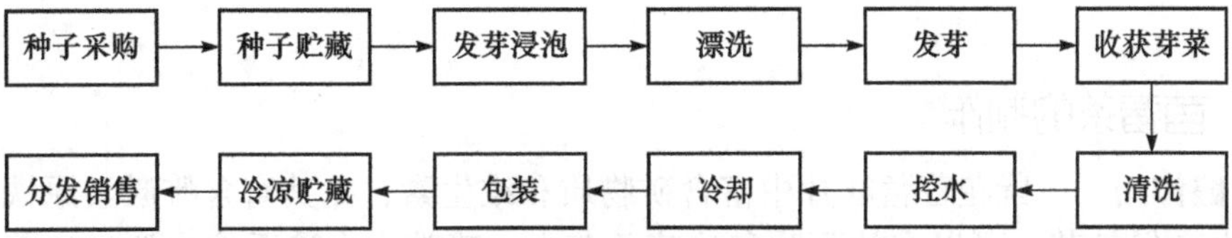

图12-1　苜蓿芽菜加工工艺

（1）种子采购　采购的种子通常是袋装的，并且包装袋上包含了厂商名称、地址、生产批号、种子类型和产地等。采购的种子除了常规的发芽率、休眠和硬实的分析外，用于制作芽菜的种子最好有病原体方面的检测。

（2）种子贮藏　种子贮藏过程中要注意防鼠虫和鸟。开口的袋要注意防止污染。

（3）发芽浸泡　浸泡可以使种子膨胀和表皮变软以利于发芽。在此过程中可以加入次氯酸盐溶液、氯、过氧化氢或乙醇进行种子消毒，还可以通过加热来消灭一些微生物。美国食品药品监督管理局要求生产商用2%的$Ca(ClO)_2$溶液进行种子灭菌。如果不进行消毒则需浸泡12h，有消毒水的时间则可以短一些。然而，消毒水的浓度和浸泡时间却没有固定的比例。一般来说，消毒水浓度为25～5000mg/kg时，相应的浸泡时间为5～120min。

（4）漂洗　漂洗可以去掉浸泡所产生的残余物。根据发芽浸泡的情况采取或不采取杀菌措施：①消毒水浸泡，清水漂洗；②清水浸泡，消毒水漂洗；③浸泡和漂洗都用消毒水进行。

（5）发芽　不同植物种子的芽菜生产方式和设备有所不同，在生产过程中一般不再添加营养素和添加剂。芽菜的生产一般采用水培的方式。水培有两种方式，一是旋转的圆桶，通常有充足的光照，另一种是固定的容器（发芽箱、发芽床或发芽桶等），受人工气候调节或没有光照。

苜蓿芽菜的生产一般采用可以转动的圆桶。圆桶通常用硬塑料制成，直径和高度都大约为1.5m。圆桶侧向一边，筒底用链条与地面连接以便转动，防止芽菜挤堆，圆桶内通常用相同的塑料四等分。每个圆桶可以容纳29～45kg种子，45kg种子可以产生5倍的芽菜。种子放入圆桶后，盖上桶盖后旋转，间歇地往种子上喷水。例如，每隔10～15min喷施10s。水温可以采用室温或加热到24℃。喷水的目的主要是：①防止发芽过程中过热；②去除发芽过程中的副产品，如乙烯气体；③给芽菜补充水分。生产过程中还要往圆桶中鼓入空气。有些生产商在生产过程中已经实现了旋转速度、水温和通风的自动控制。

苜蓿芽菜的生产需要3～7d，生长到2.6～3.8cm时即可收获。发芽结束后，用清水冲洗掉多余的种皮。然后用离心机甩干1min或烘干2min，冷却和控干后进行包装。

（6）包装　芽菜收获和清洗后，进行大宗包装或零售包装。包装类型有：①塑料袋（有孔或无孔）；②留有部分呼吸膜的玻璃纸；③刚性塑料杯或顶层覆膜的盒状容器；④蛤蜊状容器，以便一部分种子继续发芽。

包装一般在原产地进行，但大宗商品可以运到目的地后进行分装。

（7）冷凉贮藏　包装好的产品可以不经冷却直接送到零售商手里或进行冷藏。一般来说，冷藏的时间可以是1h，但最好不超过5d。冷藏温度一般是1～4.7℃。

（8）分发　在分发过程中，要根据路途远近、耗时长短和气温高低来考虑运输工具的选用，如货车、小汽车或冷藏车等。在分发之前，有条件的最好对大肠杆菌和沙门氏菌进行分析。

（二）苜蓿茶的制作

1. 保健作用　紫花苜蓿叶片中富含矿物质和维生素，尤其富含雌激素原铁和维生素K，用来生产保健茶，可以有效预防和治疗关节炎、哮喘、血液系统失调、疲劳、消化不良、高胆固醇和糖尿病等。

2. 生产工艺　苜蓿经过切碎、蒸热、空冷、高温干燥、低温干燥、再次切碎、搅拌和烘焙等处理工序，可生产类似绿茶的保健茶。下面简单介绍苜蓿保健茶的制作要点。

1）从根部割取株高30～40cm的苜蓿。根、茎均可利用。

2）用切割机切成1cm长的原料。

3）将切碎原料用120℃的蒸汽加热约5s。蒸汽加热作用有杀菌、灭活氧化酶，并使植物变茶色的物质叶黄素失去作用。

4）将蒸热处理后的原料用空气冷却至常温。以防损失维生素。

5）将冷却后的原料放入粗揉机，用90～95℃的干燥空气高温干燥35～40min。在干燥的同时进行揉和。通过粗揉处理可去掉80%的水分。

6）将粗揉处理后的原料放入干燥机中，用37～40℃的低温干燥空气干燥约8h，然后用粗碎机进一步切碎，使之颗粒化。干燥后的苜蓿尚有青草味。

7）将茶叶化的苜蓿放入厚不锈钢制的加热锅中，烘焙10min使苜蓿的温度达到50℃。通过烘焙处理可除掉苜蓿中的青草味，产生近似绿茶的香味。这阶段的制品可作为茶叶饮用。为百分之百地利用苜蓿中的营养成分，应先用粗碎机将干燥制品粗碎至8.46mm以下，然后用冲击式粉碎机将粗碎原料粉碎成约0.295mm的粉末。将苜蓿粉末装入小袋，作为速溶苜蓿茶。

（三）苜蓿营养挂面的制作工艺

苜蓿加入面粉中制成的苜蓿挂面，可提高面条中蛋白质和膳食纤维的含量，提高挂面的营养价值；此外，苜蓿挂面鲜艳的绿色还给人一种很强的食欲感。

1. 工艺流程　苜蓿叶片→预处理→热烫护色→捣碎打浆→包埋处理→和面→熟化→压延→悬挂晾干→切断→成品。

2. 操作要点　新鲜苜蓿经处理后，加入100℃的含0.015%乙酸锌和0.3%碳酸钠混合液中，烫漂3min，加工成浆糊状，用5%环糊精包埋2d，按15%的比例加入面粉中，并加2%的活性面筋粉、2%食盐、0.2%海藻酸钠改善挂面品质，可制得营养丰富的绿色挂面制品，食之可增强人体免疫力。苜蓿挂面具有广阔的市场前景。

（四）苜蓿酸奶的制作工艺

以鲜乳和紫花苜蓿为原料生产紫花苜蓿酸奶，不仅增强了酸奶的营养保健作用，还增加了酸奶的风味。

1. 工艺流程　紫花苜蓿→清洗→热烫→打浆→压榨→鲜乳预热、混合→均质→杀菌→冷却→接种→发酵→后熟→检验→成品。

2. 操作要点

（1）紫花苜蓿汁的制备　紫花苜蓿种子于28℃催芽，然后定植在备好的易拉罐中，置光照为7000～8000lx、昼夜温度24/16℃、日照达16h的光照栽培室中。培养35d收获（经测定，此时粗蛋白含量为24.07%），从第一片子叶叶根剪断，取其上部，洗净投入20倍体积沸水中煮3min，以钝化紫花苜蓿中的过氧化物酶和多酚氧化酶。85℃保持于100mg/kg葡萄糖酸锌溶液中5min，打浆、压榨过滤，得可溶性固形物为1.5%～2.0%的紫花苜蓿汁。将残渣加入10倍体积的水，60～70℃热水中浸提10min。在提取汁液中加入果胶酶和复合纤维素酶，快速搅拌，40～45℃下酶解2h，后用硅藻土过滤，得清亮透明的紫花苜蓿汁。

（2）乳化稳定剂制备　0.15%单甘酯、0.10%卡拉胶与5倍的白砂糖充分混合，后用温水溶化。

（3）鲜乳和白砂糖混合　过滤和净化的鲜乳加热至60～70℃时，加入剩余白砂糖，充分搅拌溶化，再将紫花苜蓿加入牛乳中，搅拌均匀。

（4）均质　为 55℃，压力为 20MPa。
（5）杀菌　85℃杀菌 15min。
（6）冷却　杀菌后的紫花苜蓿汁及牛乳混合液冷却至 42℃。
（7）接种　由等量的保加利亚乳杆菌、乳酸链球菌制成的发酵剂，接种量为 4%。
（8）发酵　灌入经杀菌的酸奶容器中，在 42℃下发酵 4h，待酸奶充分凝结后取出。
（9）后熟　发酵后酸奶立即移入 0～5℃冷藏，继续发酵 12h 即得成品。

（五）提取乳酸

乳酸通常用作食品添加剂来提高风味和延长食品寿命，使用酶处理可以从豆科植物中提取乳酸。目前，制作乳酸的原料主要是玉米。美国某奶牛研究中心的科学家 Koegel 设计了一种提取乳酸的方法。具体做法是先将苜蓿纤维在压力为 $10kg/cm^2$ 的热水中预处理 2min，然后加入水解酶和乳酸杆菌，就可以得到高达全部产量 60% 的乳酸。这种方法虽然已经成功从苜蓿中提取出乳酸，但还有待降低成本和提高产量。美国市场每年大约需要 5 万 t 乳酸，其中有一半靠进口。随着苜蓿提取出乳酸技术的成熟，这一市场在以后会逐步增大。

（六）食用叶蛋白

食用叶蛋白是将苜蓿茎叶粉碎、压榨、凝固、析出和干燥而形成的蛋白质浓缩物。每千克鲜苜蓿，可提取叶蛋白产品 30g，产品中蛋白质含量在 50% 以上。叶蛋白中共含有 18 种氨基酸，包括 8 种人体必需氨基酸，且组成比例均衡，可以弥补谷类食品在这方面的不足。叶蛋白作为食用蛋白质，其中蛋白质含量高达 57.8%（干基 62.9%），膳食纤维 12.7%（干基 13.8%），水分、脂肪、灰分和可利用碳水化合物含量分别为 7.9%、6.8%、5.4% 和 9.6%。其作为食品，每 100g 可以提供 1.7MJ 热量、蛋白质 60g、钙 800mg、铁 50mg、β-胡萝卜素 1.4μg，并由于富含赖氨酸而适于作为儿童的蛋白质补充来源。叶蛋白的营养非常丰富，它具有防病治病、防衰抗衰、强身健体等多种生理功能。叶蛋白制品还可用作面条、面包等食品的蛋白添加剂，添加比例以不超过 4% 为宜。

（七）膳食纤维

膳食纤维是健康饮食不可缺少的，纤维在保持消化系统健康上扮演着必要的角色，同时摄取足够的纤维也可以预防心血管疾病、癌症、糖尿病及其他疾病。纤维可以清洁消化壁和增强消化功能，同时可稀释和加速食物中的致癌物质和有毒物质的移除，保护脆弱的消化道和预防结肠癌。纤维可减缓消化速度和最快速排泄胆固醇，可让血液中的血糖和胆固醇控制在最理想的水平。牧草的膳食纤维含量要远远高于小麦糠、玉米糠等常见的膳食纤维原料。因此牧草是重要的膳食纤维原料。

国内外已研究开发的膳食纤维主要包括谷物纤维、豆类种子与种皮纤维、水果和蔬菜纤维、微生物纤维、其他天然纤维、合成和半合成纤维等六大类 30 余种。牧草植物中，可开发的天然纤维品种很多，如甜菜纤维、苜蓿纤维等。甜菜纤维是从甜菜浆汁中提取的，含膳食纤维 74%，其中水溶性的占 24%。甜菜纤维的特点是持水性好，相当于自身重量的 5 倍，可添加于焙烤食品、膨化食品、糕点、饮料和汤料等产品中。

苜蓿纤维品质优良，是很好的天然膳食纤维源。苜蓿膳食纤维的提取工艺包括浸泡、漂洗、脱除草腥味、二次漂洗、漂白脱色、脱水干燥、功能活化和粉碎过筛。对苜蓿叶蛋白提取后所剩的新鲜苜蓿叶渣，首先要进行浸泡漂洗以软化纤维，同时也洗去了残留在叶渣表面的可溶性杂质。浸泡时要搅拌，加水调节，叶渣浓度控制在10%～20%，水温最高不超过40℃，时间1～2h。苜蓿叶渣有浓重的青草味，需要脱除草腥味。脱腥方法很多，以加碱蒸煮法、减压蒸馏脱气法和高压湿热处理法的效果较好。苜蓿叶渣的功能活化处理包括两方面，即纤维内部组成成分的优化与重组、纤维基团的包埋，包埋处理的目的是避免膳食纤维的某些基团与矿质元素相结合，影响人体内矿物质的代谢平衡。活化后的纤维，干燥，粉碎至粒度为120目为止，即为最终产品，纤维干基总得率为75%～80%。苜蓿叶渣的主要成分是纤维，它包括纤维素、半纤维素和木质素，可作为草食家畜饲料，也可用于生产工业乙醇。使用苜蓿纤维来生产乙醇的成本比其他生物质原料的成本要低很多。目前，苜蓿纤维的另一重要用途是制取高活性的膳食纤维，作为保健品使用，产品中膳食总纤维含量达73.80%。将苜蓿膳食纤维粉碎后压制成药片或纤维胶囊，每天服用，可增加胃肠蠕动，减少便秘，清理肠道。高活性膳食纤维制品在面制食品中的添加量，以不超过6%为宜。

（八）功能性食用草产品

除营养和感官享受之外，还具有调节生理活动功能的食品，称为功能性食品。功能性食品强调食品的生理调节功能，是指其活性成分能充分显示对身体防御功能，调节生理节律、预防疾病和促进康复方面作用的工业化食品。欧美国家所通称的“健康食品”（healthy food）或“营养食品”（nutritional food）和我国俗称的“保健食品”，其含义和内容均与“功能食品”相同或相近。“保健食品”这个通俗称谓没有明确和严格的定义，容易产生误解，功能性食品已被普遍接受。功能性食品具备普通食品的两大功能，即营养功能和感官享受功能，另外还具有特殊的生理调节功能。目前，市场上流行的功能性食用草产品的形式主要有饮料、粉剂、胶囊和片剂4类。

1. 饮料类

（1）苜蓿汁饮料　　苜蓿汁饮料，以苜蓿作为主要原料，经榨液、浸提、煮沸调配而成，含有丰富的维生素、胡萝卜素、叶黄素、钙、铁等矿物质，既可补充营养，维持人体营养平衡，又能增进人体健康，增强人体免疫能力，是一种新型的天然保健饮品。

1）工艺流程：鲜苜蓿→预处理（挑选、清洗）→热烫护色（95℃，3min）→破碎浸提→粗滤→煮沸→调配→精滤→灌装→杀菌→成品。

2）技术要点。

A. 预处理：包括苜蓿挑选与清洗两个步骤。以初花期最佳，盛花期次之，盛蕾期又次之，结荚期最差。应采用初花期前营养丰富、含水量较高的新鲜优质苜蓿。过嫩的苜蓿营养成分不太高，且不太稳定，皂苷含量较高；结荚期由于营养物质沉淀，有效成分难以提取。拣选时应剔除有黑点叶、病害虫及干枯叶，选用含水量高、新鲜光亮的苜蓿叶。除去苜蓿表面的泥沙、污物及微生物，防止杂质进入汁液中，最大限度地防止因清洗不净而导致的变质、变味、变色。清洗后，再次剔除病虫害叶、不健康叶。

B. 热烫护色：烫漂使叶绿素酶、抗坏血酸氧化酶、多酚氧化酶完全失去活性，防止酶促褐变，使组织软化，改变细胞半透性，细胞原生质凝固，提高出汁率，且有洗涤作用。烫漂时，加入碳酸氢钠调节pH至8.0，使叶绿素在pH 8.0条件下水解成叶绿酸、叶绿醇和甲醇。叶绿酸再与碱反应生成稳定的叶绿酸盐，使产品保持绿色。

铜离子、锌离子可以置换叶绿素中心离子镁离子，使之生成较稳定的铜、锌叶绿素衍生物。铜离子容易取代镁离子，但要求食品中铜离子残留量不超过10mg/kg，而适量的锌对人体有一定的保健作用。所以选用硫酸锌作护色剂。

在这个过程中要注意烫漂时间、温度及烫漂是离子浓度对苜蓿颜色的影响。

C. 破碎浸提：用组织捣碎机将护色后的苜蓿叶进行破碎，便于提高出汁率及提取其中有效成分。浸提所用水的水质除符合GB 5749—2006《生活饮用水卫生标准》外，还应符合软饮料工艺用水的特殊要求。浸提时按苜蓿与水重量比为1∶（20～30）加水浸提，浸提温度控制在50～60℃，时间为80min。浸提时，每隔20min搅动1次，从而提高浸提效果。

D. 粗滤、煮沸：粗滤可以除去浸提液中苜蓿梗及渣，为煮沸和粗滤做好准备，将粗滤后的苜蓿汁煮沸2min左右，除去汁液中一些悬浮物质和胶体物质及大部分有害微生物。

E. 调配、精滤：调配的目的是在保持苜蓿汁本身特有的清香宜人风味的基础上，掩盖其青杂气味，以适应消费者需要。调配所用原辅材料有柠檬酸、蔗糖。蔗糖用量为12%左右，柠檬酸用量为0.13%左右，具体添加量可以根据不同消费者口味而变动。调配后，再进行精滤除去苜蓿汁中的细微颗粒及沉淀物质，使之澄清透明，且在贮藏期间不会产生沉淀和絮状物，不会变质、变味、变色。

F. 杀菌：由于操作过程中有部分氧气溶解于汁液中，这部分氧气在苜蓿汁贮存过程中导致饮料成分氧化，色泽恶化，风味发生变化，引起马口铁罐内壁腐蚀。所以，杀菌前，必须除去苜蓿汁中的气体。

脱气后的汁液进入高压灭菌锅中灭菌，条件是93℃，保持30min，压力为0.1MPa。灭菌的目的，一是杀灭微生物，防止苜蓿汁在贮存过程中腐败变质；二是破坏酶类，以免引起各种不良的变化。

（2）葛根饮料

1）工艺流程：新鲜葛根→清洗→去皮→切碎打浆→浸泡→洗粉过滤→淀粉糊化→液化→吸附→离心过滤→灌装→杀菌→冷却→产品。

2）技术要点。

A. 原料及处理：选择新鲜葛根，为白色或米黄色，无虫害、冻害；刷洗去表皮上的泥土。

B. 去皮、打浆：人工去除薄皮后立即用打浆机粉碎，过40目筛，以利于水原料中有效成分的提取，浆液立即入浸泡液以减缓褐变。

C. 浸泡：提取葛根淀粉和有效成分一般方法是打浆后的葛根用石灰水进行浸提，产品色泽较浅，淀粉和总黄酮类物质提取率较高。这是因为在碱性条件下一方面黄酮类物质有较大的溶解度，另一方面分解黄酮类物质的酶的活力被抑制，使提取液颜色较浅，黄酮类物质的得率有较大提高。碱液中的$Ca(OH)_2$与果胶形成难溶性的钙盐，降低了体系的黏度，与蛋白质次级键相结合，而促使蛋白质的溶解，使淀粉提取率有较大提高。但料液的pH过高可能使淀粉分子糊化，对黄酮类化合物也会产生破坏作用。

一般浸提工艺条件为：以石灰水为浸泡剂，在pH 8.5和30℃条件下，浸泡时间3h，料液比为1∶4。

D. 洗粉过滤：双层纱布粗滤，除去渣，将滤液用酸调pH至6.5，备用。

E. 淀粉糊化：料液95℃恒温水浴加热，缓慢搅拌至透明，无白色絮片即可，一般时间为4min。

F. 液化：采用耐高温α-淀粉酶，把淀粉水解为低聚糖浆。这里需要注意控制pH、温度、酶用量和液化时间。一般为 pH 6.5、95℃，酶用量 15U/g 淀粉，96min。

G. 吸附过滤：液化所得的低聚糖浆中含有蛋白质、半纤维素、果胶和液化过程中所加的酶制剂等物质，经高温处理或长期放置时易产生絮状沉淀，用 3%～5% 的硅藻土进行吸附，离心分离、产品灭菌后放置。

H. 灌装、杀菌、冷却：灌装后高温短时杀菌 95℃，20min，保温后冷却至室温。

（3）葛花茶饮料

1）配方组成：葛花、菊花、金银花各 0.5%～1%（*m*/*m*）；食糖（甘蔗或葡萄糖）8% ± 2%；柠檬酸适量。

2）工艺流程：糖→溶解→混合调配→定容（加水）→调整酸度（加柠檬酸溶液）→过滤→离心→灌装→密封→杀菌→冷却→成品。

3）技术要点。

A. 三花取汁：将葛花、菊花、金银花三者等量用开水冲泡（花：水 = 1：20，*m*/*m*），然后浸泡，榨汁，过滤，即得三花原汁。

B. 调配、离心：将三汁原液、糖液充分均匀，加水定容后用柠檬酸溶液调整酸度。然后离心，即得清亮的茶色饮液。

C. 灌装、密封、杀菌、冷却：杀菌条件是 100℃下杀菌 10～15min，然后冷却至 38℃左右。

2. 粉剂类　苜蓿粉剂也叫苜蓿全叶粉，是由苜蓿叶片直接粉碎制成，富含维生素、矿物质、脂肪、碳水化合物和蛋白质。由于加工过程没有加热，酶的活性保持得较好。这种粉剂制品在冷凉、干燥的环境下可以保存 3 年，其营养成分见表 12-4。

表 12-4　苜蓿全叶粉营养含量表

养分名称	养分含量	
	2g	100g
能量	19.80kJ	990.00kJ
水分含量	100.00mg	5.00g
蛋白质	660.0mg	33.00g
脂肪	96.00mg	4.80g
碳水化合物总量	960.00mg	48.00g
糖分	28.00mg	1.40g
日粮纤维	640.00mg	32.00g
钠	3.80mg	190.00mg
钾	50.00mg	2.50g
钙	22.00mg	1.10g
维生素 E	440.00μg	22.00mg
胡萝卜素	50.00μg	2.50mg
叶绿素	1.02mg	51.00mg

苜蓿粉剂可以加入番茄和胡萝卜等蔬菜汁及果汁中食用，还可以加入面粉中制作面条或面包。

3. 胶囊和片剂

（1）苜蓿片剂　苜蓿集食用和药用于一身。苜蓿片剂由苜蓿粉或苜蓿叶粉，加入树胶、植物纤维素和薄荷油等压片而成。

（2）苜蓿素　苜蓿素以苜蓿嫩芽为主要原料，经清洗、杀菌、消毒，用进口先进设备，采取现代植物细胞破壁技术和瞬间植物活性物质分离先进工艺，配以紫花苜蓿、水萝卜芽、大麦苗浓缩素、低聚异麦芽糖等天然营养浓缩精制而成，对人体无副作用，且完整地保留了苜蓿嫩芽及其他植物配料的各种营养成分。苜蓿素不仅营养丰富均衡，而且其营养成分更容易被人体均衡吸收。人体摄入“苜蓿素”后，可补充易缺的营养素，促进食物消化吸收。

苜蓿素是防疾病、抗衰老、驻青春、增活力、促健康的优质食品，经常食用苜蓿素可平衡人体的酸碱值，为现代人不可缺少的天然健康食品。

（3）苜蓿胶囊　苜蓿胶囊是从苜蓿中提取的高纯度苜蓿皂苷（脂康素α）精制而成的保健功能食品。苜蓿收获后，分离出叶片，进行冲洗、榨汁和低温干燥，然后制作成胶囊，这样可以最大限度地保存其原始营养成分。苜蓿皂苷是目前所发现的纯天然物质中唯一能有效在胃中通过酯化反应，降低血脂的活性物质。它能有效阻断动物体对食物内脂类和胆固醇的吸收，调节血脂及胆固醇水平。该研究成果已获得美国食品药品监督管理局（Food and Drug Administration，FDA）的认证。

苜蓿胶囊是一种非常有效的“血液净化剂”和“血管清洗剂”，它通过提高血液中的高密度脂蛋白（high density lipoprotein，HDL）的数量，将血液内多余的胆固醇、三酰甘油等脂类物质分解代谢，从而降低人体血液中脂类物质的浓度，清除血液垃圾，同时使人体的脂代谢功能恢复平衡。从根本上预防和阻止心血管系统疾病的发生。

（4）红三叶精华素胶囊　红三叶又名红车轴草，为豆科三叶草属多年生牧草，原产于小亚细亚与东南欧，广泛分布于温带及亚热带地区。20 世纪 40 年代以来，有关红三叶异黄酮的研究日益受到重视，已开发出药品和保健食品达百余种。红三叶中富含钙、钾、镁、磷、维生素 B_1、维生素 C、烟酸等多种营养成分，尤其富含生物活性较高的异黄酮类化合物，质量分数占干重的 0.5%～3.5%。天然红三叶异黄酮主要有芒柄花黄素、鸡豆黄素、黄豆苷元、染料木黄酮等。其中芒柄花黄素、鸡豆黄素是大豆中不存在的异黄酮类化合物。红三叶异黄酮具有弱雌激素作用、抗氧化作用、抗解痉作用、抗癌和利尿作用等，能有效地预防和治疗动脉硬化、冠心病、妇女更年期综合征、骨质疏松、乳腺癌、前列腺癌、肥胖等疾病，而且还具有清洁组织细胞、清除血液和肝脏有害毒素、促进胆汁分泌、止咳止喘、缓解疲劳、强健体质等多种保健作用。目前，较常见的保健产品有以红三叶精华素、异黄酮和其他药用植物配成的胶囊。

（5）地肤皂苷胶囊　地肤（*Kochia scoparia*），亦称“扫帚菜”“地麦”，为藜科一年生草本植物，地肤的果实已明确主要成分的结构有地肤皂苷 1、地肤皂苷 2、地肤皂苷 3、地肤皂苷 4 四种。具有抑制血糖值上升、抑制血液中乙醇浓度的作用。地肤作为中药，在《神农本草经》中列为上品，有解毒、利尿、清湿热等作用，用于皮肤湿疮、小便淋沥、脚气水肿等。在日本作为食用食物，为日本东北秋田地方“鱼酱油调料”的配方之一，已有百年以上历史。日本民间传统作为强壮、强精作用，用于阳痿和利尿。

（6）苜蓿皂苷胶囊　苜蓿皂苷（alfalfa saponins）是从苜蓿中提取的具有独特生物学性质的活性物质，是由糖中羟基或非糖类化合物的羟基以缩醛链（苷链）脱水缩合而成的环状缩醛物。苜蓿皂苷可以降低胆固醇和血脂含量，还可通过改善冠状血管的血液循环而减轻冠心病患者的心绞痛。苜蓿皂苷有消炎、抗霉菌、真菌作用。Hoagland（2001）通过实验证明苜蓿皂苷在极低的浓度（1.6mg/L）即可100%抑制绿色木霉生长。苜蓿皂苷的生物药理活性在医药、保健上都有很好的应用。目前市场有苜蓿皂苷胶囊，其降血脂、降胆固醇、抗动脉粥样硬化效果好、副作用小，作用机制独特，在市场上竞争力较强。

第三节　工艺品的加工

饲草饲料除了饲用外，还可以加工成各种各样的草制工艺品。

草制工艺品也叫草编，是中国传统工艺品之一。其中，浙江草编上乘制品有鄞县（现为鄞州区）草席、金丝草帽、马兰草篮，而马兰草篮在美国曾被誉为“草编明星”。山东的民间草编，据1959年发现的泰安市大汶口文化遗址中出土的陶器看，早在6000年之前就已存在了。作为一种传统的工艺美术品和农家手工业产品，草编遍布山东全省。山东草编以麦秸编织的草帽辫最为著名。草帽辫为山东传统工艺品，可以编出100多个花色品种，山东草帽辫与浙江金丝草帽是中国草帽两大驰名工艺。

一、草编工艺品的历史

草编具有十分古老的历史，据《礼记》载，周代已有以莞（蒲草）编制的莞席了，而且当时已有专业的“草工”“作萑苇之器”。到春秋战国时期，已有用萱麻和蒲草编制的斗笠，据《禹贡》记载，草编是当时的贡品之一。秦汉时期，草编已在民间广泛使用，品种有草鞋、草席、草扇、草帘及僧侣信徒打坐的蒲团等。汉代至盛唐，草编也较发达。除了蒲草编制蒲衣、蒲鞋外，还有蒲草编制的蒲帆。目前可见的中国最早的草编遗物，是河姆渡人制作的，距今已有7000年之久。

二、草编原料

地域不同，原料也不同，长江流域的草编原料多用野生的黄草、苏草、席草（水毛花）、金丝草、蒲草、蒯草、荐草、竹壳、箬壳等，也有用人工栽培的农作物稻草为原料的。黄河流域，如河北、河南、山东的草编，多为麦草，另外还有东莞的黄草，浙江的金丝草，湖南的龙须草等。适于草编的用草，草茎光滑，节少，质细而柔韧，有较强的拉力和耐折性；采割来的草料先要挑选，梳理整齐，进行初加工后，方可编制。

三、草编工艺品分类

一是根据工艺用料的不同进行分类，如麦秸草编、玉米秸皮编、蒲草编、稻草草编、龙须草草编、马蔺草编、麻编等。二是按编织物的用途分类，属于用器类的有篓、筐、盒、盘、箱、茶垫、坐垫、箸笼、饭包、笊篱、菜筛、锅盖、扇子、花盆套、纸篓、信插、茶杯套、草玩具等；属于衣着一类的有草帽（有礼帽、童帽、斗笠、太阳帽、麻帽等）、草鞋（有传统的冬季穿用的“蒲窝”，也有各式拖鞋与凉鞋）、蓑衣、玉米皮凉衫等；家具一类的有草屏风等；建筑及室内装饰类有草地毯、灯伞、墙壁装饰纸、草墙纸等。此外还有作为半成品的各种各样的草辫儿。三是按工艺分类，则有编货、砌货、串货、钉货等。

四、草编工艺

草编首先是选料，根据需要选取不同草本植物、不同部位及特定粗细长短的原料。接着进行漂白，为改善工艺品光泽、延长其使用年限，大多采用防护剂浸泡。以下是一种常用防护剂的制作方法。以蒸馏水为主要配方成分，磷酸铵 20%、硫酸铵 10%、硫酸铝 5%、硼砂 4%、叶酸钠 0.18%、二硝基苯酚 0.036%。制作中采用搪瓷反应锅，不使用铁质或铝质容器，以免与配方溶液产生化学变化。先在搪瓷反应锅里盛装蒸馏水，按蒸馏水的重量，称好相应比例重量的各种原料。将蒸馏水加热至 50℃，在恒温条件下，慢慢加入除叶酸钠、二硝基苯酚之外的 4 种原料，边加边缓缓搅拌，30～40min 后，待溶液呈透明状时，再加入叶酸钠和二硝基苯酚，持续搅拌。此时，溶液温度逐渐降至 30～40℃。待其缓慢冷却后静置 24h，溶液的 pH 即在 8.4～8.7，相对密度在 1.9 左右。最后，用定性滤纸或多层纱布过滤，滤液即制作完成。使用时根据草编品的大小和多少，将适量的防护剂倒入容器中，再把草编品浸泡在防护剂中，1～5min 后取出，防护剂便均匀地沾在草编品表面了。然后进行编辫，我国各地的编辫手法各有特色，极为丰富，如山东草编的工艺方法常用的有平编、绞编、编花（如“马蔺垛”“套扣”“链子扣”“小浪花”“十字扣”“曲径扣”“粽子扣”“梅花扣”等）、锥砌法、串接、串钉、串连、缠扣、缠锯、缠边、缠画、包裹、拧编、卷折、缝绣、粘贴、割花扎勒等。浙江草编具有结、辫、捻、搓、拧、串、盘等多种编织技法。最后是进行润色和加工，如染色和绘画等。

第四节　工业用原料加工

一、食品工业添加物及原料

（一）淀粉植物及其利用

淀粉植物种类较多，常见的淀粉植物有珠芽蓼（*Polygonum viviparum*）、油莎草（*Cyperus esculentus*）、蕨（*Pteridium aquilinum* var. *latiusculum*）、菝葜（*Smilax glauco*）、百合（*Lilium brownii*）、魔芋（*Amorphophallus konjac*）、葛根（*Pueraria lobata*）等。目前，淀粉植物广泛应用于造纸、纺织、发酵、医药、铸造、冶金、制糖等工业，具体可参见第十一章第四节相关内容。

草原上的淀粉植物资源丰富，潜力很大。据统计，内蒙古境内就有橡子、沙蓬粉、灰菜籽、山谷子、野山药等 170 多种，年产量在 5000 万 kg 以上，一般淀粉含量都在 20%～40%。例如，橡子的淀粉含量在 50% 左右，100kg 可酿 60° 白酒 30kg。如用全区产量的 1/2 酿酒，可酿出 6000t 优质白酒，节省粮食 3000kg。淀粉植物除了绝大部分都可以作饲料外，有的还可以熬糖稀、制粉条，作副食用。

（二）植物淀粉的加工

制造淀粉是利用淀粉不溶于冷水并比水重的性质，用水将原料中的淀粉洗出，过筛过渣，将所得淀粉乳置于缸或槽中沉淀，得到粗制淀粉。在粗制淀粉中加入清水，搅拌成淀粉乳，再次沉淀，进一步精制。如此处理可除去原淀粉中的一部分水溶性杂质，提高淀粉的质量，将所得湿淀粉脱水干燥后即得成品。

淀粉加工工艺流程一般经过清选、粉碎、筛浆过滤、漂洗、沉淀、干燥等过程。

1）清选：清除泥沙、枝叶、须根等杂质，便于加工，提高淀粉质量。

2）润料：便于脱皮（壳），不需要脱皮（壳）的原料，可以不进行润料。

3）粉碎：对于籽实原料要求将籽实磨成不含颗粒的细粉。纤维质根茎原料，为了综合利用，在原料粉碎时粉碎成丝状，然后放进清水中搅拌沉淀，直至粉质完全脱净为止。肉质根茎、块茎和鳞茎淀粉植物，为了提高出粉率，尚可采取蒸煮法。即将洗净的块茎或鳞茎原料切成薄片，进行蒸煮，熟后晒干或烘干，使所含水分不高于15%～20%，然后进行粉碎除渣。

4）筛浆过滤：用以除去残渣，以提高淀粉质量。

5）清水反复漂洗：由于各种籽实淀粉的品质色泽不一，在过滤后，要反复进行水漂脱色，淀粉色白的可省去此工序。

6）沉淀：采用静置沉淀或离心脱水。

7）干燥：可采用日光晒干或喷雾干燥。

从野生淀粉植物中提取淀粉，必须对原料进行破碎，以破坏其细胞组织，使淀粉从细胞中游离出来便于提取。常用的破碎设备有刨丝机、锤片式粉碎机和砂盘粉碎机等。破碎过筛后得粗淀粉乳，粗淀粉乳含有纤维素、蛋白质等成分，必须除去这些成分才能得到高质量的淀粉。分离纤维多采用筛分的方法，去除蛋白质常用沉淀法或离心分离法。

（三）植物油脂资源和利用

油脂植物广泛存在于植物界。植物的果实、种子、花粉、孢子、茎、叶、根等器官都含有油脂，但一般以种子含油量最高。我国利用油脂植物的历史悠久，如油料植物大豆已有几千年的栽培和利用的历史。油脂是重要的工业原料，也是人们日常生活不可缺少的重要营养物质。油脂的用途十分广泛，具有较高的经济价值。

油脂植物通常是指植物某一器官的含油率在10%以上的植物，栽培油脂植物的含油率一般在30%以上。野生油脂植物很多，我国已发现的油脂植物约1000种，分别隶属于100多个科，400多属。生长在草原上的油料植物主要有苍耳子、蒿子籽、木瓜、杏仁等40多种，仅内蒙古草原产量就可达2000万kg之多，含油量一般为17%～40%，出油率最高的木瓜籽高达46.7%，杏仁含油率50%，出油率40%～50%，是国际市场上的传统商，每吨价值400～500美元。在内蒙古，山杏主要分布在大兴安岭山麓一带的兴安盟、哲盟、昭盟和阴山地区的乌盟。生长在沙漠草原上的沙蒿种子不仅可供药用，还能榨油食用，还可磨面代粮。这些油脂的用途很广，除少部分可供食用外，都可作油漆、油墨、肥皂、涂料等工业原料，其渣饼等副产品还可以作饲料或肥料，甚至有的还有很高的医用价值。

我国虽然油脂植物资源丰富，但资源分散，需要进一步开发利用和深度加工。植物油脂的用途主要有食用和工业用两大方面。油脂可经加水分解而得到脂肪酸和甘油。工业上以油脂或脂肪酸等与碱起皂化反应或中和反应制造肥皂、化妆品、润滑剂等。用于制取肥皂和化妆品的植物油脂原料主要有椰子油、棕榈油、棉籽油、糠油、木油等。表 12-5 列出了一些油脂含量高、已被开发或具有开发前景的牧草。

表 12-5　一些牧草种子的含油量和用途

植物名称	拉丁名	种子含油量 /%	用途
播娘蒿	*Descurainia Sophia*	34.80	可制药、油料
山野豌豆	*Vicia amoena*	18.72	可制肥皂、润滑油
骆驼蓬	*Peganum harmala*	15.13	可制肥皂、油漆
蒺藜	*Tribulus terrestris*	11.63	工业用代替桐油
连翘	*Forsythia suspense*	25.20	可制香皂、化妆品
马蔺	*Iris pallasii*	37.04	药用、工业用
碱蓬	*Suaeda glauca*	26.15	可制肥皂、油墨
四棱荠	*Goldbachia laevigata*	48.00	工业用油
黄花蒿	*Artemisia annua*	28.75	可制肥皂、润滑剂
白沙蒿	*Artemisia sphaerocephala*	21.50	可制油漆
苍耳	*Xanthium sibiricum*	44.63	可制药
微孔草	*Microula sikkimensis*	43.50	可制食用油、化妆品
胡卢巴	*Trigonella foenum*	6.00～8.00	芳香油

（四）天然食品着色剂

食用色素是食品添加剂的重要组成部分。现在应用于食品工业的食用色素可以分为天然色素和合成色素。天然色素是萃取于天然可食用原料，是以食品加工方法生产的有机色素，如姜黄素取自郁金，花青素取自红色水果。大多数天然色素具有生物活性。合成色素是指用化学合成方法制成的有机色素，如胭脂红、柠檬黄、靛蓝等。

天然色素安全性高，来源丰富，但缺点是稳定性差、着色力低、成本高昂。在消费者安全健康第一的原则下，天然色素的发展速度远远超过了合成色素。由于合成色素的安全性比一般食品添加剂更具争议性，因此各国对合成色素均有极严格的限制。

牧草中含有大量的天然色素，如叶绿素、叶黄素、胡萝卜素和类胡萝卜素等。胡萝卜素是维生素 A 的前体，叶黄素是天然色素，叶绿素在食品和药品生产中有许多用途。提取天然色素替代人工合成色素已是大势所趋。利用液态二氧化碳，可以从苜蓿中萃取出 90% 的胡萝卜素及 70% 的叶黄素。我国目前已开发的天然食用色素约有 50 余种，还有大量可供利用的色素植物资源。具有色素开发前景的牧草有多花木蓝、茜草（*Rubia cordifolia*）、紫草（*Lithospermum erythrorhizon*）、裂叶牵牛（*Pharbitis nil*）、红花（*Carthamus tinctorius*）、金盏菊（*Calendula officinalis*）、苜蓿（*Medicago sativa*）等。

（五）生产蜂蜜

草原上的蜜源植物也很丰富。调查发现，长期认为是害草并加以消灭的老瓜头，就属于优良野生蜜源植物。在毛乌素沙漠，这种经济价值很高的老瓜头已经开始种植。老瓜头属于多年生直立半灌木，植株具毒，在荒漠沙区生长，繁殖力强。目前，蜜源植物主要分布在宁夏银南地区、内蒙古伊盟和陕西榆林地区的 15 万 km^2 草原上，生长面积达 243 万 hm^2，其中养蜂可利用 80 万 hm^2，年贮藏蜜量 7.15 万 t，相当于全国蜜蜂总产量的 1/3，载蜂量可达 150 万群，占全国蜂群总数的 1/4。

二、造纸工业原料

我国草原上分布着大量的纤维植物，其品种多、产量大。草类原料结构疏松、纤维细长，蒸煮时药液易于渗透，蒸煮温度升高快。现已发现和利用的有野麻、罗布麻、蝎麻、龙须草、芨芨草、芦苇等几十种，仅内蒙古草原上的产量就达 10 亿 kg 左右，其中可用于人造棉的就有 5000 万 kg 以上，可织近 1000 万匹布。另外，还有 5 亿 kg 多的野生植物纤维，可用于造纸、制绳工业等。

龙须草（*Eulaliopsis binata*）为禾本科多年生草本，全草柔软，民间常作编织原料。全纤维素含量 56.58%，多缩戊糖 20.03%，木质素 14.61%。龙须草草长无节，纤维柔软细长、木质素含量低，容易蒸煮，具有收获率高，漂白性能好，成纸强度高等优点。用亚胺法蒸煮龙须草，亚胺用量 10%～12%。高压保温时间不宜太长，一般以 1～2h 为宜。蒸煮工艺条件对龙须草纸浆的漂白影响较大，蒸煮温度和保温时间要恰当合适。龙须草浆洁净强韧，纤维细长，有优良的交织力。成纸较细腻平滑，机械强度良好，用于制造高级书写纸和打印纸。

芦苇（*Phragmites communis*）属禾本科，常生于沼泽地和河岸湖边，茎秆粗而坚韧，可作造纸原料和编织材料。芦苇含多缩戊糖 22.25%，木质素 19.87%，全纤维素 47.79%。亚胺法蒸煮芦苇，亚胺用量 17%～19%，不宜过高。氨水用量 1% 较为适宜，增加氨水用量可以提高纸的物理强度。

芨芨草（*Achnatherum splendens*）是遍布于中国各地低湿碱滩草地上的多年生禾本科牧草，它不仅是牲畜的良等饲草，而且秆叶坚韧、长而光滑，是良好的纤维植物。芨芨草含多缩戊糖 25.98%，全纤维 49.15%，木质素 16.52%。常用于纺织筐、草帘及扫帚等，也是制造高级纸和丝的上等原料，用它造成的纸张可以制币印书。禾本科牧草中还有一些牧草如冰草（*Agropyron cristatum*）、丝颖针茅（*Stipa capillacea*）、大叶章（*Deyeuxia langsdorffii*）等都是优良的纸浆原料。

罗布麻（*Poacynum* spp.）属夹竹桃科罗布麻属多年生宿根草本植物，在我国有广泛分布，生长在盐碱、沙荒地区，耐盐抗旱。罗布麻是一种优良的纤维原料，其品种繁多，不同品种纤维性能差异很大。罗布麻秆皮纤维比苎麻细，单纤维绝对强力高，比棉纤维大 5～6 倍，纤维延伸率小，和苎麻相近。罗布麻皮部的纤维平均长度 11.82mm，是较好的造纸原料。制浆时耗碱量较高，纸浆白度 70 度，适于作牛皮包装纸的原料。而产于内蒙古哲盟、伊盟和巴盟等地的罗布麻，人工培植条件下精麻产量为 750kg/ hm^2，不仅相当于 0.13hm^2 棉花所产的纤维，而且纤维品质也好于棉花和亚麻，细度拉力比羊毛还好，可单纺或与棉花、羊毛混纺，可织华大呢、凡尔丁和各种色呢等 10 多种美丽、坚实的衣料。罗布麻的纤维耐腐、耐磨，不怕风吹、雨淋、日晒，可作航空、航海的机器传送带，同时也是制造绳索和渔网的难得的宝贵材料。

甘草（*Glycyrrhiza uralensis*）为豆科多年生草本。根茎发达，长达1～2m。甘草根茎供药用，其浸膏可作食品、烟草香精的原料。甘草纤维坚韧，可制麻袋和麻绳。提取甘草膏后的残渣可用于造纸。蓝花棘豆（*Oxytropis coerulea*）为豆科多年生草本，具木质较长的主根。蓝花棘豆根和茎的皮纤维坚韧，用于制绳和麻袋。蓝花棘豆根和茎纤维含量在30%～36%，资源丰富，可作制取纸浆的原料。

狼毒（*Stellera chamaejasme*）为瑞香科多年生草本，是天然草地常见的毒杂草，根有毒，可入药。同时狼毒根富含淀粉，可以制取乙醇。狼毒根和茎纤维含量高，可作造纸原料。

马蔺（*Iris ensata*）为鸢尾科多年生草本。基生叶丛生，叶条形，坚韧。茎叶含全纤维30.23%，多缩戊糖12.15%，木质素14.79%。秋季割取茎叶，用于造纸、制绳及人造棉。

唐古特瑞香（*Daphne tangutica*）和鬼箭锦鸡儿（*Caragana jubata*）都是灌木。唐古特瑞香属瑞香科，全株有小毒可入药，树皮可作为造纸原料。鬼箭锦鸡儿属豆科，作为栽培可供观赏和作绿篱。鬼箭锦鸡儿茎纤维坚韧，可制绳索和麻袋，同时也可作为造纸原料。

荨麻科植物狭叶荨麻（*Urtica angustifolia*）和宽叶荨麻（*Urtica laetevirens*）富含纤维，其茎皮含长纤维，全纤维含量66.71%，用于制作绳索、帆布、马达传送带等，还可以与棉、毛混纺织成各种高级衣料及毛毯等物。荨麻的短纤维可作高级纸张原料和麻胶板、瓦楞纸、隔音板等建筑材料。

此外，牧区的沙柳，可谓沙地植物一宝。沙柳纤维质量高，木质细密，是制造优质纤维板的最佳原料。

三、化妆品工业原料

制造化妆品的原料有数千种。植物性原料主要包括从植物中提取的芳香油、色素、油脂及增稠剂等。

芳香油，又称精油，是从植物中用蒸馏、浸提、压榨和吸附等方法分离制取的具有特征性香气的油状物质。芳香油是不同化学物质的混合物，在室温下，一般都是易于流动的透明液体。精油能随水蒸气蒸出，溶于多种挥发性有机溶剂。

我国香精资源丰富。据初步统计我国野生香料植物和栽培种类共有56科380余种。著名的香料植物有玫瑰、薄荷、八角茴香、樟、茉莉、桂花、留兰香、薰衣草等。我国西北地区常见可提取芳香油的草本植物有紫苏、百里香、缬草、黄花蒿、裂叶荆芥、甘草、胡卢巴、烈香杜鹃等。

缬草（*Valeriana officinalis*）属败酱科缬草属多年生草本。茎直立，高0.5～1m。根状茎粗短，须根细长。叶对生，成叶羽状复叶。伞房花序。瘦果扁平，卵形。缬草耐寒力强，分布于我国西南、西北的山坡草地，20世纪60年代开始引种栽培。缬草根状茎和肉质根含芳香油，具有特殊香气。我国主产区主要采用水蒸气蒸馏方法，得油率为0.6%～2%，而土法蒸馏得油率为0.2%～0.5%。缬草油主要用于化妆品、香水，还用于调配香烟、酒等食品。

胡卢巴（*Trigonella foenum*）又称苦豆、香豆，属豆科胡卢巴属一年生草本。高40～80cm，茎丛生分枝，三出复叶，互生，蝶形花冠，荚果细长筒形。胡卢巴耐寒，喜冷凉干旱气候，我国有广泛栽培。胡卢巴全株及种子均含芳香油，但含油量较低。加工时用种子制取胡卢巴浸膏，用有机溶剂浸提，也可将种子粉碎后，用水蒸气蒸馏法提取芳香油。民间将胡卢巴在开花前收获，晒干，碾碎后食用。胡卢巴油又称香豆酊，其香气浓郁，似川芎和芸香香气，主要用于调配香烟，在化妆品种中可用于男性加香用品。

百里香（*Thymus mongolicus*）为唇形科百里香属半灌木。具匍匐茎，花枝多数。叶对生，卵圆形，有明显腺点。百里香全株含芳香油 0.15%～0.5%，在民间全株用作香包的填充物及防腐剂。五肋百里香（*Thymus quinquecostatus*）耐旱，适应性强，常栽培用于提取芳香油。提取时用直接蒸汽蒸馏法或水上蒸馏法，采收时间以盛花期全草为佳。五肋百里香油可提取芳樟醇，用于调配日用化妆品香精。

茵陈蒿（*Artemisia capillaries*）属菊科蒿属多年生草本。茎直立，株高 40～100cm，叶二至三回羽状分裂，头状花序，瘦果长圆形。茎叶含芳香油 0.2%～0.3%。提取时，宜在开花盛期割取，趁鲜加工蒸馏。主要成分为乙位蒎烯和茵陈烃，供配制各种清凉剂、喷雾香水用。

四、生产生物质能源产品

生物质能是以生物质为载体的能量，即通过植物光合作用把太阳能以化学能形式在生物质中存储的一种能量形式，是世界上最为广泛的可再生能源。它的主要形式有沼气制备、生物制氢、生物柴油和燃料乙醇等。美国新的《国家生物燃料行动计划》已将草本植物列入生物燃料第三代燃料。欧美等国相继出台政策法规，不断加大研发力度，生物能源应用规模不断扩大，每年增长率达 30% 以上。生物燃气、生物液体燃料等生物质能源在德国、美国、巴西等国已实现规模化生产和应用。巴西生物液体燃料乙醇已替代 50% 的汽油，是世界上唯一在全国范围内不供应纯汽油的国家。

能源草又称草类能源植物，是一系列可以作为燃料使用及用作能源生产且通过光合作用可产生碳氢化合物的草类植物统称，一般为二年或多年生高大丛生草本或半灌木、灌木植物，是生物质能源中重要的原料之一。优质能源草具备生长速度快、生物量大，光合效率高，抗逆性强、适应性广、富含高纤维等特点，在大面积种植情况下，更易于实现机械化作业。我国幅员辽阔，具有高光效的 C_4 草本植物就有数千种，利用荒山荒滩、沙地、盐碱地和南方冬闲地发展草本能源植物，符合“不争粮，不争地，不争油、糖”的原则，有利于改善生态环境，对维护粮食安全也具有重要意义。

目前，一些草种也已初露端倪可能成为优良能源植物，包括柳枝稷（*Panicum virgatum*）、芒属（*Miscanthus*）、杂交狼尾草、高粱草、虉草、割手密、班茅、荻、芦竹、苜蓿等。

五、生产人造棉

人造棉是棉型人造短纤维的俗称，它是用植物纤维经化学方法处理制成人造纤维后，再切成长度与棉纤维相仿的纺织原料和代棉原料。人造棉的弹性好、疏松、洁白，适用于一次性医药用棉及包装用品，也适合代替棉花作棉絮。

生产人造棉的原料主要是植物纤维资源。加工时经过清理、切段、碱化、锤打、漂洗、漂白、油化、干燥、梳理等工序制得。下面以龙须草为例介绍制造人造棉的方法。

将龙须草洗净，切去根部，用铡草机切成 4～10cm 长的草段，然后进行二次碱化。碱化是制造人造棉的关键，第一次碱化用 2% 烧碱溶液，小火保温 1～3h。锤打后进行第二次碱化，烧碱浓度为 5%～7%。碱化时间长短以草段成熟为准，用木棒轻轻锤打碱化好的草段，使纤维分离，然后在漂洗池中洗至中性。

将纤维放入漂白缸中，加入10kg浓度为0.5%～1%的硫酸溶液浸泡0.5h，再加0.5～0.8kg漂白粉与纤维充分搅匀，静置8～24h，待纤维变成白色，捞出。反复浸洗2～3次，再用1%的硫代硫酸钠溶液浸洗1次，洗去残余的酸和氯，绞去水分。

在油化缸中加入10倍纤维重量的水量，再加水量1%～3%的土耳其红油及少量硫酸，搅匀后放入纤维进行浸泡。油化4～12h，捞出，绞干。将纤维置于通风阴凉处晾干，撕开、拍松。用弹花机或梳松机反复进行梳松、弹打，制得人造棉成品。

六、提取酶制剂

通过基因工程可以从苜蓿中提取酶。这种生物蛋白酶可以用于很多产品中，如饲料和洗涤剂。据预计，这种酶的市场需要量在未来10年会大幅提升。美国威斯康星大学生物技术中心的科学家已经成功通过基因工程在苜蓿中生产出数量可观的植酸酶。这种酶在生产上用作畜禽饲料添加剂，以替代畜禽饲料中的无机磷，减少畜禽粪便中磷酸盐的排出。在酶的生产过程中只使用1%～2%的苜蓿植株，剩下的富含纤维的部分可以用作牛饲料。种植$1hm^2$这种转基因苜蓿可以提取价值1200～2500美元的植酸酶。虽然回报丰厚，但目前种植10万亩苜蓿已经能满足美国市场需求。另外，种质资源的许可制度与转基因过程也限制了这种苜蓿的市场化进程。这些问题一旦得到解决，这一进程将会大大加快。

此外，通过转基因苜蓿来生产其他用途酶的工作也在探索中，如用于造纸业的绿色环保酶、原油生产分解酶等。

七、提取染料

染料是能使纤维及其他材料着色的物质。许多化学物质都能使其他物质染上颜色，但是如果不能给予清晰而有一定持久性的颜色，就不能认为是染料。植物染料是从植物根、茎、叶、花、果等部分中提取的天然染料。植物染料主要有巴西木、苏木、姜黄、茜草、红花、板蓝根、木蓝和紫草等。

八、制造糠醛

糠醛是大量用于塑料、石油精制、合成纤维的化工原料，也可以利用它生产合成橡胶、染料、油漆等产品。糠醛脱羰可以得到呋喃，再加氢可得四氢呋喃。呋喃是生产药品、除莠剂、稳定剂及精细化工的原料。四氢呋喃是一种极其优良的溶剂，有“万能溶剂”之称，能溶解各种树脂和塑料。

糠醛无法从石油化工中合成，它的原料为含多缩戊糖的植物纤维。谷物外壳、牧草、稻草、玉米秸秆等都是制造糠醛的重要原料。制取糠醛的方法有稀酸加压水解、稀酸常压水解、木材干馏等方法。生产糠醛最常用的方法是升高温度、增加压力，采用稀硫酸作为催化剂，经水解而获得糠醛。

九、制取植酸钙

植酸钙是植酸与钙、镁形成的一种复盐形式，又称菲汀。植酸钙可以促进人体的新陈代谢，是一种滋补强壮剂，有补脑、治疗神经炎和神经衰弱、幼儿佝偻等病症的功效。工业上用作防腐剂。植酸钙中含有20%的肌醇，是制取肌醇的原料。

植酸钙为无定型粉末，无味无臭，微溶于水，能溶于0.1mol/L的稀酸中。工业上利用这种性质提取植物种子中的植酸钙。含水的植酸钙受植酸酶的作用而分解，因此需要在烘干后存放或立即制取肌醇。

植酸钙广泛存在于植物种子的糊粉层中。不同植物种子中植酸钙的含量不同，含量在1%～10%。一般脱脂米糠中含量较高。植酸钙制取工艺流程如下。

原料 $\xrightarrow{\text{粉碎}}$ 浸泡 $\xrightarrow{\text{盐酸}}$ 过滤去渣 ⟶ 中和沉淀 ⟶ 压滤 ⟶ 含水膏状植酸钙

十、提取甜菜碱

甜菜碱（三甲基铵基乙酸）为甘氨酸的三甲基衍生物。它存在于各种不同植物的根、茎和种子之中，大麦、小麦、扁豆、豌豆等都含有这种生物碱。甜菜碱在医疗、工业、农牧生产中有着广泛用途。

甜菜制糖废料中含甜菜碱12%～15%。从植物中提取甜菜碱可参照从甜菜制糖废液中回收甜菜碱的方法。将植物原料粉碎或打浆，用水浸泡2h，然后加热到50℃，在搅拌下加入氯化钙，趁热过滤。在滤液中加入盐酸，在20～30℃下结晶，分离，干燥，得纯度98.8%的粗品。

十一、提取栲胶

栲胶即植物性鞣料，是鞣制生皮革的一种化工原料。一般从富含单宁的植物材料中经过粉碎、浸提、蒸发、干燥制成。栲胶是由多种不同物质组成的复杂混合物，单宁是其主要成分。

我国鞣料植物很多，其中用于植物鞣剂生产的有落叶松、杨梅、柚柑、槲树等的树皮，以及橡碗子、花香果的果实等。天然草地中常见的鞣料植物有波叶大黄、皱叶酸模等。表12-6列出了天然草地常见的一些栲胶植物。

表12-6　天然草地常见栲胶植物

植物名称	拉丁名	生境	鞣质含量/%
皱叶酸模	*Rumex crispus*	沟边湿地	15.70～38.80
波叶大黄	*Rheum franzenbachii*	山坡、草原	30.00
小丛红景天	*Rhodiola dumulosa*	阳坡	28.01
地榆	*Sanguisorba officinalis*	山地、湿草原	10.19～21.67
粗根老鹳草	*Geranium dahuricum*	山坡、灌丛	20.98
鹅绒委陵菜	*Potentilla anserine*	草甸、路边	15.25
叉分蓼	*Polygonum divaricatum*	草地、河边	15.00～28.50
牻牛儿苗	*Erodium stephanianum*	草地、河岸	14.46

在采收鞣料植物时，应注意采收的部位和季节，采收部位和季节不同，鞣质含量有很大的差异。植物原料粉碎后，一般采用浸提罐组或连续浸提器，用热水以逆流的方法进行浸

提。浸提液经蒸发、净化处理后浓缩成膏状或固体状标准品。

第五节 医药用品加工

一、天然草原药用植物

中国是药用植物资源最丰富的国家之一，对药用植物的发现和使用，有着悠久历史。草原是我国药用植物生产的主要基地之一，无论在数量还是在质量上都名列前茅。除了贵重的锁阳和肉苁蓉久负盛名外，虫草、贝母、大黄、羌活、黄连、附子、麦冬、川芎、白勺等中药材在国内也颇受欢迎。草原药用植物具有种类多、分布广、藏量大等特点。例如，人称“药中之王”的甘草，各地草原都有分布，以陕北和内蒙古伊盟杭锦旗与阿拉善草原上的质量最好，皮色鲜红，粗细均匀，枝头肥实，质地坚硬，粉多筋少，被列为上等品。甘草生长繁茂，藏量最大，在局部地带 20m^2 的面积内竟达 40～50 株，常形成优势的甘草群。内蒙古草原上年产甘草总量可达 200 多万千克，新疆年产甘草 4000 万 kg 以上，占全国甘草总产量的 60%；宁夏草原上的药材约 150 种，甘草和披针叶黄华年产量可达数 10 万 kg。

甘草和甘草膏都是医药工业的重要原料，甘草根含有芳香物质，是调和百药、温中泻火、许多配方都不可缺少的常用药材；还可作食用、饮料、烟草香精的原料。甘草和甘草膏是我国的大宗出口药材之一，新疆生产的“松树牌”甘草膏，在国际市场上很受欢迎，为名牌产品之一。

西北草原上出产的枸杞也是一种贵重药材。北宋著名科学家沈括在《梦溪笔谈》中写道：“枸杞，陕西极边生者，高余丈，大可作柱，叶长数寸，无刺。根皮如厚朴，甘美异于他处者。”枸杞的利用价值最高，全身是宝，既是名贵的药材，又是良好的滋补剂。商业、药材部门称枸杞子是“地道药材，拳头商品”。我国枸杞在中外市场上居于独特地位，以宁夏枸杞品质最佳，占我国总出口量的 90% 以上。

肉苁蓉又称大蓉，是寄生在荒漠草原上的一种名叫“梭梭”根上的药用植物。肉苁蓉颜色乳白，萝卜形状，1 年可以生长 2 次。肉苁蓉被誉为沙漠中的人参，不仅是牲畜的高级营养食品，而且也是一种滋阴壮阳、补血益气的名贵药材。内蒙古阿盟和巴盟荒漠草原上出产的肉苁蓉，肉质厚醇，被评为肉苁蓉上品，巴盟年产量最高达 30 万 kg，远销国外，供不应求。

阿魏是一种贵重的药用胶，过去误认为中国没有这种植物，需从伊朗进口。1958 年的药用植物资源普查中，在新疆伊犁草原上发现了数万公顷阿魏，近几年来又在阜康和托里找到了几种药用阿魏。阿魏是多年生块茎植物，从种子萌发到开花结果需 9 年，阿魏胶是在它抽薹开花时节割取的。

在中国草原上还有一味贵重药材叫“冬虫夏草”，简称虫草，生长在海拔 4000～4500m 的半阴坡高山草丛和高山草甸草原上，是我国四川、西藏、青海、甘肃、云南和贵州等地的特产。目前我国有 15 种虫能长出草来，但唯有蝙蝠蛾的幼虫长出来的虫草才有药用价值。虫草是很名贵的中草药，富含脂肪 8.4%，粗蛋白 25.3%，碳水化合物 26.9%，以及 7% 的虫草酸、虫草素和 D-甘露醇等多种成分，具有“益肺肾，补精髓，止血化痰”的功能，主治虚痨咯血、阳痿遗精、腰膝酸痛等多种疾病。

随着医学和农业的发展，药用植物逐渐成为栽培植物。我国西部天然草地蕴含丰富的野生药用植物资源。这些植物有些既有药用价值，又有丰富的营养价值。有些植物地下部分是药材，其地上部分是家畜喜食的优良牧草。许多野生药用植物含生物碱、单宁等有毒有害成分，或者具有毛、刺等附属物，适口性差，不利于家畜采食。家畜采食后影响健康，降低生产性能。天然草地中毒杂草数量的增加，往往是草地退化的表现。因此，对天然草地野生药用植物的合理利用，可以减少天然草地毒杂草的比例，又可以扩大药用植物资源。

二、有毒有害草

目前，我国已鉴定并确认的有毒植物约 132 科 1383 种，但常见的引起家畜中毒的有毒植物约 300 种。毒草连片蔓延，引起家畜中毒并造成严重损失的约 20 多种，我国毒草面积达 2000 万 hm^2。

（一）瑞香狼毒

瑞香狼毒俗称断肠草、馒头花等，隶属于瑞香科狼毒属，多年生、旱生草本或灌木。瑞香科植物在世界上有 50 属 500 余种，主要分布于热带和温带地区，尤以亚洲最多，我国有 9 属 90 余种，主要分布于长江以南各地。

瑞香狼毒全株有毒，根部毒性最大，花粉剧毒。如果在瑞香狼毒花期的草地上放牧，家畜也可能因吸入狼毒花粉，导致中毒。由于成株茎叶中含有萜类成分，味劣，家畜一般不采食其鲜草。然而早春放牧时，家畜由于贪青或处于饥饿状态，常因误食刚刚返青的狼毒幼苗而中毒。多为急性中毒，主要症状为呕吐、腹痛、腹泻、四肢无力、卧地不起、全身痉挛、头向后弯、心悸亢进、粪便带血，严重时虚脱或惊厥死亡，母畜可导致流产。人接触时，可引起过敏性皮炎，根粉、花粉对人眼、鼻、喉均有较强烈而持久的辛辣性刺激。

化学成分研究表明，瑞香狼毒植株中主要含有二萜类、香豆素类、木脂素类及黄酮类等化合物，在其根部还含有甾醇、酸性成分、氨基酸、三萜成分、树脂及有毒的高分子有机酸。

瑞香狼毒为传统中药，根粗大，圆柱形，表面棕黄色至红棕色，质韧不易折断，断面有白色绒毛纤维。始载于神农本草经，其性味苦平，有杀菌、杀虫、散结、逐水止痛等多方面的药理作用，用于治疗疥疮、顽癣，具有逐水祛痰，破积杀虫的功效，还用于治疗肺、淋巴等的结核病。现代药理学和临床研究表明瑞香狼毒具有抗肿瘤、抗病毒、抗菌等活性。瑞香狼毒的根可用来制成植物性农药——杀虫剂，用于驱虫、杀蝇、灭蛆，防治农作物、饲料牧草上的害虫。

（二）棘豆属植物

棘豆属为豆科植物，全世界有 350 多种，分布于北半球温带、寒带及其干旱和高山地区。我国约有 150 种，主要分布于内蒙古、新疆的荒漠和草原、青藏高原及西南横断山脉地区。棘豆属植物中许多种有毒性，牲畜采食后往往引起中毒乃至死亡，给畜牧业造成极大损失。关于其毒性成分及中毒机制，至今尚未准确查明。有文献报道认为棘豆属植物中含有毒性生物碱，如所含哌啶类生物碱，对实验动物中枢神经产生抑制、呼吸抑制或兴奋、致幻、流产和致畸等作用，所含吲哚里西定类生物碱使哺乳动物组织细胞产生空泡变性；另有文献报道认为其含硒过多，牲畜采食后，由硒引起中毒；还有报道认为与其所含毒性蛋白（蛋白质类溶血毒素）有关；以及以上 3 种成分综合作用的结果。

现代研究也证实这些有毒植物含有多种化学成分，如小花棘豆含有 10 种皂苷、10 种黄酮（苷）、8 种生物碱和其他 6 种成分；黄花棘豆含有 8 种黄酮（苷）、8 种生物碱和 4 种皂苷；甘肃棘豆含有 12 种氨基酸和 77 种挥发油；二色棘豆含有 4 种皂苷；黑萼棘豆含有 13 种氨基酸和至少 1 种生物碱；急弯棘豆含有 6 种黄酮（苷）和其他 3 种成分。此外，尖叶棘豆、多叶棘豆、砂珍棘豆和镰形棘豆分别含 5、4、2 和 1 种黄酮（苷）。

该属植物有一定的药用价值，有十余种棘豆在藏药、蒙药等中有一定的使用，多用于消炎、解毒、抗菌、镇静和镇痛等。但对棘豆属药用植物的药理研究很少。据报道，小花棘豆总生物碱和黄花棘豆及甘肃棘豆醇提取物对小鼠移植性肿瘤具有不同程度的抑制作用，其作用成分是有毒成分苦马豆素；镰形棘豆总黄酮能增加肾上腺皮质功能，对治疗慢性支气管炎有效。但从总体上看，对棘豆属药用植物的药理研究比较缺乏，而且化学成分研究与药理成分研究没有进行有效的配合。随科学技术的发展，棘豆通过毒性成分的进一步确定和有效成分的筛选及纯化，有望成为有益的药用植物。

三、基因工程药物

采用转基因技术已经从苜蓿中成功提取出一种低成本的、可食的、用于治疗猪遗传性肠胃炎（transmissible gastroenteritis，TGE）的接种疫苗。目前，科学家正在探索转基因苜蓿生产人类胰岛素的可能性，有实验证明苜蓿中提取出的浓缩物对人类的胰腺活动和胰岛素分泌有影响。苜蓿还可用于生产一种血库中诊疗用的单克隆抗体（immunoglobulin G，IgG），其功能和杂种细胞（在实验室里制造的一种由一个能产生抗体的淋巴细胞与一个骨髓瘤细胞结合而成的细胞，它能繁殖成一种能不断提供某种抗体的无性系）产生的抗体功能十分相似。这种抗体在不同的收割茬次和干草中呈现出稳定的特性。

生物农药是指直接利用生物产生的生物活性物质或生物活体作为农药。人工合成的与天然化合物结构相同的农药，称生物源农药。我国生物农药按照其成分和来源可分为微生物活体农药、微生物代谢产物农药、植物源农药、动物源农药 4 个部分。按照防治对象可分为杀虫剂、杀菌剂、除草剂、杀螨剂、杀鼠剂、植物生长调节剂等。其中，植物农药有着化学农药无法比拟的优点，关于一些可用来生产植物农药的植物，可参考第十一章第四节“四、农药原料的生产利用”。

思 考 题

1. 什么是非饲用草产品？有哪些种类？
2. 简述苜蓿芽菜的营养成分及制作工艺。
3. 简述工艺草产品的分类。
4. 简述工业用草产品的分类。
5. 简述牧草等草本植物在医药用品开发中的作用与前景。

第十三章　草产品市场经营

【内容提要】 草产品市场分析；草产品规模化经营；草产品产业化生产；草产品经营合作组织；草产品市场营销。

【教学目标】 了解草产品的市场情况；了解草产品规模化经营条件；掌握草产品经营合作组织措施；了解草产品市场营销模式。

草产品市场是指社会成员对草产品供求、交换、买卖关系的总和。草产品的类型比较多，包括饲用草产品、食用草产品、工业用草产品、绿化草产品及工艺型草产品。饲用草产品是草产品中种类最多、应用最广泛、产值规模最大的一类产品，是维系养殖业发展的物质基础。

第一节　草产品市场分析

一、国内草产品市场分析

随着我国人民生活水平的提高，膳食结构的改善，人们对畜禽产品的需求不断增加，我国养殖业也得到了快速发展，草食畜禽的饲养量增加尤其显著。同时随着国家草原生态建设项目的启动，牧区惠农政策的落实和禁牧休牧、圈养政策的实施，畜牧业发展对草产品的需求呈现快速增长趋势。

从市场需求数量看，我国青绿饲料年需求量为 1 亿 t，国内商品化草产品市场需求量为 1000 万 t，可用于配合饲料的草产品潜在市场约 1000 万 t，2010 年我国商品草产量仅为 1200 万 t，缺口达 800 万 t。草产品需求从数量上表现为缺口大，市场需求旺盛。

从草产品供应的质量看，我国草产品存在生产水平落后，草产品品质较低，牧草收获过程中田间损失高达 20% 以上，贮藏损失高达 10%～15%，平均粗蛋白含量为 13%～16%，80% 以上的苜蓿草产品质量仍为三级品。优质草产品缺乏、监管力度不够、市场不规范、诚信缺失、掺假、农药残留、人为添加不明物质等现象也严重影响着草产品市场的发展。

二、国际草产品市场分析

在国际草产品市场上，美国、加拿大和澳大利亚是主要出口国，日本、韩国、中国和东南亚地区是主要进口国。日本是世界上草产品进口量最大的国家，始终保持着对草产品的旺盛需求，虽然日本国内的养殖业规模在缩小，但生产效益却在大幅增加，并且由于国内牧草生产规模逐渐缩小，日本对进口草产品的需求更大，每年仅苜蓿干草需求量就达 460 多万吨。韩国是草产品第二大消费国，每年需进口草产品 200 多万吨。中国台湾是太平洋周边地区的第三大市场。东南亚一些国家和地区对苜蓿草产品的需求量也非常大。同时，大多数富裕的伊斯兰国家农业资源贫乏，也是当今世界的主要消费市场之一。

我国当前的草产品出口量非常小，年出口量不足 30 万 t，在争取国际市场份额上仍存在很大空间，只要我们在草产品生产上加大资金和技术的投入，提高草产品质量，凭借我国与草产品需求国的距离近、运输快捷等地缘优势，可以与美国、加拿大及澳大利亚竞争，占领亚洲市场，将草产品发展成为创汇更多的产业。

三、制约草产品市场发展的因素

（一）草产品生产的复杂性

草产品生产具有自然再生产与经济再生产交织的属性，而且经济再生产必须以自然再生产为基础和前提。草产品生产原料生产季节性强，而草产品的加工、供应却是一个连续的经济再生产过程。生产、供应的长周期性与季节性生产原料的易腐、易烂、不易贮存性使草产品生产具有复杂性。

（二）自然风险、生产风险、市场风险多重叠加

自然灾害是人类依赖的自然界中所发生的异常现象，自然灾害对人类社会所造成的危害往往是触目惊心的。因干旱、雪灾、虫害、鼠害、传染病等自然灾害的大面积发生，一方面会造成畜牧业生产的波动，从而引发对草产品需求的波动；另一方面会造成草产品生产原料供应量的波动，从而引发草产品生产供应能力的波动。

生产风险主要来自于草产品加工技术的成熟程度和应用水平。技术越成熟，应用水平越高，所带来的风险就越小。草产品加工设备越先进，生产草产品的品种越丰富，越有利于草产品的多元化生产经营及草产品质量的提高。生产风险还来自于生产环境（如气候条件）的影响，如连续降雨会对牧草的收获、加工调制及草产品的贮藏造成不同程度的负面影响。

造成市场风险的因素也是多种多样的，国际、国内草产品市场需求的波动，价格的波动会引发市场风险；市场监管力度不够，市场不规范，不能保护合法生产者和消费者的利益会引发市场风险；诚信缺失，假冒伪劣产品流入市场吞噬草产品经营的信誉也会引发市场风险。

（三）规模化、产业化、组织化生产经营水平普遍低

我国草产品生产与发达国家相比，生产规模明显偏小、草产品分散经营形式普遍、生产效率低下、规模效益难以体现、抵御风险能力弱，同时小规模的传统生产方式季节性比较强、与市场需求的均衡性不相适应。草产品产业化总体水平不高，产品生产、加工、流通的产业链短，投入严重不足。产业化组织机构建设有待加强，运行机制不够完善，草产品生产经营组织竞争力弱，缺少国际竞争品牌。

草产品规模化、产业化、组织化生产经营水平的改善，可以有效提高草地资源及人、财、物的利用效率；有效提高草产品加工技术及先进设备的应用水平，提高草产品的品质，增加草产品市场均衡供应能力；有利于培养大型的草产品生产经营龙头企业，改善草产品市场经营环境，增强草产品生产企业抵御自然风险、生产风险、市场风险的能力；有效缓解草产品自然再生产与经济再生产之间的矛盾，增强草产品市场对我国畜牧业发展的支持力度；同时有利于培养国际品牌，增强我国草产品在国际市场上的竞争能力。

第二节　草产品的规模化经营

从生产经营规模角度，可以把草产品经营分为规模化经营和牧户分散经营两种形式。

一、草产品规模化经营具备的条件

（一）赋予牧户充分的承包经营权是规模化经营的基础条件

承包经营权其实就是在所有权的权利范围内排除土地所有属性，放大了土地的使用属性，在农牧民的经营能力范围内进行合理配置生产要素的权力。草地资源的充分承包经营权赋予农牧民，就将成为农牧民最有利的工具，从而促进规模经营。

（二）剩余劳动力转移是规模化经营的客观要求

草原牧区劳动力的转移其实质是牧区劳动力的非牧化过程。从产业结构调整的角度来说，草原牧区剩余劳动力的转移就是实现产业之间的转移，包括从事非牧产业人口的增加、农牧民职业的转换等。草原牧区剩余劳动力转移势在必行。在目前的制度安排下，实现规模经营仍有很大难度，只有转移牧区的剩余劳动力，形成草地资源的自由合理流动，才能有效推进草产品的规模化经营。

（三）培育新型农牧民是规模化经营的重要条件

草产品规模化经营不是简单的生产数量的扩大，草产品品种的增加是一个系统工程。在这个系统工程里面，农牧民基本经营素质将扮演重要角色，科学技术将起到决定性的作用。如果农牧民只是一味地以生产数量和草产品品种及加大的投资来衡量规模经营，那么这种粗放式的经营模式往往会给农牧民带来更大的损失。在新农村新牧区建设的重要阶段，有文化、懂技术、会经营的新型农牧民是草产业规模化经营的必然要求。培育新型农牧民有助于规模化经营的实现，能够提高自身的生存能力和适应能力，进而加快牧区经济社会的发展。

（四）建立健全社会化服务体系是草产品规模化经营的重要保证

草产品生产形成规模会促使农牧民不断地扩大畜牧业养殖规模，畜牧业养殖规模的扩大使农牧民面临更大的经营风险，草产品经营的社会化服务体系就成为草产品和畜牧业发展的重要条件和社会保障，也是草产品经营规模化，畜牧业生产规模化、专业化、商品化的客观要求。

草产品经营的社会化服务体系可以划分为两类：一类是保护草产品原料生产和畜牧业生产的服务体系，包括优良品种的引进和改良、草原和畜牧业投资保险（特别是金融）服务及动植物病害的防治等；另一类就是保障草产品和畜产品的销售，促进农牧民增收的服务体系，包括市场供求等信息的提供、建立健全流通体系及农牧民合作代理组织等。草原牧区由于居住分散，信息不对称，一些优良品种的种植、养殖在牧区没有推广开，单户经营，抗风险能力差，草产品和畜产品流通体系不健全，势必限制规模化的效益。

二、草产品规模化经营的路径和保障措施

（一）微观层面路径

从微观层次讲，规模经营的实践主要在于组织形式的变革，由此带来经营主体的变化，如家庭农牧场、联合农牧场、股份合作经营及目前草原牧区大量出现的农牧业生产合作社等。

1. 适度规模的家庭经营　这种形式主要以草原牧区的大牧户为基础，逐步鼓励牧户通过流转草地，不断扩大自己的草地规模。

2. 联合（合作）经营　草原牧区在草地资源实行承包以后，在一些地区根据草业生产发展的需要，逐渐涌现出若干承包牧户自愿联合起来建立的草产品生产和畜牧业生产经营组织。它有两种形式：一种是松散型联合经营，另一种是生产合作经营组织。

3. 股份合作经营　股份合作经营形式是根据股份制公司的经验，鼓励农牧民以草场的承包经营权入股，牧区集体将草场所有权、集体生产资料等折算成股份，共同组建草业股份合作制公司，对草场的草产品进行集中连片经营。

（二）宏观层面保障

从宏观层次讲，草产品规模化经营应从以下几个方面提供强有力的保障。

1. 加快转移剩余劳动力，为草产品规模化经营创造条件　牧区剩余劳动力的转移，有利于加快草场流转，草地资源向规模大户集中，解决目前的小规模分散经营所面临的困境。

2. 建立健全草地资源流转管理服务制度，完善流转程序　建立健全草地资源流转的管理服务制度，成立草地资源流转管理服务中心，为草地资源规范流转搭建平台，实行挂牌流转。

3. 建立草地资源规模化经营的激励机制　改善小规模经营机制，向规模化经营靠拢，靠单方面的力量是难以完成的。政府必须鼓励和支持，并建立草地资源规模化经营的激励机制，重点用于改善基础设施建设，扶持草业专业合作组织、规模化经营户的发展；对龙头企业创办的草产品生产基地、草业示范区和种子种苗基地带动农牧户效益明显的、经营规模达到一定水平的给予补助。

4. 深化各项配套制度改革　完善草原牧区社会保障体系，逐步将牧区的社会保障由依靠承包草场转变为依靠社会保障制度，还草场以正常生产要素的性质，尽可能发挥草场的经济功能。

5. 加快信息化建设步伐　推进草产品产业化经营，建设草产品市场体系，提高草产品市场竞争力，稳定增加农牧民收入对推进农牧业信息化的要求比以往任何时候都更为紧迫。信息化建设是增加农牧民收入的重要措施和发展现代农牧业的必由之路。

第三节　草产品产业化生产

一、草产品产业化生产的核心环节

（一）强化草业基地建设

草原牧区要依据资源条件及地方优势，集中力量扶持、放大和强化已有的特色产品，创

立名牌，并围绕草种业、牧草种植业、草产品加工业、草地畜牧业、草原旅游业、特色产业等目前发育较成熟的产业来创建天然草地、人工草地、草产品加工等草业生产基地，以此成为龙头企业和农牧户经营的重要依托。以市场为导向，基地化、特色化、专业化优化组合，使草业生产不断由小而全向大而专、由分散向集中转变。利用天然草原绿色品牌，重视对天然草场的培育，建设天然草产品加工产业带和景观生态旅游区。依靠科技进步，完善技术推广与服务体系，提高草产业的机械化水平，形成基地建设与资源特点相适应、与市场需求相衔接、与龙头企业相配套的现代化草业基地。

（二）培育和壮大龙头企业

龙头企业在草产品产业化经营中居于核心地位，起着至关重要的作用，是草产品产业化经营系统的组织者、带动者、市场开拓者及技术创新的主体。其增值能力、管理水平、市场竞争力及创新能力，直接关系草产品经营的方向、进度乃至成败，是市场经济中连接农户与市场的纽带。按照现代草产品生产的经营理念，以培育和壮大草产品生产龙头企业作为切入点，不断实现草产品生产企业的机制转换和产业升级，更好地促进草原牧区草业经济由传统向现代的转变。

针对目前草原牧区草业企业规模小、实力弱、负担重、竞争力弱等特点，以牧草种植业、草产品加工业、草原畜牧业等主导产业和绿色品牌为依托，以做大企业规模及减轻企业负担为前提，全方位提升企业综合竞争力，培育和壮大龙头企业。目前，草原牧区草产品产业化生产发展的重点方向是按草业产业化经营区域形成主导产业优势产区，培育扶持龙头企业，切实把草产品产业做大做强，实现资源优势向经济优势的转变，进而成为我国主要的绿色草畜产品生产基地。

（三）完善利益分配机制

1. 选择合适的利益联结及分配方式 坚持“利益共享，风险共担”的经济共同体原则，进而实现“龙头企业”与“农牧户”二者间最有效的结合。就公司而言，主要从事草产品的加工与销售，同时享有这两个环节的收益支配权，并承担可能产生的风险，同时负责组织草产业产加销一体化经营。加入基地的农牧户专门从事草业的种植与收割，并承担相应的成本投入，与此同时也承担种植过程中可能的自然风险及因自己管理不善而产生的风险。

1）龙头企业要以保护价收购农牧户的草产品。保护价的确定方式：参照示范专业村的成本核算结果，并结合基地的调查统计，计算出单位产量的生产成本，在此基础上加一定比例利润，进而确定草产品的保护价，并以此作为收购草产品的最低价，于签订合同时予以确认，确保农牧户不亏本，以此来打消农牧户发展饲草业的顾虑。

2）建立二次决算制度，调节公司与农牧民之间的收益分配。每年年终，公司要核算其与农牧民间的收益分配平衡与否。若不平衡，则将加工与销售环节所高出平均水平的利润按农牧民交售草产品的数量按比例返还给农牧民，以确保农牧民分享整个产业链的平均利润，提高农牧民参与的积极性，密切合作关系，建立持续发展的利益共同体。

3）多环节利润调配，高筑收购价格壁垒。公司与农牧户二者合作的目的是农牧户向公司交售草产品，这一环节至关重要，同时也最容易出现问题，因这一环节常发生违约。如果保护价高于市场价时，公司按保护价收购，信守承诺，取信于民；保护价低于市场价时，公司就将利用一体化经营的优势，将公司为基地农牧户提供服务环节的利润补贴到收购环节上来，以此提高收购价格，反击收购竞争者，防止农牧户的机会主义行为，使公司与农牧户的联盟得以巩固。

2. 逐步健全约束机制和利益调节机制　建立“合同为指导，利益为手段”的约束机制。通过签订合同，确定相关方的责权利，处理龙头企业与基地、农牧民及各服务组织间的利益关系。龙头企业可以通过预付定金、发放生产扶持金、提供贴息贷款等措施扶持农牧民发展草产业；同时龙头企业要适当补贴农牧民因自然灾害所造成的严重损失。

3. 建立跨区域的经济合作组织，促进基地与龙头企业的对接　目前草原牧区草产业的发展重点要围绕主导产业，成立区域性的经济合作组织，充分发挥其组织、协作、融资及服务功能，增强辐射能力。逐步建立具有实质功能的全国性草业协会，为引进和挂靠大的草产品加工企业创造条件，同时成立部分特色种养协会，为各地的特色产品开拓市场做准备。

二、推进草产品产业化生产的配套措施

（一）培育扶持龙头企业，推进草业规模化集约化经营

为了提升龙头企业的生产规模和经营管理水平，使其尽快做大做强，政府应积极培育扶持草业龙头企业，探索草业产业化发展方式。通过龙头企业的带动使草业走出一条专业化生产，规模化经营和加工转化增值的自我良性循环发展道路。

（二）加大草业科研开发和推广力度

要在高产栽培管理技术、机械化配套及粗加工技术、无公害、无污染生产管理技术等方面不断加大研究力度，同时，充分利用生物工程技术，为草产品产业化生产开辟新途径。草产品的发展离不开科学技术，它是草产品产业化生产的关键，也是提高草产品经济效益的主要动力和主要源泉。采用基因工程等先进技术，实现草业良种化；提高牧草的加工技术，改进草产品的品质。建立与生产企业、市场需求相适应的草产品经营体系，实现草产品的工业化生产；利用现代科学技术实现草业的科学管理，草田轮作、间作套种，走高产、优质、低耗的科学种草的道路；采用现代化的草产品加工技术，提高草产品的使用价值和附加值；注重草产业基础理论和应用技术研究及推广。积极引进和推广优良品种及其配套生产技术，以及粮草配置、轮作、饲草高产技术的研究等，以推动草产品生产的不断发展。

（三）加强牧草良种繁育体系建设

建立相对稳定的原种培育基地、良种繁育基地和商品种种植基地，不断完善牧草种子等级标准、牧草种子分级认证制度和配套建设种子检验监督中心，为实现优质牧草规模种植提供优良草种。

（四）加快草业的服务建设

努力在草产品的产前、产中、产后等各个关键环节开展技术、流通、信息及贮运等全方位系列服务，同时不断拓宽销售渠道，逐步培育起不同层次的草业服务组织，在此基础上，依靠健全的服务和销售网络，不断推动草产品产业化生产的健康发展。要建立健全社会化科技服务体系，它包括：①草业科学研究体系；②草业科技推广和培训体系；③牧草良种繁育生产体系；④草产品加工工业体系；⑤草产业机械化工业体系；⑥牧草专用肥料、农药工业体系；⑦牧草病虫害防治体系；⑧草产品检验及加工、贮运技术体系；⑨国内外草产业信息

及技术交流体系等。

（五）加强基础设施建设，加快草产品生产发展步伐

目前，滞后的基础设施建设严重制约了草原牧区经济快速发展，进而影响了草产品生产发展水平。加快草原牧区草业发展，从根本上而言，是要通过草原基础设施建设的不断完善，为草产品的发展提供有利的前提条件。此外，加快草原牧区基础设施建设步伐，也要积极开辟投资及融资渠道，坚持“谁投资、谁开发、谁受益”的原则，形成多元投资体系，调动全员力量，参与到基础设施建设当中。与此同时，基础设施的建设要与城镇化建设相结合，并遵循生态经济规律，在生态与经济社会和谐发展的前提下，借助草产业发展的进程来更好地促使城镇建设的生态化。

（六）努力提高农牧民科技素质，增加草产品科技含量

广大农牧民自身的科学文化素质对草原牧区草产业的发展也起着至关重要的作用，为更好适应草产业技术性强的特点，努力做好各项相关培训工作，并通过培训及实施职业教育来提高广大农牧民的科学文化素质，进而形成农牧民“懂科技、学科技、促生产”的良好局面。通过农牧业技术的不断推广，解决草产品生产经营发展过程中的科技“瓶颈”问题。此外，要努力促进产学研三者的结合，利用先进的现代科学技术对初级草产品进行技术改造，更好地发挥科技优势，不断提高草产品的科技含量进而增加产品附加值，促使草产业与草原生态的持续发展。

第四节　草产品生产经营合作组织的建设

一、国内外经验借鉴

（一）经典合作社理论的启示

随着国际合作社运动的深入发展，合作社理论也不断地演进。通过对100多年来合作社理论演进的考察，可以发现：成员入社自由、内部民主管理、组织的所有者和惠顾者同一、资本报酬有限及按照惠顾额分配利润等，作为合作社的原则自罗虚戴尔公平先锋社以来始终没有改变。这些原则成为合作社区别于其他经济组织（主要是企业）的核心特征，是合作社的本质性规定。

经典合作社理论对合作社原则规定的“不变”与“变”，为我们设计草产品合作经济组织运行机制提供了理论指导。

（二）美国新一代合作社的启示

美国新一代农业合作社的内部运行机制和组织原则，对中国草产品生产经营合作经济组织的发展具有相当重要的借鉴及启示。与传统的合作社相比，美国新一代合作社是在全球经济一体化、信息化发展的情况下应运而生的，是对新形势、新变化的适应与调整。

美国新一代合作社在坚持合作社核心原则的基础上，发展出了很多新的特征，这些特征主要表现为：①初始投资依然由社员提供，但是由于产业链的延长，需要的投资额成倍增加，这就要求社员提供的初始投资额也有很大幅度的增加。②合作社的社员入社自由，退社

自愿，但是退社不能退股，而只能将其股份进行转让，也就是说，在新一代合作社内部成员资格是封闭的。不能退股是对成员参与权的约束，但从另一方面讲，股份的转让又能保证退社成员的经济利益。③继续实行“一人一票”，在此基础上还给与投资额相应的表决权。这一方式，既保证了公平性，又体现了资本的作用，兼顾了效率，提高了积极性。④允许外部资金入股，但是这部分资金只可以分红，没有投票权，而且分红比例还有最高额限制。⑤采取专家管理方式。合作社的领导人通常是具有高级管理才能的人，那么，合作社就成为以专家顾问的建议为基础的代理机构，每一项重大事项都需要经过可行性研究才能够被实施。

美国新一代合作社在内部组织方面进行的革新，不但为中国草产品生产经营合作经济组织的内部机制设计提供了思路上的指导，而且提供了直接的实际操作方面的借鉴。

二、草产品生产经营合作经济组织内部运行机制设计原则

具体来说，草产品生产经营合作经济组织内部运行机制设计需要遵循以下几个原则。

（一）坚持合作社的本质规定

合作经济组织的基本性质是合作社，因此，其内部运行机制的设计不能背离合作社的本质规定。

（二）坚持因地制宜的原则

各地区的内部经济发展状况、经济发展方式、资源条件等千差万别，在坚持合作社本质规定的基础上，因地制宜，相机抉择采取合适的具体操作方式才能够使草产品生产经营合作经济组织更加具有生命力。

（三）坚持民办民有民为主的原则

草业发展状况决定了合作经济组织的发展离不开外部力量的支持，尤其是地方政府在资金、技术、政策等方面的大力支持是合作经济组织发展的必要条件。因此，政府应该坚守合作经济组织发展看护人、扶持人的身份，不应该过多介入到草产品生产经营合作经济组织的内部运行当中，使草产品生产经营合作经济组织保持民办民有民为主的特性。

三、草产品生产经营合作组织内部运行机制设计

（一）融资机制

目前，草产品生产经营合作经济组织面临的一个最大问题是资金问题，资金短缺不但导致了草产品生产经营合作经济组织的产生不足，而且限制了草产品生产经营合作经济组织的进一步发展。因此，优化合作经济组织的融资机制是促进草产品生产经营合作经济组织发展的当务之急。

1. 社员必须认购股份　从国内外的经验来看，社员认购股份是草产品生产经营合作经济组织获得初始资金的主要方式之一。对于股金数量的多少，可以根据当地的具体情况做出决定。让社员认购股金不但有利于解决资金问题，而且可以强化凝聚力。随意性的入社和退社的结果是弱化了社员的责任意识和权利意识，不利于草产品生产经营合作经济组织的正常运作，难以取得合作的效益。而要求社员认购股金，可以使社员的入社和退社通过股金的

转让有序进行，既体现了成员入社、退社自由，又保证了草产品生产经营合作经济组织的正常运转。

在资金短缺的现实下，采取按照生产规模入股的方式无疑是一条不错的选择，在这样的安排下，无论是采取按股份分配还是按照惠顾额分配的方式，都能够实现惠顾者和投资者剩余索取权的统一，这样就较好地解决了会员的激励问题。

2. 适当接纳外部投资资金进入　对于草产品生产经营合作经济组织的发展来讲，除了生产者的初始投资以外，还应当允许一些投资资金存在。其原因在于：一是由于牧区资金短缺，社员均等的股金认购难以满足发展的需要，投资资金的介入可以解决这一问题；二是与投资资金相伴随的往往是市场信息、销售网络、管理经验等，这些对于草产品生产经营合作经济组织的发展显得更为重要，投资资金进入的同时，这些因素也会随之进入，那么，草产品生产经营合作经济组织也具备了可持续发展的条件。

3. 地方政府投资入股　地方政府一直是草产品生产经营合作经济组织资金来源的主要提供者之一，但是，政府以前的无偿投入方式不利于改善牧户的收入状况，而且这种一次性投入的方式其使用效率也极为低下。因此，政府需要改变对草产品生产经营合作经济组织资金扶持方式，改变以前的无偿投入为入股分红。具体来说，地方政府投入资金购买股份和参与分红，获得分红以后可以将其再次根据需要投资，这样不用增加政府投资的数量，只是改变其投资的方式，不但提高了普通农牧民的收入，而且没有改变组织内部的剩余所有权和剩余控制权对等的结构，不会影响草产品生产经营合作经济组织的激励机制。可谓一举两得。

（二）草产品生产经营合作组织的组织机制

1. 限制成员资格　对成员资格进行限制是很多合作社保证成员成分的重要手段。一般来说，由于草产品生产经营合作经济组织性质的不同，对成员资格的限制也会有所差异：结构相对松散的专业协会，通常不会限制成员的资格，可以说是充分的“入社自由”；而对于结构紧密的草产品生产经营合作经济组织，往往会设置一些严格的进入条件，如生产经营规模、技术专业水平等。

从草产品生产经营合作经济组织发展的现状来讲，对成员资格进行限制是有必要的，具体的限制手段则可以灵活采用。成员资格的限制不但可以保证会员成分的相对同一性，而且可以适当地提高成员入、退组织的随意性，强化合作经济组织的凝聚力，提高组织收益。

2. 设置“三会”　理论上来讲，草产品生产经营合作经济组织内部应该具有健全的“三会”——成员大会（或成员代表大会）、理事会和监事会——共同管理、相互制约的组织结构。其中，成员大会（或成员代表大会）是组织的最高权力机构，每年召开一次会议，决定组织的重大事项及组织的发展方向。理事会是草产品生产经营合作经济组织的日常管理机构，由成员大会选举产生，对成员大会负责，在成员大会休会期间执行合作经济组织的经营决策职能。理事会的各项决定必须与成员大会一致，不能违反成员大会的决议。监事会是合作经济组织的监督机构，主要职能是代表全体成员监督和检查理事会的各项工作。

实践中，合作经济组织的实际运行并不一定必须健全“三会”。尤其是在组织的初创阶段，由于成员较少、业务单一，召开成员大会的成本非常低，而且容易组织，因此，建立理事会和监事会就显得多余。随着组织的成长，成员和业务量的增加，召开成员大会的成本也开始上升；与此同时，经过前一阶段的锻炼，有一部分成员的经营能力也得以显现，那么设立理事会就可能显得必要和可行。

（三）草产品生产经营合作经济组织的决策机制

无论是从草产品生产经营合作经济组织的现实条件，还是国际上合作社发展的实践来看，“一人一票”制的决策机制都有进行适当调整的必要。

1. 一人多票和多人一票相结合的决策模式　这种机制既考虑了公平又体现了效率。具体做法是，合作经济组织根据成员的经营规模、股金多少、个人技能等多个指标，通过综合测评的方式来决定投票权力的大小。综合测评权力大的成员可以多分配票数，即一人多票，这样就能使对组织贡献大的成员获得较大的剩余控制权；综合测评权利不够一票的几个会员可以自由组合为一票，即多人一票，这样就可以避免普通成员因为股份、经营规模等较小而在决策时受到忽视的情形。与此同时，组织还可以通过设定最低和最高限额，防止某些成员的权利受损或某些成员对组织的控制。一人多票和多人一票相结合解决了“一人一票”中存在的缺点，也充分考虑了草产品生产经营合作经济组织的现实，因此，可以作为现阶段我国牧区专业组织的基本决策模式。

2. 制定科学的决策程序和决策内容　科学的、制度化的决策程序和决策内容不但能够降低决策中的随意性，提高决策的效率和质量，而且有助于防范决策中的机会主义行为。科学的决策程序大致可分为发现问题、确定目标、搜集资料、制订方案、评估和优选方案、贯彻实施、反馈及追踪检查等7个过程，在实际中，合作经济组织可以根据自身的情况进行筛选，确定几个过程作为本组织的决策程序。其中最关键的是确定的程序一定要明确下来，形成制度。

针对草产品生产经营合作经济组织的特征，其决策的内容应该包括以下几点：草产品生产经营合作经济组织的融资方式和数额的确定及成员退出组织时入股金的处理办法；投资项目如何选择及投资后的项目合理运行；盈余分配和确定盈余公积的比例问题；成员资格制度，吸纳新成员的方式和周期，管理层薪酬等。

（四）草产品生产经营合作经济组织的利益分配机制

1. 利益联结方式　按照横向一体化和纵向一体化的产业链条，草产品生产经营合作经济组织的利益联结方式包括以下5种：一是生产服务的联结。这种方式围绕着生产技术的交流和推广，将有相同科技服务需要的农牧民联系起来。二是销售服务的联结。这种方式主要是利用组织发达的销售渠道及较强的谈判地位，帮助成员销售其产品，通过解决农牧民的销售难问题，提高农牧民收入。三是生产销售的联结。草产品生产经营合作经济组织的服务将贯穿于整个生产和销售环节，可以说是前面两种方式的有机结合。简单地说就是将销售环节产生的利润按一定比例分成，二次返利给成员，解决成员增收问题。四是股份合作联结。这种方式纯粹是资本的联结。五是生产与资本的联结。草产品生产经营合作经济组织的成员和龙头企业共同投入生产资料，生产出产品以后由龙头企业统一加工、销售，增值部分则按比例在草产品生产经营合作经济组织和龙头企业之间分成，从而实现利润均沾、风险共担。

2. 利益连接机制优化　事实上，利益机制在整个草产品生产经营合作经济组织中处于核心的地位，利益机制的好坏直接激励或约束着参与主体的行为。因此，利益机制的设计也就显得较为重要了。就目前来讲，草产品生产经营合作经济组织的目标除了促进畜牧业发展以外，还要实现草地资源的可持续利用。按照经济学理论，只有使要素投入的边际收入相等，才能够激励该要素投入达到社会合意的水平。

草业合作经济组织中现存的利益连接方式，事实上就是为了提高农牧民的各项要素投入的回报率而采取的努力。从结构来看，这些方式都在一定程度上实现了这一目标，提高了农牧民收入。而且，随着合作环节从单纯的生产或者销售环节，向产销整个环节的深化，农牧民还能获得二次返利，这就进一步提高了农牧民的收入，可以说是较好的利益连接方式。因此，要继续扩大这种利益连接方式，按照《农民专业合作社法》在分配上按成员与本社的交易量（额）比例返还，返还总额不得低于可分配盈余的60%，真正地将流通和加工增值部门的利润让利于普通成员。

不过，以上的方式依然只是关注除了草地资源以外的要素回报问题，草地资源回报依然受到忽视。草地资源价格扭曲的结果是草地资源可能遭到更大强度的利用。因此，更为合理的利益连接机制应当是利润分配进一步向草地资源倾斜。在合作社和社员按照交易量返还利润之前提取一部分草原建设基金，按照社员草场面积进行补贴。而且，对草原质量改善进行评级，质量改善越多给予补贴越多，这样就相当于提高了草地资源的价格，促进农牧民保护草原。

四、完善草产品生产经营合作经济组织的措施

（一）摒弃偏见、明确思路

在草产品生产经营合作经济组织的发展中，草业发展受到了合作化的忽视也是显而易见的。在未来的发展中，应将其视野放到整个草原可持续发展这样一个大的战略选择之下，从而为草产品生产经营合作经济组织的发展找到一个更大的舞台。

在这样的认识之下，要进一步明确草产品生产经营合作经济组织的发展思路。草畜平衡、草畜和谐是草原可持续发展追求的目标，同时也是草产品生产经营合作经济组织追求的目标。那么在未来的发展中，这两者都不能偏废，而要使它们相得益彰，共同发展。

（二）加大宣传、扩大影响

各级政府和涉牧部门应积极利用各种手段、各种途径宣传合作化的作用和意义，提高广大农牧民对其认识，从而激发他们参加草产品生产经营合作经济组织的积极性。与此同时，还要注重对基层干部的宣传和培训，使他们充分理解草产品生产经营合作经济组织的重要价值、掌握发展草产品生产经营合作经济组织的相关知识和技能，从而为引导和服务于草产品生产经营合作经济组织做出贡献。

向社会各界宣传草产品生产经营合作经济组织发展的状况、意义等也是不可缺少的工作。通过这些活动，向社会通报草产品生产经营合作经济组织发展中存在障碍，有助于争取舆论上、资金上、技术上的支持，从而推动草产品生产经营合作经济组织的大发展。

（三）积极引导、政策扶持

对于草产品生产经营合作经济组织的发展，社会各界投入了相当的精力，期望其能够在农村牧区生根发芽。但是其发展又要尊重经济发展规律，要充分尊重当地农牧民的意愿，不能采取强制的手段来实现。因此，社会各界要从历史和国际实践中汲取经验，采用各种手段

引导农牧民参加草产品生产经营合作经济组织。

草产品生产经营合作经济组织的发展离不开政府的大力支持，而宽松的政策环境是政府支持的核心内容。截至目前，从国家到县（旗）的各级政府已经为其发展提供了一整套的扶持政策，但是，这些政策相对于其发展依然略显不足。今后政策扶持的方向应该是：一方面，要继续加强政策扶持的力度，不能点到为止，要落到实处，尤其是要有实质性的资金和项目支持；另一方面，要注意政策的瞄准性，避免政策之间的扯皮和相互掣肘，并且要防止基层中出现的机会主义回应，消除政策执行过程中的漏出效应。

（四）多方投入，筹集资金

积极推动农村金融体制改革，建立完备新型农村合作金融体系。为草产品生产经营合作经济组织的发展，创造基本的融资环境。积极发展农村合作金融，通过农牧民之间的互助合作从根本上解决资金不足的问题。而且，适时在农村信用合作社中开展针对草产品生产经营的新业务，提高其服务的业务水平和服务质量。拓展农业发展银行的业务范围，把对草产品生产经营的支持作为其重要业务之一，建议农发行尽快制定出对草产品生产经营支持的相关政策，由县（旗）级农发行具体实施。鼓励农业银行继续拓展其在草业领域的业务，为专业合作经济的发展做出贡献。无论是什么形式的经济合作组织，最终都应与龙头企业紧密合作，按企业的运作模式进行经营管理。

第五节　草产品市场营销

在草产品市场中，传统意义上对草产品的理解往往局限于产品的物质形态和具体用途上。在现代营销学中，产品被归结为通过交换能够满足人们某种欲望或需要的任何事物，既可以表现为有形的产品，也可以表现为无形的服务。由此草产品的整体概念包含 3 个层次：核心产品、有形产品、附加产品。核心产品是满足养殖业追求的效用或利益，同种类的产品，所提供的效用或利益相同或类似，因此，在核心层次上，产品之间是无差异或差异很小的。企业在该产品层次的营销重点是实现产品创新。有形产品在满足同种效用或利益的前提下通过质量水平的高低，各具特色的品种相互区别，体现出自己的特点，以迎合某种需求偏好。同时更多的企业把目光投向附加产品的竞争。附加产品提供的是附加利益或服务，它能够增加产品的价值，使消费者得到更好的满足，从而使产品具有较强的竞争力。事实证明，在草产品市场，附加产品的竞争在现代产品的竞争中处于越来越重要的地位，许多企业的成功归功于对产品附加服务或利益的重视上。

一、草产品价格的确定

草产品价格不仅影响市场需求与购买行为，而且直接影响到企业盈利目标的实现。价格是市场营销组合中最活跃的因素，价格的变动往往影响营销组合中的其他因素。定价是否适当，往往决定产品能否被市场所接受，直接影响产品在市场上的竞争地位，从而影响企业的生存与发展。草产品的市场定价，针对不同的客户可以采取不同的定价策略。定价中首先要依据客户的采购规则决定产品定价策略，同时要考虑非价格因素对客户选购草产品的影响。

（一）投标定价法

草产品客户，部分是通过公开招标的方式进行采购，招标人以公告或寄送招标书的形式，邀请投标人在指定期限内按公告或招标书中提出的条件进行投标，一家招标人同时要向多家投标人发出邀请。投标人一次报价成交，没有交易磋商的过程，因此为争取中标，一般是报最低的底价。这种底价的确定是根据对竞争者报价的估计制订的，底价应低于其他投标人的报价才能取得合同。同时企业的底价也不能低于成本水平，否则不能保证企业的适当利益，然而价格高于成本越多，中标的可能性越小。

（二）认知价值定价法

草产品客户在邀请招标时定价是建立在产品的认知价值的基础上。认知价值是企业产品在客户心目中的感知价值，认知价值中草产品品质、技术服务水平、客户关系等非价格因素的影响越来越重要，客户对不同的企业产品的认知价值不同。在邀请招标中客户一般会通知关系企业前来议标，由于关系密切或重要，服务水平高，产品质量有保障，产品的价格可以根据具体情况浮动，协商议定。因此作为定价的关键，不是卖方的成本，而是购买者对价值的认知。

认知价值定价法的关键在于正确估计客户的认知价值。如果定价高于客户的认知价值，客户的注意力就会转移到其他企业，销售额就会减少；如果定价低于客户的认知价值，尽管可能会增加产品的销售，但是创造的利益将会下降。因此企业在对草产品客户的营销中，要持续重视营销组合中的非价格因素如提供附加的客户服务，满足客户的多样化需求，提高产品质量对客户的影响，提高企业在客户心目中的认知价值，并据此定价获取高额利润。

（三）随行就市定价法

随行就市定价法是企业在对草产品定价时，主要参照竞争对手的价格定价。企业制订的价格可以与竞争对手的价格相同，也可以高于或低于竞争对手的价格。

二、草产品促销

促销，即促进销售，是指企业通过人员推销或非人员推销的方式，向目标顾客传递商品或劳务的存在及其性能、特征等信息，帮助消费者认识商品或劳务所带给购买者的利益，从而引起消费者的兴趣，激发消费者的购买欲望及购买行为的活动。促销本质上是一种信息沟通活动。促销的方式分为人员推销、广告促销、销售促进、公共关系促销 4 种。

（一）人员推销

人员推销这里是指企业派出推销人员，直接与草产品客户进行的面对面销售活动，是信息的双向沟通。人员推销可以更全面、生动地给客户讲述产品的价值，可以直接观察客户的态度，了解客户的需要，及时对事态的发展给予判断，并做出相应的反应。面对面的接触可以发展出各种各样的关系，从仅仅是买卖关系发展到建立深厚的友谊，保持长期的联系，可以在争取客户偏好、建立客户对产品的信任和促成交易等方面发挥出很好的作用。

推销人员在销售工作中要尽可能地收集客户的情况，包括客户的真实需求是什么、谁是购买决策的参与者、决策程序、购买决策者的性格和购买风格等并针对具体情况做出相应的对策。

（二）广告促销

广告是由特定出资者付费所进行的构思、商品与服务的非人员的展示和促进活动，是企业用以对目标客户和公众进行直接说服性传播的主要工具之一，是促销组合中受到普遍重视和应用的促销形式。草产品市场所面对的广告传播对象相对于消费者市场数量非常少，广告内容的设计中更多地需要体现产品的技术性、专业性和服务性。依据养殖业客户的媒介习惯和广告的效率看，广告媒介常选择广播电视、报纸、杂志和互联网等。

（三）销售促进

销售促进，包括各种属于短期性的刺激工具，用以刺激消费者和贸易商迅速或较多地购买某一特定产品和服务。销售促进能说服客户尝试新品种或采购更多的产品。草产品客户市场经常应用的促销工具为产品保证、免费实验示范、提供赠品、商品展览等。产品保证是企业为了促销草产品给采购单位在产品质量、效果上的承诺。通常新产品进入市场，采购人会要求对新产品进行免费实验示范，实验效果好，客户会考虑对新产品的采购；实验效果差，基本上就断送了新产品在该客户中的采购机会。商品展览是企业参加相关行业的展会，通过展会展示企业的草产品，国内涉农行业的展会近年来举办的比较频繁，机会很多。

（四）公共关系促销

公共关系，就是一个企业以公众利益为出发点，通过有效的管理和双向信息沟通，在公众中树立良好的形象和信誉，以赢得企业内外相关公众的理解、信任、支持与合作，为自身事业的发展创造最佳社会环境，实现企业的既定目标。公众有促进或阻挠企业达到其目标的能力，密切企业与公众的关系，树立企业的整体形象及声誉，可以为开拓目标市场或加强与草产品客户的关系创造良好的条件和基础，从而间接地促进草产品的销售。草产品企业在公共关系促销的方法上主要采取赞助和支持社会公益事业，如救灾、社会福利、生态环境建设、扶贫、教育事业、精神文明建设等。

三、草产品市场关键客户的营销

关键客户营销是一种策略性的客户管理方法，是现代企业以顾客为中心的营销思想和关系营销发展的必然结果，是通过对客户价值的分析、判断，持续地为最有价值的客户定做产品或服务，比竞争对手更好满足客户的特定需求，从而培养忠诚的客户，并为供需双方带来增加利润的机会。它的目的是提高工作效率，使企业区别于竞争者，以加强企业的竞争优势。市场营销中根据“二八法则”，20% 的关键客户能给公司带来约 80% 的利润。目前，关键客户营销管理已受到越来越多的企业重视。避免关键客户流失，做好关键客户服务，提高关键客户忠诚度，对企业至关重要，也可以说是企业生存和发展的命脉。

对关键客户的关系营销，是草产品客户营销的重要组成部分，它是在一个宽广的视野中谋求相关群体的长久支持，草产品关键客户营销具有重大的实用价值，关系越紧密，越能提高交易的可预测性和安全性。良好的关系有助于交易顺利进行和价值的创造与实现，还可以增加信任，促成新的交易，节省市场成本，良好的客户关系还可以长久地留住客户，获取客户的终身价值。人都有社交、尊重等情感和心理需求，可以在市场活动的过程中得到满足，关系也就在其中扮演很重要的角色，其本身也在创造价值。

通过向客户提供优质服务与更高价值来建立和提高客户满意度，最终赢得关键客户，赢得市场。优质服务一是企业按照养殖业要求标准及采购约定，保质、保量、按时完成草产品销售的交付工作。二是企业在销售过程中，积极为消费者提供和使用新技术、新产品，对养殖业的预期效果予以改进，客观上为养殖单位及其采购决策参与人员创造政绩。三是对养殖企业在经营的上下游产业链中遇到的各种问题给予积极的解决，当现有技术力量无能为力时，设法协调其他的社会资源帮助企业渡过难关。

（一）设立关键客户关系营销部门

为了有效开展草产品经营中关键客户的关系营销活动，使企业目标能够得以顺利实现，企业需要建立一个专门从事关键客户营销的部门，选派业务综合能力强的人担任该部门经理，组织关键客户营销团队，落实企业向客户提供的各项利益，处理可能发生的问题，维护和客户的良好发展关系。

（二）经理的选择

草产品经营企业在关键客户营销过程中，关键客户经理的选择非常重要，优秀的销售人员不见得会成为优秀的经理。关键客户经理不仅要有较强的销售能力，还要有更强的领导能力、客户规划能力和对销售团队提高销售人员效能的指导能力。关键客户经理必须能够识别变化的机会，必须具备企业家的才能和智慧。因此具备营销的综合能力至关重要。

在20世纪90年代末期，H. R. Chally公司——一家坐落在俄亥俄州克德林市的销售调查和销售选择公司，为战略大客户管理的大客户经理选择开发出一种能力模型，这种能力模型的主要内容也适合草产品市场对关键客户经理的能力要求。2002年由麦肯锡公司对中国化工进出口总公司进行的“中化市场营销深度培训”中，对关键客户营销经理的能力也给出一种能力模型。这两种模型的有机结合更加全面、有针对性地对关键客户经理的能力给予描述，更有利于对关键客户经理选择、管理工作的实施。其主要内容，总结归纳了6个方面，对关键客户经理的选择和培养具有很好的适用价值，总结内容如表13-1所述。

表13-1 关键客户营销经理能力模型

能力要求		高分	低分
主动行为能力	● 将自己定位为营销行动的倡导者 ● 为达到目标，组织实施计划并提出建议 ● 自信并了解实施过程中的任务和责任	● 将自己定位为倡导者并推动方案计划的制订和目标的达成 ● 愿意承担责任 ● 会跟进并了解实施过程中的任务和责任	● 在推进自己的想法或推动新的目标或计划的实施时犹豫不决 ● 不是提前跟进，而是拖延或等待命令
时间投入分配行为	● 将工作排在第一位 ● 有以长时间工作来达到目标的强烈愿望，而不仅是按工作时间工作 ● 准备好计划以确保成功	● 根据必须达到的目标分配时间 ● 愿意受既定目标的控制并定期为行动步骤做准备	● 更倾向于按时间工作，而不是按达到目标所要付出的努力工作 ● 没有看出通过为特定的行动作准备而获得成功的机会
协助和支持他人行为	● 从自愿协助或给他人提出建议中获得个人满足 ● 对那些正在学习及寻找方法以维持学习动力和热情的新人保持耐性 ● 为新人取得的成功感到骄傲	● 愿意指导并提高他人 ● 从他人视自己为导师这种可能中获得激励，并为他人的成功感到骄傲 ● 主动提出建议或给予协助	● 不愿意主动地给予建议 ● 对那些缺乏学习动力或热情的新人没有耐心

续表

	能力要求	高分	低分
专业技术能力	• 拥有专门化，通常是（任何营销能力领域的）分析性和技术型专门知识，并努力使自己成为产品使用方面的专家。 • 为全面了解主要的技术、流程和业务方法而努力 • 留意自己领域内新产品的开发动向	• 希望了解最新的研究和技术发展水平 • 不断提出问题以搞清楚事情如何起作用的并了解根本的原因 • 定期收集并研究关键的资料和信息以跟踪在所有重要功能上取得的进展	• 自己不了解技术或基本原理，往往依赖他人的意见 • 拖延或在跟踪所有关键的业务信息来源上花的时间不足
培训能力	• 把培训或教育的焦点放在提高达到公司业务目标的效率上 • 重视受指导人员“缺口”技能的培训	• 更关心产生的结果或取得的变化，而不是培训的吸引力或趣味性 • 重视那些能提高技能的活动，因为这样能提高工作效率并减少不相关的事情 • 将精力放在若干个能使培训取得显著效果的问题上	• 可能过于重视培训的趣味性，而以牺牲培训的信息量为代价 • 可能将时间更多地花在那些不提高附加价值和开发更细化的培训方法上的非指导性活动上
销售规划制订能力	• 确定目标顾客，有效地覆盖各关键客户及排定各顾客群的优先顺序 • 对各顾客确立明确的销售目标 • 销售人员的角色、销售方式及销售目标均有明确的定义，且达成共识 • 根据绩效订立考核指标及奖励	• 对目标客户进行价值分析，并据此确定关键客户及其重要性排序 • 明确市场销售目标并按销售人员的角色分配相关任务 • 符合提高整体绩效的指标与实施考核	• 对关键客户确定缺乏数量化的价值分析，以经验为主 • 任务分配不够明确，销售中出现困难支援缓慢 • 考核体系不健全，考核不够及时

（三）团队组建

关键客户关系的营销是通过人员实现的，建立关键客户营销团队，人员的选择非常重要。根据目标客户的特点、完成任务的需要，确定团队人员的专业结构，组成人员背景结构，组成人员功能性互补结构，组织分工需求结构及人员数量。

（四）员工培训

企业的每一个员工都是企业的一个形象代表，是企业对关键客户服务的一个窗口，所有的员工都必须协同合作，以达成企业的经营和战略目标。企业管理层需要通过努力，尽可能有效地确保每一位员工都能表现出最高标准的服务。

员工对企业成功有着极其重要的作用，只有企业中的每一位员工都拥有了同一个目标，企业才有可能获得最大的成功。也就是说，员工和企业经理人对企业的看法，他们所共同拥有的价值观及他们对工作的满意程度，都将直接影响客户服务的方式和质量。服务至上的内部企业文化培训将直接影响员工们服务客户的态度。培养员工积极的价值观与行为准则，提倡团队分工合作，将“台前”和“幕后”的经营活动更加紧密地结合在一起进行，同时，发展和维护以客户为本的企业文化是关键客户关系营销能够取得长期成功的决定因素。

（五）营销目标制订

关键客户的关系营销目标既要制订销售目标，也要制订关系的发展目标。营销目标在方向上要与公司的发展战略一致，在资金上要为公司提供持续有力的支持，在关系的保持与发展上要有一个持续稳定的扩展。业务单元营销目标要配合公司总体目标的完成。营销目标既有短期目标，又有长期目标，使整个团队向一个既定的方向去努力。个人目标同样要明确，将公司总体的营销目标逐级分解到业务单元目标和个人目标，做到千斤重担大家挑，人人头上有指标。

目标的设定需全面考虑各地区在资源和市场环境各方面的差别，充分建立公平的衡量基础，如使用历史数据或可比较的数据。初始目标应由发约人提出，然后经过发约人和受约人（如总经理和业务中心经理）共同商讨而最终决定。当双方在关于目标设定无法达成一致时，发约人具有最终决定权。目标应当是比较切合实际的，同时目标要具有一定的挑战性，并促进团队的合作和协调。

目标的分解每层的每一个要素都必须责任到人，每一个要素都是对范围、进度、成本和质量进行控制的最小工作单元。经营目标责任要一级一级广泛沟通、宣传，领导、员工全部达成共识，明确每个人的角色，有利于整体营销工作的进度和质量的提高。

四、业绩管理

业绩管理就是将不同阶段的营销目标与实际结果进行比较。实际结果与营销目标相符或超额完成则给予奖励。实际结果若达不到营销目标要分析原因，找出改进的办法努力达到营销目标。用业绩合同进行业绩管理是一个有效的管理措施。业绩合同是管理者与被管理者之间的有效承诺，通过业绩合同加强业务部门的纵向管理职能及总经理对业务中心的管理。合同要逐级签订，职责清晰，高、中层管理人员，业务人员都要有业绩合同。业绩考核要建立一个月度、季度业绩跟踪体系，业绩跟踪不只局限于“汇报工作”，更重要的是发现差距，找出原因，并做出提高业绩的方案。每年末要比较受约人的实际业绩与业绩合同的目标，两者的差异将作为决定受约人浮动薪酬与非物质性奖惩的依据。当实际业绩超过合同目标时，实际业绩不会自动成为下一年的业绩目标，以确保受约人良好的进取动力。当实际业绩低于合同目标时，受约人有责任向发约人递交述职报告和下一年如何改善业绩的具体行动方案。每份业绩合同的有效期为一年。在有效期结束前，通过新一轮设定的业绩目标谈判签订下一年的业绩合同。业绩合同一旦签署就具有约束效力，在有效期内不得擅自更改并严格执行。

思 考 题

1. 制约草产品市场发展的因素有哪些？
2. 草产品规模化经营需具备哪些条件？
3. 草产品产业化所面临的主要问题有哪些？
4. 推进草产品产业化生产的配套措施有哪些？

参考文献

艾必燕，樵星芳，陈建康，等．2012a．发酵木薯渣对生长鹅血液生化指标的影响．上海畜牧兽医通讯，（1）：19-20

艾必燕，刘长忠，陈建康，等．2012b．木薯渣发酵饲料的工艺筛选．饲料工业，33（7）：57-60

艾杰南德．1998．沙棘果的营养、食用方法及园艺．徐露译．北京：航空工业出版社

安宪全，井厚进，唐俊英．2002．全价混合日粮对奶牛产奶量的影响．中国奶牛，106（4）：22-23

巴嘎那．2007．积极发展农村牧区合作经济组织．实践：思想理论版，（z1）：52-53

薄涛．2008．关于奶牛 TMR 饲养技术的探讨．吉林畜牧兽医，29（2）：12-13，16

蔡素雯，杨军．1997．食用叶蛋白的制备及其有效成分分析．西北大学学报：自然科学版，27（3）：231-234

蔡永权，杨文巧．2007．青贮木薯渣饲喂杂交牛增重试验．广东畜牧兽医科技，32（1）：51-52

曹国军，文亦芾．2006．我国灌木类饲用植物资源及其可持续利用对策．草业与畜牧，（10）：26-29

曹康．2003．现代饲料加工技术．上海：上海科学技术文献出版社

曹致中．2005．草产品学．北京：中国农业出版社

曹致中，魏臻武，陈本建，等．2001．草产品加工贮藏与利用技术．兰州：甘肃人民出版社

曾分有，周海燕，吴永尧．2007．红三叶活性成分及其在保健食品和医药中的应用．现代生物医学进展，17（3）：449-465

陈宝书．2001．牧草饲料作物栽培学．北京：中国农业出版社

陈代文．2005．动物营养与饲料学．北京：中国农业出版社

陈卢亮，玉柱．2007．微波炉测定三叶草含水量的研究．草地学报，15（5）：465-468

陈默君，贾慎修．2001．中国饲用植物．北京：中国农业大学出版社

陈默君，张文淑，周禾．1999．牧草与粗饲料．北京：中国农业大学出版

陈鹏飞，戎郁萍，玉柱，等．2006．微波炉测定紫花苜蓿含水量的初步研究．中国草地学报，28（3）：53-55

陈喜斌．2003．饲料学．北京：科学出版社

陈雪峰，吴丽苹．2005．果渣膳食纤维脱色工艺的研究．食品与发酵工业，31（6）：137-139

陈幼春，吴克谦．2007．实用养牛大全．北京：中国农业出版社

陈自胜，陈世良．1999．粗饲料调制技术．北京：中国农业出版社

崔富贵，李安平，谢碧霞，等．2012．不同处理方法对米糠品质稳定性的影响．食品工业科技，33（5）：141-143，158

戴宝合．1993．野生植物资源学．北京：农业出版社

丁乡．2006．饲草产品可开发．农家参谋，（01）：12-15

董宽虎，沈益新．2003．饲草生产学．北京：中国农业出版社

冯畅敏，曹致中．2007．不同方法提取苜蓿草渣膳食纤维的效果比较．甘肃农业大学学报，42（2）：88-91

冯定远．2003．配合饲料学．北京：中国农业出版社

傅建熙，孔东宁．2005．发展沙棘产业促进生态环境建设和农业结构调整．沙棘，18（1）：7-9

甘肃省科技厅．2001．草产品加工贮藏与利用技术．兰州：甘肃人民出版社

顾洪如．2002．优质牧草生产大全．南京：江苏科学技术出版社

顾金，薛永峰，章世元，等．2008．棉籽饼粕脱毒工艺的研究进展．饲料博览，（7）：21-23

顾林，周冬震．1999．小麦麸皮膳食纤维及其在食品中的应用．山东食品科技，（4）：10-14

郭绍祖，冯彩平，卢崇恩，等．1988．几种水土保持植物的饲料价值研究．中国水土保持，(4)：8-13
郭文华．2012．甘薯产业迎来发展契机．农产品加工，(5)：4-5
郭孝，王桂林．2002．灌木资源饲用价值分析与利用研究．中国饲料，(15)：31-32
郭艳丽，郝正里，曹致中，等．2006．不同生育期和不同品种苜蓿的果胶含量及与其他营养素的相互关系．草业学报，15(2)：74-78
国卫杰，王加启，王晶，等．2008．全混合日粮饲养方式对奶牛生产性能的影响．黑龙江畜牧兽医，11：27-29
韩丽，刘晓，李国兴，等．2005．酱油渣和醋渣的开发利用．粮食与饲料工业，(3)：32-33
韩鲁佳，闫巧娟，刘向阳，等．2002．中国农作物秸秆资源及利用现状．农业工程学报，18(2)：87-91
何春年，高微微，佟建明．2005．苜蓿属植物的皂苷类化学成分．中国农学通报，21(3)：107-108
何明勋．1999．资源植物学．上海：华东师范大学出版社
何玮，张新全，杨春华．2006．刈割次数、施肥量及混播比例对牛鞭草和白三叶混播草地牧草品质的影响．草业科学，23(4)：39-42
胡民强．2004．我国牛羊复合营养舔砖的研究进展．广东畜牧兽医科技，29(6)：8-9
胡玉熹．1990．植物纤维纵横谈．植物杂志，(5)：34-37
花卫华，单昊书，徐志伟，等．2008．醋糟对湖羊羔羊育肥效果的研究．安徽农业科学，36(32)：14105，14112
霍丹群，侯长军．2000．葛根保健食品的开发及利用．资源开发与市场，16(1)：27-28
贾玉山，格根图．2012．中国北方草产品．北京：科学出版社
贾玉山，姜洪喜．1998．不同刈割技术对沙打旺草粉质量的影响．草原与草业，(2)：33-35
姜亚东，贾玉山，格根图，等．2006．苜蓿水溶性膳食纤维提取方法的研究．草原与草业，18(3)：51-53
姜义宝．2008．牧草膳食纤维及其发展趋势．草业科学，25(6)：62-66
靖德兵，李培军，寇振武，等．2003．木本饲用植物资源的开发及生产应用研究．草业学报，12(2)：7-13
李宝筏．2003．农业机械学．北京：中国农业出版社
李德发，龚利敏．2003．配合饲料制造工艺与技术．北京：中国农业大学出版社
李德发．1997．现代饲料生产．北京：中国农业大学出版社
李德发．2000．动物营养与饲料加工技术．北京：中国农业出版社
李德发．2001．中国饲料大全．北京：中国农业出版社
李德允．2005．TMR饲料对牛育成期瘤胃发酵特性及微生物生态的影响．中国畜牧兽医，32(5)：18-21
李德允．2006．全混合日粮对肥育期的瘤胃发酵特性及其饲料消化率的影响．黑龙江畜牧兽医，10：6-20
李复兴，李希沛．1994．配合饲料大全．青岛：青岛海洋大学出版社
李茂，字学娟，周汉林，等．2012．海南省部分热带灌木饲用价值评定．动物营养学报，24(1)：85-94
李明，郭孝，王桂林．2006．河南省灌木饲料资源开发与利用的研究．家畜生态学报，27(6)：210-212
李荣斌，董绪燕，魏芳，等．2009．微波预处理超声辅助酶解大豆秸秆条件优化．中国农学通报，(19)：314-318
李淑花，都业良，张凤，等．2009．饲料中黄曲霉毒素去除方法的研究概况．天津农业科学，15(5)：23-25
李晓华．1998．树叶及锯末制作饲料技术．养殖技术，12(3)：36-38
李正明，王兰君．1998．植物蛋白生产工艺与配方．北京：中国轻工业出版社
李忠喜，张江涛，王新建．2007．浅谈我国木本饲料的开发与利用．世界林业研究，20(4)：49-53

林文庭．2006．番茄渣膳食纤维酶法提取工艺及其特性研究．中国食品添加剂，51（5）：55-57
林曦，王桂杰，张永根，等．2010．甜菜渣青贮营养价值的评定及不同水平甜菜渣青贮对奶牛生产性能的影响试验．黑龙江畜牧兽医：科技版，（7）：68-70
林旭辉，毛潞河，李楠，等．2006．复合酶法提取玉米皮渣中可溶性膳食纤维的研究．食品科技，（12）：242-244
刘朝霞，贾玉山，格根图，等．2006．牧草中提取膳食纤维方法的研究．草原与草业，18（14）：15-21
刘德芳．1996．配合饲料学．北京：中国农业出版社
刘国道，罗丽娟．1988．海南木本饲用植物资源考察及营养价值评价．草地学报，6（1）：59-67
刘海燕，邱玉朗，魏炳栋，等．2012．秸秆生物学处理研究进展．中国奶牛，（4）：22-25
刘平．2009．木薯渣饲料资源化开发研究．养殖与饲料，（1）：55-59
刘胜祥．1994．植物资源学．武汉：武汉出版社
刘庭玉，贾玉山，格根图，等．2012．饲草型全混合日粮对羔羊肉品质的影响．草地学报，20（2）：378-382
刘向阳，李道娥．1997．叶蛋白食用研究概述．中国农业大学学报，2（6）：96-100
刘学端，肖启明．1997．植物源农药防治烟草花叶病机理初探．中国生物防治，13（3）：128-131
柳斌，席亚丽，穆峰海，等．2010．不同处理方法对苜蓿叶蛋白凝聚效果的研究．草业科学，27（1）：114-118
柳洪良，具红光，全炳武，等．2011．乳酸菌对不同起始糖浓度甘蔗渣发酵品质的影响．中国农业大学学报，16（2）：89-96
卢德勋．2001．动物营养进展．北京：中国农业出版社
陆东林．2004．全混日粮（TMR）技术在奶牛业中的应用．新疆畜牧业，（5）：50-53
马静静，王小芬，程序，等．2008．乳酸菌发酵使木薯淀粉残渣饲料化研究．农业工程学报，24（6）：267-272
马娟，楚耀辉，石鑫，等．2011．TMR 饲养技术与配套机具．新疆农机化，（4）：39-41
马亮，范文海，刘雄伟．2006．膨化型水产饲料热点问题的探讨．中国粮油学报，21（3）：423-425
马忠武．1994．人类益寿之友——抗衰老植物及其有效成分琐谈．植物杂志，（3）：16-18
毛华明，邓卫东，冯仰廉．2000．化学处理提高甘蔗渣营养价值的研究．动物营养学报，12（2）：62-64
孟庆翔，张晓明，肖训军，等．2002．牛羊复合营养舔块饲料适宜配方筛选的研究．饲料工业，（1）：19-21
明文华．2007．奶水牛营养需要预测及全混合日粮的配方优化程序设计．中国大庆：2007 年中国农业工程学会学术年会论文摘要集
牟德华，杨会龙，李艳，等．2000．葛根、葛花的保健功能及其饮料的制作工艺．食品工业科技，21（3）：55-56
聂琳，彭杰，常军，等．2012．木本饲料的研究进展．中国农学通报，28（17）：1-4
农业部农业机械化管理司．2005．牧草生产与秸秆饲用加工机械化技术．北京：中国农业科学技术出版社
农业研究机构．2001．日本标准饲料成分表．东京：中央畜产会
潘建国．2002a．目前美国保健食品主要流行品种及发展趋势（一）．食品科技，（2）：1-3
潘建国．2002b．目前美国保健食品主要流行品种及发展趋势（二）．食品科技，（3）：3-4
潘文洁，薛正莲，姜土．2007．黑麦草膳食纤维的制备研究．中国调味品，（5）：33-35
庞声海，饶应昌．2000．饲料加工机械使用与维修．北京：中国农业出版社
齐德生．2009．饲料毒物学附毒物分析．北京：科学出版社

乔秀红．2002．苜蓿汁饮料的研制．食品加工，(10)：92-93
秦民坚．1992．植物中的昆虫变态激素．植物杂志，(5)：5
全国畜牧总站编．2012．全混合日粮实用技术．北京：中国农业科学技术出版社
全国饲料工业办公室和中国饲料工业协会．1994．中国饲料工业1996—2020年发展战略．北京：中国科学技术出版社
全国饲料工作办公室．2002．饲料工业标准汇编（上、下册）．北京：中国标准出版社
饶应昌．1996．饲料加工工艺与设备．北京：中国农业出版社
戎志梅，李金良．1996．农副产品深加工投产指要．沈阳：辽宁科学技术出版社
上海光明荷斯坦牧业有限公司．2004．奶牛全混合日粮（TMR）技术．中国乳业，27（3）：27-28
邵莲花，王锦平，李建英．2004．发酵醋糟喂猪试验．山西农业科学，32（4）：80-82
宋增廷，董晓芬，徐建明，等．2011．醋糟的营养价值及其在饲料生产中的应用．中国畜牧杂志，47（9）：73-76
孙浩蜂．1998．优良木本饲料华北驼绒藜引种试验研究．草业学报，7（1）：19-23
孙建昌，杨艳，方小平，等．2006．贵州木本饲料植物资源及开发利用研究．贵州林业科技，34（3）：1-4
孙元琳，李文多．2012．谷物膳食纤维制备及应用研究综述．郑州轻工业学院学报，27（1）：20-25
唐有根．1998．农副化工产品生产技术．长沙：中南工业大学出版社
陶健芳，冯建新．2006．膨化水产饲料的密度控制技术．河南水产，(4)：25-26
田宜水，孟海波．2008．农作物秸秆开发利用技术．北京：化学工业出版社
屠焰，刁其玉．2010．充分利用木本植物饲料为养羊业提供丰富的饲料资源．中国草食动物，(s1)：14-18
土农药科学编辑委员会．1959．中国土农药志．北京：科学出版社
万国栋．2004．河西走廊东部木本饲用植物资源及其利用．草业科学，21（10）：9-12
王成章，王恬．2003．饲料学．北京：中国农业出版社
王典，李发弟，张养东，等．2012．马铃薯淀粉渣和玉米秸秆混合青贮料对肉牛瘤胃内环境及血清生化指标的影响．动物营养学报，24（7）：1361-1367
王冬梅，郭书贤，臧晋，等．2002．利用EM菌剂对棉籽饼粕发酵脱毒的研究．中国棉花，26（3）：47-49
王栋．1989．牧草学各论．南京：江苏科学技术出版社
王广银，王中华，苏从成．2008．全混合日粮技术在规模化奶牛养殖小区的饲养试验．畜牧与兽医，40（10）：40-43
王和民，叶浴浚．1990．配合饲料配制技术．北京：中国农业出版社
王宏立，张祖立．2007．挤压膨化技术在秸秆饲料加工中的应用．农机化研究，(9)：173-174
王建书．1991．茄科植物体中的天然杀虫剂．植物杂志，(1)：46
王晶，王加启，卜登攀，等．2009．关于推进中国奶牛全混合日粮饲养技术的思考．中国畜牧兽医，36（2）：101-104
王镜泉，王钦，杨景宏．1997．甘肃微孔草属种质资源．草业科学，(14)2：9-13
王俊丽，臧明夏．2012．膳食纤维改性研究进展．食品研究与开发，33（5）：225-228
王立克，戴四发，孙福军．2002．生物发酵对小麦麸皮营养成分的影响．安徽技术师范学院学报，15（3）：31-33
王亮亮．2006．饲喂模式和TMR颗粒度对奶牛瘤胃发酵和生产性能的影响．北京：中国农业大学硕士学位论文
王尚荣．2007．补饲尿素糖蜜型饲料舔砖对杂交公牛生长效果的影响．中国畜牧杂志，43（9）：57-58

王淑军，刘孝国，曹庆利，等．1996．固态降解甘薯渣纤维素菌株的选育和混菌发酵条件试验．中国饲料，（2）：19-22
王薇．1995．营养保健食品的发展与管理．食品科技，（2）：8-21
王雪雅，李文馨，肖蓓，等．2011．不同包装条件对米糠贮藏稳定性的影响．食品科学，3（24）：301-305
王肇颖，肖敏．2004．白酒酒糟的综合利用及其发展前景．酿酒科技，（1）：64，65-67
王政宇．1996．常见的豆科木本植物饲料．辽宁林业科技，（5）：20
王忠艳．2005． 饲料学．哈尔滨：东北林业大学出版社
王宗训．1989．中国资源植物利用手册．北京：中国科学技术出版社
韦茂贵，王晓玉，谢光辉．2012．中国各省大田作物田间秸秆资源量及其时间分布．中国农业大学学报，17（6）：32-44
吴运生，王东，沈良菊．2003．膨化技术与饲料工业发展．粮食与饲料工业，（3）：21-22
谢碧霞，李安平．2006．膳食纤维．北京：科学出版社
谢碧霞，张美琼．1995．野生植物资源开发与利用学．北京：中国林业出版社
谢正军，徐学明．1998．膨化脱毒棉籽在饲料中的应用与展望．资源开发，19（6）：39
熊本海，张宏福．2010．国内外畜禽饲养标准与饲料成分表．北京：中国农业大学出版社
熊佑清，芦荟．2000．北京：中国农业大学出版社
徐建，陈代文，毛倩，等．2012．白酒糟的营养价值评定．中国畜牧杂志，48（7）：47-50
徐进，张卫明，马世宏，等．2000．葛根在化妆品中的应用初探．中国野生植物资源，（3）：11-14
徐明慧．1990．园林植物病虫害防治．北京：中国林业出版社
徐柱．2004．中国牧草手册．北京：化学工业出版社
薛正莲，刘艳，杨浩．2005．植物叶蛋白的研究．安徽工程科技学院学报，20（2）：70-73
闫晓波，韩向敏．2009．马铃薯渣和玉米秸秆混合青贮料对奶牛生产性能的影响．广东农业科学，（5）：144-146
严明奕，莫炳荣．2001．甘蔗渣的综合利用——赴巴西考察报告．广西轻工业，（1）：4-9
晏家友，贾刚．2009．玉米蛋白粉的营养价值及其应用概况．饲料工业，30（15）：53-55
杨春波．2007．苜蓿叶蛋白的提取与应用研究．无锡：江南大学硕士学位论文
杨凤．2006. 动物营养学．2 版．北京：中国农业出版社
杨富裕．2006．非饲用草产品的开发与利用．广州：中国草业发展论坛
杨恒山，曹敏建，郑庆福，等．2004．刈割次数对紫花苜蓿草产量、品质及根的影响．作物杂志，2：33-35
杨建英，李元晓．2012．发酵豆粕的生产工艺及优点．中国饲料，（18）：12-14
杨丽娥，胡雪华，安渊，等．2003．叶蛋白提取方法研究．上海交通大学学报，21：66-81
杨明泉，贾爱娟，陈穗，等．2010．利用酱油渣制备饲料主料的加工方法研究．中国食物与营养，（7）：61-63
杨世昆，苏正范．2009．饲草生产机械与设备．北京：中国农业出版社
姚爱兴．2001．饲草料加工工艺．银川：宁夏人民出版社：166-169
易学武，张石蕊，肖兵南，等．2006．全混合日粮对南方奶牛采食行为、产奶性能、养分表观消化率和血清代谢产物的影响．珠海：动物营养与饲料研究——第五届全国饲料营养学术研讨会
于菊芳．2001．生物农药的作用、应用与功效（二）——植物和动物源农药．世界农药，23（2）：5-7
于立河，李兴革，赵永焕．2001．冬黑麦草中麦绿素、黑麦草膳食纤维的制取工艺研究．黑龙江八一农垦大学学报，13（3）：6-9

于丽娜，张永忠，辛禹．2005．红三叶草异黄酮在保健食品和医药中应用的研究进展．氨基酸和生物资源，27（4）：65-68
于向春，刘易均，杨志斌，等．2011．发酵木薯渣粉在文昌鸡日粮中的应用．中国农学通报，27（01）：394-397
于新，冯彤，张方明．2002．绞股蓝保健软糖的工艺研究．食品科技，（2）：32-34
玉柱，孙启忠．2012．饲草青贮技术．北京：中国农业出版社
玉柱，贾玉山，张秀芬．2004．牧草加工贮藏与利用．北京：化学工业出版社
玉柱，贾玉山．2010．牧草饲料加工与贮藏．北京：中国农业大学出版社
袁惠君，赵萍，巩慧玲．2001．微生物发酵对马铃薯渣膳食纤维得率及性质的影响．兰州理工大学学报，31（5）：75-77
袁惠君，赵萍，李志忠．2004．马铃薯渣的开发利用价值及前景．甘肃科技纵横，33（6）：67-68
早热古丽·热合曼，艾比布拉·伊马木，等．2012．番茄渣的青贮发酵对皮籽消化性的影响．草食家畜，（3）：62-66
张春梅，王成章，胡喜峰，等．2005．紫花苜蓿的营养价值及应用研究进展．中国饲料，（1）：15-17
张余，李敏，贾小丽，等．2009．甘薯资源的综合利用．粮食与食品工业，16（1）：22-25
张凤菊，陈海霞，何占松，等．2012．9KLP-380型秸秆饲料压块机设计．农村牧区机械化，（2）：13-14
张宏文，吴杰，赵永满．2008．TMR饲料计量搅拌机在新疆奶牛饲养中的应用．农机化研究，（6）：72-73，96
张建梅，李国军，谷巍．2009．生物脱霉剂对黄曲霉毒素B1的作用研究．中国饲料，（5）：21-23
张力，张文远，常城，等．2000．绵羊尿素糖蜜型饲料舔砖加工工艺的研究．中国草食动物科学，2（1）：10-11
张丽芳，张爱珍．2007．膳食纤维的研究进展．中国全科医学，11（21）：1825-1827
张明华．1997．中国草原经济植物资源及其开发利用对策．中国草地学报，（5）：74-77
张清斌，陈玉芬，李捷，等．1996．新疆野生木本饲用植物评价及其开发利用．草业科学，13（6）：1-4
张涛，胡跃高，崔宗均，等．2004．草产品及其加工工艺．饲料博览，（11）：15
张微微，张永根，林曦，等．2010．甜菜渣中添加不同农作物副产品对其青贮发酵品质的影响．中国饲料，（1）：42-44
张文吉．2001．新农药应用指南．北京：中国林业出版社
张兴隆，李胜利，李新胜，等．2002．全混合日粮（TMR）技术探索及应用．乳业科学与技术，25（4）：25-26
张秀芬．1992．饲草饲料加工与贮藏．北京：中国农业出版社
张雁，张孝祺，吴伟琪，等．2002．葛根资源的开发利用．中国野生植物资源，19（6）：26-30
张永根，包军，王志峰，等．1999．使用全混合日粮饲喂奶牛试验．中国奶牛，57（3）：8-20
张玉发，刘琳．2005．草产品加工技术．中国牧业通讯，（03）：24
张子仪．2000．中国饲料学．北京：中国农业出版社
赵士豪，马同锁，张红兵．2007．紫花苜蓿酸奶的研制．食品工业，3：52-54
郑建仙．2003．功能性食品学．北京：中国轻工业出版社
中国大百科全书总编辑委员会．1991．中国大百科全书·农业．北京：中国大百科全书出版社
中国科学院西北高原生物研究所．1987．青海经济植物志．西宁：青海人民出版社
中国科学院植物研究所．1985．中国高等植物图鉴（第一册）．北京：科学出版社
中国油脂植物编写委员会．1987．中国油脂植物．北京：科学出版社

中华人民共和国商业部土产废品局，中国科学院植物研究所．1961．中国经济植物志（上、下册）．北京：科学出版社

周坚，肖安红．2005．功能性膳食纤维食品．北京：化学工业出版社

周青平，魏臻武，2002．不同提取条件对苜蓿叶蛋白凝集的影响．草业科学，19（7）：23-25

朱新民，王加启．2004．奶牛全混合日粮饲喂技术．养殖技术顾问，（9）：41

朱应远．1999．龙须草的生长习性、繁殖方法和高产栽培技术．资源开发与市场，（2）：67-70

祝美云，王成章．2007．苜蓿食品的开发应用．食品科技，32（4）：56-58

邹宗柏，1998．资源利用及深度加工手册．北京：中国致公出版社

Aibibula Y, Okine A, Hanada M, et al. 2007. Effect of replacing rolled corn with potato pulp silage in grass silage-based diets on nitrogen utilization by steers. Asian Australasian Journal of Animal Sciences, 20(8): 1215-1221

Arthur J L, Laurence K D. 1980. A multiple goal blending problem. Comput and Opt Res, 7(3): 215-224

Bargo F, Muller L D, Delahoy J E, et al. 2002. Performance of high producing dairy cows with three different feeding systems combining pasture and total mixed rations. J Dairy Sci, 85(11): 2948-2963

Bhatnagar S, Hanna M A.1994. Amylose-lipid complex formation during single screw extrusion of various cornstarches. Cereal Chemistry, 64(6): 25-40

Bolton J L. 1962. Alfalfa botany cultivation and utilization. London: Leonard Hill Books Limited

Condny L R, Montgomery A, Houston M. 2001. The role of esterin processed alfalfa saponins in reducing cholesterol. Journal of the American Nutraceutical Association, 3(4): 1-10

Hoagland R E, Zablotowicz R M, Oleszek W A. 2001. Effects of alfalfa saponins on *in vitro* physiological activity of soil and rhizosphere bacteria. Crop Prod, 4(2): 349-361

Jones R, Jones D H. 1996. The effect of in-silo effluent absorbent on effluent production and silage quality. Journal of Agricultural Engineering Research, 64(3): 173-186

Kolver E S, Muller L D. 1998. Performance and nutrient intake of high producing holstein cows consuming pasture or a total mixed ration. J Dairy Sci, 81(5): 1403-1411

Mahungu S M. 2000. Residence time distribution and barrel fill in pet food twin-screw extrusion cooking. Cereal Chemistry,77(2): 220-222

Mayer F，Hillebrandt J O. 1997. Potato pulp: microbiological characterization，physical modification，and application of this agricultural waste product. Applied Microbiology and Biotechnology，48(4): 435-440

McDonald P, Henderson N, Heron S. 1991. The Biochemistry of Silage. 2nd edition. Marlow: Chalcombe Publications

Oda Y，Saito K，Yamauchi H, et al. 2002. Lactic acid fermentation of potato pulp by the fungus rhizopus oryzae. Current Microbiology，45(1): 1-4

Okine A，Hanada M，Aibibula Y, et al. 2005. Ensiling of potato pulp with or without bacterial innoculants and its effect on fermentation quality，nutrient composition and nutritive value. Animal Feed Science and Technology, 121(3): 329-343

Rehman T, Romero C. 1984. Multi-criteria decision making techniques and their role in livestock ration formulation. Agri Sys, 15(1): 23-49